国家出版基金项目
NATIONAL PUBLICATION FOUNDATION

社会工作流派译库（第二期）

精神健康社会工作

Clinical Social Work Practice in Behavioral Mental Health: Toward Evidence-Based Practice

[美] Roberta G. Sands　著
余　潇　许俊杰　译

華東理工大學出版社
EAST CHINA UNIVERSITY OF SCIENCE AND TECHNOLOGY PRESS
·上海·

图书在版编目(CIP)数据

精神健康社会工作/[美] Roberta G. Sands 著；
余潇，许俊杰译．—上海：华东理工大学出版社，
2015.12
(社会工作流派译库．第二期)
ISBN 978-7-5628-4467-9

Ⅰ.①精… Ⅱ.①Roberta… ②余… ③许… Ⅲ.①社会工
作-基本知识 ②精神卫生-基本知识 Ⅳ.①C916
②R749

中国版本图书馆 CIP 数据核字(2015)第 288479 号

著作权合同登记号：图字 09-2015-374 号

社会工作流派译库(第二期)

精神健康社会工作

Clinical Social Work Practice in Behavioral Mental Health:
Toward Evidence-Based Practice

著　　者：[美] Roberta G. Sands
译　　者：余　潇　许俊杰
项目负责：刘　军
责任编辑：韩媛媛
责任校对：金慧娟
封面设计：袁银昌平面设计工作室

出版发行：华东理工大学出版社有限公司
地　　址：上海市梅陇路 130 号　200237
电　　话：(021)64250306(营销部)　(021)64253797(编辑室)
传　　真：(021)64252707
网　　址：press.ecust.edu.cn
印　　刷：上海中华商务联合印刷有限公司
开　　本：710 mm×1000 mm　1/16
印　　张：28.5
字　　数：490 千字
版　　次：2015 年 12 月第 1 版
印　　次：2015 年 12 月第 1 次
书　　号：ISBN 978-7-5628-4467-9
定　　价：98.00 元

联系我们：电子邮箱　press@ecust.edu.cn
　　　　　官方微博　e.weibo.com/ecustpress
　　　　　天猫旗舰店　http://hdlgdxcbs.tmall.com

社会工作流派译库

总序

这是我们与华东理工大学出版社合作的第二套译著丛书。本世纪初，我们所推出的 18 种一套上海市重点图书“社会工作名著译丛”获得了学术界的热烈反响和高度认同。本套译库与以往不同的是，更加聚焦于介绍西方社会工作的理论流派，但又不局限于理论流派的译介。西方的社会工作历经一百多年的发展，已经形成了诸多视角、理论、模式与方法。知识转移与全球共享是当代社会工作发展的一个重要特点。熟知并批判性地借鉴西方社会工作理论，对于建构兼具国际规范与中国特色的社会工作理论、制度、实务模式，无不具有重要的理论意义和实践意义。唯其如此，中国社会工作学界方有可能参与全球专业知识库的建构，以推动国际社会的公平与正义。

需要强调的是，中国社会工作的制度设计与发展经验具有本土的特点，不能简单地照搬西方的理论框架去加以解释。这就要求我们，在学习借鉴西方社会工作专业知识的同时，应警惕本国专业共同体因理论的“不自觉”“不自信”而在全球知识界处于失语状态。因此，必须立足和扎根于我国社会体制改革、新社会组织、新社会服务和现代社会工作制度建构的实践，积极进行中国社会工作的理论建构与知识创新。唯其如此，中国的社会工作学界才有能力提升在全球的话语权，从而为全球社会工作贡献中国的力量。

衷心希望本套译库能为中国社会工作的发展提供新的知识支持，以进一步推动国内的社会工作理论研究与知识建构。须知，没有系统强劲的社会工作理论的科学支撑，就不可能有系统强劲的社会工作发展实践。

本套译库的出版得到了国家出版基金的大力资助，为此我的感谢与感激之情难以言表！这里，我要向所有参与翻译本套译库的同仁表示感谢，因为他们的奉献体现了社工学人的专业精神！感谢华东理工大学出版社，因为他们始终对我们充分信任及对社会工作学科建设鼎力支持！我还要特别感谢何雪松教授，因为他持之以恒的追求、坚持和奉献，我们才有了本套译库的中文版！

是为序。

华东理工大学中国社会工作研究中心

徐永祥

前言

我们正处于精神健康领域的新时代，不断拓展的生理和心理知识并在实践中加以运用而不断增长的经验，为以前希望渺茫的案主提供了新的，证据为本的干预方法。越来越多的需要得到帮助的重性、中度残障案主和来自不同文化的案主的出现对临床能力和跨文化能力提出了更高的要求。公共政策呼吁“美国精神健康保健改革”。通过本书(第三版)，我们期望社会工作者(以下简称社工)能够使用先进的知识促进这一转变。

社工是美国精神健康服务的主要提供者之一。他们遍布精神健康中心、精神康复项目、紧急服务、医院、房屋和住宅项目，以及其他行为健康机构和项目。社工为需要限时精神治疗和持续支持照顾的案主提供临床服务。他们既为公共部门服务，也为私人机构服务。专业人员视自己为个体与环境之间的联结纽带，社工将案主、行为健康治疗和社区之间有效联系起来。

本书是为希望获得精神健康领域社会工作实务的特定知识的实务工作者而写的。本书的读者群之一是修读精神健康课程的社会工作研究生；对精神健康方面有兴趣的大学本科学生或正在为这一领域的职业生涯做准备的人，构成了本书另一个读者群；第三类读者是精神健康实务工作者。尽管本书是以社会工作视角来写的，但临床工作者和相关专业学生(例如护士和心理社会康复工作者)也可从本书中获益。然而，本书假设读者已具备人类行为和社会工作实务理论的知识，熟悉精神疾病诊断和统计手册(DSM-Ⅳ-TR)。

本书的第三版有新的内容，特别是加入了当代行为健康环境的知识。第一，本书全新聚焦于重性和持续性精神疾病案主的康复和康复模型；第二，本书强调了为抑郁、焦虑、重性精神疾病和双重障碍案主提供证据为本的实践，并且更新了最好及最有希望的实践方法；第三，本书关注老年人的精神健康。

另外，本书还具有以下特点：

1. 描述支持实践干预的研究证据。

2. 重视美国药物滥用及精神卫生服务管理署（SAMHSA）针对重性和持续性精神疾病案主的证据为本的干预的工具手册。

3. 在跨文化能力这一章中讨论文化差异议题。

4. 在女性主义精神健康实践这一章中讨论女性主义理论、暴力侵害妇女和贩卖人口等议题。

5. 解释与精神健康相关的法律与伦理议题，包括各类法律内容。

6. 为理解精神健康实践提供了历史背景。

7. 介绍干预方法和相关案例。

8. 其中有四章涉及重性和持续性精神疾病案主。

9. 推荐可用于检测进展和评估案主治疗效果的工具。

10. 提供相关药物的大量信息。

11. 用后现代理论严格检视各章节内容。

12. 在每章结尾处提供案例研究。

本书描述的精神/行为健康实践涉及从中度到重性的精神健康障碍。这些障碍包括抑郁、焦虑、重性精神疾病和物质滥用（包括双重诊断），与当今的实践环境一致，治疗的轨迹强调社区和门诊，但很多干预也可用于医院和其他机构。尽管做了全面的努力，但某些边界必须明确。本书没有涉及干预那些仅仅有“生活问题”的个体或基本生活环境有困难的个体，本书也没有涉及儿童和青少年、人格障碍和痴呆、共生精神疾病、智力低下、发育障碍等疾病的治疗。

本书的写作结构如下：首先起源章节，向读者介绍了精神健康领域的主要概念、主题和背景。然后分成两部分，第一部分“实践框架”包括六章。首先（第二章）介绍精神健康领域社会工作实践的历史背景。接下来，概念框架描述了术语、理论和综合生物心理社会视角相关的观点。第四章介绍了生理心理社会评估的各项内容，这里提供了精神状态检测、功能评估，总结了生物心理社会模型。第五章关注了社工实践过程中的法律和伦理议题，叙述了专业的价值和法律系统的框架，包括保存决策和信息的记录。接下来两章探讨了文化和性别议题，第六章提供了精神健康实践的跨文化能力框架并关注非裔美国人、美国印第安人/阿拉斯加原住民、亚太裔美国人的实践。第七章介绍了女性主义理论，讨论了暴力和创伤，尤其是亲密关系者施暴和贩卖人口。

第二部分是干预的六个章节。尽管重点强调心理社会模式，但也提供了精神药物的相关知识。第八章和第九章分别是抑郁和焦虑案主的证据为本实践，提供了说明性案例、辨识需要使用的药物。因为重性和持续性精神疾病构成了精神健康领域的一个重要群体，因此有四章致力于对他们的治疗。第十章定义了术语，描述了各种概念和观点，包括康复、社会心理康复、压力-素质和社区融合。第十一章讨论了社区层面的证据为本实践，包括个案管理和积极社区治疗（ACT）。本章也介绍了适用于重性和持续性精神疾病的社区资源和最佳实践。第十二章介绍了"疾病与康复"和"家庭教育"的证据为本实践，也介绍了其他家庭干预方法、认知康复和相关药物。第十三章由凯斯西储大学曼德尔应用社会科学学院的 Kathleen J. Farkas 所写，是重性精神障碍和成瘾障碍共病的临床实践。本章先进行定义，然后回顾了流行病学研究，介绍了基于此类人群以证据为本的实践。值得注意的是，本章有丰富的案例。

笔者衷心感谢为本版修订做出贡献的人。我们感谢 Phyllis Solomon，这是我们在宾夕法尼亚大学社会政策与实践学院的同事，他帮助我们澄清了本书中的许多观点。其他支持我们的同事包括 Yin-Ling Irene Wong 和 Joretha Bourjolly。另外，还要感谢"实现提高多元文化教育合作伙伴（PRIME）"的成员，他们帮助笔者进一步提高与文化相关的认知。感谢 Laurene Finley 对某些章节的修改建议，感谢 Anita Pernell-Arnold 共同完成了本书的写作。笔者尤其要感谢 Samuel Klausner 对整个项目一直以来的支持。感谢 Stan McCracken 对精神健康和老年人议题的见解和帮助。最后，我们要感谢 Allyn & Bacon 的员工对本书的贡献和帮助。

目录

第一章

导论：主题和背景

社工应将实践立足于已确认的知识，尤其是那些与社会工作和社会工作伦理相关的以经验为本的知识。——NATIONAL ASSOCIATION OF SOCIAL WORKERS，“NASW CODE OF ETHICS” 1996/2008

临床社工在精神健康领域中扮演着非常重要的角色。他们是精神健康服务机构中人数最多的临床受训专业人士，在直接服务中占有巨大优势（Duffy，et al.，2006）。在全美社工协会的会员中，精神健康是最重要的实践领域，接近 40% 的会员认定精神健康是他们最基本的服务领域（Gibelman & Schervish，1997）。根据实务工作者的情况，相较于其他特殊领域，很多在读硕士研究生都在关注精神健康或社区精神健康的实务领域或社会问题，并且有越来越多的硕士学历的学生进入精神健康领域就业［Council on Social Work Education（CSWE），2007］。美国劳工统计局（Bureau of Labor Statistics）劳工部预测，对精神健康和物质滥用的社工（2010—2011）的需求量在逐渐增长。

本书旨在为社工提供最新的知识背景，如精神健康领域的科学发展、理论、社会工作实务方法。在本书出版的十年前，联邦政府的举措，如总统新自由委员会精神健康报告（2003）已经提出了新的议题。该议题包括以证据为本的实务、以案主及家庭为中心的服务和治疗，促进康复，消除精神健康服务中的民族、种族和性别歧视。本书的第三版响应联邦政府行动纲领《转变美国精神健康服务》（物质滥用和精神健康服务管理局［SAMHSA］，2005），注重文化适应性服务，预防和治疗精神疾病与物质滥用的共病，并“承诺”以证据为本的实务工作。这些文件与卫生局局长（U. S. Department of Health and Human Services，1999）针对精神健康的报告，美国国立卫生研究院（2001）的健康服务改革和可及性报告相一致，本书也包含老年及青少年的精神健康服务介绍。

本书的主要阅读对象是社会工作专业的学生及实务工作者，旨在帮助他们提高在精神健康领域的临床实务知识和技巧。临床社工与个人、家庭和小型团体一起工作，帮助他们减轻焦虑，改善他们的心理和社会功能。临床社工必须熟悉各种人类行为理论和不同的干预模式，从而进行心理社会评估、确定目标、提供心理治疗干预或治疗。尽管其他专业人士和临床社工共享某些知识并且参与同类活动，临床社工具备比其他学科的同事更广阔的视野。社工将案主及其问题同问题产生的情境联系起来，既干预社会环境，也干预心理和人际关系领域。他们尤其关注提升案主的优势，加强案主和社区的联系。当人际关系和制度障碍影响案主获取资源的能力的时候，临床社工就会推动变革，从而扫除障碍、创造资源。临床社工以提升人类福利和社会正义为职业目标，尤其关注受压迫人群的困境。

临床社会工作包括所谓的直接社会工作。直接社会工作这一术语适用于不同人群和问题领域中各种场所的实践。大多数专业领域的直接社工要从不同的知识、理论和方法中汲取资源。他们与案主和系统一起预防并解决问题，改变不良行为，缓解心理问题，建构社会网络并运用社区资源。干预既是心理的也是社会的，并能够满足案主或案主系统的需求。

在精神健康领域，临床工作者以治疗和个案管理的角色为主，两者相辅相成。作为治疗者，临床社工运用实务理论、各种诊断和治疗模型以及相关的以经验、证据为本的实践方法，去促进案主的心理及行为的改变，提高案主心理社会功能，改善其生活环境。他们培养案主的决策能力，帮助他们从精神疾病和物质滥用中康复。作为个案管理者，临床社工要为案主链接资源，监督康复计划，参与倡导。那些为患有严重精神疾病案主工作的个案工作者，帮助案主使用人际及社区支持（参见第十一章）。临床社工的这两种角色，具备不同的功能：诊断、调解、危机干预、技巧培训、跨学科和跨部门的团队合作、家庭和案主咨询、培训（Bentley，2002）。他们与相关学科的同事、其他服务机构的工作人员、房东、医生、律师、牧师等保持着紧密联系。通过这种联结，临床社工将案主与社区资源联系起来，并且致力于减少精神健康服务中的障碍。

精神健康或行为健康社会工作实务存在于各种不同的场所，包括社区精神健康中心、门诊、精神病院或综合医院的精神科、积极社区治疗团队、心理社会康复服务、物质滥用治疗项目、辅助部门、团体之家、管理型行为照顾机构、退伍军人医院及员工援助计划（Gibelman，2004）。尽管这些机构专门服务于精神障碍案主，但也有另一些机构同样可以向精神健康和物质滥用案主提供服务：如家庭服务和儿童福利中心、无家可归庇护所和私人职业机构。本书主要介绍前一类型的治疗场所，但其他机构也同样适用。

本章旨在向读者提供现今行为或精神健康实践的脉络，以及贯穿全书的主题。首先介绍社区精神健康，这是当今管理式医疗行为健康的前身。将介绍行为或精神健康的理念，与去机构化的关系以及公共健康模型。第三个主题是介绍科学知识和证据为本的实践，包括精神病流行病学、生物学研究和证据为本的实践研究。其后是了解这一领域中非常重要的定义。本章详细解释了作为本书理论框架的后现代视角。

社区精神健康

二十世纪末，占据精神健康领域的主导观念是，认为社区精神健康既是概念、干预思想，也是社会运动、理念和政策。最初将其概念化的Gerald Caplan(1961)认为，社区诱发压力，反过来又导致了精神病态。公共政策遵从了社区精神健康的概念，支持在本地社区建立和扩大更贴近案主的服务。

Caplan(1964)将公共健康的预防模式整合到自己的理念之中。相应地，三层次干预方式将降低精神疾病损害的发生、持续和程度。

三层次干预

第一层次的精神健康预防是一级预防，其目标是降低精神疾病的患病率。这个层次关注的焦点是社区以及社区内不良应激源。一级预防要求我们对潜在的生理原因、环境原因和心理原因进行研究。如果研究显示某些群体具有发生特殊问题的高风险，我们就要针对这部分人口进行教育等预防性干预。一级预防主要是提供支持，包括生理的(食品、住房)、心理社会的(关系)、社会文化的(文化价值、习俗和期望)，并克服获取支持的障碍，如种族主义(Caplan，1964)。

第二层次的精神健康预防为二级预防，旨在降低社区里的实际发病率并缩短个人经历疾病的持续时间，从而防止问题的恶化。这一层次的干预方式有早期确诊(发现案例)、评估和干预(危机干预和短期治疗)等。快速而有效的个人、家庭和团体治疗也应用于第二层次。

第三层次的精神健康预防为三级预防，旨在通过康复训练降低社区中的精神残障比例，其目标是将严重精神疾病人士的功能恢复到尽可能高的水平并防止并发症（Langsley，1985b）。三级预防指向社区、案主及其社会网络（Caplan，1964）。社区层面要致力于倡导和社区教育，以防止或降低污名化、无知和其他康复过程中的障碍。三级预防运用于严重精神残障个体的目的，在于化解代偿失调（decompensation）、他杀和自杀。

除了三级预防，还有几个原则从一开始就在指导着社区精神健康实务。当前的行为健康/管理医疗情境仍在使用其中的一些原则。

社区精神健康实践的原则

社区精神健康运动体现为构成一套信念系统或意识形态的一系列原则。包括综合性、照顾的延续性、可接近性、多学科小组和问责。最关键的一个原则是：服务应当是综合性的（Langsley，1985a）。这就意味着社区应该以不同的强度提供形式多样的服务，从外展项目到门诊服务，从日间服务到住院服务。这些服务将为案主提供心理治疗（个体、家庭和团体）、社交技能培训、职业康复等多种选择。社区本身就有中途之家、保障性住房等一系列可供案主生活的居所（Bachrach，1986）。社区治疗应满足所有年龄层（包括儿童和老年人）的需求，提供 24 小时的紧急服务，解决如物质滥用这类的特殊问题。服务既是弹性的也是适应所有服务人群需求的（Bachrach，1986）。

另一个原则是要保障照顾的延续性（Langsley，1985a）。它能够防止案主在复杂的、片段式的和官僚式的服务提供系统背景下，陷入无人照顾的情境中。也就是说服务应该联结在一起——建立“一个患者可以在各组成部分之间自由流动的服务体系”（Bloom，1984，p. 4）。例如，案主离开精神病院时要与出院所在地的治疗服务相联结。个案管理工作者要确保服务联结并实施。

社区精神健康服务应该是所有寻求治疗的人士都可获得的（Langsley，1985a）。也就是说这些服务场所应该位于案主居住区或工作场所附近，公共交通可到达的，即使是晚上（至少是紧急情况）和周末也提供服务。为满足上述条件，社区精神健康服务应分布于人口聚居区或服务单位里，从而保证为一定地理区域内的居民服务。残障人士也应该接受服务，并为听力障碍人士提供沟通渠道。此外，提供的服务应具备文化和性别敏感性。

社区精神健康服务的另一原则是服务提供者应融入多学科团队(Langsley，1985a)。小组由精神科医生、心理学家、社区精神康复护士、社工、职业治疗师和咨询师等组成。居住在社区的本土精神健康工作人员(泛专业人员)也应加入其中(Bloom，1984)。多学科小组使得各类成员贡献知识、技能和视角，从而有可能形成对案主的整体性理解，并提供多层面的治疗或康复服务。

最后一个原则是问责(Langsley，1985a)。公民委员会不仅要对需要治疗的人负责，也要对身体健康的人负责(Langsley，1985a)。问责制亦用于服务使用者，他们要更多参与社区精神健康机构的治理，随着使用者认识到他们的潜能，他们将会越来越坚持自己的权利。

尽管社区精神健康和去机构化是精神健康领域中不同的运动，但他们的意识形态趋同。社区精神健康实务工作者与去机构化的支持者们关于“住院化”的一些态度是一致的。

去机构化

去机构化是源于十九世纪五十年代美国的一种哲学思想、过程和意识形态(Bacharach，1976； Mechanic，2008)，聚焦于将患者治疗从医院转向社区。1995年，各州及联邦精神病院住院患者总数达到的峰值为55.9万人。之后，机构人数开始减少。至2002年，住院人数锐减至5.73万人(Duffy et al.，2006)。推进这一进程的是可在社区使用处方及服用药物。另一个促成去机构化的条件是，十九世纪六十年代，财政支出从各州变为联邦，这使得原来长期住院的患者居住在社区成为可能(Mechanic，2008)。

尽管有些去机构化的支持者希望全面消除医院，但实践理念应该是合理使用医院资源。与其维持大量重性精神病人监护性治疗，医院应该更加关注急性发作的病患——经过短期治疗便能稳定病情者。本地综合医院(而不是距离患者住家更远的州立机构)的精神科应该提供短期住院治疗，并进行跟进从而帮助他们能够维持在所在社区的生活。

去机构化有两个过程：(a)避免住院治疗；(b)几乎同时发生的替代

机构化的社区服务的发展(Bachrach，1976)。第一个过程意味着在进行住院治疗前，要寻求社区治疗的发展策略，例如，设立日间社区治疗项目。这种转移机制取决于第二个过程，社区替代性服务的出现及发展，比如危机干预、团体之家、支持性住宅项目、门诊治疗中心、职业康复项目等其他选择(见第十一章)。然而，许多社区并未提供这种服务。大量出院患者被“丢弃”到城市街道中，无处居住，更无门诊治疗。去机构化的另一结果是“旋转门综合征”的出现，同一个人经常性进出医院。去机构化后住院率的增加表明短期住院治疗不足以使患者康复并且/或者部分案主得不到或没有相应机构开展跟进服务。这项政策实施的一个缺陷是精神病院的一些住院患者会进入疗养院和监狱，形成“再机构化(reinstitutionalization)”。随着时间的推移，这样的情形表明，州立医院在部分地区有存在必要，他们能够为贫困社区的患者、“旋转门”患者以及需要长期住院治疗的患者提供服务(Bachrach，1996)。

二十世纪六十年代去机构化逐步演变为一项公共政策，这一时期为边缘群体争取权利的社会意识与倡导不断增强，去机构化成为公共政策。二十世纪六七十年代，大量实践行为，诸如非自愿拘留、非治疗性监管、强制干预等，依据宪法都遭到了挑战(见第二章及第五章)。但是去机构化也是一种价值观念，有其相应的理念(Mechanic，1989)。首先，住院治疗是不必要的，会对患者产生不良影响(Mechanic，2008)。其次，患有精神疾病的个体应该自由地生活在正常生活中，应该尽可能完全融入社区(cf. Wolfensberger，Nirje，Olshansky，Perske & Roos，1972)。

尽管去机构化及社区精神健康的支持者提出了这样的价值理念，但是有人认为去机构化的出现成为为纳税人省钱的契机。住院治疗是精神治疗中最昂贵的一种形式。自由主义思想家描述机构化不可取时，保守派便以关闭州立医院作为回应。其他政策，如限制对自己及他人有危险的人入院，并在相对较短时间内治疗患者，对纳税人而言，在经济上是有益处的。成本意识仍旧驱动着管理医疗下的相关政策。

• • • 管理医疗下的行为健康

当今管理医疗下的行为健康是指对精神健康和物质滥用的预防和治

疗。管理医疗(managed care)是一种以高效益、高效率和高质量为目的的健康医疗的制度、财政和管理方式。它在美国医疗费用飞涨且呈现失控之时崭露头角。它改变了健康医疗和精神健康实务的面貌，引入了需要进一步阐明和解释的术语和概念。

与付费服务不同，赔付模式(indemnity model)是由第三方为每一次就诊及服务过程付费，例如健康保险公司，有了管理医疗，医生根据协议获得酬劳。初级保健医生(PCP)协调服务并就转院需求和过程做出决定。在管理医疗下，所有的干预都必须预先批准，在规定时间内再次确认，并对结果进行评估。

行为健康服务可以在管理医疗保险计划下提供，包括以下两种主要形式：健康维护组织(Health Maintenance Organization，HMOs)和优先服务提供组织(Preferred Provider organizations，PPOs)。健康维护组织是一个预付保险费计划，会员必须使用与HMO有联系的服务提供者提供的特定服务。这些服务提供者有可能是HMO直接雇用，也有可能是与HMO签订协议的个体或组织。在优先服务提供组织中，成员可以选择使用组织内的服务或寻求组织外的服务，不过需要给付额外的费用。PPO的会员每次就诊都需要支付一部分费用(Jackson，1995)。人们在紧急情况下可以使用HMO和PPO以外的服务网络。第三种类型是服务计划(The Point of Service Plan，POS)，它可以作为一项单独的替代选择，或者HMO和PPO的一部分，亦允许会员灵活地使用网络内和非网络内的服务提供者，不同的条款适用于不同的服务提供者(Corcoran & Vandiver，1996)。HMO和PPO的行为健康医疗服务可通过分拆安排(Carve-out arrangement)进行提供，即与管理行为健康医疗组织签订合同，该组织提供精神健康和/或物质滥用服务(Edmunds et al.，1997)。或者，将行为健康服务整合进健康医疗提供者系统中。在任何管理医疗安排下的行为健康服务提供者通常都同意接纳所谓的“人头费”(Capitated)，即提供服务者在某一特定时段(如一个月)内接收每一使用者给予的具体费用。

1995年，约60%的美国居民参与到各种形式的管理健康医疗计划中(Health Insurance Association of American，1996)。大概25%的人由其他形式的医疗计划覆盖。不少州已获得健康照顾财务管理署的免除权，从而使得一些享受医疗保险(Medicare)的人有可能进入管理医疗计划(McGuirk，Keller & Croze，1995)。同样，医疗保险(Medicare)的受益人可以通过健康医疗计划获益。大型公司为全职员工提供个人(有时也包括家庭)保险作为附加福利，雇主及职工也许需要或不必分担费用。1998 年，美国超过 16%的人口没有医疗保险(U. S Department of Commerce News，1999)。

对精神健康或行为健康服务有需求的案主，可能有、也可能没有医疗保险。当精神健康问题导致案主难以维持其工作的时候，一些人便会失去个人保险。那些已经投保的人，他们的行为健康保障利益也是有限的。1973 年的健康维护组织法案(Pub. L. No. 93 - 222)规定了一个行为健康服务的最低覆盖标准：一年 20 次门诊和 30 天住院(Jackson，1995)。1996 年的精神健康平权法案(The Mental Health Parity Act)规定保险要均衡覆盖生理及精神健康问题，但该法有大量的漏洞。2008 年的精神健康平权和成瘾权益法案(The Mental Health Parity and Addiction Equity Act，MHPAEA)强化了以前的法律条文。

精神健康和物质滥用实务引入管理医疗，集中注意力于成本效益及预防。成本效益指的是需要评估成本和产出之间的关系，从而确保以最低成本得到最大产出。昂贵的治疗策略，如住院治疗和长期精神治疗，如果有其他选择都要避免，便宜的方法是可行的、可用的并且是健全的。当要使用更昂贵的治疗时，要监测它是否有效以及该水平的干预所需时间。一般来说，简明、短时的治疗或危机干预是首选。管理医疗组织不支持费时费钱的旨在重塑人格的精神治疗(Furman，2003；Poynter，1998)。减轻症状、修复功能和改变行为是其主要目标(Poynter，1998)。有效性是通过管理医疗组织、进行使用评估的外部团体、提供者和/或行为健康运行系统确定的指标进行测量。尽管结果经常以系统为测量基础，实务工作者仍旧可以使用该工具测量治疗效果、目标达成程度及阶段性进展。另一个评估有效性的方式是询问案主如何寻找到服务。管理医疗组织运用案主满意度调查，从而确定特定项目的案主需求(Corcoran & Vandiver，1996)。

预防是管理医疗中不可或缺的部分。私营机构中的管理式健康医疗计划注重身心健康和健康促进策略，例如戒烟、戒酒和压力管理。接下来我们会讲到公共管理医疗，其主要采用预防性措施，例如家庭教育、同辈支持小组和心理社会康复等(Corcoran & Vandiver，1996)。

大多数地区享有医疗保险的案主都能够得到管理式医疗计划下的健康和精神健康服务。各州可能会安排使用 HMOs，与社区精神健康中心订立协议，或与行为健康医疗公司签订合同(Mechanic，2008)。本地精神健康主管部门或董事会，对其所管辖区域有管理和财政监督的作用，在为公共部门的案主提供照顾中扮演重要角色(Hoge，Davidson，Griffith，Sledge & Howenstine，1994)。尽管公共部门管理式医疗在全国不同地区安排都不尽相同(Hoge，Jacobs，Thakur，& Griffith，1999)，但向获得公共援助的案主提供综合治疗时，要注意以下六个核心功能(Hoge et al.，1994)：

1. 把关。作为系统的入口，努力确认案主为精神健康主管部门所定义的目标人群，依据限定标准，限制案主使用比较昂贵的服务，向案主提供可替代的、花费少的治疗形式。

2. 社区是活动场所。治疗服务应置于案主、其支持网络和服务所在社区中进行。

3. 提供综合服务。本地精神健康主管部门及服务提供者应该评估需求，分配资源，克服障碍，从而满足目标人群的需求。

4. 服务的持续性。通过协调当前需要的服务和未来需要的服务来促成。

5. 最大化的经济效益。强化经济基金流程、弹性使用基金和引入激励制度，促使服务提供者提供快速有效的服务。

6. 问责。通过指派一名特定员工实现，例如个案管理者，作为这个特定人选。本地精神健康主管部门要为精神健康服务提供系统的有效运行，并对公众负责。

值得注意的是，这些功能(2，3，4 和 6)符合社区精神健康运动的原则。另外，社区精神健康下的三个干预层次仍旧具有现实意义。并且对案主来说，能够得到 24 小时、就近、无障碍、多元文化的服务是非常重要的。

管理医疗行为照顾质量保证与认证准则委员会提出了一个指导行为健康医疗安排评估的框架，他们认为，为了回应案主需求，安排一条龙或增能服务是一项重要功能。委员会建议向重性精神疾病和长期物质滥用人士提供社会福利、住房、工作和其他康复服务(Edmunds et al.，1997)。另一建议是：行为健康计划应该积极回应种族、少数民族以及精神疾病和物质滥用人士。委员会认为，应致力于聘请具备文化胜任力，采用创新的、替代治疗方式的服务提供者(即便对这些策略的效果研究尚未得出明确结论)(Edmunds et al.，1997)。本书其他章节还将讨论重性精神疾病(第一章)、文化胜任力(第六章)、双重障碍的治疗(第十三章)问题。

行为健康：临床社会工作的含义

管理医疗中的行为健康引入了一些影响社工的程序和期望。在部分机构和实务中，临床社工常常参与到要求授权的服务当中，这其中包括打电话及提交文本。社工可能会经历要求证明其继续为案主提供侵入性服务的正当性，判断和价值观念中的分歧可能会增加社工伦理上的问题。另外，行政要求和文书工作的引入使得案主—社工的关系复杂化（Poynter，1998）。尽管使用评价和质量保障是精神健康服务的一部分，但文书要求在不断上升。

至少，行为健康医疗使得本就复杂的精神健康更加复杂。与案主互动需要考虑到他们的行为健康保险、机构、服务的有效性和可及性、案主最大利益。精神健康机构由多渠道筹资，多渠道包括公共和个人，以及支持性服务的赞助商。有如此多期望问责的当事方，对社工来说，保持将案主需求放在首位便是一大挑战。

临床社工关注的另一个问题是，行为健康领域变得越来越具竞争性。虽然社工能够以较低的价格提供相同质量的服务，但管理医疗组织可能会更偏向医生及拥有博士学位的服务提供者（Jackson，1995）。消除这种偏见最好的方式是社工需要具备相应的知识及能力。接下来，我们转向社会工作实务的研究领域。

科学知识与证据为本的实践

社会工作实务的知识来自各种各样的源头和学科。本书将重点强调多学科来源——精神病流行病学、生物学和证据为本的研究。这些学科的研究结果影响了精神健康领域以及实务工作者的干预选择（从现在开始，精神健康、行为健康、行为精神健康可替换使用）。

精神病流行病学

行为精神健康领域的临床社会工作实践是基于精神病流行病学的研究。流行病学是研究疾病的分布、发生、流行率和持续时间的学科(Sadock & Sadock, 2007, p. 170)。这是公共健康的重要工程，它考察疾病的起源、成因和分布的条件，例如，体液的传播和获得性免疫缺乏症状。流行病学研究涉及复杂的抽样方法和统计分析方法。

流行病学研究基于“宿主(host)/致病因素(agent)/环境(environment)”的范式(Kellam, 1987)。宿主就是疾病患者；致病因素就是致病原因。流行病学应用于精神病理学，研究很少能够明确导致某一种精神障碍的特定致病因素。不像生理疾病，精神障碍不具备传染性，其原因是多方面且相互影响的。流行病学研究已经发现社会、环境和人口学变量与精神障碍有着层次不一的关联。

流行病学研究中广泛使用的两个词是：发病率(incidence)和流行率(prevalence)。发病率是指特定时间内(比如一年内)某一特定疾病新增患者的数量。流行率是指某一特定人群中病例总数(包括新发病例和已存在病例)。时点患病率(point prevalence)是指特定时间点内(如今天)患病率，期间患病率(period prevalence)是指超过一天的时间段内(如六个月)的患病率，终身患病率(lifetime prevalence)是指一个人一生中的任何时期的患病率(Sadock & Sadock, 2007)。流行病学也考察那些可能与特定疾病的发病率和流行率有关系的变量，如年龄、种族、性别和社会经济地位等。

精神病流行病学是指对人群中精神疾病的分布、积极精神健康以及相关因素进行研究的学科(Sadock & Sadock, 2007, p. 170)。该领域的研究在过去的60年里取得了极大的进展。早期研究着眼于治疗中的病例汇总以及数量庞大的社区案例，但这些研究策略都存在方法论问题。通常关注的治疗案例多集中于公共机构，这便导致许多没有治疗(由于社会及文化原因)和接收私人治疗的患者排除在外。社区中的流行病学研究有更加包容性的优势，然而早期研究却由于派遣非专业访问员收集的精神状况数据，以及难以将症状转化为诊断结果而受阻。在早期经典调查中，Hollingshead 和 Redlich(1958)在康涅狄格州纽黑文市的社区和治疗中的患者研究，发现社会阶级和诊断、治疗存在关联；Leighton（1959）在加拿大新斯科舍省斯特灵县的农村调研，发现三分之一人群有严重残障；Srole的曼哈顿中城区研究（Srole & Fisher，1986； Sroler，Langer，Michael，Kirkpatrick & Rennie，1962）发现1954年14%的人群被视为有残障，而1974年有12%的人群被视为残障。

二十世纪的最后二十年，精神病流行病学受惠于那些可以提炼诊断信息，并能被非专业访问员掌握的测量工具的发展（Weissman，Myers & Ross，1986）。包括诊断性访谈量表（Diagnostic Interview Schedule，DIS）（Robins，Helzer，Croughan & Ratcliff，1981）、复合性国际诊断访谈量表（the Composite International Diagnostic Interview，CIDI）（World Health Organization，1990），以及21世纪世界卫生组织复合性国际诊断访谈量表的世界精神健康调查倡导版（WMH - CIDI）（Kessler & Ustun，2004）。

"国立"精神健康研究所（NIMH）在二十世纪七十年代末和八十年代初的流行病学人口聚居区（ECA）项目的一系列研究中运用了DIS（Rieger et al.，1984）。这一系列密集研究集中在五个区域：康涅狄格州纽黑文市、马里兰州巴尔的摩市、北卡罗来纳州达雷姆市、密苏里州圣路易斯市、加州洛杉矶市。这些社区的机构化和非机构化居民都被调查过，并且在一年后再被调查一次，因此提供了综合且长期的数据（Freeman，1984）。这些研究收集的信息包括特定精神障碍的患病率、相关人口学因素、因精神健康问题而导致生理和精神健康服务的使用模式。这个研究项目取得了丰硕的成果——收集了美国精神疾病的分布信息。不过，该项目也有局限性，这五个调查是由大学的精神健康机构在城市地区开展的，因此，该结果在多大程度上可以应用于农村地区，以及其他难以得到精神健康服务地区的居民还不清楚（Kessler，Abelson & Zhao，1998）。

由"国立"精神健康研究所开展的全国共病调查（National Comorbidity Survey，NCS）试图弥补这一缺陷。NCS的抽样主要来自美国且年龄限制在15～54岁之间（Kessler et al.，1994）。此项研究使用CIDI评估诊断结果。当DIS与诊断和统计手册第三版（DSM - Ⅲ，APA，1980）一致，CIDI就切换至DSM - Ⅲ - R（APA，1998）。全国共病调查和流行病学人口聚居区调查都没有把人格障碍包括在内，只是将其视为反社会类型（Kessler et al.，1998）。随后（2001—2003），国家共病调查复测（NCS - R）扩大了CIDI的年龄指数，包括了55岁及以上人群的调查。NCS - R的调查结果转换为

DSM－Ⅳ的诊断（Kessler，Berglund，et al.，2005；Kessler，Chiu，Demler & Walters，2005）。本次调查排除了精神分裂症和自闭症（Kessler，Berglund，et al.，2005；Kessler，Chiu，et al.，2005）。

尽管有其局限性，这两项研究的实质性知识贡献在于囊括了其中的精神障碍的分布和治疗设施的使用。例如，NCS 有两个惊人的发现：第一是 15～54 岁人群中，CIDI 障碍的一年和终身患病率分别为 30.9% 和 49.7%。第二，相对一年和终身患病率而言，共病（两种或更多障碍同时存在）是常规而非例外（Kessler et al.，1994）。NCS－R 也得到了相类似的结果，认为共病与更加严重的精神疾病有关（Kessler，Berglund，et al.，2005；Kessler，Chiu，et al.，2005）。这两项研究的其他结果将在本书的其他地方予以引用。

生物学研究

精神健康实务的另一个渠道是生物学研究。越来越多的证据表明，许多精神障碍是由脑部疾病引发的，研究人员将关注重点落在了理解大脑的运作，脑功能失调的深层原因，以及如何用药物手段去克服生物化学失调等方面。这便导致了大量神经解剖学、基因（包括分子生物学）、大脑成像和精神药理学的研究。例如，人类基因组计划（Human Genome Project）已成功地对人类基因组进行测序，这有助于理解和治疗精神疾病。

整个二十世纪，精神健康领域一直对生物学在精神障碍发生学中的作用争论不休。弗洛伊德（Freud）的有关早期生活经历诱发精神冲突的开创性论述，使得我们将注意力转向了导致精神疾病的成长因素、家庭环境因素和性格因素。弗洛伊德和其他强调早期生活经历的学者有一个共同的结论是：家庭是诱发后代精神疾病的罪魁祸首。直到二十世纪中叶，精神药理学取得了突破性进展，并刺激了去机构化进程，生物学观点开始占据主导地位。在接下来的二十世纪九十年代，旨在提升精神疾病患者生活质量的新一代药物正式登场了。

由于强调人与环境的互动，社会工作领域一直不愿意将生物学知识整合进自己的理论基础之中。尽管生理心理社会视角被看作是理解实务的核心所在（Johnson et al.，1990；Saleebey，1992）。但慢慢地，精神健康领域的社工开始注意到生物学知识的重要性(Johnson，1996)，特别是实务工作者需要懂得脑部结构和精神药理学的知识(Bentley & Walsh，2006)。本篇的第三章将对生物学和相关学科(神经生理学、精神药理学和基因学)的重要知识展开介绍。后面的有关干预的章节将看到这些知识是如何应用于理解和干预那些不同精神健康问题的案主。

本书视生物学和心理社会视角为不可分割的整体。尽管专业人士可能将知识拆分为不同的领域，但个体是一个复杂的生理心理社会(灵性)的整体，由各种不同关系和经验建构而成。本书采用整合的生理心理社会概念架构，将于第三章中予以介绍。

证据为本的实践

从二十世纪九十年代起，社会工作领域关注如何促进更加科学为本的实践，似乎已从使用单一被试研究的实务工作者，即科学家范式转移到采用研究证实的干预上。使用单一被试研究的兴趣下降，可归因于机构应用的可行性和对其实用性的批评。干预研究的成果在实际社工实务中的应用，已逐渐成为推进科学在社会工作中广泛应用的催化剂。如前所述，在过去的二十年中，大量的实验测试干预开始在社会工作及相关领域中成型——足以为临床实践提供依据，被称为“科学为本”“实证支持”或“证据为本”。当前的趋势是使用证据为本的实践，即基于实证的干预。

在社会工作领域，证据为本的实务有两个重要概念。其一是由Gambrill(2003)和Gibbs(2003)提出，他们从早期实证为本的推动者Sackett及其同事(Sackett，Rosenberg，Grey，Haynes & Richardson，1996；Sackett，Straus，Richardson，Rosenberg & Haynes，2000)以及Gray(2001)处获得了灵感。因此，证据为本的实务包括五个步骤：(a)需要将知识转变为可回答的问题；(b)找到能够回答该问题的科学为本的证据，主要通过搜索计算机数据库来查找；(c)严格的评估证据；(d)与案主评审结果，然后应用于临床决策；(e)应用的结果需要记录和评估。重点应该放在案主的需求和期望，与案主共享证据，与案主一同做出基于证据为本的行动决策(Gambrill，2003；Gibbs & Gambrill，2002)。

另一个概念是使用经过研究验证的知识和干预方法。例如，Rubin

(2008)认为证据为本的实务“是一个过程，让实务工作者在做出决策的时候整合适用于他们专业知识和案主特质、价值观、喜好和具体情况的最佳研究证据(p. 7)”。Drake 等(2001)和 Torrey 等(2001)探讨了实施证据为本实务基于这样的假设：该实践应包括实务工作者使用研究支持的治疗准则。

证据为本的实务中这两个概念相当于实证支持的实践；事实上，这两个概念经常互换使用。其中，第二个概念成为精神健康服务文献中的主要概念。目前的证据为本的实践范式重点强调了实务工作者作为科学研究发现使用者的角色，这可见于 Corrigan、Mueser、Bond、Drake 和 Solomon (2008)主编的精神康复的著作。在如此范式中，干预措施是通过随机对照实验(RCTs)进行测试的。证明有效的干预措施由一线实务工作者运用到服务项目中。证据为本的实践证据是由分组实验产生的，它很少关注实务工作者在哪些可能有效的干预措施中获得证据。证据为本实践的另一种定义源于拓展的概念，既包括调查研究也包括实务工作者与案主共同工作中获得的证据，即以实务为本的证据。这个概念中的关键信息是相较于仅仅使用一种途径的证据，对两种途径获得证据的整合，能够为实务工作提供更加令人信服的科学基础。

精神健康领域中证据为本的实践受目前服务模式中的多种方法影响，其中有些得到示范项目基金或其他政府或私人资金的支持。在过去的三十年里，重性精神疾病的临床实务和干预服务取得了重大进展。强有力的研究表明，有丰富的实证证据认为，取得积极结果的干预措施可以被称为证据为本的实践。这些实务工作中最引人注目的是由精神分裂症患者结果研究团队(PORT)提交的报告，其中列出了对精神分裂症患者的心理社会和药理学干预的 35 个建议(Lehman, Steinwachs, and PORT Co-Investigators, 1998)并有后续更新(Kreyenbuhl, Buchanan, Dickerson & Dixon, 2010; Lehman et al., 2004)。1998 年，罗伯特·伍兹·约翰逊基金会(the Robert Woods Johnson Foundation)举办了一次全国研讨会，参会人员包括专家、学者、管理者、消费者、家庭照顾者和服务提供者，他们总结了 6 种针对重性精神疾病患者的证据为本的实务工作(Drake et al., 2001)。包括：(a) 积极社区治疗(assertive community treatment)；(b) 疾病管理和康复(illness management and recovery)；(c) 家庭教育(family education)；(d) 支持性就业(supported employment)；(e) 药物管理(medication management)；(f) 整合的双重障碍干预(integrated dual disorders interventions)。

本书介绍了几种证据为本的干预方法，以及最佳实践和有发展前途的范例。纳入的标准包括：定量和质性研究报告的结果、综合分析、经常引用的参考文献、与社工价值观的一致性。事例将在介绍干预方法的章节中进行介绍(第八至第十三章)。为了深入理解流行病学、生物学和实践效果研究，有必要了解一些基础性的东西。以下部分将介绍有关精神健康的基本定义。

定　义

许多在精神健康领域中使用的术语都不够明晰。其中，如常态(normality)、精神健康(mental health)、精神疾病(mental illness)等基础性概念一直饱受争议(e. g. , Szasz，1961)。精神疾病和DSM诊断的核心掩盖了个体优势和康复的潜能。

常态、精神健康和精神疾病

常态、精神健康和精神疾病都基于西方价值取向。常态和精神健康意味着积极心理功能，而精神疾病意味着功能失调。精神健康和精神疾病预示着医学模式，而常态则为统计模式。精神健康常常被用作精神疾病的婉约用词——正如诊治“精神疾病”的“精神健康”中心。一个相对较新的术语——行为健康，也增添了不少困惑。

常态。常态和精神健康有着相似的意思、不同的内涵。表面来看，常态意味着一个统计标准(Frances，Widiger & Sabshin，1991)——平均或均值；最普通的行为、众值；偏离均值一或两个标准差。然后，采用统计测量的研究得出令人惊奇的结论。常态社区抽样的精神病社会流行病学研究发现，一定比例的人口具有心理问题，只有少数人被评定为“好”(Kessler et al. , 1994； Kessler，Chiu，et al. , 2005； Leighton，Harding，Macklin，Macmillan & Leighton，1963； Srole et al. , 1962)。因此，精神疾病看起来就是“常态”。

常态也意味对社会情境的适应(Frances et al.，1991)。正常的人能够满足社会的需求，完成法律和社会义务，总体上适应社会架构。尽管这些人没有困扰，但并不必然具有创造性或能够自我实现。仅仅适应情境需求的人并没有如马斯洛(1968)所说的洞察力、自我意识或整合等“巅峰体验”。因此，他们并不必然地具备一致、独立或信心。实际上，他们也许默认不正义、剥削和迫害。

Jackson(1977)在“The Myth of Normality”一文中阐述了定义常态的困难所在，“没有一个心理‘常态’或‘良好的健康’的标准”(p. 157)。常态和变态的两分法是荒谬的，是基于心理病理学恒常不变的这一假设的。实际上，无论个人还是家庭都有不同的潜能、情绪表达和行为：没有所谓正常人这样一种生物。一个人会做出什么行为，是随着他生活环境的文化、亚文化、民族和家庭而变化的(p. 162)。因此，正常与环境有关。评估需要考虑文化及其他相关背景的信息。

简言之，精神健康即体现为没有精神疾病(Jahoda，1958)。因此，精神健康的个体都没有如DSM-Ⅳ-TR(APA，2000)中所描述的精神障碍。严重的精神病理学症状(如幻听、幻视)不存在或观察不到。这些人没有表达低落情绪或展现患有精神疾病的证据。在通常情况下，他们不接受精神健康的治疗。

该定义的问题是，社会文化过程会影响症状的出现与诊断。个体及其亲密关系网络也许会将个体的行为视为个体的怪行、神圣力量的迹象，或成长阶段的表现。群体关于什么是正常的观念可能与精神健康专业人士的精神疾病观念截然相反，为了达到诊断目的，某人或某一系统不得不将以前视为正常的建构视为异常(Scheff，1984)。

精神健康代表一种最佳或理想状态。Jahoda(1958)关于“积极精神健康”的概念包括自我态度，成长、发展或自我实现，人格整合，自主，环境控制，现实认知。这个定义强调高层次功能，而不仅仅是良好状态或没有疾病。该观点在当代发展为积极心理学，即“积极的主观经验，积极的个体特征，积极的机构的一种科学”(Seligman & Csikszentmihalyi，2000)，为精神病理学的观点提供了一种可替代的选择。与社会工作中“优势视角(strengths perspective)”相类似(Saleebey，2006)，积极的个体特征包括爱的能力、人际交往能力、韧性、勇气、灵性和才智(Seligman & Csikszentmihalyi，2000)。

精神健康也可被视为健康的一方面。世界卫生组织(WHO，1948)将健康定义为："完整的生理、心理和社会福祉的状态，而不仅仅是没有疾病。"该定义把精神健康看作健康的一方面，并提倡积极的精神健康。表1.1展示了世界卫生组织（WHO，2007）关于精神健康的概念阐述。它认为多种相互作用的因素——生物、心理、社会、经济、政治和行为——决定了精神健康和精神健康障碍。

表1.1 精神健康的界定

精神健康不仅仅是没有精神障碍

精神健康可以界定为一种个人可以实现自我能力、能应对正常的生活压力、积极且富有成效地工作并为共同体作贡献的幸福状态

从正面意义而言，精神健康是个人及社区幸福和有效发挥功能的基础。精神健康的核心概念要与不同文化的多样解释保持一致

精神健康取决于社会经济与环境因素

精神健康和精神健康障碍，如同一般的健康和疾病，取决于多样的且相互交织在一起的社会、心理和生物因素

最明确的证据是与贫困这一指标相关的，包括较低的教育水平，有些研究表明与住房差和收入低相关。个人和社区不断加深和持续的社会经济弱势可视作精神健康的风险

每个社区中弱势群体具有精神健康障碍的更大脆弱性可以由如下因素进行解释：不稳定和希望渺茫的体验，快速的社会变迁，暴力和生理疾病的风险

尊重和保护基本的公民、政治、社会经济和文化权利的氛围对精神健康促进而言亦是根本性的。如果没有权利所赋予的安全与自由，维持高水平的精神健康将尤为困难

精神健康与行为有联系

精神健康、社会健康与行为健康问题可能相交织从而加剧它们对行为和幸福感的影响

一方面是物质滥用、暴力、针对妇女和儿童的暴力，另一方面是艾滋病病毒携带或艾滋病，抑郁和焦虑，因高失业率、低收入、教育不足、工作压力大、性别歧视、社会排斥、不健康的生活方式和侵犯人权等状况而更加流行且难以应对

在本书中，精神健康被视为一种心理社会功能状态，其范围从功能失调、功能正常到最佳状态。最佳表示个体所属文化所规定的积极精神健康状态。功能正常是指有目的地和建设性地照顾自己及参与社区生活的能力。功能失调指照顾自己和参与社区的能力受损，以及对自己和他人具有破坏性的行为。

精神健康是个体、家庭、团体、社区、文化和国家的一种现象。若影响其中一个系统也会影响到其他系统。在个体层面上，精神健康包括情绪、认知、行为的表达和控制，以及生存所必需的社交、职业和管理技巧，也就是说，生理、心理和社会层面是联系在一起的。

精神健康概念。精神健康不仅仅是没有精神障碍，精神健康可以被概念化为一种健康的状态，个体意识到他/她的能力，应对正常生活的能力，

能够富有成效的工作，并为他/她所在社区做出贡献。

精神健康受社会经济和环境因素的影响。精神健康和精神障碍受社会、心理和生物等因素的交互影响，正如一般来讲的健康和疾病。最明显的证据是精神健康与贫困的指标有关。包括低水平教育、低质量住房和低收入。增强和持续的个体及社区的社会经济发展劣势增添了精神健康的风险。每个社区中的弱势群体的巨大脆弱性，致使精神障碍也许可以被解释为与不安全感和绝望体验等因素有关。尊重和保护公民的政治、社会经济和文化权利，也是促进精神健康至关重要的因素。没有通过这些权利带来的安全和自由，便难以维持高水平的精神健康。

精神健康与行为有关。精神、社会和行为的健康问题可能会相互作用，从而加剧对行为和健康的影响。在高失业率、低收入、有限的教育程度、高压工作、性别歧视、社会排斥、不健康的生活方式和侵犯人权的情境下，一方面，物质滥用、暴力、虐待妇女和儿童；另一方面，健康问题如 HIV/AIDS、抑郁和焦虑，会更加普遍也更加难以应对。

精神疾病。在二十世纪六十年代早期，Thomas Szasz(1960，1961)就向精神疾病概念的使用发起了挑战。Szasz 认为，这个术语应用在脑部和神经疾病方面是合适的，但并不适宜于不协调的信念、价值、行为、社会关系等通常被看成精神疾病的症状。很多人认为精神疾病患者的异常信念(如“我是拿破仑”)违背法律规范(精神失常的犯罪人)，但他们没有客观存在的生理疾病。Szasz 说，尽管这些人受到了困扰，但他们经历的是“生活在问题中”，而不是生活在精神疾病中，由于精神疾病这个术语是在没有医学病变证据的情况下被应用的，因此，Szasz 说精神疾病是一种“迷思(myth)”。Szasz 并不是唯一批评精神疾病概念和相关生活实践的人，Scheff(1984)描述了偏差行为被界定为精神疾病的社会过程。

行为主义者反对医学术语、标签以及心理问题有其内在原因的假设。他们宁愿认为，是环境因素导致了适应不良行为情形的出现。存在主义的现象学家批评过科学方法在精神疾病研究中的应用。他们的看法是(e. g. Esterson，1970)，评估精神疾病不可能是客观的，因为所有的决定都是在与案主的互动过程中形成的。另外，不少围绕案主的社会因素(家庭、环境)都作用于那些会被社会界定为精神疾病的问题。

有些批评是针对精神疾病的不良烙印的。例如，二十世纪六十年代一些年轻的政治活跃分子到南方去登记因患所谓的偏执而被关在精神病院里的非裔美国选民(Coles，1970)。将不同于主流社会的行为(如，同性恋、物质滥用和非法行为)判定为精神疾病症状是贬斥他者的办法之一。

第四版 DSM(APA，1980，1987，1994，2000)的作者试图回应一些定义问题，以及人们对之前各版手册科学价值的质疑。首先，每一个精神科诊断都赋予了具体标准，这可以阻止标签和精神科诊断的其他不当运用。第二，他们为实现可信的诊断和比较不同标准而进行了广泛的试验(APA，1980，1994)。第三，他们知道生理障碍和精神障碍之间、不同精神障碍之间，以及特定精神障碍和没有精神障碍之间的界限是含糊的(APA，1994)。最后，手册的作者们阐述了自己对"精神障碍(mental disorder)"的定义，他们使用的术语是"精神疾病(mental illness)"。DSM－Ⅳ－TR(APA，2000)中的定义重述了在 DSM－Ⅲ、DSM－Ⅲ－R 和 DSM－Ⅳ中使用的术语：

在 DSM－Ⅳ中，精神障碍是发生于某人临床上明显的行为或心理症候群或症状类型，伴有当前的痛苦烦恼(例如，痛苦的症状)或功能不良(即在某一个或一个以上重要方面的功能缺损)，或者伴有遭受死亡、疼痛、残疾或丧失自由的风险。而且，这种症状或模式不是对某一事件的一种可期望的、文化背景所认可的(心理)反应，例如，对所爱者死亡的(心理)反应。不论其原因如何，它应被视为个人行为、心理或生物学的功能失调的表现。但是，无论是偏差行为(如，政治的、宗教的或性的)，抑或是个人与社会之间的冲突，都不能称之为精神障碍，除非该偏差或冲突是如前所述的个人功能失调的症状(p. xxxi)。

这个定义清晰地将障碍定位于人的内部而非社会互动。它排除了个人对痛苦生活事件的反应(如丧亲)，除非这些事件伴随着程度不同寻常的苦恼。而且，它未将经常促使人们去寻求心理治疗的不幸福感包括在内。尽管定义区分了精神障碍和道德偏差，DSM－Ⅳ－R 并不认定精神疾病代表机能障碍。心理社会功能之痛苦和缺损的行为、情感与认知的证据，通常需经过临床访谈进行评估，而非生物实验。临床工作人员对特定行为、情绪和信念是否可视为精神障碍的症状做出判断。不可避免的是，这些判断是参照一个模糊的常规模式而做出的。正如 Wakefield(1992)所说，精神疾病的感念存在于"生物事实和社会价值的边界"(p. 373)。

另一个形容精神疾病的医学术语是精神病态(psychopathology)，指的是对精神疾病的科学研究，包括病因(etiology)、特征、病程等。文献中该术语与精神障碍、精神病症、精神疾病和异常可交互使用。本书认为精神病态、精神疾病和精神障碍的内容是与西方文化的价值及其命名过程交织在一起的。由于实务工作者需要在他们生活于其间的文化建构中工作，精神病态、精神疾病和精神障碍，以及DSM-Ⅳ-TR中的定义都认为与既定文化有关。有鉴于此，如下标准是精神障碍的指标：

1. 主观痛苦(subjective distress)。个体需要报告情绪痛苦、躯体痛苦、不舒适、失去控制、违背个体价值观的意志。

2. 受损的社会心理功能。个体不能满足自己的需求(洗澡、穿衣、洗衣和吃饭)或无法实现一般的社会功能(工作、上学、家庭管理、照顾家属、互惠的人际关系)，或毁灭/自我毁灭。其他关于受损的社会心理功能包括解决问题的间接策略(如，消磨时光、接触—回避类型、消极—攻击行为)。

3. 明显的越轨行为。个体采取没有工具性目的的行为和实质性的偏离其亚文化功能的行为(如，在美国主流社会中用排泄物污染墙壁)。

4. 感觉功能障碍。个体的感觉机能出现问题，即视觉、听觉、味觉、触觉或嗅觉与其生活的社会环境所产生的刺激不同。

5. 混乱的思维。个体的认知是错误的、不现实的、侵入性的，或者与个体所在的亚文化认知不符。

严重的精神疾病患者可能符合上面所有标准，而其他的人只符合少数标准。案主所表现出的担忧症状或行为不涉及这些或仅涉及第一标准，那就可能是生活问题或者是社会越轨行为了。

如前所述的正常、精神健康和精神疾病的争论，低估了定义和分类人类经验的困难。对特定术语而非其他术语的偏好，根源于理论取向的差异，并相应的与意识形态和权利有关。接下来讨论康复和优势的定义，一种替代主导地位的西方医学话语。

康复和优势

精神健康领域中的康复是指案主努力改善自己的生活使之与本人的价值观、兴趣和目标相符(Gagne, White & Anthony, 2007)。改变美国精神健康照顾：联邦行动纲领(第一阶段)(SAMHSA, 2005)中描述到，这是一个案主取向的概念，为精神健康系统的改变提供了一种指导准则。

康复的概念来自那些经历过从精神健康症状中坚持下来，治愈或成功应对的案主们(U. S. Department of Health and Human Services，1999)。大量的实证研究为精神健康指明了积极的道路(Gagne et al.，2007)。康复的定义非常丰富，有的学者描述它是一个过程，而有些人视其为一个结果或视角(Onken，Craig，Ridgway，Ralph，& Cook，2007)。“康复”这个概念主要用于重性精神疾病领域，也适用于成瘾，在这两个领域中，它们共同的目标是“通过减少损伤和残疾，提高生活质量”(Gagne et al.，2007，p.34)帮助受到影响的人。为了明晰“康复”的概念，2004 年举办的国际会议指出：

精神健康康复是治疗和转变的过程，使一个有精神健康问题的人在他或她所选择的社区过着有意义的生活，同时努力实现他或她的全部潜能(U. S. Department of Mental and Human Services，2004)。

康复为案主提供了希望，而在过去，这些人被认为是不可治愈的。如今，他们能够得到更好的精神健康照顾，提高心理社会功能，并掌握改变自己生活的机会(第十章将重点叙述)。

当代的康复的理念之一是优势为本(strengths-based)。优势视角提供了一种立场：给予患者肯定而不是病理导向。Saleebey(2005)这样解释，优势为本描述了被精神疾病这个标签所掩盖的可能性、承诺和希望。Ssleebey 设想完成一本“诊断优势手册(Diagnostic Strengths Manual)”，在这个手册里记载了人们的个人品质，如可信赖的、有耐性等。虽然一本关于精神健康的书难免会有漏洞，但本书在相关情境下，将承认并突出个人的优势。

如前所述，精神健康领域的话语受西方医学的影响，他们强调精神病理学；也受到优势和康复话语的影响，他们强调案主的人性。多种话语塑造了后现代主义，本书将以此为主要框架。

后现代主义

在过去的几十年里，后现代主义是一项席卷各个学科和专业领域的思想运动。它与业已呈现的急剧变迁——尤其是大众传播、信息系统、全球化和技术联系在一起，而这些变迁让人们既相互靠近又不断疏离。后现代主义挑战自启蒙以来象征现代西方社会的关于知识和思想本质的基本假设。与这一运动联系在一起的关注点侵蚀了以下信念：分类是固定的，现实是真实的，知识是确定的。后现代主义质疑产生的解释系统的现代主义方案。由于精神健康领域依据的观念是：疾病的分类是明确的、对现实的错误认知是精神疾病的症状、精神障碍能够科学地进行理解，后现代主义强烈质疑整个精神健康领域的合理性。

后现代主义思潮是后结构主义思潮的发展，后者是同欧洲大师Derrida（1978）和Foucault（1965）联系在一起的。后结构主义者批评如Freud和Marx等结构主义者构筑的解释普遍的、规则的和隐含的结构。Baudrillard（1988）、Lyotard（1984）和Rorty（1979）也是与后现代主义联系在一起的。后结构主义和后现代主义的界限是模糊的，两者明显有重叠之处。

后结构主义者/后现代主义思潮从语言的批判开始。争议之处在于符号（书面的或口头的符号，如文字）和所指（符号的意义是什么）之间的关系。后结构主义挑战语言反映预先给定的真正现实的观念，认定语言建构了一个取决于历史和社会并因而变动的现实（Weedon，1987）。另一种解释语言所组成的现实的方式是：现实是“社会建构的”（Berger & Luckmann，1966）。认定的现实具有变动性，其结果为意义是多样的、不固定的，并取决于不同的解释。

后结构主义者批判罗各斯中心主义，后者认为存在一个逻辑的、理性的和统一的秩序，这种秩序是中立和客观的（Grosz，1989）。象征西方后启蒙思想的罗各斯中心主义之所以受到质疑，是因为它忽视了自己镶嵌于其中的语言的复杂性（Derrida，1976）。首先，罗各斯中心主义假设构成知识的范畴是核心的和一致的。Derrida（1978）坚信范畴的意义随着情景而变化。逻辑中心主义的特点之一是基于颇受质疑的二分法，这一术语的定义与两极对立相关。Derrida认为，哪里有二分法，哪里就有隐含的阶层，一类比另一类更具价值（如男人之于女人、白人之于黑人）。将范畴视为对立二分法是误导，因为两个概念并非完全不一样或相反。为了把握二分法术语的意义可能有重叠之处，以及与某一术语相关的意义可能难以蕴含于另一术语之中的观念，Derrida用延异这个词来描述（Grosz，1989）。由此，人们可处于一种“鱼”与“熊掌”两者取其一或兼而有之的情境中，这在通常意义上被视为对立的术语的不同含义亦可适用。

尽管二分法术语有多重含义，但多样解释并不能立刻呈现。语言是政治利益争夺控制权的场所(Weedon，1987)。Foucault(1975，1980)的著作凸显了有权利的人将他们的意愿作为意志并强加给他人的方式。后现代主义者用“主流叙事”和“统治话语”去形容那些在公共领域里压倒其他并存叙事的观念。精神疾病、父权制和进步是主流叙事的范例。

虽然主流叙事的知识让人们理解社会统治主体的理念，它模糊了被忽视或被压制人群的叙事，如重性精神疾病患者、穷人、少数民族群体和妇女等。后现代主义者提出了一种名为“解构”的方法以揭示那些并不显而易见的意义，因为，他们来自那些缺乏权利表达自己关注的人群。它是这样实现的：将文本(书面或口语)置于其产生的政治、社会和历史脉络中，指明偏见并将它们置于文本的中心，将边缘视野看作中心视野。这样，被压制的声音(被压迫群体的声音)得以聆听。“‘解构’这一术语意味着，概念的呈现更多是作为意识形态或文化建构，而不是现实的自然或简单反映。”(Alcoff，1997，p. 353 n. 24)此处，我们关注的是意识形态、被压制的声音和隐藏的权力关系。

正如解构所呈现的那样，后现代主义关注知识建构和交流的情境。临床工作者需要熟知地方情境——特定机构的规范，以及与他们有往来的管理医疗机构、参与其中的不同专业的功能、他们服务的每一案主的境遇。另外，他们需要了解其他情境，如应用行为健康领域的精神健康政策和概念。本书的目标之一就是交流有助于解释机构和前来求助案主实际情况的专门知识。

后现代主义在精神健康领域有很多含义，这里讨论几种。很明显，DSM－Ⅳ－TR(APA，2000)详尽描述的精神健康分类是有问题的。没有“本质的”精神分裂症或其他的名称去指称一个人的心灵脱离正轨。像其他分类一样，精神分裂症是异质而多样的。每一个精神分裂症患者都是特殊的。诊断是原型，而不是本质，有必要认识他们的多样性。当然，它们只是障碍的分类，而不是人的分类。

另外，精神健康领域的二分法术语的意义需要澄清。例如，经常理解为相反的精神健康和精神疾病就有重叠之处。如前述所及，一个人可能有某种精神障碍，但在特定生活领域却功能正常(如，工作、友谊、自给能力）。因此，个体既有优势，也有弱势。

在精神健康领域，现代主义的声音通过证据为本的实践、诊断和精神药理学来表达，后现代主义的声音通过康复过程中案主们和直接关注案主优势的专业人士们来表达，两种声音是共存的。本书将结合实例，识别各方面的声音并进行综合分析。

参考文献

Alcoff, L. (1997). Cultural feminism versus post-structuralism: The identity crisis in feminist theory. In L. Nicholson (Ed.), *The second wave: A reader in feminist theory* (pp. 330–355). New York: Routledge.

American Psychiatric Association. (1980). *Diagnostic and statistical manual of mental disorders* (3rd ed.). Washington, DC: Author.

American Psychiatric Association. (1987). *Diagnostic and statistical manual of mental disorders* (3rd ed., rev.). Washington, DC: Author.

American Psychiatric Association. (1994). *Diagnostic and statistical manual of mental disorders* (4th ed.). Washington, DC: Author.

American Psychiatric Association. (2000). *Diagnostic and statistical manual of mental disorders* (4th ed., text rev.). Washington, DC: Author.

Bachrach, L. L. (1976). *Deinstitutionalization: An analytical review and sociological perspective* (DHEW Publication No. ADM 76-351). Washington, DC: U.S. Government Printing Office.

Bachrach, L. L. (1986). The challenge of service planning for chronic mental patients. *Community Mental Health Journal, 22,* 170–174.

Bachrach, L. (1996). The state of the state mental hospital in 1996. *Psychiatric Services, 47*(10), 1071–1078.

Baudrillard, J. (1988). *Jean Baudrillard: Selected writings* (M. Poster, Ed.). Stanford, CA: Stanford University Press.

Bentley, K. J. (Ed.). (2002). *Social work practice in mental health: Contemporary roles, tasks, and techniques.* Pacific Grove, CA: Brooks/Cole.

Bentley, K. J., & Walsh, J. (2006). *The social worker and psychotropic medication: Toward effective collaboration with mental health clients, families, and providers* (3rd ed.). Belmont, CA: Thomson Brooks/Cole.

Berger, P. L., & Luckmann, T. (1966). *The social construction of reality: A treatise in the sociology of knowledge.* New York: Doubleday/Anchor.

Bloom, B. L. (1984). *Community mental health: A general introduction* (2nd ed.). Monterey, CA: Brooks/Cole.

Bureau of Labor Statistics, U.S. Department of Labor. (2010–2011). *Occupational outlook handbook, 2010–2011 edition. Social Workers.* Retrieved August 18, 2010, from http://www.bls.gov/oco/pdf/ocos060.pdf

Caplan, G. (1961). *An approach to community mental health.* New York: Grune & Stratton.

Caplan, G. (1964). *Principles of preventive psychiatry.* New York: Basic Books.

Coles, R. (1970, November). A fashionable kind of slander. *The Atlantic,* 53–55.

Corcoran, K., & Vandiver, V. (1996). *Maneuvering the maze of managed care: Skills for mental health practitioners.* New York: The Free Press.

Corrigan, P. W., Mueser, K., Bond, G. R., Drake, R. E., & Solomon, P. (2008). *Principles and practice of psychiatric rehabilitation.* New York: Guilford.

Council on Social Work Education. (2007). *Statistics on social work education in the United States: 2004.* Alexandria, VA: Author.

DeNavas-Walt, C., Proctor, B. D., & Smith, J. C. (2008). *Income, poverty, and health insurance coverage in the United States: 2007.* U.S. Census Bureau, Current Population Reports, P60-235. Washington, DC: U.S. Government Printing Office.

Derrida, J. (1976). *On grammatology* (G. C. Spivak, Trans.). Baltimore: Johns Hopkins University Press.

Derrida, J. (1978). *Writing and difference* (A. Bass, Trans.). Chicago: University of Chicago Press.

Drake, R. E., Goldman, H. H., Leff, H. S., Lehman, A. F., Dixon, L., Mueser, K. T., et al. (2001). Implementing evidence-based practices in routine mental health service settings. *Psychiatric Services, 52*(2), 179–182.

Duffy, F. F., Wilk, J., West, J. C., Narrow, W. E., Rae, D. S., Hall, R., et al. (2006). Mental health practitioners and trainees. In R. W. Manderscheid & J. T. Berry (Eds.), *Mental health, United States, 2004* (pp. 256–309). DHHS Publication No. SMA 06-4195). Rockville, MD: Substance Abuse and Mental Health Services Administration.

Edmunds, M., Frank, R., Hogan, M., McCarty, D., Robinson-Beale, R., & Weisner, C. (Eds.). (1997). *Managing managed care: Quality improvement in behavioral health* [Summary]. Washington, DC: National Academy Press.

Esterson, A. (1970). *The leaves of spring*. Middlesex, UK: Penguin Books.
Frances, A. J., Widiger, T. A., & Sabshin, M. (1991). Psychiatric diagnosis and normality. In D. Offer & M. Sabshin (Eds.), *The diversity of normal behavior* (pp. 3–38). New York: Basic Books.
Foucault, M. (1965). *Madness and civilization*. New York: Vintage Books.
Foucault, M. (1975). *Discipline and punish: The birth of the prison*. New York: Vintage Books.
Foucault, M. (1980). *Power/knowledge: Selected interviews and other writings 1972–1977* (C. Gordon, Ed.; C. Gordon, L. Marshall, J. Mepham, & K. Soper, Trans.). New York: Pantheon Books.
Freedman, D. X. (1984). Psychiatric epidemiology counts. *Archives of General Psychiatry, 41*, 931–933.
Furman, R. (2003). Frameworks for understanding value discrepancies and ethical dilemmas in managed mental health for social work in the United States. *International Social Work, 43*, 37–52.
Gagne, C., White, W., & Anthony, W. A. (2007). Recovery: A common vision for the fields of mental health and addictions. *Psychiatric Rehabilitation Journal, 31*(1), 32–37.
Gambrill, E. (2003). Evidence-based practice: Implications for knowledge development and use in social work empirical foundations for practice guidelines in current social work knowledge. In A. Rosen and E. Proctor (Eds.), *Developing practice guidelines for social work intervention: Issues, methods, and research agenda* (pp. 37–58). New York: Columbia University Press.
Gibbs, L. E. (2003). *Evidence-based practice for the helping professions*. Pacific Grove, CA: Brooks/Cole.
Gibbs, L., & Gambrill, E. (2002). Evidence-based practice: Counterarguments to objections. *Research on Social Work Practice, 12*(1), 452–476.
Gibelman, M. (2004). *What social workers do* (2nd ed.). Washington, DC: National Association of Social Workers.
Gibelman, M., & Schervish, P. H. (1997). *Who we are: A second look*. Washington, DC: National Association of Social Workers.
Gray, J. A. M. (2001). *Evidence-based health care: How to make health policy and management decisions* (2nd ed.). New York: Churchill Livingston.
Grosz, R. (1989). *Sexual subversions*. Sydney, Australia: Allen & Unwin.
Health Insurance Association of America. (1996). *Sourcebook of health insurance data, 1995*. Washington, DC: Author.
Hoge, M. A., Davidson, L., Griffith, E. E. H., Sledge, W. H., & Howenstine, R. A. (1994). Defining managed care in public-sector psychiatry. *Hospital and Community Psychiatry, 45*(11), 1085–1089.
Hoge, M. A., Jacobs, S., Thakur, N. M., & Griffith, E. E. H. (1999). Ten dimensions of public-sector managed care. *Psychiatric Services, 50*(1), 51–55.
Hollingshead, A. B., & Redlich, F. L. (1958). *Social class and mental illness*. New York: Wiley.
Institute of Medicine. (2001). *Crossing the quality chasm: A new health system for the 21st century*. New York: Institute of Medicine, National Academy of Sciences.
Jackson, D. (1977). The myth of normality. In P. Watzlawick & J. H. Weakland (Eds.), *The interactional view* (pp. 157–163). New York: Norton.
Jackson, V. H. (Ed.). (1995). *Managed care resource guide for social workers in agency settings*. Washington, DC: National Association of Social Workers.
Jahoda, M. (1958). *Current concepts of positive mental health*. New York: Basic Books.
Johnson, H. C. (1996). Violence and biology. *Families in Society, 77*(1), 3–18.
Johnson, H. C., Atkins, S. P., Battle, S. F., Hernandez-Arata, L., Hesselbrock, M., Libassi, M. F., et al. (1990). Strengthening the "bio" in the biopsychosocial paradigm. *Journal of Social Work Education, 26*(2), 109–123.
Kellam, S. G. (1987). Families and mental illness: Current interpersonal and biological approaches (Part 1). *Psychiatry, 50*, 303–307.
Kessler, R. C., Abelson, J. M., & Zhao, S. (1998). The epidemiology of mental disorders. In J. B. W. Williams & K. Ell (Eds.), *Advances in mental health research: Implications for practice* (pp. 3–24). Washington, DC: NASW Press.
Kessler, R. C., Berglund, P., Demler, O., Jin, R., Merlkangas, K. R., & Walters, E. E. (2005). Lifetime prevalence and age-of-onset distributions of DSM-IV disorders in the National Comorbidity Survey Replication. *Archives of General Psychiatry, 62*, 593–603.
Kessler, R. C., Chiu, W. T., Demler, O., & Walters, E. E. (2005). Prevalence, severity, and comorbidity of 12-month DSM-IV disorders in the National Comorbidity Survey Replication. *Archives of General Psychiatry, 62*, 617–627.
Kessler, R. C., McGonagle, K. A., Zhao, S., Nelson, C. B., Hughes, M., Eshleman, S., et al. (1994). Lifetime and 12-month prevalence of DSM-III-R psychiatric disorders in the United States: Results from the National Comorbidity Survey. *Archives of General Psychiatry, 51*, 8–19.
Kessler, R. C., & Ustun, T. B. (2004). The World Mental Health (WMH) survey initiative version of the World

Health Organization (WHO) Composite International Diagnostic Interview (CIDI). *International Journal of Methods of Psychiatric Research, 13*, 93–121.
Kreyenbuhl, J., Buchanan, R. W., Dickerson, F. B., & Dixon, L. B. (2010). The Schizophrenia Patient Outcomes Research Team (PORT): Updated treatment recommendations 2009. *Schizophrenia Bulletin, 36*(1), 94–103.
Langsley, D. G. (1985a). Community psychiatry. In H. I. Kaplan & B. J. Sadock (Eds.), *Comprehensive textbook of psychiatry/IV* (4th ed., pp. 1878–1884). Baltimore, MD: Williams & Wilkins.
Langsley, D. G. (1985b). Prevention in psychiatry: Primary, secondary, and tertiary. In H. I. Kaplan & B. J. Sadock (Eds.), *Comprehensive textbook of psychiatry/IV* (4th ed., pp. 1885–1888). Baltimore, MD: Williams & Wilkins.
Lehman, A. F., Kreyenbuhl, J., Buchanan, R., Dickerson, F. B., Dixon, L., Goldberg, R. W., et al. (2004). The Schizophrenia Patient Outcomes Research Team (PORT): Updated treatment recommendations 2003. *Schizophrenia Bulletin, 30*, 193–217.
Lehman, A. F., Steinwachs, D. M., & PORT Co-Investigators. (1998). At issue: Translating research into practice: The Schizophrenia Patient Outcomes Research Team (PORT) treatment recommendations. *Schizophrenia Bulletin, 24*, 1–10.
Leighton, A. H. (1959). *My name is legion: Foundations for a theory of man in relation to culture*. New York: Basic Books.
Leighton, D. C., Harding, J. S., Macklin, D. B., Macmillan, A. M., & Leighton, A. H. (1963). *The Stirling County study of psychiatric disorder and sociocultural environment: Vol. 3. The character of danger: Psychiatric symptoms in selected communities*. New York: Basic Books.
Lyotard, J.-F. (1984). *The post-modern condition: A report on knowledge*. Minneapolis: University of Minnesota Press.
Maslow, A. H. (1968). *Toward a psychology of being*. New York: Van Nostrand Reinhold.
McGuirk, F. D., Keller, A. B., & Croze, C. (1995). *Blueprints for managed care: Mental healthcare concepts and structure*. Boulder, CO: Western Interstate Commission for Higher Education.
Mechanic, D. (1989). *Mental health and social policy* (3rd ed.). Englewood Cliffs, NJ: Prentice-Hall.
Mechanic, D. (2008). *Mental health and social policy: Beyond managed care* (5th ed.). Boston: Allyn & Bacon.
Onken, S. J., Craig, C. M., Ridgway, P., Ralph, R. O., & Cook, J. A. (2007). An analysis of the definitions and elements of recovery: A review of the literature. *Psychiatric Rehabilitation Journal, 31*(1), 9–22.
Poynter, W. L. (1998). *The textbook of behavioral managed care: From concept through management to treatment*. Bristol, PA: Brunner/Mazel.
President's New Freedom Commission on Mental Health. (2003). *Achieving the promise: Transforming mental health care in America. Final report*. (DHHS Publication No. SMA 03-3832). Rockville, MD: U.S. Government Printing Office.
Regier, D. A., Myers, J. K., Kramer, M., Robins, L. N., Blazer, D. G., Hough, R. L., et al. (1984). The NIMH Epidemiologic Catchment Area Program: Historical context, major objectives, and study population characteristics. *Archives of General Psychiatry, 41*, 934–941.
Robins, L. N., Helzer, J. E., Croughan, J. L., & Ratcliff, K. S. (1981). National Institute of Mental Health Diagnostic Interview Schedule: Its history, characteristics and validity. *Archives of General Psychiatry, 38*, 381–389.
Rorty, R. (1979). *Philosophy and the mirror of nature*. Princeton, NJ: Princeton University Press.
Rubin, A. (2008). *Practitioner's guide to using research for evidence-based practice*. Hoboken, NJ: John Wiley.
Sackett, D. L., Rosenberg, W., Gray, J. A. M., Haynes, R. B., & Richardson, W. S. (1996). Evidence-based medicine: What it is and what it isn't. *British Medical Journal, 312*, 71–72.
Sackett, D. L., Straus, S. E., Richardson, W. S., Rosenberg, W., & Haynes, R. B. (2000). *Evidence-based medicine: How to practice and teach EBM* (2nd ed.). New York: Churchill Livingston.
Sadock, B. J., & Sadock, V. A. (2007). *Synopsis of psychiatry: Behavioral sciences/clinical psychiatry* (10th ed.). Philadelphia, PA: Wolters Klumer Lippincott Williams & Wilkins.
Saleebey, D. (1992). Biology's challenge to social work: Embodying the person-in-environment perspective. *Social Work, 37*(2), 112–125.
Saleebey, D. (2005). Balancing act: Assessing strengths in mental health practice. In S. A. Kirk (Ed.), *Mental disorders in the social environment: Critical perspectives* (pp. 23–44). New York: Columbia University Press.
Saleebey, D. (Ed.). (2006). *The strengths perspective in social work practice*. Boston: Pearson/Allyn & Bacon.
Scheff, T. (1984). *Being mentally ill* (2nd ed.). New York: Aldine.
Seligman, M. E. P., & Csikszentmihalyi, M. (2000). Positive psychology: An introduction. *American Psychologist, 55*(1), 5–14.
Srole, L., & Fischer, A. K. (1986). The midtown Manhattan longitudinal study: Aging, generations, and genders.

In M. M. Weissman, J. K. Myers, & C. E. Ross (Eds.), *Community surveys of psychiatric disorders* (pp. 77–107). New Brunswick, NJ: Rutgers University Press.

Srole, L., Langer, T. S., Michael, S. T., Kirkpatrick, P., & Rennie, T. A. C. (1962). *Mental health in the metropolis: The midtown Manhattan study.* New York: McGraw-Hill.

Substance Abuse and Mental Health Services Administration, U.S. Department of Health and Human Services. (2005). *Transforming mental health care in America: The federal action agenda: First steps.* (DHHS Publication No. SMA 05-4060). Rockville, MD: Author.

Szasz, T. S. (1960). The myth of mental illness. *American Psychologist, 15,* 113–118.

Szasz, T. S. (1961). *The myth of mental illness.* New York: Delta.

Torrey, W. C., Drake, R. E., Dixon, L., Burns, B. J., Flynn, L., Rush, A. J., et al. (2001). Implementing evidence-based practices for persons with severe mental illnesses. *Psychiatric Services, 52*(1), 45–50.

U.S. Department of Health and Human Services. (1999). *Mental health: A report of the surgeon general.* Rockville, MD: U.S. Department of Health and Human Services, Substance Abuse and Mental Health Services Administration, Center for Mental Health Services, National Institutes of Health, National Institute of Mental Health.

U.S. Department of Health and Human Services. (2004). *National consensus statement on mental health recovery.* SAMHSA's National Mental Health Information Center, Rockville, MD. Retrieved August 18, 2010, from http://mentalhealth.samhsa.gov/publications/allpubs/sma05-4129/

Wakefield, J. C. (1992). The concept of mental disorder: On the boundary between biological facts and social values. *American Psychologist, 47*(3), 373–388.

Weedon, C. (1987). *Feminist practice and poststructuralist theory.* Oxford, UK: Basil Blackwell Ltd.

Weissman, M. M., Myers, J. K., & Ross, C. E. (1986). Community studies in psychiatric epidemiology: An introduction. In M. M. Weissman, J. K. Myers, & C. E. Ross (Eds.), *Community surveys of psychiatric disorders* (pp. 1–19). New Brunswick, NJ: Rutgers University Press.

Wolfensberger, W., Nirje, B., Olshansky, S., Perske, R., & Roos, P. (1972). *The principle of normalization in human services.* Toronto, Ontario, Canada: National Institute on Mental Retardation.

World Health Organization. (1948). *Constitution and basic documents.* Geneva, Switzerland: Author.

World Health Organization. (1990). *Composite International Diagnostic Interview (CIDI), Version 1.0.* Geneva, Switzerland: Author.

World Health Organization. (2007, September). *Mental health: Strengthening mental health promotion.* Fact sheet N° 220. Retrieved July 11, 2009, from http://www.who.int/mediacenter/factsheets/fs220/en

第二章

历史脉络：精神健康政策及社会工作实践的变化

如果过去的知识无法为未来提供精确的处方，它仍然可以产生提供用以衡量和评价当代政策和问题的见解和知识。

——GROB，THE MAD AMONG US，1994，p.3

精神健康领域的社会工作实践是从照顾精神疾病患者的历史和专业的历史之中发展起来的。本章回顾了美国精神健康领域的历史，社会工作在该段历史中的发展以及职业演变。这一历史受到了社会、经济和政治等方面的影响而变化。

殖民时期和美国早期的精神健康治疗受到了欧洲理念和实践的影响。这包括治疗方法，如放血和净化，以恢复体液平衡；使用锁链和束缚衣；"道德治疗"，启蒙运动中发展的人道主义方法（Dain，1964；Grob，1994；Katz，1985）。当美国从农业社会转变为工业国家时，它吸收了来自欧洲及其本土的早期经验。

精神健康领域的政策改变非常具有戏剧性。殖民时期，解决精神疾病患者需求的政策几乎不存在。而那些被定性为精神病的人被关在家里，由医生开设的私人诊所或济贫院收容，或成为流浪汉（Leiby，1978）。当时出现了一些机构，Quaker的宾州医院是第一个接受精神疾病患者的医院（1756），另一个是弗吉尼亚的威廉斯堡（1773），它是第一个为这类人群设立的公立机构。稍后，相关政策在机构化和社区照顾之间徘徊。在二十世纪早期，社会工作成为职业，社工开始在医院和社区机构中服务。在这一时期，医生，尤其是精神科医生，在美国精神健康治疗中起着领头作用。

精神病学在美国的肇始

美国公认精神病学的始祖是Benjamin Rush（1745—1813），他也是《独立宣言》的签署者之一。作为道德治疗的支持者，Rush相信尽管疯癫是生理疾病，但过度的脑力活动或者情绪冲击（道德影响）也会损伤大脑。脑具有“延展性”，因此促进健康的体验可改变大脑。

道德治疗的精髓在于相信：由于大脑表层具有强大的可延展性以及其对环境刺激的敏感性，病态状况可经由矫治体验而得以消除和改进。因此，无论精神障碍是直接或间接损伤抑或疾病所致，或是情绪失控，或过度用脑，那可以毫无例外地被治愈(p. 9)。

这段道德治疗的文字呈现出 Rush 的理念，认识到环境对精神体验的影响。但他作为坚信精神疾病具有生理原因的医务工作者，却没有明确解释环境因素和器质性之间的联系。一方面，他相信仁慈和人道照顾；另一方面，他使用放血、洗胃、束缚工具和电击等手段(Caplan，1969)。而那些在十九世纪接替他的人，发展出更加纯粹的道德治疗的模式。

十九世纪

道德治疗

十九世纪早期，另一群颇有影响力的美国心理医生(当时被称为 alienists)接受了道德治疗方法。在中世纪传承下来和 Rush 使用过的众多治疗方法的基础上，这些医生在私立医院和公立医院创造了一种亲密、关怀和仁慈的环境。道德治疗的 Quaker 模式——强调自我控制、稳定和社会和谐(Grob，1994)——这为 1824 年以前建立的 8 所美国救济院中的 4 所所使用(Dain，1964)。

医疗主管在医院和病友吃住在一起，并亲自管理道德治疗。他们鼓励患者工作、游戏和阅读，如果有兴趣还可以参加宗教服务。医院是在道德治疗理念的指导下运行的：

通过控制救济所的自然和社会环境。这在很大程度上经由员工和患者组成小组，严格但不过度强制地支持和控制每个人……在精神治疗过程中也试图让教师和牧师等其他照顾人群参与其中。尽管有着地理的隔离，但避免了将患者从社区中暴力搬离安置，这是因为长期机构化的不可取已为众人所认识，这是因为整个治疗方案有计划地灌输标准的文化价值和模式，以使得个人能够回归社区并能更好地应对社区的要求（Caplan，1969，pp. 37－38）。

此外，医生通过教育公众关于疯癫的知识、邀请社区居民参加医院活动、派送患者在这些社区居住或工作而与附近的社区建立联系（Caplan，1969）。社区精神健康运动的众多理念和实践都根源于美国十九世纪兴起的道德治疗（Caplan，1969）。

尽管有一些精神疾病患者在提供道德治疗的医院里得到了治疗，但这样的机构很少，更多的则是私人机构。另一些机构接纳偏差人群，但并不区分精神疾病患者和其他人群，如精神发育迟滞者、麻风病人、罪犯和无家可归者。其结果是，许多贫穷的精神障碍者滞留在救济院和监狱（Rothman，1971）。

正是在这个背景下，Dorothea Lynde Dix（1802—1887）开始了她有计划的活动。Dix 是一个 30 多岁时因生理和情绪崩溃而退休的学校教师（Kreisler & Lieberman，1986；Marshall，1937）。她去欧洲旅游，在那里她试图康复，可是，当她回来之后却困惑于不知道该走向何处。1841 年，她应邀到马赛州东坎布里奇一个监狱的周末学校教书，在接受这份志愿工作后，她发现可能有患精神疾病的贫穷妇女同罪犯关押在一起。

她震惊地看到她们与重刑罪犯关在一起，完全没有医学治疗和道德治疗。通过询问，她了解到她们对社会犯下的唯一罪行是自己所受的折磨。她查看了她们的住所，惊恐地发现那里没有家具，冰冷且没有供暖装置。她质问监狱管理员，为什么在安置精神病人的地方没有壁炉或其他供暖设施，为什么不让她们的生活如同那些对社会犯下实际罪行的人那样舒适，监狱管理员搪塞说，“疯子”不像别人那样会感觉到寒冷、生活不安全（Marshall，1937，p. 61）。

接下来，她参观了马萨诸赛州的其他监狱、救济院和收容精神疾病人士的机构，并在州立法会的听证会上报告了其发现：无处不在的、不人道的照顾和忽视。在 30 年里，Dix 从一个州到另一个州调查贫困精神疾病患者的境遇，并倡导公立机构提供更加人道的照顾。她乘坐火车、汽船和江轮，行驶了 6 万多千米，访问了 9 000 多人次（Marshall，1973）。Dix 因创立和扩建了 32 家精神病医院而声名鹊起（Katz，1985）。与二十世纪晚期的精神健康改革者不同，Dix 致力于建立和扩展州立医院，而非减少和消除。

Dix的目标之一，是要求联邦政府为照顾精神疾病患者承担一定的责任。积极的院外活动的结果是，国会提出了一个法案，联邦政府为当地精神疾病患者的利益要向州政府划拨土地。1854年两院通过这一法案，但被富兰克林·皮尔斯总统否决了。总统认为，如果联邦政府为各州的穷人提供此项措施，联邦政府就越权了。取消否决令的努力因此终告失败(Marshall，1937)。尽管如此，Dix依然是后来社工学习的典范。

道德治疗的衰落

尽管有Dix的不懈努力，道德治疗实践最终还是衰落了。道德治疗的早期倡导者所宣称的成功事迹难以为继。十九世纪下半叶，公立救济所的人口增长，整体情况发生了变化，收纳了大量的酗酒者、暴徒和移民。据称他们并不适应道德治疗的仁慈体质。在过度拥挤的人口和难以管理的背景下，以前实行的束缚方法又死灰复燃，旨在提供收留服务的计划再度得以沿用(Caplan，1969；Rothman，1971)。其结果是，这些机构成了被社会抛弃的贫穷人士的栖息之处。

这一时期，达尔文的思想和医学中的机体观念占据了人们的思想。精神疾病患者被视为基因缺陷的下等种群，不适宜生存。尽管医生宣称他们的基因有缺陷，但治疗却与此毫无关联(Willians，Bellis & Wellington，1980)。有些医药治疗开始实施，但医学的注意力在于对已死患者的大脑进行病理学研究(Caplan，1969)。

十九世纪仍然有社区治疗。早期美国东部精神病院送过一些患者回家居住，还帮助一些人参加工作(Caplan，1969)。根据社会工作年报(1935)，家庭照顾早在1885年就已经在马萨诸塞州运行。同一年，宾州医院开设了精神卫生门诊诊所，两年后，同样的诊所也在波士顿医院设立了(French，1940)。

再次变革

十九世纪的最后几十年中再次涌现改良运动。引发改良兴趣的争议之一，是个人对精神疾病救济所的虚假认同。此项实践的一些受害者是妇女，其中最闻名的是 Elizabeth（E. P. W）Packard（1861—1897）。Packard 的丈夫在违背其意愿的情况下，将她送到伊利诺伊州杰克逊维尔的一家州立精神病医院，因为当时的法律不保护已婚妇女的权利。Packard（1865/1974）争辩说她被错误地安置在医院里，原因是其宗教观念与身为加尔文牧师的丈夫价值观不一样。在成功起诉了自己的丈夫和留置医院的院长之后，Packard 发起了全国运动，推动保护人们免于无法庭判决而被移送到精神病院，并确保住院的个体接受人道的治疗。一些州为此授权探视委员会调查精神病院的状况。另外一些州给予患者向医院外寄不用受审查的信件的权利（Grob，1983；Wrench，1985）。

改革的另一标志是保护精神病人和预防精神病全国协会的成立，这个协会倡导更好的治疗和保护公共救济院内患者的权利。作为二十世纪早期出现的精神健康运动的前身，这个组织几乎与 1880 年在 Cleveland 召开年会，由社工、精神病学家、神经学家和业余改革人士共同发起的全国慈善和矫治协会同时诞生。遗憾的是，这个组织只存在了 4 年（Deutsch，1949；Grob，1983）。

另一个批评精神健康机构（救济所）现行做法的是纽约神经病学协会。这个组织关注医生的医学资格和患者的监督、治疗和权利。然而，无论是业余的改革者、慈善和矫治全国协会，还是神经病学协会，都无法超越美国精神病院院长协会的权利。这个协会的会员控制了主要的精神科设施，并如同一个自我封闭的行会那样运作，而不听取外来的批评（Caplan，1969）。它对精神机构的控制一直延续到二十世纪，才受到更强势力的挑战。

二十世纪早期

改良运动进步时期

世纪之交到 1920 年，这期间在美国历史上被称为进步时期。这一时期是对不受控制的自由企业和工业主义后果的反映——贫穷、恶劣的工作环境、商业利益引发的政治腐败。整个改良时期，新闻媒体曝光了童工、血汗工厂、监狱和精神病医院的阴暗面，由此引发了联邦政府对居民的责任以及居民之间责任的再思考。

在进步时期，环境和心理学视角占据了精神疾病病因和本质的主导地位(Rothman，1979)。社会科学研究社会阶级和经济状况对每个人良好状态的影响。社会工作学者 Sophonisba Breckinridge 和 Edith Abbott(1921)在其《越轨孩童及其家庭(The Delinquent Child and the Home)》一书中引入了社会环境视角。与此同时，新的心理学理论也被引入了。早期的社工和那些思想上与正在兴起的社会工作职业相呼应的改良者整合了上述观点。

精神卫生运动

Clifford W. Beers(1876—1943)像 Elizabeth Packard 那样，在机构化之后成为社会改良者，他是耶鲁大学的毕业生。在经历公立和私立精神病救济所的三年禁闭后，他康复并出版了《一颗找回自我的心(A Mind That Found Itself)》，这是一部讲述自我经历的自传体小说。Beers(1907/1923)以生动细致的笔调描述了自己的自杀意图、幻听、抑郁和躁狂症状，披露了他在住院期间所受到的虐待和惩罚性治疗：

> 15 小时后，这件束缚衣终于脱去了。穿上这件束缚衣之前，我精力旺盛，足以在受到蛮横殴打时，做出激烈反抗。现在相反，脱下束缚衣，我变得无力。当我的两只胳膊从压缩的位置松开时，我更是痛苦得十分厉害。每个关节都被扭伤，我不能控制自己的手指，我也不会自己穿衣服了，即使他们承诺过我有自由这样做(p. 133)。

Beers 的书得到当时心理学和精神病学领头人物的称赞，并为人们广泛阅读。在该书出版的同一年，Beers 创建了康涅狄格州精神卫生学会，1909 年成立全美精神卫生协会，随后成立全美精神健康协会。由此，“一直被视为精神病史转折点”的精神卫生运动开始了(Caplan，1969，p. 179)。

精神卫生运动，正如市民和专业人士所期望的那样，为后来的社区精神健康运动奠定了坚实的基础。尽管 Beers 最初的目标只是改善精神机构的环境，不过，预防成了精神卫生运动的基本宗旨。精神卫生全美委员会收集数据、研究政策、调查机构、鼓励研究和出版并教育公众（Bassett，1933）。这些都与当今的宏观社会工作有关。

精神卫生运动的早期支持者之一，是神经病学家和精神病学家 Adolf Meyer（1866—1950）。Meyer 是来自瑞士的移民，在 1909 年出任马里兰州巴尔的摩的霍普金斯大学菲利普精神病诊所的主任之前，曾在多家公立精神病医院任过职。Meyer 的精神健康理念是整体式的，包括心、身和环境。他视个体为社会中的存在，个体的生活状况影响其心理反应。相应地，Meyer 要求医生收集患者的生活史、家庭、经济状况和邻居等信息——这个过程需要探访患者的家庭、工作和社区（Deutsch，1949）。Meyer 期望在社区建立一个可与州立医院链接的有精神科中心的综合性精神卫生体系（Lubove，1965）。不出所料，他的观点吸引了早期的精神健康社工。

• • • 精神健康领域中的早期社工

Julia Lathrop 是一个曾与 Meyer 共事过的社会工作改良者，他们当时都在伊利诺伊州堪喀基的州立医院工作。她作为早期霍尔馆的住客，在阅读了 Beers 的《一颗找回自我的心》后，写下了如下陈述以支持作者计划中的全美组织：

> 我一直认为，无论从社会大众或是医学观点，研究精神疾病及其治疗的学会应该在某一时期进行改革。我非常高兴跟随你的计划并成为名誉委员会的成员。我已经同亚当斯女士谈过了，她同意加入这个委员会，随后将书面告知（Beers，1907/1923，p.271）。

Lathrop 成为精神卫生全美委员会的创建人之一，后来，她任过美国儿童福利局的局长。

二十世纪的前十年，一些社工在精神病医院就职。Adolf Meyer 的妻子 Mary Potter Brooks Meyer 是首位从事这项工作的人。作为丈夫甄选出来的志愿者，她探访住在曼哈顿州立医院病房和住在家中的精神病患者

(Deutsch，1949；Lubove，1965)。Mary Meyer 一直负责这项工作直到 1904 年，此后又任用了一位专门人员联络各个社区(Deutsch，1949)。

在其他地方，社工受雇于同样的职位。1905 年 Edith N. Burleigh 开始在马塞诸塞州综合医院的神经诊所工作，主要负责进行社会调查和治疗(Southard & Jarrett，1922)。1906 年，社工被任命为纽约市倍了屋医院的舍监(Southard & Jarrett，1922)。同一年，纽约州慈善救助协会聘请 E. H. Horton，一个受过训练的社工作为病后护理协调人，帮助患者在社区寻找住房、工作和其他资源。这一职位对自 1890 年代以来改善出院精神疾病患者的救助照顾运动来说，是一个关键事件(Deutsch，1949)。1911 年慈善救助协会说服纽约州让曼哈顿州立医院聘请愈后护理工作人员。数年之间，马萨诸塞州、伊利诺伊州和新泽西州都在精神病机构聘请了社工。

和 E. E. Southard 一起创造精神科社会工作这个术语并开创了这个领域发展前景的是社工 Mary C. Jarrett。Jarrett 是个案工作者，1913 年成为波士顿精神病医院社会服务部主任，Southard 是这个医院的医生。这个正式的精神社会工作部门成为医院不可或缺的一部分。Southard 和 Jarrett 在其著作《邪恶的王国(The Kingdom of Evils)》(1922)中介绍了社工的功能，他们指出社工的基本职责是社会调查——从患者和社区中的其他人那里收集患者医学和社会史的情况——这个功能被认为在某些案例的诊断过程中尤为有益。社工的另一个责任是个案工作，帮助案主“尽可能保持最大限度的良好状态”(Southard & Jarrett，1922，p. 526)。社工也要协调医生、院外社工、患者、家庭和朋友之间的关系。社会服务部门承担研究和培训社会工作学生的职责。Southard 和 Jarrett 对精神社会工作和社会工作部门的描述为后来者确立了一个模式。

第一次世界大战及其影响

第一次世界大战为精神健康领域社会工作实务的发展创造了条件。战时，美国红十字会组织了一个家庭服务局照顾士兵和海员的家庭。受过正规训练的慈善组织会的工作人员为该局工作，向军人家庭提供精神社会服务，其工作重心不再像以前那样是穷人，而是过去没有接触过社会工作服务的中产阶级家庭(Briar & Miller，1971；Robinson，1930)。

与此同时，很多战士经历了“炮弹冲击”或“战争神经症”。为了回应战地医院和回国士兵的紧急需求，波士顿精神疾病医院连同全美精神卫生协会和史密斯学院，1918 年在史密斯推出第一个精神社会工作的培训计划(Clark，1966；Deutsch，1949)。Mary Jarrett 负责这 8 周的夏季课程，她后来成为史密斯学院社会工作培训学校的副主任。差不多同一时期，其他的社会工作学院——纽约学院、芝加哥公民和慈善学院、宾夕法尼亚社会工作和健康工作学院——都开始将精神疾病的研究纳入他们的教育计划(Fink，Anderson & Conover，1968)。

尽管对人体功能心理层面的研究兴趣在不断增长，二十世纪最初二十年的社会工作仍主要依附于经济和社会学视角(Robinson，1930)。这明显是那一时期两个平行社会工作运动，安置屋运动关注贫穷和环境退化对人类生活的影响，而慈善组织会社试图通过给予救助和友好访问而救济贫穷。

这一时期，从慈善组织运动中崭露头角的 Mary Richmond，出版了一部关键的社会工作著作：《社会诊断》(1917)，该书介绍了在得出结论之前要从不同渠道收集社会数据和检查证据的方法。Richmond 对发展个案工作的职业(科学的)模式做出了贡献。尽管在她往后的书中将人格视为重点，《什么是社会个案工作》，但主要聚焦于个体与环境的关系(Clarke，1947)。

社会工作领域心理视角的兴起

1919 年的全美社会工作论坛是精神健康领域社会工作历史的重要转折点。Mary Jarrett(1919)发表了论文“精神科论点席卷所有的社会个案工作”。在论文中，她认为“精神疾病的观点编织构成了个案工作全部架构”(Jarrett，1919，p. 587)。Jarrett 注意到 Mary Richmond 的《社会诊断》一书中引用的一半案例是精神疾病问题。Jarrett 呼吁所有的社工都应掌握精神疾病知识，而不仅仅是专业精神社工。在这次历史性论坛上，其他的一些演讲者(Jessie Taft，Southard，Sheldon Glueck)响应了 Jarrett 对精神科视角的强调。

与此同时，有关心灵的知识正在发展。1909 年，Freud 来到美国马萨诸塞沃塞斯特的克拉克大学，并开设了一系列的精神分析讲座。Freud 对神经学倍感兴趣，认为可以通过神经对人进行深入分析。尽管他关于儿童性欲的观念让不少人震惊，但早年生活经历对成年性格的影响和“谈话治疗”的观点是非常有意思的。

二十世纪二十年代，精神分析在知识分子和医学专业人士中有不少的支持者(Lubove，1965)。而该知识也在很多方面吸引着社工。虽然有 Richmond 的“科学的”个案工作，但很多案主并不适用她介绍的这种方法。精神分析认识到无意识、非理性和内在心理动力构成阻碍治疗的力量。“案主不得不困扰于对抗其困难的斗争——个案工作者和案主结成联盟共同对抗内部敌人”(Birar & Miller，1971，p. 13)。Freud 的理论不仅提供了一个理解人格的框架，而且提供了一种干预方法，正是进行精神分析的社工认识了解了它的好处。

到了二十世纪三十年代，精神分析是处于争论之中的众多理论之一。美国的 J. D. Watson(1878—1958)和 E. L. Thorndike(1874—1949)提出了行为心理学。美国精神病学家 William Healy(1869—1963)关注青少年犯罪相关的心理问题。虽然他承认遗传、家庭和环境状况的影响，但他更感兴趣的是个人的心理。他对“精神意象”的重视预示了认知理论。

任何影响个人犯罪的因素首先会影响个人的心灵。它仅是因为不良同伴将重要图像放入其心灵之中，或躯体活动成为象征心理活动的意识，或环境状况导致对自己对他人的责任意识很低。总之，任何倾向都会导致青少年越轨(1915/1924. P. 28)。

在精神卫生运动的刺激下，对预防的兴趣在二十世纪二十年代日趋高涨，毫无疑问，儿童——尤其是青少年——成为重点人群。共和体基金支持在全国建立 7 个儿童辅导诊所，掀起了儿童辅导运动。重视儿童似乎与 Freud 的心理学强调早期生活经历的影响有关。另外，社会工作所阅读的 Healy 的书籍也关注早期干预。

Robinson(1930)认为二十年代是心理学视角在社会工作领域中显得重要的一个时期。两个流派——精神解释和行为主义心理学——占了主导地位。前者基于 Freud 的精神分析学说，后者受社会行为主义影响。那时的精神解释视症状为内部需要的反映，鼓励研究因果关系。相反，行为主义的心理学者关注外部因素，重视“习惯训练、治疗中的调整和再调整”和认为“面谈是一种刺激——反应情境，面谈者的行为调整为被面谈者所反应”(Robinson，1930，pp. 83 - 84)。Robinson感兴趣的是互动模式及与案主之间的关系，而不是社会事实的历史(Robinson，1930)。

其他一些学者(Grinker，Macgretor，Selan，Klein & Kohrman，1961)认为，当时从事精神治疗的社工拥有的精神疾病知识基本上是来自精神病学家Emil Kraepelin发展出的诊断分类。而在精神病机构工作的社工开始被视为专业人士了，1926年，他们成立了全美精神社工协会(French，1940)。

社会工作领域的专门化趋势让人担心社会工作职业将会分崩离析。社会工作专业人士参与的米尔福德会议试图在其报告《社会个案工作：普通的和专门的》(1929/1974)中调和这个矛盾。这份报告列举了所有社会工作领域的共同特征和特殊领域的独特性。精神社会工作特别关注有人格偏差的医院和机构工作。精神社会个案工作包括参与诊断和治疗。

二十世纪二十年代在精神科工作的社工实际上多大程度上参与了诊断和治疗，并不完全清楚。Grinker等(1961)明确了住院精神社工的一些功能——了解历史，向精神科医生和患者提供资源信息，探访家庭、学校、雇主，联络亲属及其他相关人员。在此基础之上，社工如同精神病学家的“助手”，提出医疗建议，“与患者不能建立独立关系”(p. 118)。然而，在接下来的20年里，经济起伏和社工领域的变动为进一步的专业自主奠定了基础。

二十世纪三十年代

二十世纪三十年代，美国受到大萧条的困扰，联邦政府资助了一系列的服务项目缓解疲困和失业。同时，精神病医院已是人满为患(Deutsch，1949)，人们质疑医院设施，要求以替代的方式来照顾住院的患者。其中一个替代方法是将患者安置在家里照顾(Pollock，1935)。社工安排和监督这些社区安置屋。此外，社工成为在门诊服务的多学科精神健康团队成员之一(Stevenson，1935)。

二十世纪三十年代后期，精神社工已出现在红十字会、老兵管理服务机构、公立和私立医院、儿童辅导诊所、心理卫生诊所(部分是流动诊所)、普通医院诊所、教育机构、精神卫生协会、各州精神卫生局、公共卫生护理组织、家庭福利组织和私人诊所(French，1940)。其功能因机构的不同而不同。医院聘请的精神社工收集社会史，过程是与住院病人及其家属从住院到出院(出院后的监督期)一起工作，促使病人进行调整和适应环境变迁，并参与社区教育项目。为成年人服务的门诊社工承担了同样的功能，而儿童辅导社工主要是心理治疗师的角色。精神卫生协会的社工参与社区组织、项目发展和数据收集。

第二次世界大战及其影响

第二次世界大战的经历唤起了国家对精神健康问题的意识与扩展服务的需求。征兵系统较高的入伍候选人落选比率说明国民之中精神健康问题的流行程度。通过心理甄选考察应征入伍的士兵所经历的精神障碍，说明任何健康的人在压力面前都可能面临精神健康障碍。

战争期间，精神社会工作是复杂的部队医疗系统——医院、精神科诊所、康复中心等——的一部分。精神服务进入老兵管理服务，为精神健康社会工作的发展提供了契机(Knee & Lamson，1971)。

1946年，全国精神健康法案通过，联邦为精神健康承担责任的时期开始了。这个重要的法案批准联邦资助精神健康专业人士(包括社工)的培训、研究和以社区为本的精神健康服务的发展。三年后，健康、教育和福利部的公共卫生服务成立了“国立”精神健康研究所。Robert Felix成了第一任所长。“国立”精神健康研究所的功能是执行1946年全国精神健康法案所列的计划，改善精神健康教育及预防。

二十世纪四十年代和五十年代，精神健康领域的社工拓展了其角色。他们收集的案主家庭和环境的数据被用于辅助确定诊断。由于出院患者被安置在自己的家庭或寄养家庭，接受假释或康复照顾，社工与社区的联系更加紧密。另外，当时精神科医生的短缺使得社工被用作心理治疗师(Nacman，1977)。

同时，社会工作的知识基础在发生变化。Anna Freud 的《自我和防御机制》1946 年在美国出版之后，精神分析被一群精神病学家修订。涌现出的自我心理学更是符合社会工作领域的胃口，因为它比 Freud 的精神分析少了决定主义色彩而更重视现实和意识过程。自我心理学为开始关注现实关系、适应、应对和控制力的主流诊断学派所吸收。而精神健康领域的最新进展连同国内和国际事件为社工从事社区精神健康服务铺平了道路。

精神健康治疗的方法转变：1950—1980

从二十世纪中期到八十年代，精神健康政策和实务发生了急剧变迁。表 2.1 列出了该时期颁布的联邦精神健康法案。实务的改变始于二十世纪五十年代，当时发现了药物氯丙嗪对精神分裂症有良好的治疗效果(Grob，1994)。该药物控制了精神分裂症症状使得医院能够让部分患者出院回家。差不多同时，大量英国关于社区治疗的报告(Jones，1953)刺激了将社区治疗替代住院治疗的想法。

表 2.1 联邦精神健康法案：1955—1980 年

年份	法案
1955 年	全国精神健康研究法(Pub. L. No. 84 - 182)：批准建立精神疾病和精神健康联合委员会
1963 年	精神迟滞设施和精神健康社区中心建设法(Pub. L. No. 88 - 164)：列出了五种社区精神健康服务项目并批准建设费用

（续表）

年份	法　　案
1965 年	社区精神健康中心建设修正法（Pub. L. No. 89－105）：建设和人员；医疗保险法（Pub. L. No. 89－105）：根据社会保障法第 19 条建立医疗救助制度
1967 年	社区精神健康中心修正法案（Pub. L. No. 90－31）：加大建设和人员资助
1968 年	酒精和麻醉品成瘾康复修正案（Pub. L. No. 90－574）：资助提供治疗酒精和药物成瘾的设施
1970 年	再次批准社区精神健康计划（Pub. L. No. 91－211）：持续向人员拨款、向儿童和老人提供服务、支持贫困地区的服务，包括咨询和教育
1972 年	附加保障收入计划设立（Pub. L. No. 92－603）
1975 年	社区精神健康中心计划修正案（Pub. L. No. 94－63）：增加必须服务的数量，包括药物和酒精成瘾的康复与预防、重性精神残障服务
1977 年	再次批准社区精神健康中心计划一年（Pub. L. No. 95－83）
1978 年	再次批准社区精神健康中心计划两年（Pub. L. No. 95－622）
1980 年	精神健康体系法案（Pub. L. No. 96－398）：优先向重性精神残障人士等弱势人群提供服务，更加强调倡导，批准四年

社区精神健康

二十世纪五十年代，社区精神健康的核心理念初具雏形。Eich Lindemann 和 Gerald Caplan 在波士顿提出了预防策略，例如，强化社会网络、提供精神健康教育和重构社区（Klerman，1986）。Lindermann 在为椰树林夜总会大火的幸存者工作时，提供了关于哀伤的理论和实务方法。她俩都为危机干预确立了理论基础。

第二次世界大战和朝鲜战争时期，军队为治疗炮弹冲击及相关影响建立了有效的策略。战争时的经验显示，与战争相关的精神残障可以根据及时性、集中性、接近性、期望和简单原则而减轻（Ursano & Holloway，1985）。人们注意到，那些受影响的士兵留在战区附近比送回后方医院能够更好地康复，并能重新归队。一套中央协调系统（分诊）用于确认那些有情绪问题的个体，并优先服务于那些最紧急的需求。治疗简单，伴随士兵有极高的期望能够康复，这些原则与危机干预的理论是一致的。

1955 年，经国会通过，并由艾森豪威尔总统签署的精神健康研究法案，授权进行精神治疗的全国研究。需要大量研究源于对数量可观的患者住在公立精神病院及照顾成本的关注（Klerman，1986）。精神疾病和精神健康联合委员会成立后，对精神健康领域进行了一次全面的研究，研究结果发表在《为精神健康而行动》（1961），委员会报告建议在社区设立综合精神健康服务，延续州立医院的服务，提高联邦政府的资助。

1963 年 2 月 5 日，肯尼迪总统在第 88 届精神疾病和精神发育迟滞大会上发表了演讲，这是一个历史性的时刻——美国总统第一次就这一议题发表演讲。肯尼迪总统呼吁尝试“大胆的新模式”——社区照顾。

这个模式在很大程度上旨在运用联邦资源去激励州、社区和私人行动。这个模式实施之后，监护隔离的冷冰冰的仁慈将代之以社区关怀和开放式温情。对预防、治疗和康复的强调将取代把患者限制在正在萎缩的机构里这种毫无意义的旨趣(p. 3)。

1963 年 10 月，肯尼迪签署了精神迟滞设施和社区精神健康中心建设法案。

1965—1980 年，通过了一系列强化实施社区精神健康体系的联邦精神健康法案。1965 年，政府拨款用于社区精神健康中心的建设和人员招聘（见表 2.1）。联邦政府列出了应包含在社区精神健康体系的各类服务——住院、门诊、社区教育、部分住院和急诊服务。法案指出，要提供特定服务(如酒精和毒品)，并为特定人群(小孩、老人)服务。医疗保险、医疗救助和附加保障收入成为精神疾病人士的保障资金来源。

1977 年，“国立”精神健康研究所推出了实验性的社区援助计划，从而激励州政府发展支援系统，以帮助重性精神疾病患者在社区居住。这一时期的最后一个进步性联邦政府精神健康法案，这并不是一个特殊的法案，只是在“国立”精神健康研究所的授权下资助研究和其他相关活动(Grob，1994)。

在卡特总统就职后，颁布了一项行政命令，建立精神健康的总统委员会，审查国家的精神健康需求(Grob，1994；Mechanic，2008)。虽然该委员会的最终报告“在多元化和相互矛盾的建议下，提供最好的大杂烩服务”，他们意识到患有精神障碍的人的需求非常的复杂(Grob，p. 285)，而这些精神疾病患者由于出院后得不到后续跟进服务而反复再次入院。即使该报告(《为精神健康而行动(1961)》)的初衷是为重性精神障碍患者提供社区支持，该项目在二十世纪六十年代和七十年代就开始实施，服务对象非常广泛，其中包括那些不太严重的残障患者(Klerman，1986)。在卡特总统的努力下，精神健康系统法案于 1980 年出台，该法案意识到重性精神疾病患者的需求，和其他一些脆弱并被忽视的人群，这些人由于去机构化而慢慢开始流落街头。

去机构化

去机构化是源于十九世纪五十年代美国的一种哲学思想、做事方法和意识形态，关注将患者治疗从医院转向社区。自由主义者相信机构化——尤其是长期住院——会损伤患者自我并侵犯公民权利。保守派支持者希望通过消除国家医院，以节省纳税人开支。去机构化构成一个模式的转变，且与社区精神健康运动的目标相融合。

去机构化为不少的法庭裁决所支持，并影响精神健康政策的重构。亚拉巴马州的瓦特告斯蒂科尼一案(Wyatt v. Stickney，1971/1972)总结认为，非自愿入院的患者有治疗权力，且有必要确定充分治疗的标准。这个决定规定机构应有足够的、合格的人员，每个患者应有个性化的治疗方案。很多案例(Lake v. Cameron，1966； Covington v. Harris，1969； Dixon v. Weiberger，1975； Welsch v. Likins，1974)认为治疗应该在最低限制性的、与案主需要一致的环境中进行。这些案例意识到案主的自主能力，并改善从社区到出院的计划，如中途之家、团体之家和家庭照顾等。在奥科诺告唐纳逊一案中，最高法院规定除非个人具有危险性(对自己或他人)，州立医院不可以强制性限制案主(Budson，1978；Levine，1981；Perlin，1986)。

接下来的法庭案例支持案主的权利。这反映了全美范围内从作为进步时期特征的照顾居民需要的“父母州”的理念，过渡到民权取向(Rothman，1978)。尽管早期视角是家长式的，但确实使得人们得到了照顾。然而，二十世纪六十年代和七十年代，改良主义者坚持州政府要负责强制性实践和社会控制(Rothman，1978，见第五章)。

二十世纪六十年代和七十年代，非自愿实践、残酷的治疗或无治疗、非人道的控制方式，都成为批判话语的对象(Cooper，1967；Lating，1967；Schelf，1966；Szasz，1970)。Kesey(1962)对正在兴起的反精神病学运动编成《飞越疯人院》，描述了精神病院中的患者被员工欺压的戏剧。包括社工在内的反精神病学运动的参与者质疑电击治疗、前脑叶白质切除术、限制策略的使用以及精神病学家的权威。许多人开始寻求将精神疾病患者从压制性精神健康体系中解放出来的途径。此项运动与越战几乎同时，这一时期有不少反对者推出了协助精神病医院的替代性服务。

在这一社会动荡时期，社会工作教科书展现了对多元理论视角的开放态度(Turner，1974)。系统理论有利于在社会环境中识别问题，浮现为可适用于社会工作实践的视角(Pincus & Minahan，1973；Siporin，1975)。人们逐渐意识到问题并不单单存在于个体之中，家庭和群体过程也受到重视。精神健康领域的社工，注意到案主治疗和出院的权利的实现存在系统性的阻碍。

同时，当社工拓展对社会功能和干预模式的理解时，直接为案主服务和治疗案主的具备研究生学历的社工，开始称自己为临床社工。1971 年，临床社会工作全美协会成立。社会工作全美协会和临床协会积极协助各州执行法令，倡导将保险覆盖至社会工作的服务。执照制度和处于卖方地位，使得社工参与私人实务成为可能。

精神健康政策的变迁：1981—2000 年

二十世纪的后二十年，精神健康范式再次改变。联邦政府不再向社区精神健康计划提供直接拨款。接下来介绍的拨款策略，是通过州政府实现的。这一时期，行为健康的管理式医疗的发展影响了实践情境。

1981 年，里根政府通过综合预算调解方案(Pub. L. No. 97 - 35)。这个法令向各州整笔拨款，州政府决定经费如何使用。这个法令取代了进步时期的精神健康体系法案，加快了责任从联邦政府向州立政府的转移。综合预算调节方案在二十世纪八十年代实施，伴随着联邦政府拨款的减少。里根政府时期，许多精神疾病患者面临失去辅助保障收入的困境，因为当时实施了更加严格的残障标准。但许多这样类似的诉讼都成功打赢(Mechanic，2008)。

尽管里根执政时期，联邦政府在精神健康领域的领导地位动摇了，但这届政府任期内一系列的发展却唤起了人们对精神健康的关注。在里根第一个任期内，John Hinckley 曾试图刺杀总统，并重伤了总统的一个随从，Hinckley 被诊断患有偏执型精神分裂症，并且从未接受过正当治疗。另一个发展是，Nancy Reagan 的"向毒品说不"运动，掀起了在青少年中对物质滥用的初级预防。

二十世纪八十年代后期，社区精神健康体系面临着财政困难、重性精神疾病患者和其他弱势群体日益增加。全美精神健康协会、全美精神疾病人员联盟、全美抑郁和双向障碍协会等倡导团体和其他的地方消费者团体成为精神健康领域的重要力量。

自 1981 年的综合预算调节方案以来，一些联邦法律为通过整笔拨款资助各州的服务实施提供了方向。1986 年，州立综合精神健康服务法要求各州拟定计划，解释它们将要发展和实施的为重性精神疾病患者服务的社区为本的服务体系，以及预计服务目标人群的数量。法律规定，如果各州想得到联邦资助就必须提交个案管理服务。这个法令 4 年后在 1990 年精神健康修正案(Pub. L. No. 101 - 639)中得以再次批准(Rochefort，1993)。1986 年，为消费者提供保护和倡导服务的法案正式生效。一年后，包括为资助无家可归的精神疾病患者提供特殊服务的麦克金尼无家可归者救助法案(Pub. L. No. 100 - 77)通过。该法案在 1988 年和 1990 年再次被批准(Rochefort，1993)。1990 年全美保障性住房法案(Pub. L. No. 101 - 625)批准资助精神健康和物质滥用问题人士的住房和服务。

1990 年，美国残障法(ADA，Pub. L. No. 101 - 336)通过。美国残障法严禁就业、教育、公共住所、公共服务和交通等领域歧视精神残障人士。美国残障法对反对就业歧视的保护比 1973 年的康复法更广泛，后者仅适用于联邦机构，或那些与联邦有超过 2 500 美元合约的机构。1990 年的全美残障法将反对就业歧视的范围扩展至 15 人及以上的私人机构。尽管仍有一些情形没有包括在内，但美国残障法的通过，无疑是精神残障人士权利倡导者的巨大胜利。2002 年，美国最高法院发布了一致意见，使得员工难以在美国残障法下要到有关的索赔。肯塔基州丰田汽车诉威廉姆斯一案(2002)，法庭明确法定原则下的残疾判定法。这样的行为，表明对全美残障法的解释仍旧是保守的。一般情况下，法院的裁决使得患有精神疾病的人在美国残障法下成功地获得索赔更加困难。

二十世纪八十年代和九十年代期间，管理医疗作为向雇员提供健康照顾的节约成本的方式日益盛行。行为健康用于形容在管理医疗计划下的精神健康和物质滥用治疗。但那些受雇于不提供健康照顾受益机构的人士、失业人士，以及非医疗照顾和医疗救助接受人都没有被覆盖在内。克林顿在第一个任期内，曾尝试通过保证普遍医疗保险的法案，但以失败告终。

这一时期通过的另一部法律，是1996年的精神健康平等法，并于1998年1月生效。这部法律要求50个雇员以上的机构要在团体健康保险计划(包括精神健康受益)下，同等覆盖一年和终生范围的生理与精神疾病。但精神健康平等法有很多漏洞，包括不覆盖物质滥用治疗。

又过了十年，完全平等的立法才得以通过。2008年10月3日，布什总统签署了精神健康平权和成瘾权益法案。该法案使得全国超过1.13亿的人不准歧视精神疾病患者(2009)，并于2010年1月1日生效。一个雇员如果在一个50人或50人以上的机构要保障他/她能够平等地获得医疗和外科福利以及精神健康或物质滥用的残障福利。保险计划并不允许免额赔和共付，也不允许像生理疾病的治疗一样要求精神疾病的治疗有治疗频率和天数的限制。建立在原有1996年平权法案基础上，新法案要求覆盖每年及终生资助额度。最近初级保健的实务趋势是为行为健康和精神问题患者提供医疗保障。像这样，该法案为许多有需要的个体提供了精神健康医疗保障。

世纪之交发表了两个重大的联邦文件。一个是《精神健康：卫生局长的报告》(1999)，这是美国精神健康领域中第一个卫生局长报告。二十世纪的最后半个世纪，特别是二十世纪九十年代，是科学发展的高峰期，也是大脑研究的十年，该报告描述了近期知识的发展，以及那些患有精神疾病的成年人和儿童需要这些知识的使用。第二份联邦报告——《精神健康：文化、族群与种族——卫生局长的精神健康补充报告》(2001)，确认精神健康照顾的差距并认识到有些种族和族群群体之中残障的负担更大。该报告呼吁精神健康系统水平的改变并在精神健康服务提供者中提升文化多样性。

2002年，布什总统签署了行政命令建立精神健康新自由委员会。该委员会的建立是为了跨越高水平精神健康医疗的障碍：(a)歧视；(b)精神健康治疗资助；(c)支离破碎的精神健康医疗系统。该委员会最后一个报告，实现承诺：改变美国的精神健康医疗保健(2003)，确认了美国精神健康医疗保健转型的几个目标。这些目标认定家庭和消费者主导照顾的重要性；消除精神健康服务的差距；早期评估和转介；使用技术获得医疗和信息。接下来的文件《改变美国精神健康照顾：联邦法案议程：第一阶段》(2005)，介绍了为实现这些目标需要经历的阶段和原则。

2010年3月23日，奥巴马总统签署了一个主要的健康法案——患者保护与平价医疗法案。与2008年的精神健康平权和成瘾权益法案一起，2010年的法案使得无数没有保险的美国人拥有了可以提供精神健康服务的健康保险。

2000—2010年，大量精神健康举措得到了精神健康医疗和服务的加速研究的支持。证据为本实践运动为精神疾病的治疗提供了新的思路，是一次实务运动的飞跃。它提供了一种每个精神疾病患者都有希望康复的理念，也重塑了精神健康服务系统的大局。证据为本的实践的原则是精神健康要求实务是针对特定群体的，它的目标是证明疗效，明确实务过程，能够推广到更多精神健康机构中去（Bond & Campbell，2008）。越来越多的精神健康领域和更多领域的社工接受了证据为本的实务。

总结与解构

本章介绍了美国精神科治疗的历史，以及社会工作在这段历史中的地位。本章突出了欧洲实践、历史名人、世界大战、联邦政策和意识形态扮演的角色。书中提及的几个改良者要么经历过精神疾病之苦痛，要么被指称有病而被安置在机构之中。除了这些有名的人物外，那些边缘人群被藏匿在房子的阁楼之上，或被紧锁在牢房里和精神病院里，或庇护于穷人院中，或被强制性地监禁于精神病院里。部分住院者是不熟习英语的移民，部分住院者是他的与众不同也许被建构为精神疾病症状的有色人种。这些人的苦痛经历鲜为人知。

在美国历史进程中，精神疾病及其治疗的范式经历了多次转变。例如，十九世纪的改革者Dix认为住院是可取的，而二十世纪六十年代和七十年代的民权倡导者则视住院为可憎的。在不同的时期，治疗的方法要从道德的角度来看。此外，联邦政府的角色也在不断地变化。然而，一个不变的特点是那些患有重性精神疾病的患者生活在贫穷之中。尽管事件的关键之处，如医学发现、大萧条、战争似乎影响了社会变迁，但权力关系和经济因素决定了改革的展开。证据为本的实务是否会被视为改革或政治影响的结果还有待观察。

社工被雇用至精神健康机构最初成为精神科医生的“助手”，并逐渐独立。在随后的几十年中，他们一直在努力解决管理式医疗的影响。同时，社会工作行业拓展了他们的知识基础，并内部讨论了有关理论框架，临床应该是怎样的，应该对谁负责。再者，对科学实践的观点还存在分歧。然而这并未导致分裂，不同的争论会导致新的解决行为或精神健康问题的结构。

参考文献

Bassett, C. (1933). Mental hygiene. In F. S. Hall (Ed.), *Social work yearbook 1933* (pp. 297–301). New York: Russell Sage Foundation.

Beers, C. W. (1907/1923). *A mind that found itself: An autobiography.* Garden City, NY: Doubleday, Page.

Bond, G. R., & Campbell, K. (2008). Evidence-based practices for individuals with severe mental illness. *Journal of Rehabilitation, 74*(2), 33–44.

Breckinridge, S. P., & Abbott, E. (1912). *The delinquent child and the home.* New York: Charities Publication Committee.

Briar, S., & Miller, H. (1971). *Problems and issues in social casework.* New York: Columbia University Press.

Budson, R. D. (1978). In J. Goldmeir, F. V. Mannino, & M. F. Shore (Eds.), *New directions in mental health care* (chap. 1). (DHEW Publication No. ADM 78–685). Adelphi, MD: National Institute of Mental Health.

Caplan, R. B., in collaboration with Caplan, G. (1969). *Psychiatry and the community in nineteenth-century America.* New York: Basic Books.

Centers for Medicare and Medicaid Services. (2009). *The Mental Health Parity and Addiction Equity Act.* Retrieved October 5, 2008, from http://www.cms.hhs.gov/healthinsreformforconsume/04_thementalhealthparityact.asp

Chamberlin, J. (1978). *On our own: Patient-controlled alternatives to the mental health system.* New York: McGraw-Hill.

Clark, E. (1966). The development of psychiatric social work. *Bulletin of the Menninger Foundation, 30,* 161–173.

Clarke, H. I. (1947). *Principles and practice of social work.* New York: Appleton-Century.

Cooper, D. (1967). *Psychiatry and antipsychiatry.* London: Tavistock.

Costin, L. (1986). Lathrop, Julia Clifford. In W. I. Trattner (Ed.), *Biographical dictionary of social welfare in America* (pp. 478–481). New York: Greenwood Press.

Covington v. Harris, 419 F.2d 617 (D.C. Cir. 1969).

Dain, N. (1964). *Concepts of insanity in the United States, 1789–1865.* New Brunswick, NJ: Rutgers University Press.

Deutsch, A. (1949). *The mentally ill in America.* New York: Columbia University Press.

Dixon v. Weinberger, 405 F. Supp. 974 (D.D.C. 1975).

Fink, A. E., Anderson, C. W., & Conover, M. B. (1968). *The field of social work.* New York: Holt, Rinehart and Winston.

French, L. M. (1940). *Psychiatric social work.* New York: Commonwealth Fund.

Freud, A. (1946). *The ego and the mechanisms of defense* (C. Baines, Trans.). New York: International Universities Press.

Grinker, R. R., Macgretor, H., Selan, K., Klein, A., & Kohrman, J. (1961). The early years of psychiatric social work. *Social Service Review, 35*(2), 111–126.

Grob, G. N. (1983). *Mental illness and American society, 1875–1940.* Princeton, NJ: Princeton University Press.

Grob, G. N. (1994). *The mad among us: A history of the care of America's mentally ill.* Cambridge, MA: Harvard University Press.

Healy, W. (1915/1924). *The individual delinquent.* Boston: Little, Brown.

Hermann, D. H. J. (1997). *Mental health and disability law in a nutshell.* St. Paul, MN: West Publishing Co.

Jarrett, M. C. (1919). The psychiatric thread running through all social case work. *Proceedings of the National Conference of Social Work,* Atlantic City, NJ.

Joint Commission on Mental Illness and Mental Health. (1961). *Action for mental health.* New York: Basic Books.

Jones, M. (1953). *The therapeutic community.* New York: Basic Books.

Katz, S. E. (1985). Psychiatric hospitalization. In H. I. Kaplan & B. J. Sadock (Eds.), *Comprehensive textbook of psychiatry/IV* (pp. 1576–1582). Baltimore, MD: Williams & Wilkins.

Kennedy, J. F. (1963). *Message from the President of the United States relative to mental illness and mental retardation.* (88th Congress, House of Representatives Document No. 58, pp. 1–14).

Kesey, K. (1962). *One flew over the cuckoo's nest: A novel.* New York: Viking Press.

Klerman, G. L. (1986). The scope of social and community psychiatry. In G. L. Klerman, M. M. Weissman, P. S. Appelbaum, & L. H. Roth (Eds.), *Social, epidemiologic, and legal psychiatry* (pp. 1–14). New York: Basic Books.

Knee, R. I., & Lamson, W. C. (1971). Mental health services. In R. Morris (Ed.), *Encyclopedia of social work* (16th ed., Vol. 1, pp. 802–813). New York: National Association of Social Workers.

Kreisler, J. D., & Lieberman, A. A. (1986). Dorothea Lynde Dix. In W. I. Trattner (Ed.), *Biographical dictionary of social welfare in America* (pp. 241–244). New York: Greenwood Press.

Laing, R. D. (1967). *The politics of experience.* New York: Ballantine.

Lake v. Cameron, 364 F.2d (D.C. Cir. 1966).

Leiby, J. (1978). *A history of social welfare and social work in the United States.* New York: Columbia University Press.

Levine, M. (1981). *The history and politics of community mental health.* New York: Oxford University Press.

Lubove, R. (1965). *The professional altruist: The emergence of social work as a career 1880–1930.* Cambridge, MA: Harvard University Press.

Marshall, H. (1937). *Dorothea Dix: Forgotten samaritan.* Chapel Hill: University of North Carolina Press.

Mechanic, D. (2008). *Mental health and social policy: Beyond managed care* (5th ed.). Boston: Allyn & Bacon.

Nacman, M. (1977). Mental health services: Social workers. In *Encyclopedia of social work* (17th ed., Vol. 2). Washington, DC: National Association of Social Workers.

O'Connor v. Donaldson, 422 U.S. 563 (1975), 1 MDLR 336.

Packard, E. P. W. (1974). *Great disclosure of spiritual wickedness!! in high places. With an appeal to the government to protect the inalienable rights of married women.* New York: Arno Press. (Original work published 1865)

Perlin, M. L. (1986). Patients' rights. In G. L. Klerman, M. M. Weissman, P. S. Appelbaum, & L. H. Roth (Eds.), *Social, epidemiologic, and legal psychiatry* (pp. 401–422). New York: Basic Books.

Pincus, A., & Minahan, A. (1973). *Social work practice: Model and method.* Itasca, IL: R. E. Peacock.

Pollock, H. M. (1935). Mental diseases. In F. S. Hall (Ed.), *Social work year book 1935* (pp. 273–277). New York: Russell Sage Foundation.

President's New Freedom Commission on Mental Health. (2003). *Achieving the promise: Transforming mental health care in America. Final report.* (DHHS Publication No. SMA-03-3832). Rockville, MD: U.S. Government Printing Office.

Richmond, M. (1917). *Social diagnosis.* New York: Russell Sage Foundation.

Richmond, M. E. (1922). *What is social case work? An introductory description.* New York: Russell Sage Foundation.

Robinson, V. P. (1930). *A changing psychology of social case work.* Chapel Hill: University of North Carolina Press.

Rochefort, D. A. (1993). *From poorhouses to homelessness.* Westport, CT: Auburn House.

Rothman, D. J. (1971). *The discovery of the asylum. Social order and disorder in the new republic.* Boston: Little, Brown.

Rothman, D. J. (1978). The state as parent: Social policy in the Progressive Era. In W. Gaylin, I. Glasser, S. Marcus, & D. Rothman (Eds.), *Doing good: The limits of benevolence* (pp. 67–96). New York: Pantheon Books.

Rothman, D. J. (1979). *Incarceration and its alternatives in 20th century America.* Washington, DC: U.S. Department of Justice.

Scheff, T. (1966). *Being mentally ill.* Chicago: Aldine Atherton.

Siporin, M. (1975). *Introduction to social work practice.* New York: Macmillan.

Social case work: Generic and specific. (1974). A report of the Milford Conference. Washington, DC: National Association of Social Workers. (Original work published 1929)

Southard, E. E., & Jarrett, M. C. (1922). *The kingdom of evils.* New York: Macmillan.

Stevenson, G. S. (1935). Psychiatric clinics for children. In F. S. Hall (Ed.), *Social work year book 1935* (pp. 350–353). New York: Russell Sage Foundation.

Substance Abuse and Mental Health Services Administration, U.S. Department of Health and Human Services. (2005). *Transforming mental health care in America: The federal action agenda: First Steps.* (DHHS Publication No. SMA 05-4060). Rockville, MD: U.S. Department of Health and Human Services.

Szasz, T. (1970). *Ideology and insanity.* Garden City, NY: Anchor Books.

Toyota Motor Manufacturing, Kentucky, Inc. v. Williams, 2002 LEXIS 400 (2002).

Turner, F. J. (Ed.). (1974). *Social work treatment: Interlocking theoretical approaches.* New York: Free Press.

U.S. Department of Health and Human Services. (1999). *Mental health: A report of the surgeon general.* Rockville, MD: U.S. Department of Health and Human Services, Substance Abuse and Mental Health Services Administration, Center for Mental Health Services, National Institutes of Health, National Institute of Mental Health.

U.S. Department of Health and Human Services. (2001). *Mental health: Culture, race, and ethnicity: A supplement to Mental health: A report of the surgeon general.* Rockville, MD: U.S. Department of Health and Human Services, Substance Abuse and Mental Health Services Administration, Center for Mental Health Services.

Ursano, R. J., & Holloway, H. C. (1985). Military psychiatry. In H. I. Kaplan & B. J. Sadock (Eds.), *Comprehensive textbook of psychiatry/IV* (4th ed., pp. 1900–1909). Baltimore, MD: Williams & Wilkins.

Welsch v. Likins, 373 F. Supp. 487 (D. Minn. 1974).

Williams, D. H., Bellis, E. C., & Wellington, S. W. (1980). Deinstitutionalization and social policy: Historical perspectives and present dilemmas. *American Journal of Orthopsychiatry, 50,* 54–64.

Wrench, S. B. (1985). Packard, Elizabeth Parsons Ware. In A. Whitman (Ed.), *American Reformers* (pp. 627–628). New York: H. W. Wilson.

Wyatt v. Stickney, 325 F. Supp. 781, *aff'd,* 334 F. Supp. 1341 (M.D. Ala. 1971) and 344 F. Supp. 373 (M.D. Ala. 1972), *aff'd sub nom.*

第三章

生理心理社会概念框架

> 显而易见的是，人类的经验并不单单只受到神经生物学和遗传学自下而上的驱动。相反，越来越多的证据表明，心理社会体验能够对我们的生物体施加宏观的、确定的、自上而下的力量。
>
> ——GARLAND & HOWARD，"NEUROPLASTICITY，PSYCHOSOCIAL GENOMICS，AND THE BIOPSYCHOSOCIAL，PARADIGM IN THE 21ST CENTERY" 2009，p. 197

传统的人类行为理论强调的是先天对后天、心灵对身体、生物对环境等竞争性范式。另一个标准的视角是，辨识影响人类行为的不同心理、社会和生理因素。这样的二元和线性的知识组合策略无疑限制了其在行为健康之中的运用。今天对于人类行为的理解，需要一个生理、心理和社会的整合视角。它不仅强调这些要素之间的相互影响、相互交流，而且强调它们之间的相互解释。身心不可分割，而且，个人的身心属于社会世界的一部分，同时，并与之紧密相连。社会世界维持或者忽略身心，并充当建构意义的环境。

本书的生理心理社会理论框架包含的理解是，生物功能、精神生活和社会过程对于适应性功能的作用中，三者之间相互影响，并实现于药物、心理和社会干预的整合应用。此框架同社会工作专业视角早期视角人与环境、人在情境中、心理社会相一致（Hamilton，1940；Hollis，1964；Richmond，1917），并扩展了生物学知识（Betley & Walsh，2006；Richmond，1917）。

同时，社会工作领域吸纳了心理社会和生物心理社会学框架，倡导生物医学模式的医学，包括精神病学。改变发生在 George Engel（1977）宣称生物医学模式是"还原论者"和"排他主义者"之后（p. 196），相应提出生物心理社会模式。从那时起，精神病学家、心理学家、家庭医生执业者开始关注生理心理社会模式（Astin，Shapiro，Eisenberg & Forys，2003；Gatchel，2004；Kandel，1998）。

生理心理社会知识的整合和干预方式受到新兴科学研究的支持。例如，Kumari（2006）研究发现，人际互动疗法（IPT）、认知-行为疗法（CBT），以及暴露疗法能够产生神经生物学效果。Astin 等（2003）研究发现，一些身心疗法（例如放松技巧、冥想、意象导引）在特殊医学疾病中具有疗效。心理治疗能够带来基因表达改变，这个进而又会导致大脑结构的改变。此假设在以上的研究结果中得到验证。

在为社会工作读者进行的新兴研究回顾中，Garland 和 Howard 讨论了“神经重构”和“心理社会基因组学”的概念：

> “神经重构”研究的是大脑的神经在生命历程中繁衍和生长成新的连接，然而“心理社会基因组学”研究的是通过心理的和社会的经验激活或者解除一些基因，因此促使新的神经系统发展。(p. 191)

大量可信的研究表明，案主不仅能够改变他们的情绪、认知以及行为，还能改变他们的神经系统。

本书中运用的生理心理社会整合框架受到这些新兴发展的互相影响的思想的影响，借鉴了社会工作中的整合健康模式和概念。这一模式整合了健康、患病和疾病三个概念(Weiner，1984； Weiner & Fawzy，1989)。健康是指适宜的生理心理社会功能，也就是那些改善、帮助和强化个人有意义地生活在环境之中的功能。健康是一个有赖于生物基因、心理和社会因素的正向目标，它需要适当的营养、良好的卫生、安定的政治环境，以及足够的生活水平予以保障(Weiner & Fawzy，1989)。伴随着个人的成长和不断吸取社会经验，健康变动不居。疾病是与生物化学、免疫学及结构、功能或基因的损伤联系在一起的。而患病是一种心理状态，包括不适、不满和疼痛(Weiner，1984)。

与西方生物化学模式相反，整合视角认为患病和疾病是复杂的、多向度的，并非单一生理原因引起的可以辨识的实体(Weiner，1984)。疾病是异质(多样)的，有各式各样、复杂多变的原因和表现。这个模式不是决定论的，也就是说并不假设线性因果影响(Zimmerman，1989)。因此疾病和病态并不必然因果相关或前后相继。一个人可以有疾病而感觉不到病态，一个人也可以感觉到病态而没有疾病。社会支援可以预防有基因倾向的人免于患病，而贫穷和另外的压力源诱发患病或恶化(Weiner，1984)。无论疾病、病态还是两者兼而有之，每个人都有治愈的自然倾向(Weiner，1984)。表 3.1 总结了整合生理心理社会模式的特征。

表 3.1　整合的生理心理社会视角的特点

生理心理社会三者交互影响	精神健康即健康
神经重构和心理社会基因组学	个体化

（续表）

健康、疾病和患病的概念	多维情境
复杂的表现形式	优势视角
异质性/多样性	案主为积极参与者
非线性因果关系	案主赋权
治愈的倾向	意义建构

在本书中，将精神健康视为健康。因此，精神病理学被视为生理心理社会整合的困扰，表现为内在的困难以及适应环境要求的挑战。精神障碍患者在以下方面存在困境：认知（或者认知处理）、执行适应性行为、处理情绪，或者对于环境要求的诠释。个体可以经历或者有悲痛（患病）的症状，或者通过结构性或基因损害（疾病）的实验迹象表现出来。

二十世纪的最后几十年中，药物滥用和主要精神障碍的疾病过程及基因解释的证据越来越多。生物学革命的研究结果为增进理解并改善介入方法奠定了基础。然而，生物学知识不可能替代有利于理解特定案主在特定社会情境下体验特定困难和其他知识源泉。案主经由认知、行为、躯体和情绪表达系统，以及在特定环境中的功能方式来表达自己的主观痛苦。症状和心理社会功能在被宣称有社会建构之精神障碍的个人身上得以汇聚。相应地，案主是个人化的并要置于其日常生活的不同情境中去理解。

本书应用的生理心理社会概念框架与优势视角相一致（Weick，Rapp，Sullivan & Kisthardt，1989）。即：

所有的人都拥有一定的禀赋、能力、能量、技巧、资源和愿望。无论某一时候可以表现多少，相信个人的潜能就是坚信这样一个理念：人有未开发的、未确定的可以表现的精神、生理、情绪、社会和灵性的能力宝库。（p. 352）

然而，由于行为健康问题人士有难以弥补的脆弱性，优势和脆弱性都囊括在他们的生物心理社会功能中并导致代偿失调。

另外，案主应该被看作积极的参与者而非消极的服务接受者。案主有应受的法律和伦理权利（最少限制性环境、知情和自决），以及享受专业、透明有效服务的权利（请看第五章）。社工要保证案主参与治疗计划的建立和目标的设定，案主要最大可能地自己做决定。临床社工应认识到案主有根据自己意识到的内在需要实现成长或自我转变的能力（Weick，1987）。社工要帮助受性别歧视、种族主义、残疾歧视、排外主义、年龄歧视、阶级歧视压制的案主去斗争，提升其潜能。

该视角亦假设案主积极参与意义建构过程。作为人，案主们对自己在宇宙之中的位置，以及自己与自身、他人和物质环境之间的关系有一定的意识。个人寻求自己或自己所属文化所规定的整体性、联系性、实现和成长意义。意义建构过程可以被视为一个发展(Kegan，1982)和精神的过程。

本章介绍与行为健康实践相关的来自不同学科的认知方式。尽管生理心理社会概念框架强调整合，本章仍然将分开讨论生物学视角和心理社会视角。不同认识方法分开处理以及不同认识方式的亚主题是，不同学科、不同专业领域知识建构的结果，也是西方思想倾向将知识分类的结果。

生物学视角

二十世纪的最后几十年中，精神分裂症和双相障碍等主要精神疾病被理解为大脑的疾病。研究人员已经获取了不少遗传学、大脑的结构和功能、精神药理学的知识。鉴于社工要将这些知识运用到案主身上，所以社工需要了解这些知识的发展，并且知道如何将其转化为介入方法。

遗传学

遗传的潜质被认为涉及众多精神障碍的病因。大量的研究检视了精神分裂症和心境障碍相关联的遗传模式。若干研究揭示了酗酒、焦虑障碍和人格障碍的遗传因素。传统上人们进行了家族风险、双胞胎研究和收养研究。现在的热点是分子遗传学。

家族风险 一种考察遗传影响的方式是研究特定疾病在病患家庭的流行率，并比较遗传关联人群的比率和总体人口的比率。此研究需要对可辨识的精神健康人士的家庭进行详细的调查，经由亲属的标准化访谈或记录。该研究从一个明确的案主(先证人或者索引患者)开始，然后推及第一顺序亲属(父母、兄弟姐妹和子女),再到关系稍远的家庭成员(Rainer,1985)。当精神疾病障碍的发病率在第一顺序的亲属中高于关系稍远的亲属,以及亲属中的概率高于普通大众时,基因假设就得到支持。从大样本的精神疾病流行病学研究中获取的普通大众患病率能够同家族风险研究的数据进行对比(Choudary & Knowles,2008)。另一种方法是将第一顺序亲属的患病率与控制组进行比较(Andreasen & Black,2006)。家庭风险研究表明精神分裂症、双相障碍、酗酒、社交恐惧症、强迫症、焦虑症会受到家庭的影响(Andreasen & Black,2006; Choudary & Knowles,2008)。另外,研究表明亲属经常发展为相似但并不是完全相同的障碍。例如,精神分裂症患者的亲属有较高的比率患有分裂型或偏执型人格障碍、情感分裂性精神障碍以及非典型精神病,然而双相障碍Ⅰ型患者的亲属更可能患有躁狂抑郁精神病、双相障碍Ⅱ型、情感分裂性障碍、精神抑郁症以及复发性抑郁症。这项研究结果可在其他类型的基因研究中证实,促使了相关精神障碍谱系的讨论(Choudary & Knowles,2008)。

双生子研究 另一种方法是研究同卵双胞胎和异卵双胞胎。确认受疾病困扰的双胞胎的临床案例,是调查同胞胎或另外的家庭成员是否患有同类精神疾病的基础。共存的比率称之为同病率。对双胞胎的精神分裂症研究已经表明,同卵双胞胎比异卵双胞胎有更高的同病率(Gottesman & Shields,1972; Kendler,1988)。异卵双胞胎的同病率与兄弟姐妹相差无几。另外,研究发现血缘关系越近,同病率越高(Sadock & Sadock,2007)。关于同卵双胞胎后代中只有一个双胞胎发展为精神分裂症患者的研究说明双胞胎后代患病的风险是对等的(Gottesman & Bertelson,1989)。

双胞胎研究也应用于心境障碍和焦虑障碍方面。关于双相精神病性心境障碍,同性的异卵双胞胎的同病率是23%,而同卵双胞胎的同病率是68%(Klerman,1988)。至于焦虑障碍,异卵双胞胎的比率是5%~10%,同卵双胞胎的比率则是30%~40%(Andreasen,1984)。以上比率表明,遗传是焦虑障碍和双相障碍的因素之一,并且其在双相障碍中的作用要比在焦虑障碍中的更强。

然而,上述结果对社会环境提出了质疑。如果遗传是唯一的影响因素,同卵双胞胎之间的同病率就应为100%。很明显,其他因素也牵涉其中。双胞胎在出生之前的环境是一样的,但双胞胎中的一个可能在家庭里与另一个受到了不同的对待(Rainer,1985)。鉴于难以厘清社会、环境和遗传因素对疾病的作用，另一种研究方法——收养研究——应运而生。

收养研究 收养研究以不同的方式进行。有研究将亲生母亲患精神障碍的寄养儿童跟对照组即父母正常的收养儿童进行了比较，相关的研究将有或没有精神障碍家族史的儿童跟患病收养父母养大的儿童对照。被不同家庭养大以及父母特点不一的儿童的精神障碍的流行率也被比较。

对被收养人的研究主要用于明确遗传和环境在精神分裂症上的不同作用。研究结果表明，精神分裂症患者的小孩比控制组的精神分裂症和精神分裂型谱系障碍(相关的障碍，如精神分裂型人格障碍)的发病率更高(Rainer，1985)。另一个研究使用截然不同的策略，即首先明确被收养的患精神分裂型谱系障碍的成年人，接着访谈，然后发现亲属之中精神分裂症和谱系障碍比率甚高(Kendler，1988)。少量关于情绪障碍的寄养研究表现出不一致的结论(Sadock & Sadock，2007)。

总体而言，双胞胎研究和收养研究表明，遗传与环境影响精神分裂症患者，而遗传发挥了更重要的作用。肯德勒(1988)估计遗传对精神分裂症的贡献的可信度为60%～70%，而环境的贡献率则少于20%。当然，上述研究也有局限性。对照收养研究，需要将儿童随机分配到收养家庭，这在伦理上是无法做到的。很多收养研究包括精神分裂型谱系障碍下的不同障碍，影响不同研究之间的可比性(Rainer，1985)。进一步地，家族关联并不意味着精神分裂症及其相关障碍有基因标记。更清晰的基因信息只能通过分子遗传学获得。

分子遗传学 DNA的发现和分子遗传学领域的技术进展，使得比前面所介绍的方法更直接地研究遗传成为可能。现今，国际人类基因组计划已经达成人类有机体基因序列重组的目标，希望能够认识到更多基因对精神疾病障碍的贡献。

分子遗传学采取的两个研究策略是连锁(linkage)研究和关联(association)研究。连锁研究调查很多患者家庭的DNA标识。关联研究对照非相关疾病的患者(Craddock，1996)。以上两个策略使科学家画出了疾病基因的染色体片断，并使他们揭示以上片断的候选致病基因(Craddock & Owen，1996；Mowry，Nancarrow & Levinson，1997)。

尽管分子遗传学承诺找出异常的蛋白质和基因标识(Kaplan & Sadock，1998)，至今为止，其对特定精神障碍的单个基因的研究却进展有限。然而，精神分裂症和双相障碍的基因位点和候选基因还是有希望的，研究发现这两种精神障碍的部分候选基因的基因位点出现重叠(Choudary & Knowles，2008)。

精神疾病障碍者被认为是“复杂”的基因紊乱者，也就是说他们不遵循孟德法则或者性连锁模式(sex-linked patterns)(Choudary & Knowles，2008)。其中一个解释为多样的基因，若干的基因和环境因素都牵涉其中(Craddock，1996；Moldin & Gotesman，1997；Mowry et al.，1997)。还有一种解释其复杂性的事实，是一些精神障碍患者缺乏遗传体质，然而其他有遗传体质的个人不会患病(Choudary & Knowles，2008)。

可以预测的是，在将来关于精神障碍遗传信息的集合能够贡献更多确定的发现(Craddock & Owen，1996)。如果异常基因得以辨识，新的干预策略就非常有必要了，包括基因移植治疗、新的药物治疗和基因咨询(Moldin & Gotesman，1997)，所有这些都涉及作为心理存在的人。另外，接踵而来的是围绕基因检测的伦理议题和基因歧视的社会问题(Moldin & Gotesman，1997)。由于社工可能涉及从事基因咨询，那么了解基因研究的发现以及对家庭的寓意就是其义不容辞的责任。

● ● ● 大脑

生物学研究的另一个方向是大脑。大脑是一个复杂系统，在感知、认知、情绪经验、处理和传输信息上发挥重要的作用。尽管其运行有赖于氧气和葡萄糖，但它无法储存这两种物质(Palfai & Jankiewicz，1991)。大脑由三部分组成——后脑、中脑和前脑(Bentley & Walsh，2006)。从进化论的观点看，后脑是最古老的，它由脑干、小脑和脑桥组成。脑干负责维持无意识生命支持过程。脑干的后面是小脑，它协调身体的运动和接受来自关节和肌肉的信息。脑桥联结大脑的各个部分以及中枢神经系统。中脑协调听、说和运动。最大的部分是前脑，由视丘下部、边缘系统和视丘组成，并相应地负责生物功能、情绪和感觉信息(Bentley & Walsh，2006)。

人脑在结构上被理解为由两个半球构成。左半球负责语言和逻辑思维，而右脑是习惯用右手的人的非语言、情绪和整合思维的来源(Hedaya，1996)。第三种考察脑结构的方式是观察脑叶。四个脑叶的位置和功能如下：

1. 额叶——在前部，负责自我意识、决策形成、动机以及情绪表达和动作行为的控制。

2. 顶叶——在耳朵上面，负责感觉和动作行动的协调、空间定向、认识人和物体。

3. 颞叶——在太阳穴附近，负责记忆、情绪、语言理解和学习。

4. 枕叶——在后部，负责视力、视觉理解和视觉记忆(Hedaya，1996；Sadock & Sadock，2007)。

思考大脑的替代方式之一是依据解剖(结构)和功能系统，所有系统发生相互作用(Andreasen & Black，2006)。其中，前者是大的前额叶系统，为大脑皮层的一部分。它整合不同来源的信息，推进决策制定和计划，形成领悟并执行复杂的和创新的行为(Andreasen & Black，2006； Hedaya，1996)。高层次的认知活动被视为高级功能。另一解剖结构为边缘系统，其作用似乎在于将意义赋予感觉信息和记忆(Sadock & Sadock，2007)。基底核系统控制动作活动，以及认知和情绪的表达。功能系统包括记忆、语言、注意力以及与前额叶系统相关的高级功能(Andreasen & Black，2006)。

不同系统的重要性凸显于对脑损伤人士的研究，例如，失语症、头部受伤和脑肿瘤。个人的自我临床陈述和结构伤害(损害)的位置之间的联系已经确立。以前，潜在伤害着的大脑只有在死后方可进行研究。现代技术使得研究活人的神经生理学成为可能。

• • • 大脑图像

现今一系列的神经影像技术被应用于获取大脑的图像。这些技术使得明确是否以及在何处存在结构性异常、精神活动在大脑中存在的部分成为可能。某些技术，如 CT 扫描和 MRI(核磁共振成像)应用于评估大脑的结构。另外的技术，例如 FMRI(功能性磁核共振成像)、PET(正电子发射电脑断层)扫描和 SPECT(单光子发射电脑断层显像)可显示大脑功能，即当人们从事认知和知觉活动的时候脑活动发生于何处(血流向何处)。

神经影像技术的发展已经证实精神分裂症患者、智力衰退者、厌食焦虑者、酗酒者以及一些情绪障碍者的大脑结构异常(Andreasen，2001)。尽管神经影像不能被用来筛查或者确定诊断，但它却是对研究有贡献并对长期追踪案主变化有帮助(Andreasen，2001)。神经影像的目标之一是观察神经递质的活动，神经递质对于理解应用于治疗精神障碍的精神药剂的运用尤为重要。以下部分将讨论神经元和神经递质。

● ● ● 神经元和神经递质

神经元是在神经系统之间接受和传递信息(或信号)的神经细胞。它们之间处理的信号是导电的，但它们传递的都是化学物质(Hedaya，1996)。

神经元由不同的部分组成。胞体是其内部，由脂肪类物质、细胞核和蛋白质合成物质组成。细胞核包括细胞的基因物质 DNA，它在细胞的成长和活动中扮演重要角色。细胞覆盖着细胞膜。从细胞体上突出的众多枝状突起称为树突，它的作用是从其他神经元中接收信号并传递到细胞体。细胞体的另一突起为轴突，从该神经元传递电子信号至其他神经元。轴突长短不一，有些长达数尺。轴突的表面覆盖着保护它的含脂肪的髓鞘(myelin sheath)。结(nodes)(或通道)促进信号的传递。轴突的末端是一个或多个轴突终末，轴突小泡居于其中。神经递质是轴突产生的化学物质，从小泡里稀释出而进入神经键，它们与其他神经元的树突互动并交织在一起。一旦化学神经递质不为其他神经元所吸收，它将被最初的细胞通过“再吸收泵”收回(Hedaya，1996)。

神经元可以产生不同类型的神经递质。其中与精神障碍研究最相关的是多巴胺、去甲肾上腺素、血清促进素和伽马氨基丁酸。多巴胺似乎在精神病的产生中发挥了作用，去甲肾上腺素跟心境障碍有关，血清促进素与抑郁症、精神分裂症和其他精神病相关联，伽马氨基丁酸可能和焦虑症有联系(Andreasen & Black，2006)。精神药物可能经由延缓、激活、阻止和逆转神经递质的生产过程来控制神经递质的释放(Andreasen & Black，2006；Hedaya，1996)。

● ● ● 精神药理学

理解和治疗精神问题人群的重大转变发轫于减轻痛苦症状药剂的发

明。药理学的进展缓解了众多精神病状况，并促进他们的心理社会功能。

二十世纪中叶，氯丙嗪缓解和减轻精神分裂症精神病性症状的有效性的发现是一项重要的科学突破。随之而来的是其他抗精神药物的发展和对大脑功能的进一步认识。尽管这些药物减轻了精神病性症状的显著性，但它们有不良副作用并无法回应冷漠等消极症状。正如第十二章后将介绍的，第二代抗精神药物（如扎平和利培酮）弥补了以前药物的若干不足之处。

心境障碍的药物治疗业已被引入并改良。二十世纪四十年代后期柯德发现碳酸锂可控制双相障碍的狂躁症状，尽管该药迟至二十世纪五六十年代才得到检验（Fieve，1975）。但锂立即成为治疗双相障碍和相关心境障碍的主要药物。最近有更多的其他心境镇静剂（抗癫痫药和钙离子通道抑制剂）已用于治疗那些对锂没有反应的患者。其他的药物也成功地应用于治疗抑郁症。起先比较旧的药物（如杂环抗抑郁药和血清素吸收抑制剂）也被常规化的使用，但像过去的抗精神分裂药物一样，它们有很麻烦的副作用。最近则是选择性5-羟色胺回收抑制剂和非典型抗抑郁剂成为主流。有些抗抑郁药剂对治疗焦虑症有效。治疗抑郁症的药物将在第八章讨论，焦虑症将在第九章讨论，精神分裂症和双相障碍将在第十二章讨论。

尽管药物治疗可以治疗症状，但不能消除服用药物患者的心理社会问题、案主依赖药物的感觉和药物的副作用。抗精神病药物不能治愈疾病，只能部分地消除症状。若干处方药（尤其是治疗焦虑和睡眠障碍的药物）具有成瘾性。一些药物可影响性功能或性欲望。

尽管社工不开药方，但他们服务的案主接受或需要精神药物治疗。社工要逐步认识到熟知精神病类药物及其预期反应和不良副作用的必要性（Bentley & Walsh，2006）。社工常常将案主转介给精神科医生做药物治疗评估。对那些正在进行药物治疗的案主，社工要观察药物在多大程度上有效果、案主的投诉、与其他物质的潜在相互作用以及其他的并发症。社工应能够注意到药物的生理、心理和社会层面的反应，并与案主以及牵涉案主照顾的他人一起工作（Bentley & Walsh，2006）。以心理社会理论为基础的干预经常与药物治疗联结在一起使用。

心理学和心理社会视角：理论、框架和治疗

正如很难将生物学解释同心理学解释和社会分割开来，同样将心理学解释同社会分割开来也是有问题的。心理学理论解释心灵的内在机制，即驱使人类行为的内在动机。鉴于这些解释经常涉及社会价值目标(例如，爱情)、社会互动、与环境互动，因此心理学与社会之间相互连接。这个部分将介绍两种基础心理学理论——自我心理学和认知理论，这两个理论同时又涉及社会维度，并都提供了解正常和具有精神病理的行为的知识框架。接下来会讨论行为理论和治疗，之后是互动视角。这个部分从自我心理学开始。

自我心理学(Ego Psychology)

自我心理学是弗洛伊德精神分析理论，尤其是其结构理论的重构。最初由 Hartmann(1958)和其同事 Kris & Loewenstein 提出，Anna Freud(1946)、Erikson(1950，1959)和 White(1959)以及客体关系理论家的著作都丰富了这一理论。它偏离经典、教条式的精神分析(尤其是内驱力理论和心理决定论)，强调个人与环境的相互关系，这使得自我心理学和社会工作尤其相容。

在精神分析和自我心理学中，三个假设结构——自我、本我、超我——构成了心理系统。本我代表没有限制的冲动、欲望和希望。超我包括良心和自我理想。自我负责认知、检视现实和沉思。自我心理学的自我比经典精神分析的自我更具独立性。在精神分析中，自我由本我驱动，并试图在现实中实现本我的目标。在自我心理学中，自我和本我都来自一出生就存在的、未分化的发源地。随着自我心理学中自我功能的扩展及其自主性的提高，自我变成不仅仅是心理系统三部分之间以及心理和外部现实之间的协调因素。自我心理学中的自我组织形成客体关系并提高了适应能力(Blanck & Blanck，1974，1979；Hartmann，1958)。

适应是指获得与环境保持均衡状态的能力。它包括生存、反应、让他人了解自己的需要、解决问题的能力。作为一个积极的过程，它部分地有赖于生物装置的存在，部分地有赖于环境的能量。根据 Hartan(1958)理论，人类生而具有适应“平均可预期环境”的能力，这是一个安全环境，提供食物和温暖，并适宜成长。我们不能指望小孩能够应对挨打受骂的环境。Hartan 指出人和环境之间存在着一种相互交往的关系，人和环境中的优势和弱势会相互影响。

自我心理学立足于 Freud 的内驱力理论，并重新诠释、修正之。Freud 假设，推动人类行为的两个基本驱力是性驱力和侵犯。Blank & Blank (1979)认为内驱力要与情感区分开来，也就是说，性欲和爱并非等同，侵犯和对立亦非等同。在弗洛伊德后期著作的基础之上，Blank & Blank 做出如下结论：性欲是指与他人链接或束缚在一起的驱动力，而侵犯则指消解该联结(或者最终毁灭之)。该解释使得侵犯涵盖了分离——个体化过程，正如 Mathler，Pine & Bergman(1975)所介绍的那样。修正后，两个驱力不再是两极对立，而是互为补充。正如自我和本我，它们是隐藏于无差异矩阵之中的内在能量。性欲在生命的早期占据过主导地位，促进了客体关系的发展。不久之后，分离和个人化的内驱力就占据了上风。然而，两种内驱力共存，并以相互呼应的形式运行(Blank & Blank，1979)。

立足于 Hartan 和其他自我心理学家的观点，White(1959)假设存在着一种并非源于这两种内驱力的人类行为的动机根源，这一根源似乎没有 Freud 所宣称的目标，即减少紧张。White 提出能力动机，其表现为探索、控制客体和掌握，这些活动都以自身为目标。他进一步指出，实际上参与这些活动并没有减轻紧张，反而增加了紧张程度。与自我有关联的能力动机将个人与环境联系起来了。White 用了一个新的术语——效能——来把握源自能力实践的功效感(effectance)(对环境的影响)。他认为独立的自我能量为效能提供了能源。强调通过有效活动(例如，应对)掌握环境是对自我理论的重要贡献。

自我心理学也包含了一个发展性的视角。它认为早期的生活经历(例如，丧失和其他创伤事件)可能阻碍健康的发展。此外，它注意到 Erikson (1950，1959)的贡献：即人类成长是一个贯穿于整个生命周期的持续性活动。尽管 8 个发展阶段被陈述为两极对立(信任对怀疑、自主对羞愧或困惑、自动自发对退缩内疚、勤奋对自贬、认同对认同混淆、亲密对疏离、生产对停滞、整合对绝望)，Erikson 仍视每一阶段为一连续体，并认为每个阶段都可能以某种形式同时存在。在本书中，我们聚焦于青少年、中年人、老年人，他们处于最后三个阶段但是在其发展中存在变数。

致力于儿童发展研究的英美新精神分析和客体关系理论家的贡献丰富了自我心理学。尽管不同思想家之间存在众多差异，但他们强调的共同之处是客体关系。客体是人——自我和他人，他们视自己的生活为投射进心灵的结构。婴儿在与重要他人的社会互动的情景之中成长为人类。通过一个充满情感的人际关系过程，自我(ego)将己身和重要他人的呈现整合进自身(self)之中。一开始，婴儿与其主要照顾者融合在一起。后来伴随着复杂的感情，他们逐步意识到差异变得更加独立。进而，他们形成自己和他人的精神意象(内化的呈现)，这使得他们在分离的时候能够记住自己和重要他人的意象。早期发展阶段的成功协调有利于形成稳固持久的人格结构(Blank & Blank，1986)。

自我心理学家和客体关系理论家的积累共享，使我们获得了一个更加开阔的视野去审视自我在适应性功能中的作用成为可能。自我促进人格组织和客体关系(Blank & Blank，1979，1986)。它规制内在过程、联结个人与环境、增强自主感(mastery)。自我帮助个人去区分内在需求和外在需求、控制冲动、建立人际关系。它通过联结(性驱力)和分离——个体化过程——促进贯穿于生命周期的成长。Anna Freud 和其他人谈到防卫机制与自我相关。

自我心理学的治疗关系　精神分析学派(包括这一视角下的自我心理学、新分析心理学、客体关系理论，以及女性主义理论)对于理解治疗关系具有巨大的贡献。治疗关系提供这样一个理论情境：案主在其中能够得到他们小时候未曾有过的照顾和接纳。回应过去议题的工作过程对治疗者而言，他们纠正案主人格结构的扭曲和形成更现实的关系成为可能。正如发轫于石头中心(Stone Center)的女性主义理论所指出的，关系在个人成长和自我实现中处于中心位置(Jordan，1997a)。临床工作者的同理心可以减轻案主的隔离感，并增强其联结感(Jordan，1997b)。尽管很多管理型照顾计划限制了关系问题得以解决的时间跨度，治疗关系的质量依然很重要。

自我心理学的治疗模式　自我心理学要在这样一种治疗关系氛围中付诸实践：社工要传达同理、接纳和支持。治疗师就如同案主的辅助自我。Goldstein(1995)介绍了两种自我心理学的治疗方式：自我支持和自我完善。自我支持方法旨在帮助案主适应或控制当前的问题、危机或压力情境。干预聚焦在当前的情境中，并介入案主的想法和感受。改变指向了个人、环境以及个人与环境之间的互动。治疗师与案主现存的和潜在的优势一起工作，并以此为基础。通过了解、反思并运用这些能力，案主能够解决当下的问题，并因运用内在能量和外在支持而获得满足感。自我支持治疗可以是短期的，也可以是长期的。

自我改善策略关注洞察力的发展和内心冲突的解决。因此，过去的历史材料得以使用，治疗关系之中出现的移情得到了诠释。案主参与了一个自我揭露、显示并解决重复出现的适应不良模式的过程。一般而言，自我完善治疗是长期的，仅适宜于特定案主。Goldstein(1995)建议该策略主要应用于具有良好自我优势、但有若干适应不良模式的案主，并认为它可以选择性地应用于病态比较严重的案主。对于那些具有影响其客体稳定性(object constancy)的发展性缺失的案主而言，社工成为案主的客体，并有利于客体稳定性的发展。然而，自我心理学概念很难进行操作化，因此相比较认知和认知行为理论及治疗模式，自我心理学治疗有效性的证据就较为有限。

认知、认知-行为理论与治疗

认知理论关注思维、信念、解释和意象。绝大多数与之相关的理论家都支持情绪反应和不良行为都由思想间接促成的认知。认知理论从智识上可以追溯到古希腊哲学家(Beck，1985)。Beck 认为他的思想归于心理学的认知革新以及 George Kelly(1963)和 Albert Ellis 的著作(Beck，2005)。如今，治疗师从多角度来运用认知治疗，其源于许多证据为本的治疗。通常治疗师会结合行为治疗的方法，也就是认知行为治疗(CBT)，这在接下来的部分会进行讨论。

认知理论引入了一系列为理解奠定基础的概念。其中之一是图式(Scheme or Schema)，指的是个人的思维单元或思想建构，为分类思想或编码环境中的信息提供规则(Wright，Thase & Beck，2008)。这些可能适应也可能不适应。例如，一个人可能关于他/她的朋友有积极的图式(他们关心我)或者消极的图式(他们不够关心我)。另外一个认知理论的概念是自动思维(automatic thoughts)(Beck，1976)。它们是人们以暗示形式传递给自己、先于情绪高涨体验的信息。这一信息也许是指导性、解释性、自我赞扬式或自我批评式的。例如，经历抑郁的人可能有自己无用的想法；焦虑患者也许会认为环境之中潜伏着子虚乌有的危险。自动思维可见于口头的自我陈述和精神意象。根据 Beck(1976)理论，自动思维影响随后产生的情绪和行为。

认知治疗的两个创立者是 Albert Ellis(1913—2007)和 Aaron Beck(1921—)。Ellis 提出名为理性情绪治疗(rational emotive therapy，RET)的治疗方法，之后修正为理性情绪行为治疗(REBT)。他认为由触发事件(A)引起的非理性信念(B)，可以成为形成神经症状或功能失调行为(C)的原因。造成后果的信念主要是夸大其词、自恋和不切实际。例如，自己应受到自认为重要的人的关爱的想法；人应该全能的想法；或者人在生气的时候，自己所处的情景极其糟糕的想法(Ellis & Harper，1975)。这些信念有时具有夸大性质，并经常使用"应该"和"必须"这些词。非理性信念显示逻辑谬误，个人由此错误地解释了自己、他人和情境。

Ellis 认为行为、信念和情绪联系在一起。通过治疗过程改变非理性信念后，功能失调的情绪和行为消除了，并代之以建设性的情绪和行为。治疗由以下部分组成：明确非理性信念，经由逻辑争辩而反驳之，以理性的自我对话替代非理性的观念。理性情绪治疗是说教式的、存在主义式的。它运用家庭作业、角色扮演、练习和想象等手法。总体而言，它是短期的，并注重有意识的当前体验(Ellis，1979)。

Beck 的认知理论和认知治疗和 Ellis 的类似。Beck(1976，1985)相信自动思维触发情感(焦虑、忧伤、愤怒、友爱)和行为(打斗、撤离、侵袭、接近)。无论其正常或病态反应的特征如何，自动思维可扭曲到导致功能失调反应的程度。就个人而言，这些思维被赋予了特殊性，就心理病态症状而言，具有特定的意义。

Beck(1985)指出了抑郁和焦虑患者的若干认知错误。其一为断章取义(selective abstraction)，即根据情境的某一部分做出结论，而忽略情境的其他部分(例如，因为小孩成绩不好，所以我不是一个好母亲)。它与另一个错误——以偏概全(或译为过分概括化，over-generalization)——有类似之处，即将某一体验上的推论应用于所有情境之中(例如，我不能做好任何事情)。另一逻辑错误是随意推论(arbitrary inference)，即从一个中性事情中得出一个不恰当的结论(例如，“杰克在回避我”，实际上杰克谁都没看见)。个人化(personalization)是指将事件赋予与自己相关的意义。在这种情况下，他人的陈述或情绪反应(“母亲很不安”)被归因为与自己的行为相关(“我伤了她的心”)。另一个认知错误是“极端化思维”(dichotomous or polarized thinking)，个人仅仅注意到两个相反的、极端的选择——即一种被视为隧道视角(tunnel vision)的现象。夸大或贬低(magnification or minimization)，即夸大任务的困难，或低估个人完成任务的能力。

抑郁症患者使用认知错误支撑关于自己、自己的体验以及未来前景——Beck(1985)将这三者称为认知铁三角——负面景象。例如，他们可能从一个简短的经历(“我被炒鱿鱼了”)推导很远未来的前景(“没人再请我了”)。他们认为自己毫无用处，将别人的中性行为归咎于自己的不是。焦虑患者错误地解释危险的信号，由此，他们担心客观上很安全的情境。思维聚焦于可预期的灾难，例如，死亡、失去控制或失败。

Beck的治疗模式中，治疗师和案主是一起工作并实现认知重建的伙伴关系。治疗师给予温暖、接纳和理解。Beck眼中的治疗师是智识导师，引领案主理解与其问题相关的信念体系，并改变思维和行为。他们一起挖掘关于案主图示和自动思维声音的假设，这一过程被称作为“协同的经验主义”(Wright et al.，2008)。

通常认知治疗是短期的、聚焦现在、具有结构性的(Wright et al.，2008)。治疗师和案主一起合作制订计划和为将要解决的问题设定优先次序。首先治疗师要帮助案主明确其自动思维(Beck，1985)。治疗师要求案主形容其受压力的情境，从而了解促成这一情境的思维，或者用日记记下一闪而过的思维。在明确其思维之后，就要讨论植根于这些思维的认知错误，从而明确思维上的扭曲并提出替代解释。这个过程即再归因训练，为案主打开替代性思维方式(图示)。接下来，过度概括化等认知扭曲要接受外在世界的经验证实(Beck，1985)。案主的任务是通过进行新活动(同很多人说话，并记下他们的反应)而检验其错误的期望(如“没人想跟我说话”)。这些练习可以在进行之前预演和讨论。随后，案主的扭曲可根据经验结果得以重新检视。其他可运用的技巧包括苏格拉底式提问、意象训练、形成替代性想法、列举利弊、事件绘图、自动思维、情绪回应、替代性理性回应或结果(Wright et al.，2008)。整个治疗过程之中，使用定量方法监控案主的受压水平(Beck，1985)。

认知治疗能够有效改变焦虑障碍和抑郁症患者的思维和行为以及在饮食障碍、人格障碍、自杀行为、精神分裂症和双相障碍的治疗中取得一些成功(Beck, 2005; Wright et al., 2008)。表3.2表明认知治疗如何运用到不同的症状中。本书特别突出Beck治疗抑郁症的方式(见第八章)。

表3.2 认知治疗的应用

概 念	目标症状	技 巧
图 示	抑 郁	明确非理性或自动思维
自动思维	焦 虑	反 驳
评 价	恐 惧	再归因训练
归 因	沉 迷	经验检验
认知错误	强 迫	绘 图
	药物滥用	意 象
	人格障碍	列出利弊
	饮食障碍	一般替代物

资料来源：根据Bandura(1982); Beck(1976, 1985); Lazarus & Folkman(1984); Wright et al., (2009)

除了Ellis和Beck的模式，还有其他认知或认知行为相关的治疗方式。在这之中有建构主义、应对技能治疗、问题解决治疗(Dobson, Backs-Dermott & Dozois, 2000)。我们接下来探讨问题解决治疗。

问题解决治疗 问题解决治疗以证据为本，源于认知行为治疗，基于证明社会问题解决与心理困扰之间联系紧密的研究(Nezu, 2004)。治疗的主要目标是形成采纳和运用适应性的积极的解决问题的态度和行为，作为减少情绪困扰的方式，提高案主的整体生活质量(D'Zurilla & Nezu, 2007)。D'Zurilla和Goldfried(1971)最初提出了问题解决治疗，Nezu和他的同事对其进行了修正(Nezu, 1987; Nezu & Perri, 1989)，并将问题解决治疗(PST)运用于成人重性抑郁治疗中。在Nezu和其同事(例如，Nezu, 1987; Nezu等, 1989)早期的著作中将问题解决治疗(PST)视为治疗重性抑郁障碍(MDD)的有效方法。

问题解决治疗也作为药物滥用、吸烟成瘾、焦虑障碍和重性精神疾病患者的介入方式。若干早期研究证实，问题解决治疗对于药物滥用的有效作用，具体来说，相比较标准的药物治疗方式，此方法对于成年酗酒者有更好的治疗结果(Chaney, O'Leary & Marlatt, 1978; Intagliata, 1978)。在另一个研究中，针对减少吸烟的标准行为介入中，运用问题解决治疗被证实优于单独的行为治疗(Karol & Richards，1978)。有少量的研究关注问题解决治疗在焦虑相关的障碍中的运用。然而，早期研究中有一些治疗焦虑障碍的证据，尤其是广场恐惧症和社交恐惧(DiGiuseppe，Simon，McGowan & Gardner，1980)。尽管没有研究发现，问题解决治疗与应对技巧训练之间有任何治疗差异(Bradshaw)，但关于重性精神疾病的问题解决治疗的研究已经得到坚实的证据说明其对不同注意力安慰剂的控制条件具有优越性(Coche，Cooper & Petermann，1984；Coche & Flick，1975；Medalia，Revheim & Casey，2001)。

实验研究发现，问题解决治疗对于社区为本家庭健康照护中的轻度抑郁障碍(Gellis et al.，2008)，以及初级保健安置的重性抑郁障碍介入有效(例如，Mynors-Wallis，Gath，Day & Baker，2000)，同时对于患有身体疾病的个体也有帮助，如癌症(例如，Nezu，Felgoise，McClure & Houts，2003)、心脏病(Gellis & Bruce，2010)，以及糖尿病(例如，Williams et al.，2004)，这些疾病伴随着临床抑郁症。事实上，近来三个系统性文献回归为问题解决治疗减少抑郁的效果提供了重要的数据支持(Bell & D'Zurilla，2009；Cuijpers，van Steaten & Warmerdam，2007；Gellis & Kenaley，2008)。问题解决治疗适用于社区康复中老年群体抑郁症的治疗(Arean et al.，1993；Gellis，McGinty，Horowita，Bruce & Misener，2007)，包括有功能障碍的抑郁症老年病人(Alexopoulus，Raue & Arean，2003)。

问题解决治疗通过提升个人的乐观、自我效能，以及有效应对压力事件的技能水平来帮助减少抑郁。此外，它聚焦于对于同抑郁相关的特殊日常问题的更加现实的(与灾难相比较)评价和评估，以及发展和选择最佳的能解决问题的替代方案以及通过暴露个人的日常愉悦活动(行为激发)而运用行动计划。日程安排和日常愉悦活动的应用，能作为问题解决策略的路径和技巧。因此，问题解决治疗在概念上适用于抑郁治疗，是基于坚实的证据基础(Cuijpers，van Straten & Smit，2006；Gellis & Kenaley，2008)。

问题解决概念框架 针对抑郁的问题解决治疗是基于抑郁这样一种模式，这种模式将 SPS 定位为调解(例如，Kant，D'Zurilla & Maydeu-Olivares，1997)和缓解(例如，Nezu，Nezu，Saraydarian，Kalmar & Ronan，1986；Nezu & Ronan，1985)压力事件和抑郁之间关系的角色。SPS 是多维的心理社会因素，被不断地看作为精神健康和源于匮乏的压力调试导致的健康问题路径中一个重要的功能（Nezu，2004）。具体来说，SPS 被定义为认知行为的过程，通过个人企图确认和挖掘有效适应的应对日常生活中压力问题的手段（D'Zurilla & Nezu，2007）。在这种背景下，它涉及个体通过努力掌控他们应对改变压力处境自身的问题本质的影响的过程，或他们对此类处境的回应，抑或两者都有。SPS 更多指的是理解、评价以及对压力生活事件适应的元过程，就像这些与慢性疾病相关的经验，而不是呈现一个单独的应对策略或行动（D'Zurilla & Nezu，2007）。

当代问题解决模式表明它包括两个普遍而又独立的过程——(a)问题取向(b)问题解决方式（D'Zurilla，Nezu & Maydeu-Olivares，2004）。聚焦于问题涉及一系列关于生活中出现的问题的普遍评估和情绪反应，以及个人成功解决它们的能力。它既可以是积极的（例如，在某种程度上视问题为获得好处的机会；认为自己能够有效解决问题），有利于加强之后解决问题的努力；或者也可以是消极的（例如，视问题为个人福利的威胁；当问题出现时，出现过度情绪反应），这会阻碍问题的解决。接下来会讨论问题解决方式。

问题解决方式 问题解决模式的重要观念是个体试图解决他们日常问题的过程。问题解决方式指的是具体致力于应对日常压力事件的认知行为活动。两个首要的问题解决方式的类型，源于问题解决理论。这些活动既可以是适应性的，成功解决问题，也可以是功能失调的，形成消极的结果，例如情绪困扰和抑郁症状。个人应用不同的问题解决任务。这些任务包括正确认知需要克服障碍，进而达到合理的目标，形成应对困境的替代性的解决方法，做出关于应对策略的正确决定，以及监控个人应对尝试决定其他问题解决的需求的结果。功能失调的问题解决方式包括(a)冲动或冷漠（例如，冲动、急躁的做事倾向，或者不完全努力解决问题）以及(b)回避（例如，规避问题的倾向，拖延以及依赖他人解决问题）。

在这些聚焦问题和问题解决方式的定义中，问题解决的概念化表明抑郁症状是由于缺乏或能效减少导致的（Dezu，1987，2004）。例如，抑郁患者常常都是消极主义者，不相信他们有能力应对压力问题，经常自责自己造成问题，相信问题就是灾难，以及当问题发生时变得压抑。总体而言，消极的信念削减个人尝试任何有意义地应对努力的欲望和动力。个人能够有效定义和规划问题的能力，以及当抑郁时个人设定合理的目标的能力变弱，因此，就很难认识到有效的解决方法。经常抑郁的个人会设定不理想的高目标，当目标未达成时，自责、沮丧以及动力减弱就很可能会发生。抑郁的个人也会倾向形成更少的有效解决问题的替代性办法。消极的问题取向以及缺少替代性办法让具有抑郁特质的个人倾向于选择消极而不是积极事件以及选择即时的而不是长远的结果。他们可能会因为具体的行为和社会技能不足就在实施计划上有困难。进一步来说，消极的问题聚焦可能影响一个人客观认识解决和执行的结果。因此，具有抑郁特质的个人不满意应对尝试，并会觉得目标不可能达成。此外，研究发现，贫穷问题的解决与无家可归感和自杀意图相关（D'Zurilla，Chang，Nottingham & Faccini，1998）。

问题解决治疗致力于教导成年人具体的技能以（a）提升积极的问题取向，（b）减少消极的问题取向以及（c）提高他们理性解决问题的能力，（d）减少他们回避的倾向以及（e）当应对日常生活的压力问题时，弱化他们的冲动或冷漠倾向。问题解决治疗尤其关注于解决日常生活问题的能力。通过示范和强化认知行为技能，问题解决治疗能够提高个人在日复一日管理他们问题上承担责任的自我效能感。伴随自我效能的提升，问题解决和应对技能是潜在的活动元素，因此就是对抗抑郁障碍风险因素的缓冲器（Gellis et al.，2007）。这里阐释的问题解决治疗会在第 8 章关于抑郁的治疗中进行扩展。问题解决是两个证据为本的实践中的一个重要的元素，疾病管理和复原模式以及 McFarlane 的心理社会教育多家庭小组方法，这些在第十二章中阐释。

行为理论与治疗

自我心理学和认知理论与内在生活有很大关联，然而行为理论聚焦在什么能够被观察到。行为理论关注围绕行为的环境事件或条件，该理论认定无论行为是适应性的还是非适应性的，都是习得的。通过理解学习的科学原则，人们实施事件这一程序：消除、维持或修正现有行为，并形成新的行为。

行为理论有实证基础。最初基于动物研究，它们已小心地应用于个人和群体的关系，并被仔细研究过。行为治疗在评估、实施和评价过程中依循严格的科学程序。每一个案例，具体的可观察的问题行为都得以明确，改变均得以实施、监督和测量。

行为学派有三个主要模式。每一个都贡献于理解个人与环境的关系、个人与治疗模式的关系。它们是反应性(经典)制约、操作性(工具)制约和社会学习理论。尽管这些学派相继而出，但在实践上，界限是模糊的。如前所述，若干行为治疗为认知视角所影响，甚或整合在一起。

反应性制约 反应性制约(respondent conditioning 或译为应答制约)是最早出现的行为理论，又称之为经典制约(classical conditioning)和刺激-反应理论(stimulus-response theory)，是由俄国生理学家巴甫洛夫发现的。他在狗的试验过程中注意到，将肉给狗的时候，狗会自然分泌唾液，这种反应被他称为非条件反射(unconditional flex)。他观察到，以前，当铃声和肉一起出现时，狗会分泌唾液，而现在，单独出现铃声时，狗就会分泌唾液。巴甫洛夫由此得出结论：中性刺激铃声在与肉多次一同出现后获得了作为自然刺激——肉的作用——并引发反应。巴甫洛夫将肉叫作非条件刺激(unconditional stimulus，US)，唾液分泌叫作非条件反射(unconditional response，UR)，并认定它们是经由生物的反射过程而联系在一起的。他将铃声叫作条件刺激(conditional stimulus，CS)，唾液叫作条件反射(conditional response，CR)，并推论它们经由联系或配对连接在了一起(Chance，1979)。

三个治疗程序都是基于反应性制约的。一个是消除(extinction)，基于巴甫洛夫条件反射可以根除这一发现。如果条件刺激重复出现时都没有非条件刺激，条件刺激和非条件刺激之间的联系就会减弱，其结果就是消除。消除原则可用于根除不可取行为。另一个基于反应性制约的治疗技术是系统脱敏法(systematic desensitization)。系统脱敏法由 Wolpe(1980)提出，它将非条件反射(例如，放松运动)跟条件刺激(例如，一种某人恐怖的情境的心理意象)配合。案主从放松练习开始，然后逐步接触想象中的等级式情境(从最不焦虑到最焦虑的)。案主参与这种练习直至焦虑体验。在接下来的环节中，案主循着等级式情境而进展，一路提升其忍耐程度。系统脱敏法是基于交互抑制原则(reciprocal inhibition)(Wolpe，1982)的。放松是一种抑制刺激，可导致与焦虑相反的结果。将放松跟导致恐惧情境的精神意象配合在一起，恐惧情境和焦虑之间的联结就会逐步松动。还有一个相关的治疗技术是——暴露法——通过引导景象或者试验不断重复暴露在引起焦虑的情境中。

操作性制约　操作性制约(operant conditioning)强调后果(随之而来)行为，即强化(reinforcement)。它也被称为工具性制约(instrumental conditioning)，并与斯金纳理论相关。斯金纳的理论被认为是激进的行为主义，因为环境意外地最小化了认知过程的作用(Maddi，1980)。

按照操作性制约，任一行为在伴随强化的情况下会进一步加强(即更可能重复发生)(Salkind，1985)。强化可以是奖赏、行动、后果或事件，从而提高了过去行为重复出现的可能性。正性强化(positive reinforcement)是在行为发生之后的行动、刺激或后果，它们导致了满意度的提高。它们可能是初级的(具生理重要性，如食物)或次级的(具自致价值，如金星奖章)。负性强化(negative reinforcement)是让人逃脱或回避难堪情境的后果(如在可取行为之后消除挑衅行为)(Salkind，1985)。无论强化是正向的还是负向的，它们都促进过往行为的延续。

惩罚(punishment)亦被应用于操作性刺激(Crain，1985)。惩罚是一种导致减少行为的令人讨厌的或恶心的后果。惩罚可以是正性的(增加恶心的体验)或负性的(某些想要的东西被拿走)。打屁股、失去特权和不得不缴纳罚款都是惩罚的范畴。惩罚(强化亦然)应因人而异。有时看起来像惩罚(如向某人大喊大叫)，但实际成为强化(引起注意)。

众多的行为改变技巧可应用于激励可取行为和消除不可取行为。形整(shaping)包含愈加接近可取行为的渐进的强化行为(Crain，1985)。首先，使那些处于可取行为边缘的行为得到强化(如小孩的"mm"声)。接着，使与可取行为更接近的行为受到强化(如"mum")，直到获得想要的结果(如"mama")。恐惧者可以通过逐步接近害怕的客体而消除害怕，无限接近得以强化。另一技巧是暂停(time-out)。它作为一种负性惩罚，其实施方式是将人从一个愉悦环境转移到一个令人厌恶的环境之中。第三种方法是代币经济(token economy)。代币是筹码等可用于交换产品或声望的项目。不少住宿机构和社区方案使用该机制。计划中的案主经常使用的程序是：可取行为获得代币，而违背规则要失去代币。通过该方式，案主致力于其选取的目标，努力了解违背计划规则的后果。

社会学习理论　社会学习理论是重视观察性学习的行为理论。社会学习理论与Rotter(1954)和Bandura(1977)联系在一起，同样应用了古典制约和操作性制约的原则。因为，它意识到了心理过程中影响到的行为和具体行为，社会学习理论也许可视为一种认知-行为理论。

根据社会学习理论，行为是经由观察其他的人或事而习得的。一个人可以并不亲自实践而学会。观察者可以通过看、听、读而获得或学习新行为。观察包括注意到出现的过程（示范者做什么、他们如何实施）和结果（给予示范者或观察者的奖赏和惩罚）。观察者会做出推论：什么是可预期的（期望），指导示范者行为的规则（抽象示范）是什么（Bandura，1977）。观察者对他们所见到的事物形成内在符号呈现，并将自己的行为与之匹配。由此，他们可以复制自己观察到的行为。

社会学习理论由交互决定论（reciprocal determinism）指导（Bandura，1978）。相应地，行为、外在环境和内在事件（包括认知）之间存在三方互动。环境通过认知的中介而影响个人行为，个人的行为和认知依次影响环境。

行为改变、维持或控制可以经由使用强化、惩罚和自我规则而实现。强化和惩罚可应用于参与者、观察者或自己。个人可以通过观察和评估自己的行为和认知以及回应和纠正自己的行为而实现规制自己的行为，通过自我规制，自我（经由其认知能力）可承担环境给予奖赏和惩罚的功能（Lundin，1983）。自我形成自我效能感或胜任感（Bandura，1982）。

临床社工将社会学习理论的原理运用于为那些自私或反社会倾向的案主示范亲社会行为的实践。为恐惧症案主工作的时候，社工在面对案主害怕的情境之时要提供信心支持。社工可先示范可取的行为，然后要求案主实践和执行观察到的行为。同样地，社工可示范执行社交技巧、在角色扮演中承担案主的角色以及为严重精神残障案主示范可取行为。社交技巧训练将在第十二章讨论，包括证据为本的疾病管理和复原项目。表 3.3 说明不同行为治疗的应用。

表 3.3 行为治疗的应用

类 型	目 标 症 状	技巧和程序
反应性	适应不良行为	消 除
操作性	功能失调的家庭模式	系统脱敏法
社会学习	焦虑（包括恐惧和强迫行为）	暴 露
	抑 郁	强化（正负向）
	成 瘾	惩 罚
		重 整

(续表)

类型	目标症状	技巧和程序
		代币经济
		角色示范
		角色预演
		角色扮演
		社交技巧训练

注：尽管这里列出的类型都是离散的，但现今不同流派的手法和程序都相互重叠

社会互动理论与视角

另一系列运用于精神健康领域的理论聚焦于人与人之间的互动以及人与环境之间的交互。这些理论中的一些，比如，生态视角，发展于社会工作领域，其他发展于别的学科。生态视角、家庭，以及小组干预方式将被讨论，之后是人际互动理论。

生态视角 生态视角运用生物学的生态概念作为隐喻，来形容人与环境的相互作用(Germain & Gitterman，1995；Gitterman & Germain，2008)。由此，个人或群体与他们生活的地方之间的适合度(goodness of fit)受到了重视(Germain & Gitterman，1995)。生态视角对健康、潜能和能力的强调凸显的是人类适应性和生活问题，而非心理病态(Germain & Gitterman，1987)。更进一步来说，它从正式或非正式网络中接受生活应激物、压力、应对方式以及资源(Germain & Gitterman，2008)。

生态视角在聚焦人类关联性、依恋和个人与环境的相互作用上是社会的(social)。例如，Germain & Gitterman(1987)将人类关系看成互动的结果，并认为交往、支持和依附的需要对人类功能尤为关键。个人问题也许源于与他人或机构关系适应不良，问题可经由社会环境的干预和个人介入而得到恢复。相应地，生态视角及其相关的生活模式为个人的改变，以及他们的社会背景环境和他们之间的互动提供支持效能。近年来，生态视角扩充了抗逆力(resilience)的概念，指的是从挫折中复原的能力，以及相关的概念——保护性因素(protective factors)，处理的是减少生活应激物的影

响(Germain & Gitterman，2008)。

家庭治疗理论 家庭治疗理论也致力于社会互动，尤其是家庭成员之间的互动。根据应用的不同理论视角(如代际、行为、结构、情景、策略)，问题性的互动可以被看作从前辈那儿获得的模式、被强化的习得行为或其他解释。临床工作员与家庭或户这个整体、亚单位(父母、小孩)和几代家庭成员一起工作，帮助他们改变功能失调的模式，形成更具建设性的互动模式。

家庭的治疗性干预旨在改变结构、沟通模式、组织和行为。角色和责任要重新分配，家庭成员之间，以及家庭与其他家庭之间的界限要重新定义，情感要得到表达、分享和理解，功能失调的行为要予以指出和改变。家庭治疗中比较新的叙事治疗和建构主义视角(尤其是 White & Epston，1990)以一个合作的意义建构过程来介入家庭。家庭受到鼓励，讲他们的故事、解构它们，由此，他们听到了他们是如何将主流社会的叙事整合进自己的故事，然后重写故事(Diamond，1998)的。

在行为健康实践中，个人通常被视为个案。然而家庭可能作用于或强化适应不良的个人模式。在这种情况下，家庭应该一定程度地介入治疗。通常，如果问题适宜界定为家庭的，在此情况下，家庭应是治疗的中心。为严重精神障碍人士的家庭工作时，需要教育家庭了解其成员的精神障碍性质，以及如何反应。家庭(心理)教育将在这种情形下应用(参见第十二章)。

小组理论及治疗 小组(groups)像家庭一样，构成了一个人际互动发生于其间的情境。人们聚集在一起是自然方式，小组借助自身治疗，小组过程能以不同的形式帮助人们。小组被广泛应用于门诊行为健康处所，提供心理治疗、支持和心理教育。它们也应用于药物滥用的住院服务、精神健康住宿处置和部分出院计划。

像家庭治疗理论一样，群体理论有不同的流派，每一种都有其独特的视角。有些治疗小组将行为、精神分析和存在主义理论整合进了实践之中。大部分小组都吸收了小群体理论的概念。根据小组的目标和目的，小组干预的技巧多种多样，由理论驱动。第十二章中描述的疾病个案管理和复原项目，能够在个人或团体层面操作。

小组为案主提供表达情感、指出问题行为、获得自身问题的洞察力和促成改变的情境。在同辈群体和临床社工的帮助下，案主可以说出或用非语言比画他们通常隐而不发的问题。小组是一个参照点，为案主获得自主、自决、能力和价值感提供支持。小组提供的接纳可以促进案主自我接纳。

人际互动理论及治疗 人际互动理论发展于二十世纪七十年代末，由Klerman，Weissman和他的同事作为对抑郁症进行操作化的心理治疗干预的研究，用于比较重性抑郁症中的药物治疗和心理治疗（Klerman，Weissman，Rounsaville & Chevron，1984；Weissman，Markowitz & Klerman）。人际互动治疗作为心理社会的介入，接下来纳入NIMH抑郁症治疗的合作研究项目（Elkin et al.，1989）。

从那时起，人际互动治疗被成功用于青少年抑郁症患者（Mufson et al.，1989）、老年抑郁症患者（Hinrichsen & Clougherty，2006），以及癌症患者、冠状动脉疾病、艾滋病患者（Donnelly et al.，2000； Lesperance et al.，2007； Markowitz et al.，1998）。需要更多的研究去验证人际互动治疗介入这些疾病和其他障碍的有效性。

人际互动理论是一个短期的（12－6期）、证据为本的介入，为患有抑郁症、其他类型抑郁和精神障碍的门诊病人提供治疗。它的理论框架基于人际互动流派的结构（Sullivan，1953）以及情绪与生活事件之间的关系（Klerman et al.，1984）。这个治疗流派意识到抑郁症状，例如抑郁情绪妨碍个人如何应对和管理他们的社会规则，很可能导致消极生活事件。因此，在人际互动治疗期间，治疗师协助案主确认当下的人际互动问题和与发病有关的消极生活事件并维持他们的抑郁病症。这些联系随后用于心理教育过程中的一部分，帮助案主通过建立个人情绪与生活情境（环境）之间的联系来管理他们的社会规则。通过改变他们的人际互动情境，案主能够学会提高情绪和减少抑郁症状（Klerman et al.，1984）。研究发现以下情况会带来抑郁：失去爱人之后（丧亲抑郁）、被诊断得了疾病、社会支持缺失、婚姻问题，以及丢失工作。

人际互动治疗聚焦于当下的人际问题、生活事件，以及与案主互动和发生社会角色意义的社会环境，而不是互动过程和常见于心理动态框架中的冲突。人际互动问题或冲突可能早期源于过去，然后介入的聚焦点在于当下的关系，以减少抑郁症状。根据人际互动治疗中的案主指引，介入的问题领域包括（a）复杂的丧亲，（b）人际关系角色争议，（c）人际关系角色转变，（d）人际关系缺失（Weissman et al.，2007）。

情境的其他维度

当今临床社工在行为健康环境中的实务，多样化已经成为准则。因此，社工有责任让来自不同文化、性别、性别身份、性取向、宗教信仰、年龄阶段以及种族的人们感到舒服。另外，社工应该保持敏感性并消除来自不同文化的精神健康治疗案主以及其他群体的差异。

文化即具有共同历史、知识、语言、价值观和行为的共同体。观照体验的共享方式深入他们自己与外人的日常互动，并经由社会化而代代相传。在特定文化中进行社会化的个人——经过家庭、社区或者社会联结——有着不同的世界观。例如，精神健康的概念、精神疾病以及治疗是当今美国文化的主流叙述，但这些可能对一些案主来说很陌生，他们的文化中并不分享这些观点。文化在对情绪问题的定义上、将责任归于何处(个人、社区还是前辈等)，以及如何治疗情绪问题方面是不同的。在第六章中会讨论文化在精神健康实践中的重要性。

性别作为个人和社会的一个维度，不可避免地进入行为健康实践。二十世纪应用的若干心理学理论依据男性行为定义正常的人类发展和人格。女性认识方式的新知识为男性和女性充分的以自己的观点生活提供了可能性。第七章会讨论精神健康中的性别。

文化和性别之外，还有其他差异需要知识和敏感度。这就包括，但不限于此，性取向、性别身份、宗教或者灵性取向、出生地(农村，其他的国家等)、之前的创伤以及生理残疾。这些差异领域的引用将会贯穿全书。

共同治疗因素

心理治疗研究已经证实，在不同的临床治疗中运用的治疗技术(例如，认知、问题解决、自我心理学、PST)外，非特殊型的共同治疗因素在任何临床关系中也是非常重要的要素，其可能影响案主改变的意愿、洞察力、改善生活问题的乐观。在咨询环节中，应该考虑治疗因素中的个体差异。

Rosenzweig(1936)首先讨论了这个议题，常见的共同治疗因素是咨询中案主产出的重要媒介。其中的一些因素可能与治疗师相关，其他的因素与案主相关。Lambert & Ogles(2004)列出了各种在治疗中常见的非特殊性治疗因素，包括治疗师、治疗过程以及案主。这些因素可以被定义为支持的、学习和行动因素。例如，支持性的因素包括安慰、治疗联盟、温暖、接纳、同理心、信任、积极注视、真诚。学习因素包括反馈、理性、探索以及认知学习。行动因素可能包括认知主导、示范、练习、工作经历以及现实检视(Lambert & Ogles，2004)。这些因素与范围广泛的心理治疗结合会对案主产生积极的效应，具有临床意义，与没有治疗或者安慰剂相比，已表明产生统计意义上的重要结果。

生理、心理及社会因素的整合

本章开头就提到不同学科知识领域的分工，使得在不同部分介绍生物学和心理社会学视角成为必要。鉴于实务工作者是为生理心理社会整体的案主服务，故此，他有必要了解不同视角是如何汇集在案主个体上的。

这些因素都发挥作用的方式在于精神疾病的发展。当然，即便个人有精神障碍的基因倾向，也不算是真的有了这种障碍。当一个容易受到压力伤害的人的周围都是耐心的、爱护的和关怀的人的时候，这些重要他人可以为事件提供解释或介入，从而避免事件成为伤害性体验。如果类似的人没有缓冲压力的资源，超出个人应对能力的生活事件会加速精神病进程。相应地，环境压力可诱发潜在的生理现象，而环境支持却可以阻止它。此外，心理过程(压力源的意义建构)可被这些解释因素改善或恶化。压力和支持在精神分裂症起源中的作用，将在第十章的压力-脆弱性-应对模式中作进一步的讨论。

本书主要介绍四组精神障碍：重性和持续性精神疾病(精神分裂症、心境障碍及相关障碍)、抑郁、焦虑和物质滥用。在这些精神障碍人士介入的章节中，将介绍应用于治疗的生物学、心理学和社会环境的视角。基于以上因素汇集于案主个体的整合理解，社工可实施回应案主复杂性的干预。

案例研究

Mrs. Marilyn Holden是一位穿戴得体、体重适中的40岁白人妇女，在护理院主任的建议下，来到了精神健康门诊中心。她丈夫从州立精神病院出院之后，进入了该护理院。Mrs. Holden告诉主任，自丈夫安置到州立精神病院之后，她就很抑郁。

在精神健康中心，Mrs. Holden告诉临床社工，是自己要求移送丈夫的，因为他在家“胡作非为”。他每三四天要喝一桶啤酒，大声咒骂，向她和孩子(一个12岁男孩，一个14岁女孩)动手。以前，他曾经勒过她、拽过她的头发、用啤酒淋她，并威胁要伤害小孩。当他举起刀子对着儿子的时候，她报了警，警察将他带到州立医院。Mrs. Holden解释说，丈夫几年前被诊断为患有亨廷顿氏症，他在得知服药期间不能饮酒后，拒绝服用医生开的药物。他已经五年没有工作了，因为他难以维持一份工作。他正在接受社会保障和医疗补助，而她自己利用业余时间工作。

Mrs. Holden说他们已经结婚22年了，他们在高中认识，毕业后结婚。婚后的前两年，他们跟她的父母住在一起，父母一直支持他们，直到夫妇有了稳定的工作，并存钱买了房。当时，父母批评过她不该年纪轻轻就结婚。后来，夫妇俩买下了现在的房子。Mrs. Holden留恋丈夫“以前的所作所为”，但说他现在变了。最近几年，他总在家里缠着她，并要她报告一举一动。Mrs. Holden觉得自己将丈夫“丢”在州立医院和护理院很有罪恶感，同时也感到缓了一口气。

Mrs. Holden说，过去几年孩子们可以离家到她母亲和朋友那里“调整”一下。他们曾说“恨”自己的父亲并害怕他们遗传到同样的病。Mrs. Holden说自己跟他结婚时，对其家族有此疾病之事一无所知，她仅仅是在丈夫被确诊后才知晓的。由此，她开始知道他母亲和叔叔都死于该病，其表亲也正患该病，他家都不愿谈及这个问题。

Mrs. Holden说丈夫在家时自己曾想用棍棒杀死他，而他不在家时，她却想自杀。她很困惑“自己欠了丈夫和小孩什么”，并认为一直以来，自己就是个“坏母亲”，如今又是个“坏妻子”。她说自己过去一直忽视他的暴虐和饮酒行为，即便这些行为影响到自己和小孩。当她谈到自己时，感觉很失败，并希望能够自我感觉更好一点。

Mrs. Holden 谈到了母亲继续支持她家庭的情况。她母亲认为 Mrs. Holden 将丈夫“安置”在护理院是“做对了”，而过去一直忽视孩子们的感觉是“做错了”。Mrs. Holden 经常与母亲联络，母亲身体不好且寡居，她帮助母亲整理家务和购物。其他的支持还包括朋友和亨廷顿氏病支援团体。丈夫的亲戚都批评她将其安置在护理院。然而，没有人愿意让他和他们居住在一起。Mrs. Holden 向社工寻求支援，以期坚定其将丈夫留在护理院的决定，并求助如何处理孩子问题。她也提到了丈夫不在家时，自己的生活一团糟。

总结与解构

行为健康领域的临床实践受益于一个整合的生理心理社会视角。相应地，既不是生物学层面，也不是心理学层面，亦不是社会环境层面决定了精神健康。相反，不同视角的知识和理论互相融合、互相联系。这里提出的整合模式是非线性的、多层面的，它依据将人看作追求赋权和意义的积极能动主体的观念。健康和精神健康是正面目标。案主的力量和脆弱性受到承认和尊重。

二十世纪的最后几十年里，生物学知识的革命可以从边缘人群(特别是案主)的视角来审视，亦可很大程度地从受益于心理和社会知识的社工视角来考察。生物学叙述的主导性强化了精神病学家和医药的地位。其结果是，精神科医生以药物的形式“提供照顾”，而案主“接受”照顾。这无疑加剧了知识和权利上的不平等关系，构成了案主赋权的障碍。此外，精神科医生的知识已成为可能模糊案主对欲知事物的自我知识和意识的“那种”知识。

同样的情况是，在生物学知识被高估的同时，社工的知识却被低估了。尽管在生物学主导下，社工在个人-环境互动上的专长已经整合到行为健康实践和案主的日常生活之中，这类知识仍然受到忽视。

在后现代时期，知识在虚拟空间中随处可得，讨论知识所有权已不合时宜。案主提出具体治疗方式而精神健康专业人员成为响应者的这一天，也许会来临。

参考文献

Alexopoulus, G. S., Raue, P., & Areán, P. A. (2003). Problem-solving therapy versus supportive therapy in geriatric major depression with executive dysfunction. *American Journal of Geriatric Psychiatry, 11*, 46–52.

Andreasen, N. C. (1984). *The broken brain: The biological revolution in psychiatry.* New York: Harper & Row.

Andreasen, N. C. (2001). *Brave new brain: Conquering mental illness in the era of the genome.* New York: Oxford University Press.

Andreasen, N. C., & Black, D. W. (2006). *Introductory textbook of psychiatry* (4th ed.). Washington, DC: American Psychiatric Publishing.

Angell, B. (2008). Behavioral theory. In T. Mizrahi & L. E. Davis (Eds.), *Encyclopedia of social work* (e-reference edition). Oxford: Oxford University Press. Retrieved November 15, 2009, from http://www.oxford-naswsocialwork.com/entry?entry+t203.e30

Areán, P. A., Perri, M. G., Nezu, A. M., Schein, R. L., Christopher, F., & Joseph, T. X. (1993). Comparative effectiveness of social problem-solving therapy and reminiscence therapy as treatments for depression in older adults. *Journal of Consulting and Clinical Psychology, 61*, 1003–1010.

Astin, J. A., Shapiro, S. L., Eisenberg, D. M., & Forys, K. L. (2003). Mind-body medicine: State of the science, implications for practice. *Journal of the American Board of Family Medicine, 16*(2), 131–147.

Bandura, A. (1977). *Social learning theory.* Englewood Cliffs, NJ: Prentice-Hall.

Bandura, A. (1978). The self system in reciprocal determinism. *American Psychologist, 33*, 344–358.

Bandura, A. (1982). Self-efficacy mechanism in human agency. *American Psychologist, 37*, 122–147.

Beck, A. (1976). *Cognitive therapy and the emotional disorders.* Madison, CT: International Universities Press.

Beck, A. (1985). Cognitive therapy. In H. I. Kaplan & B. J. Sadock (Eds.), *Comprehensive textbook of psychiatry/IV* (pp. 1432–1438). Baltimore, MD: Williams & Wilkins.

Beck, A. (2005). The current state of cognitive therapy: A 40-year retrospective. *Archives of General Psychiatry, 62*, 953–958.

Bell, A. C., & D'Zurilla, T. J. (2009). Problem-solving therapy for depression: A meta-analysis. *Clinical Psychology Review, 29*, 348–353.

Bentley, K. J., & Walsh, J. (2006). *The social worker and psychotropic medication: Toward effective collaboration with mental health clients, families, and providers* (3rd ed.). Belmont, CA: Thomson Brooks/Cole.

Blanck, G., & Blanck, R. (1974). *Ego psychology: Theory and practice.* New York: Columbia University Press.

Blanck, G., & Blanck, R. (1979). *Ego psychology II: Psychoanalytic developmental psychology.* New York: Columbia University Press.

Blanck, R., & Blanck, G. (1986). *Beyond ego psychology: Developmental object relations theory.* New York: Columbia University Press.

Bradshaw, W. (1993). Coping skills training versus a problem solving approach with schizophrenic patients. *Hospital and Community Psychiatry, 44*, 1102–1104.

Chance, P. (1979). *Learning and behavior.* Belmont, CA: Wadsworth.

Chaney, E. F., O'Leary, M., & Marlatt, G. (1978). Skill training with alcoholics. *Journal of Consulting and Clinical Psychology, 46*, 1092–1104.

Choudary, P. V., & Knowles, J. A. (2008). Genetics. In R. E. Hales, S. C. Yudofsky, & G. O. Gabbard (Eds.), *The American Psychiatric Publishing textbook of psychiatry* (5th ed.). Arlington, VA: American Psychiatric Publishing. DOI: 10.1176/appi.books.9781585623402.303582

Coche, E., Cooper, J., & Petermann, K. (1984). Differential outcomes of cognitive and interactional group therapies. *Small Group Behavior, 15*, 497–509.

Coche, E., & Flick, A. (1975). Problem solving training groups for hospitalized psychiatric patients. *Journal of Psychology, 91*, 19–29.

Craddock, N. (1996). Psychiatric genetics. *British Journal of Psychiatry, 169*, 386–392.

Craddock, N., & Owen, M. J. (1996). Modern molecular genetic approaches to psychiatric disease. *British Medical Bulletin, 52*, 434–452.

Crain, W. (1992). *Theories of development: Concepts and applications* (3rd ed.). Englewood Cliffs, NJ: Prentice Hall.

Cuijpers, P., van Straten, A., & Smit, F. (2006). Psychological treatment of late-life depression: A meta-analysis of randomized controlled trial. *International Journal of Geriatric Psychiatry, 21*, 1139–1149.

Cuijpers, P., van Straten, A., & Warmerdam, L. (2007). Problem solving therapies for depression: A meta-analysis. *European Psychiatry, 22*, 9–15.

Diamond, J. (1998). Postmodern family therapy: New voices in clinical social work. In R. A. Dorfman (Ed.), *Paradigms of clinical social work* (pp. 185–224). New York: Brunner/Mazel.

DiGiuseppe, R., Simon, K., McGowan, L., & Gardner, F. (1990). A comparative outcome study of four cognitive therapies in the treatment of social anxiety. *Journal of Rationale-Emotive and Cognitive Behavior Therapy, 8*, 129–146.

Dobson, K. S., Backs-Dermott, B. J., & Dozois, D. J. A. (2000). Cognitive and cognitive-behavioral therapies. In C. R. Snyder and R. E. Ingram (Eds.), *Handbook of psychological change* (pp. 209–228). New York: John Wiley & Sons.

Donnelly, J. M., Kornblith, A. B., Fleishman, S., Zuckerman, E., Raptis, G., Hudis, C. A., et al. (2000). A pilot study of interpersonal psychotherapy by telephone with cancer patients and their partners. *Psycho-Oncology, 9*(1), 44–56.

D'Zurilla, T. J., Chang, E. C., Nottingham IV, E. J., & Faccini, L. (1998). Social problem-solving deficits and hopelessness, depression, and suicidal risk in college students and psychiatric inpatients. *Journal of Clinical Psychology, 54*, 1–17.

D'Zurilla, T. J., & Goldfried, M. R. (1971). Problem solving and behavior modification. *Journal of Abnormal Psychology, 78*, 107–126.

D'Zurilla, T. J., & Nezu, A. M. (2007). *Problem-solving therapy: A positive approach to clinical intervention* (3rd ed.). New York: Springer Publishing.

D'Zurilla, T. J., Nezu, A. M., & Maydeu-Olivares, A. (2004). Social problem solving: Theory and assessment. In E. C. Chang, T. J. D'Zurilla, & L. Sanna (Eds.), *Social problem solving: theory, research, and training* (pp. 11–27). Washington, DC: American Psychological Association.

Elkin, I., Shea, M., Watkins, J., Imber, S., Sotsky, S., Collins, J., et al. (1989). National Institute of Mental Health treatment of depression collaborative research program: General effectiveness of treatments. *Archives of General Psychiatry, 46*, 971–982.

Ellis, A. (1979). Rational-emotive therapy as a new theory of personality and therapy. In A. Ellis & J. M. Whiteley (Eds.),*Theoretical and empirical foundations of rational emotive therapy* (pp. 1–60). Monterey, CA: Brooks/Cole.

Ellis, A., & Harper, R. A. (1975). *A new guide to rational living*. North Hollywood, CA: Wilshire Book.

Engel, G. L. (1977). The need for a new medical model: A challenge for biomedicine. *Science*, New Series, *196*(4286), 129–136.

Erikson, E. (1950). *Childhood and society*. New York: Norton.

Erikson, E. (1959). Identity and the life cycle. *Psychological Issues, 1*, 50–100.

Fieve, R. (1975). *Moodswing: The third revolution in psychiatry*. New York: William Morrow.

Freud, A. (1946). *The ego and mechanisms of defense*. New York: International Universities Press.

Garland, E. L., & Howard, M. O. (2009). Neuroplasticity, psychosocial genomics, and the biopsychosocial paradigm in the 21st century. *Health and Social Work, 34*(3), 191–199.

Gatchel, R. J. (2004). Comorbidity of chronic pain and mental health disorders: The biopsychosocial perspective. *American Psychologist, 59*(8), 795–805.

Gellis, Z. D., & Bruce, M. B. (2010). Problem solving therapy for depression for subthreshold in home healthcare patients with cardiovascular disease. *American Journal of Geriatric Psychiatry, 18*, 464–474.

Gellis, Z. D., & Kenaley, B. (2008). Problem solving therapy for depression in adults: A systematic review. *Research on Social Work Practice, 18*, 117–131.

Gellis, Z. D., McGinty, J., Horowitz, A., Bruce, M., & Misener, E. (2007). Problem solving therapy for late life depression in home care elderly: A randomized controlled trial. *American Journal of Geriatric Psychiatry, 15*(11), 968–978.

Gellis, Z. D., McGinty, J., Tierney, L., Burton, J., Jordan, C., & Misener, E. (2008). Randomized controlled trial of problem-solving therapy for minor depression in home care. *Research on Social Work Practice, 18*(6), 596–606.

Germain, C., & Gitterman, A. (1987). Ecological perspective. In A. Minahan et al. (Eds.), *Encyclopedia of social work* (18th ed., Vol. 1, pp. 488–499). Silver Spring, MD: National Association of Social Workers.

Germain, C. B., & Gitterman, A. (1995). Ecological perspective. In R. L. Edwards & J. G. Hopps (Eds.), *Encyclopedia of social work* (19th ed., Vol. 1, pp. 816–824). Washington, DC: NASW Press.

Gitterman, A., & Germain, C. B. (2008). Ecological framework. In T. Mizrahi & L. E. Davis (Eds.), *Encyclopedia of social work* (e-reference edition). Oxford: Oxford University Press. Retrieved November 15, 2009, from http://www.oxford-naswsocialwork.com/entry?entry+t203.e118

Goldstein, E. (1995). *Ego psychology and social work practice* (2nd ed.). New York: Free Press.

Gottesman, I. I., & Bertelsen, A. (1989). Confirming unexpressed genotypes for schizophrenia. Risks in the offspring of Fischer's Danish identical and fraternal discordant twins. *Archives of General Psychiatry, 46*, 867–872.

Gottesman, I. I., & Shields, J. (1972). *Schizophrenia and genetics: A twin study vantage point*. New York: Academic Press.

Hamilton, G. (1940). *Theory and practice of social case work*. New York: Columbia University Press.

Hartmann, H. (1958). *Ego psychology and the problem of adaptation*. New York: International Universities Press.

Hedaya, R. J. (1996). *Understanding biological psychiatry*. New York: W. W. Norton.

Hinrichsen, G. A., & Clougherty, K. F. (2006). *Interpersonal therapy for depressed older adults*. Washington, DC: American Psychiatric Association.
Hollis, F. (1964). *Casework: A psychosocial therapy*. New York: Random House.
Intagliata, J. C. (1978). Increasing the interpersonal problem solving skills of an alcoholic population. *Journal of Consulting and Clinical Psychology, 46*, 489–498.
Jannoun, L., Munby, M., Catalan, J., & Gelder, M. (1980). A home-based treatment program for agoraphobia: Replication and controlled evaluation. *Behavior Therapy, 11*, 194–305.
Jordan, J. V. (Ed.). (1997a). *Women's growth in diversity: More writings from the Stone Center*. New York: The Guilford Press.
Jordan, J. V. (1997b). A relational perspective for understanding women's development. In J. V. Jordan (Ed.), *Women's growth in diversity: More writings from the Stone Center* (pp. 9–24). New York: The Guilford Press.
Kandel, E. R. (1998). A new intellectual framework for psychiatry. *American Journal of Psychiatry, 155*(4), 457–469.
Kant, G. L., D'Zurilla, T. J., & Maydeu-Olivares, A. (1997). Social problem solving as a mediator of stress-related depression and anxiety in middle-aged and elderly community residents.*Cognitive Therapy and Research, 21*, 73–96.
Kaplan, H. I., & Sadock, B. J. (1988). *Synopsis of psychiatry: Behavioral sciences/clinical psychiatry* (5th ed.). Baltimore, MD: Williams & Wilkins.
Karol, R., & Richards, C. (1978). *Making it last: An investigation of maintenance strategies for smoking reduction.* Paper presented to the Association for Advancement of Behavior Therapy, Chicago.
Kegan, R. (1982). *The evolving self: Problems and process in human development.* Cambridge, MA: Harvard University Press.
Kelly, G. A. (1963). *A theory of personality.* New York: Norton.
Kendler, K. S. (1988). The genetics of schizophrenia and related disorders. In D. L. Dunner, E. S. Gershon, & J. E. Barrett (Eds.), *Relatives at risk for mental disorder* (pp. 247–263). New York: Raven Press.
Klerman, G. (1988). Depression and related disorders of mood (affective disorders). In A. M. Nicholi, Jr. (Ed.), *The new Harvard guide to psychiatry* (pp. 309–336). Cambridge, MA: Belknap Press of Harvard University Press.
Klerman, G., Weissman, M., Rounsaville, B., & Chevron, E. (1984). *Interpersonal psychotherapy of depression.* New York: Basic Books.
Kumari, V. (2006). Do psychotherapies produce neurobiological effects? *Acta Neuropsychiatrica, 18*, 61–70.
Lambert, M., & Ogles, K. (2004). The efficacy and effectiveness of psychotherapy. In M. Lambert (Ed.), *Bergin's and Garfield's handbook of psychotherapy and behavior change* (pp. 139–193). New York: Wiley.
Lesperance, F., Frasure-Smith, N., Koszycki, D., Latiberte, M.-A., van Zyl, L. T., Baker, B., et al. (2007). Effects of citalopram and interpersonal psychotherapy on depression in patients with coronary artery disease: The Canadian Cardiac Randomized Evaluation of Antidepressant and Psychotherapy Efficacy (CREATE) trial. *JAMA, 297*(4), 367–379.
Lundin, R. W. (1983). Learning theories: Operant reinforcement theories and social learning theories of B. F. Skinner and Albert Bandura. In R. J. Corsini & A. J. Marsella (Eds.), *Personality theories, research and assessment* (pp. 287–330). Itasca, IL: Peacock Press.
Maddi, S. (1980). *Personality theories: A comparative analysis* (4th ed.). Homewood, IL: Dorsey Press.
Mahler, M., Pine, F., & Bergman, A. (1975) *The psychological birth of the human infant.* New York: Basic Books.
Markowitz, J. C., Kocsis, J. H., Fishman, B., Spielman, L. A., Jacobsberg, L. B., Francis, A. J., et al. (1998). Treatment of depressive symptoms in human immunodeficiency virus-positive patients. *Archives of General Psychiatry, 55*, 452–457.
Medalia, A., Revheim, N., & Casey, M. (2001). The remediation of problem solving skills in schizophrenia. *Schizophrenia Bulletin, 27*, 259–267.
Moldin, S. O., & Gottesman, I. I. (1997). At issue: Genes, experience, and chance in schizophrenia—Positioning for the 21st century. *Schizophrenia Bulletin, 23*(4), 547–561.
Mowry, B. J., Nancarrow, D. J., & Levinson, D. F. (1997). The molecular genetics of schizophrenia: An update. *Australian and New Zealand Journal of Psychiatry, 31*(5), 704–713.
Mufson, L., Pollack, D. K., Wickramaratne, P., Nomura, Y., Olfson, M., & Weissman, M. M. (2004). A randomized effectiveness trial of interpersonal psychotherapy for depressed adolescents. *Archives of General Medicine, 61*, 577–584.
Mynors-Wallis, L., Gath, D., Day, A., & Baker, F. (2000). Randomized controlled trial of problem solving treatment, antidepressant medication, and combined treatment for major depression in primary care. *British Journal of Medicine, 320*, 26–30.
Nezu, A. M. (1986). Efficacy of a social problem-solving therapy approach for unipolar depression. *Journal of Consulting and Clinical Psychology, 54*, 196–202.
Nezu, A. M. (1987). A problem-solving formulation of depression: A literature review and proposal of a pluralistic model.*Clinical Psychology Review, 7*, 122–144.

Nezu, A. M. (2004). Problem solving and behavior therapy revisited. *Behavior Therapy, 35*, 1–33.

Nezu, A. M., Nezu, C. M., Felgoise, S. H., McClure, K. S., & Houts, P. S. (2003). Project genesis: Assessing the efficacy of problem-solving therapy for distressed adult cancer patients. *Journal of Consulting and Clinical Psychology, 71,* 1036–1048.

Nezu, A. M., Nezu, C. M., & Perri, M. G. (1989). *Problem-solving therapy for depression: Therapy, research, and clinical guidelines*. New York: Wiley.

Nezu, A. M., Nezu, C. M., Saraydarian, L., Kalmar, K., & Ronan, G. F. (1986). Social problem solving as a moderator variable between negative life stress and depressive symptoms. *Cognitive Therapy and Research, 10*, 489–498.

Nezu, A. M., & Ronan, G. F. (1985). Life stress, current problems, problem solving, and depressive symptomatology: An integrative model. *Journal of Consulting and Clinical Psychology, 53*, 693–697.

Palfai, T., & Jankiewicz, H. (1991). *Drugs and human behavior.* Dubuque, IA: William C. Brown Publishers.

Rainer, J. D. (1985). Genetics and psychiatry. In H. I. Kaplan & B. J. Sadock (Eds.), *Comprehensive textbook of psychiatry/IV* (4th ed., pp. 25–42). Baltimore, MD: Williams & Wilkins.

Richmond, M. (1917). *Social diagnosis.* New York: Russell Sage Foundation.

Rosenzweig, S. (1936). Some implicit common factors in diverse methods of psychotherapy. *American Journal of Orthopsychiatry, 6*, 412–415.

Rotter, J. (1954). *Social learning and clinical psychology.* Englewood Cliffs, NJ: Prentice-Hall.

Sadock, B. J., & Sadock, V. A. (2007). *Kaplan & Sadock's synopsis of psychiatry: Behavioral sciences/clinical psychiatry* (10th ed.). Philadelphia, PA: Wolters Klumer Lippincott Williams & Wilkins.

Salkind, N. J. (1985). *Theories of human development* (2nd ed.). New York: Wiley.

Saleebey, D. (1992). Biology's challenge to social work: Embodying the person-in-environment perspective. *Social Work, 37*(2), 112–125.

Sullivan, H. S. (1953). *The interpersonal theory of psychiatry*. New York: Norton.

Weick, A. (1987). Reconceptualizing the philosophical perspective of social work. *Social Service Review, 61,* 218–230.

Weick, A., Rapp, C., Sullivan, W. P., & Kisthardt, W. (1989). A strength perspective for social work practice. *Social Work, 34,* 350–354.

Weiner, H. (1984). An integrative model of health, illness, and disease. *Health and Social Work, 9,* 253–260.

Weiner, H., & Fawzy, F. I. (1989). An integrative model of health, disease, and illness. In S. Cheron (Ed.), *Psychosomatic medicine: Theory, physiology, and practice* (Vol. 1, pp. 9–44). Madison, CT: International Universities Press.

Weissman, M., Markowitz, J., & Klerman, G. (2007). *Clinician's quick guide to interpersonal psychotherapy.* New York: Oxford Press.

White, M., & Epston, D. (1990). *Narrative means to therapeutic ends.* New York: W. W. Norton.

White, R. F. (1959). Motivation reconsidered: The concept of competence. *Psychological Review, 66,* 297–333.

Williams, J., Katon, W., Lin, E., Noel, P., Worchel, J., Cornell, J., et al. (2004). The effectiveness of depression care management on diabetes-related outcomes in older patients. *Annals of Internal Medicine, 140,* 1015–1024.

Wolpe, J. (1982). *The practice of behavior therapy* (3rd ed.). New York: Pergamon.

Wright, J. H., Thase, M. E., & Beck, A. T. (2008). Cognitive therapy. In R. E. Hales, S. C. Yudofsky, & G. O. Gabbard (Eds.), *The American Psychiatric Publishing textbook of psychiatry* (5th ed.). Arlington, VA: American Psychiatric Publishing. DOI: 10.1176/appi.books.9781585623402.313094

Zimmerman, J. H. (1989). Determinism, science, and social work. *Social Service Review, 63,* 52–62.

第四章

生物心理社会评估

虽然评估在社会工作中被视为一项核心的技术，同时也支撑着社会工作干预，但并没有一种非凡的理论或者理解阐释评估的目的为何，以及开展评估过程需要哪些方面。

——Crisp，Andersonson，Orme & Lister，

“评估的学习和教育：证据的检视”，2004，p.199

生物心理社会（简称 BPS）评估，既是指获得对案主处境与困难理解的过程，也是指对收集到的信息的意义分析。专业工作者引出案主的叙事，并观察他们的情感、认知以及行为。虽然工作者视案主的报告为基础资料，但同时他们也会参考来自案主家庭成员或社会机构同事提供的信息作为医学及精神病学的评估和信息。他们从第三章所描述的生物学和心理学的知识获取来源，来评估每一个独特的个体（或称为案例）。专业社会工作的评估强调案主的优势，但在行为健康实务中，精神健康问题需要得到辨识。评估主要是专业的建构，在其中案主的意义系统也许能、也许不能得到回应（Kleinman，1988）。

BPS 评估的用词在本章中，将用来指一种更为宽泛地对案主的处境、生物、心理以及社会功能、风险和需要的理解。评估既包括但又不限于美国精神病学诊断与统计手册第四版修订版（APA，2000）的诊断。BPS 评估既被视作一个过程，也被看成一项结果（Hepworth & Larsen，1982）。因为需要理解每周所发生的变化，所以这一过程也是动态性的，常需要修正。在给定的时间段，处于评估过程的参与者在书面报告中评测他们的思考结果，这也称为 BPS 评估。记录的评估是特定时间点上的记录。

在当前管理医疗的环境下，评估是行为健康照顾中的一项重要组成。临床工作人员要能够记录下案主呈现的问题、症状以及某时段形成的精准诊断和治疗计划。第三方可以使用这些信息来决定描述的问题和建议的方案是否可以报销（Franklin & Jordan，2003）。评估也应当表明治疗可预见的长度，应注意的是，如今对于短期干预的强调。对于已辨识的问题，目标实现或症状降低的测量目标和手段也是第三方进一步需要的元素。起初的评估将随着时间的推进得到持续地修订或为（是否）有效果而作出相应的检视。

此处描述的评估将主要聚焦于个体。虽然家庭和小组干预模式也都在今日的临床实务里十分盛行，但个案记录和报销政策主要还是以个人为基础。这并不是说个体的家庭和社会系统受到排斥。在本章所描述的评估

中，个体生活的多种脉络将被阐述。

本章包括下述的主题：(a) 综合性的跨学科评估要素；(b) 评估案主的精神症状；(c) 书面的 BPS 评估的要素；(d) 书面 BPS 报告；(e) 跨学科团队治疗计划的个案研讨。

综合性跨学科评估的要素

一般情况下，案主的评估会由跨学科团队的精神健康专业工作者进行，他们会直接与案主联系。这样的团队会包括精神病学家、社工、精神科护士、医生、心理学家、休闲治疗师和职业康复专员。一个团队有多元的人力资源，每个专业工作者都有独特的视角来感知案主。团队也能利用不同的专业经验来收集和辨识资料，从而实现汇总和整合。多种专业的融合促进了对于案主及其系统的更加综合的理解。

一个跨学科评估的主要元素包括如下方面：

1. 医学评估
2. 心理测试
3. 快速评估工具
4. 功能性评估
5. 生物-心理-社会评估
6. 精神科评估、精神状况检测和诊断

案主的评估也许可以包括一些或者完整的上述元素或附加部分，这些也与机构的职能有关。下面的部分将描述每一个所列出的元素，也将显示哪个专业学科通常来执行此部分任务。

医学评估

行为健康的案主一开始应当例行地进行完整的医学检查。生理评估可以判断案主整体的健康状况和特定的医学问题。生理评估的结果有助于精神诊断，指引精神病学家开出药物处方，以及社工服务案主所需掌握的信息等方面的决策。

医学评估总是涉及访谈，在这其中医生主要会让案主描述他们的主要不适和过往病史，在那之后，医生会进行生物检查，在某些情况下也会安排一些特别的测试。精神病学家、精神健康团队或个案工作者会推介案主到医生那儿进行特定的实验室检查，比如为了了解抑郁与否所作的地塞米松/氟美松(一种药物名称)抑制测试(DST)，或为了了解是否使用毒品所做的尿液检测。有时，进行生物学检查的医生也会推介案主到其他专科人员那儿进行特定检查，如神经生物学家。

生物检查帮助精神健康实务工作者明晰了精神病的诊断。许多医学条件下，如之后在表 4.1 中所列，以及物质滥用的状况，都能产生一些症状，它们也是与精神病性障碍有相似的地方。一般的实务是需要排除生理学障碍所导致的这些症状，才能给予精神障碍的判断。但案主有一些生理障碍或状况或未列明的条件，和某种精神障碍(一起)也是有可能的。所以判断出生理障碍现时的出现与否，还是两种共存，或是多大程度上彼此影响将是十分重要的。近期的用药和过去的手术也都可能与精神病性症状有关联。此外，某些生物状况(如妊娠)和年龄也能使得一些精神科药物作用受限，或者用量需降低。对于案主进行生物学评估的更进一步优势是，这些信息能嵌入美国精神病诊断与统计手册第四版修订版的轴Ⅲ维度。

表 4.1 可能出现精神症状的疾病范例

亨廷顿式疾病	营养不良疾病
多发性硬化	全身性红斑狼疮
心血管疾病	肌萎缩性脊髓侧索硬化症
低血糖症	人体免疫系统缺陷病毒(HIV)感染
帕金森疾病	病毒性肝炎
糖尿病	

来源：Sadock & Sadock(2007)

心理测试

心理测试常需要一定的环境。这样的测试帮助确认诊断、评估智力以及揭示一些无意识材料。一些心理测试能够诊断官能性脑部损坏。若是社工首先接案，判断有需要的话，应当推介案主去接受心理学家的测试。

心理学家有着许多测试工具，也能够作为组合来施测。这样测试的组合需要以整体全面的方式进行（测试结果）解读。在人格测试类别中，最常在精神健康领域下被使用的是明尼苏达多项人格测试（Minnesota Multiphasic Personality Inventory，MMPI），这个测试包含描述情感状况、态度和行为的对错问答，比如“我交朋友有困难”。今天，更新的MMPI－2和MMPI－2－RF（结构重组后的形式）也得以使用。心理学家使用MMPI来支持诊断、辨识问题领域以及发展治疗计划。

投射测试鼓励参与者来间接地揭示一些他们较难直接表述的事情。这类测试中，案主获取模棱两可的刺激，然后得以要求给予回馈。Rorschach测试是一项良好的投射测试，它需要被试回应一系列的墨迹。另一项是Thematic Apperception Test（TAT），它包含一组图片，然后要求案主在看后发展故事。第三项投射测试是Sentence Completion Test（SCT），它涉及一些列有空格的陈述，需要案主来填答，例如，“我害怕……”，这类测试常能揭露一些冲突或是焦虑的领域。

另一项测试是本德视觉动作完形测验（Bender Visual Motor Gestalt Test）。这项测试是针对成人和儿童，主要用来探测他们的官能性失调（Sadock & Sadock，2007），但也是投射测试的工具（Graham & Lilly，1984）。参与者被要求复制卡片上的设计，比如所触摸到的圆和方。

心理学家也针对一些接受精神健康服务的案主执行智力测试。案主想参与一些职业或康复服务，需要接受相关的测试以明确他们的潜力水平。最被人熟知的是Wechsler成人智力量表（WAIS）。这类测试还有一些儿童版本。

心理测试有它的优势，首先，这类结果常有实证依据。许多使用工具具有信度和效度。测试可以提供具体维度上的得分。那些不便面对面的谈话和行为（测量）的心理测试，对参与者的人格维度是比较敏感的。

心理测试虽有价值，但它们也无法替代将人们置于其真实自然的场景中进行理解。测试一般都在临床环境实施，对于案主而言这类环境还是与他们的日常生活有所区别。以标准化形式呈现的提问也无法匹配个体参与者多元的社会、文化和语意等方面。测试或许会有偏误，在美国一般会朝向白人中产阶级群体的标准。存有歪曲或反应过度状态的结果会成为诊断中的一种具象化或者物化，随时间流逝伴随案主。

快速评估工具

除了由心理学家操作的诊断测试外，在临床实务领域，社工也有许多快速的评估工具可以实施。这些工具可以用来评估个人、家庭、夫妻或与孩童有关的问题。这些可以快速实施的工具提供给临床工作人员一些信息，可以帮助他们用来支持某些特定的诊断，判断如何治疗以及评估干预的进程。案主在治疗前的基线分数可以与社区常模分数（基于工具的有效性测试），以及临床上统计显著的小范围的个体分数，进行比较。若是出现的分数在临床的小范围内，则提供了问题的基线状态以及治疗的辨识。案主在起初、中期以及治疗结束的分数都可以进行比较，用以来检测和评估案主的进步并向机构和管理型照护组织提供质量保证的信息（Franklin & Jordan，2003）。Fischer 和 Corcoran（2007）的两卷本书：《临床实务和研究：资源手册》收录了许多评估工具。

许多快速评估工具在使用方面需要根据特定的问题（如婚姻议题、教养、低自尊、孤独、生气）或是临床状况（如抑郁、焦虑）。依据在早期阶段收集的信息，社工决定哪些领域需要评估，哪些治疗需要检测。一般情况下，是案主自己完成评估工具，也有一些需要由他们的家庭成员、照护者以及临床工作者来填写完成。与本书第二部分讨论的议题相关的工具将在需要的时候提及。

功能性评估

有关评估的进一步领域是——案主有多少能力来执行他们在社区中的独立生活。这一评估也是特别有关于那些重性精神疾病群体、精神受损或是发展迟滞群体，或是生理、年龄相关、精神失能以影响他们日常生活和活动的表现。在许多精神健康服务里，护士常负责功能性的评估，但社工时常也充当这一角色。

以下是功能性评估中常会涉及的领域：

1. 向他人表达自身需求的能力，案主所使用的语言是什么？（语言、手语、手势）

2. 使用公共交通的能力。

3. 自行驾车的能力。

4. 独立照顾自己生理物质需要的能力——饮食、洗浴、清洁、穿衣、没有帮助下使用厕所等。

5. 处置与管理财务的能力——做预算、记账、购物。

6. 阅读：阅读能力、阅读程度以及阅读的语言。

7. 移动能力：走路，爬梯，从轮椅到床上的能力，对于拐杖、助行设施和轮椅的需求。

8. 社交能力：与他人互动的能力，建立亲密关系的能力，发展和维系关系的能力。

9. 独立管理家庭的能力——烹饪、清洁、洗衣、洗盘、整理床铺。

10. 职业技能或经验：工作技能、遵照指示和接受监管的能力以及按时工作的能力。

11. 能够承担责任实现自我持续地服药的能力。

12. 感觉功能：看、听等。

13. 保护自己和他人免于火（伤害）的能力。

14. 保护自己免于非自愿性行为、侵袭和其他涉及的能力。

15. 使用闲暇时间。

评估适应性行为技能的量表，例如独立生活技能问卷（Wallace，1986）和针对老人的日常生活工具活动/使用之量表（Lawton & Brody，1969）。

功能性评估对于辨识案主的优势、需求和问题领域有着很大贡献。案主的优势和来自案主、机构及社区的资源也被用来帮助实现案主的需求。

生理心理社会评估

BPS评估是一项针对案主现时问题和症状、生活史和外部处境的综合评估报告。可由许多来源收集该信息——案主，案主相关系统（家庭、伴侣、朋友、邻居以及重要他人），其他机构的报告，个案报告等——提供了案主与他人有关的互动和参与。虽然 BPS 评估报告常由临床社工来完成，但在一些情况下，专业工作者或精神健康专业的学生也可以发展这样的记录报告。

在这个部分，BPS 评估报告将主要包括来自医生医学部分的发现概述，同时也包括心理学和人际与社会方面的发现。这也与第三章中所描述的 BPS 概念框架相一致。纸板的评估包括案主自我陈述、问题陈述、案主生活环境、医学历史/疾病史、精神病学史、经济或职业信息以及家庭关系等的描述，同时还包括精神状况信息和诊断。一个构成范例将在本章的后述部分进行展示。

精神科评估、精神状态检测和诊断

由精神病学家执行的评估应当包括案主发展性的、精神病学、医学以及人际-社会历史和现存症状的评估。这一过程与社工评估案主历史有相似，但更加侧重精神病学家医学训练的特性。精神病学家评估案主时，相比社工，更加紧密地涉及案主的精神病学历史，更少关注社会环境因素。精神病学家使用来评估案主疾病史的有其专属名词“既往症或疾病病史”。

在解读案主现时困扰和历史的过程中，案主揭示症状。案主回答的抱怨和他们语言及非语言行为，都会记录在案，成为诊断案主的线索。进一步界定案主精神病性问题的特性可以透过执行精神状态检测（在案主既往史信息收集过程）。精神状态检测之于精神病学家就如同生理学检测之于医生。它们各自都是一种临床手段用以评估案主的疾病或病理的呈现以及实现一种精准的诊断。虽然精神病学家作为专业工作者，更为经常地执行这些评估，但社工和心理学家也能够来实施这些。推荐的范本将在本章的后续部分进行展现。

精神科检测也包括了对于更进一步医学测试及现时医学需求的评估。精神病学家将建议（案主）进行神经学检测、实验室测试或是转介至额外的医学评估，精神病学家也有针对精神科药物的专门的经验。一些案主能够受益于不用药物的心理治疗，另一些则需要两者的结合。精神病学家会探究案主的药物历史和那些偏向使用物质的引诱。处方药物将针对案主的症状、诊断和健康状况。

案主精神科症状的评估

精神病性症状，是人们情感、想法的表达，有时被视为精神疾病的显露指标。它们包括普遍性的感受，如悲伤、生气、焦虑、得意，以及一些更为不普遍的经验，如幻觉和妄想。虽然一些精神病学家区分了他们的不同：标记(一种精神障碍的客观显性)和症状(案主主观的报告)(Trzepacz & Baker，1993)，客观与主观属性并不总是容易区分辨别。这里我们将使用“症状”(symptoms)作为两种概念的称谓。就像在第一章所讨论的那样，精神健康专业工作者视症状为精神病理学的(反应)指标——当这些指标以急性、持续长度、极端、心理性疼痛的方式出现，它们常会干扰心理功能。

在访谈或案主陈述时，症状能够被直接地观察。案主以某种方式揭示他们的感受，他们向临床工作者呈现自己，并就工作者的问题进行回应。当案主/患者被要求说说他们的故事(“是什么让他们走到今天？”)，他们经常分享发生了什么，在怎样的环境下，他们如何感受的，以及就他们的经历他们想到了些什么。举个例子，当分享到丧失，或某人毒害他们表达气愤时，案主可能哭泣。依据案主陈述的和观察到的，临床医生将从案主的解释和他们表达自己的方式中，将能辨识出症状。

通常，案主将呈现超过一种精神症状，多种症状的集合呈现可能也会有不止一种诊断。DSM 第四版修订版(APA，2000)描述了精神病学家和其他精神健康实务工作者视那些症状的集合为特定精神障碍的指标。DSM 第四版修订版是标准的美国诊断指南。管理型照护组织出于报销制度的条件，一般要求行为健康服务的提供者对于每个案主遵行 DSM 第四版修订版的诊断。在这类场景中工作的社工也被期望熟悉该指南、如何使用该指南以及主要的诊断分类。其中的一些将在本书的第二部分干预部分进行检视，最新的版本 DSM 第五版已经出版。

精神健康专业人员给予某种诊断的一种途径是执行精神状态检测。这种面对面的评估探索案主的抱怨、症状、行为/神态以明确问题的性质、如何表现和潜在的诊断。案主在许多方面进行评估以判断问题的领域和失能的程度。精神状态的检测关注的是当前的功能和其在检测期间的显性属性。

有许多工具用以进行精神状态检查。在一些场景中(如精神病学、长者服务),实务工作者使用简明精神状态检查(brief Mini-Mental State Examination(MMSE))(Folstein, Folstein, & McHugh, 1975)来检查认知功能。这种检查测试个体短期的记忆,执行计算的能力(例如从100减7等于几,再减7下去几次)和遵循一系列指示的能力。

一个更为综合的诊断工具是结构式临床访谈(SCID)(Spitzer, Williams, Gibbon, & First, 1989),它能够给出DSM的诊断。SCID由一些关于特定症状的问题组成,有跟进的检查,帮助临床工作者形成某些诊断。SCID相比典型的精神状态检查是一种更长的检测。常在研究中使用,临床与研究两种版本均可得(http://www.scid4.org/和http://www.appi.org/group.cfm? groupid = SCID - I)。

虽然用混合形式来访谈案主会有帮助,但许多实务工作者仍透过单一的访谈收集他们的信息(心理-社会访谈或是既往病史/病症询问)。在同一时间,案主描述现存的问题或者困扰,检查者能够观察案主的情感、人际行为、情绪等等。随着困扰症状变得愈发可见,临床工作者可以问一些能够带出具体症状背后更多细节的信息。当访谈趋近末尾,检查者更进一步探测案主被掩盖的或未揭示出的心理-社会功能的维度。

有许多报告精神状态检查结果的方式。传统上,检查者会写叙事性的报告来描述观察到的心理-社会功能(在多个维度)。表4.2列出了这些维度,并提供了一个专业精神状态报告的范例。John呈现了双向障碍的症状,处于躁狂发作。正如你能够在例子中看到的,John在一些方面发挥着良好的功能,但在另一些方面却有功能困难。

表4.2 精神状态检查的不同领域/维度(叙事版)

维度	描述	案例
一般外貌	外貌包括生理-物理特征、特殊习惯、态度、面部表情、着装和装饰。态度是指当事人如何与检查者互动,以及他们给大多人的印象	John又高又瘦,40岁但看着更为年轻,他着装整洁,穿着斜布裤和条纹长袖衬衫。多数问题都很配合除了少数的回避外

(续表)

维 度	描 述	案 例
行为和动机	这包括生理活动,身体移动,手、身体、脚步姿态。注意活动的数量和质量	John 在等候室一直在动,但在访谈活动时却能静下来,时不时会双手交叉
说话和语言	这涉及使用英语的知识和流畅性,是否与案主基础的文化族群是否协调。注意任何不寻常的说话方式以及案主的过度漫谈	John 用他的母语(英文)流利、响亮说话。他说着双关语(俏皮),有着自己的幽默。工作者还得不时地打断他的慷慨陈词
感受、情感和心情	这个部分关注案主语言表达的和临床工作者观察到的情感和心绪。判断情感对于感受的内容是否匹配(如恰当)。案主是否会从一种感受状态快速地移去另一种(易变性和不稳定性)	John 给人的印象主要是快乐、热情。但有时也会转入悲伤。他的情感与他所表露的心情是一致且恰当的。他似乎对于访谈者的一些问题感到不舒服
思考内容	这部分解决的是案主谈话中的明显主题和关注的事物。注意到不寻常和不现实的想法。描述案主在谈话中的思考与过程的属性	John 表露了自己想开旅行社的计划,但同时也分享到自己缺少资本和经验。他的陈述有夸大部分
智力和认知	这部分关注案主的智力一般水平以及智力功能。除教育和文化外,评估抽象能力,评估定向、记忆以及意识等	John 似乎十分聪明,能够解释为何“滚动的石头会没有苔藓”。对于时间、空间和人定向良好。在即刻、近段以及远期记忆部分没有破坏,能够警觉
感知或体验	这部分指案主有能力精准地感知和处理环境刺激。探索案主是否有幻觉、妄想、人格分化以及不现实等	案主描述有声音告诉他,他很聪明,将成为百万富翁。这种听力幻觉也与他夸张的情绪相吻合
冲 动	指控制攻击性、性方面以及其他冲动的能力	案主报告他的妻子埋怨他高亢的性能量。他否认有婚外情。同时展现出一些对于冲动的控制
判断和洞察力	指案主有能力辨识想法、感受和行为;能够检测对于问题的不同方案;能够承担责任和明白其行为的结果。调查案主是否有自杀或杀害他人的想法;在多大程度上案主明白现有呈现的问题,以及在发展过程中自己的角色	John 似乎对于一个人如何开始一桩生意缺乏现实的想法。到目前,他还没有为了发展旅行社借入或支出财务。John 否认精神健康问题。他述说他的妻子认为他需要帮助。他会说自己会有转瞬即逝的自杀想法,但从未做过。他缺少对于自己困扰的洞察力

来源:收录于 Sadock & Sadock(2007)并修订过,案例的描述由 Roberta Sands 编写

在最近几年,对于行为健康服务的提供者而言,使用诸如表 4.3 已经变得越来越常见。完成这样的表格形式相比叙事性的报告占用检查者更短的时间要求。检测单,描述了案主症状的集合,而叙事报告则描述了案主

的回应。

无论临床工作者是否记录叙事内容，使用检查表，或是用简写报告来记录，他们需要对案主有关其精神状态不同维度的操作化检查提问。一种方式是检视工具如 SCID 作为范本问题。也有一些问题经常在行为健康场景中得以使用，以辨识案主某些维度的症状。以下是一些范例：

定向：今天星期几？你正在哪里？

幻觉：你曾看过他人没有看见过的事物吗？若有，你看到的是什么？

你曾听见他人未曾听见过的东西吗？他们听起来像什么？你什么时候听见的？

这些声音从何而来？

迫害妄想：你曾想过人们正计划通过某种方式来伤害你吗？

心情：你今天的感觉如何？这种感受是不是你以往常出现的样式？

你的胃口如何？感觉自己有精神/能量吗？

若案主对特定问题的回答是比较积极的，临床工作者会问一些追加问题，如下面的一些范例。

依据成形于精神状态报告上的信息，临床工作者应当能够给出一个或多个来自 DSM 第四版修订版的诊断。不过，也有难办的时候。尽管手册上诊断分类都比较具体化，但许多精神障碍却有着相同的症状。临床工作者也许难以给出一个明确的分类标定，有赖于进一步评估（包括生理检查、实验室检测、心理测试、与案主的重要他人访谈），或给出一个暂时性的诊断或是可供调整的分类（APA，2000）（参见表 4.3）。

表 4.3 精神状态检查单

1. 外貌和态度（Apperance and Attitude）	——适合的服饰（appropriate dress） ——良好的打扮（well groomed） ——糟糕的卫生（poor hygiene） ——较少目光交流（poor eye contact） ——奇怪的容貌（bizarre appearance） ——合作性（cooperative） ——保护性（guarded）
2. 行为和动机活动（Behavior and Motor Activity）	——迟缓的动机活动（retarded motor activity） ——焦虑的动机活动（agitated motor activity） ——颤抖（tremors） ——抽搐（tics） ——刻板运动（stereotyped movements）

(续表)

3. 说话的特点(Characteristic of speech)	——英语不是母语(English is not primary language) ——正常说话(normal speech) ——思维跳跃(flight of ideas) ——说话迟缓(speaks slowly) ——静默不语(mute) ——思维中断(thought blocking) ——赘述(circumstantiality) ——不着边际(loose associations) ——无关紧要(tangential thoughts) ——反复不止(perseveration) ——不相关(irrelevance) ——不连贯(ircoherence) ——大声(loud)
4. 定向(Orientation)	——时间(time) ——空间/地点(place) ——人(person) ——来自原因(reason for being here)
5. 情感(Affect)	——适当(appropriate) ——不适当(inappropriate) ——单调的(flat) ——麻木(blunted) ——情绪不稳定(affect lability)
6. 心情/感受(Mood/Feeling Tone)	——正常(normal) ——抑郁(depressed) ——兴奋(elated) ——生气(angry) ——害怕(afraid) ——积极(optimistic) ——消极(pessimistic) ——妄想(delusions) ——偏执(paranoid)
7. 想法内容(thought Content)	——夸大(grandiose) ——躯体的(somatic) ——牵连观念(ideas of reference) ——受控制观念(ideas of influence) ——强迫或病态恐惧的想法(obsessive and phobic ideas)
8. 认知、记忆(Cognition)	记忆(Memory) ——低质的远期记忆(long-term memory poor) ——低质的近段记忆(intermediate memory poor) ——低质的短期记忆(short-term memory poor) 注意力和集中力(Attention and Concentration) ——注意力不能集中(attention cannot be aroused) ——注意力不能维持(attention cannot be sustained) 信息和智力水平(Fund of Information/Intelligence) ——平均(average) ——低于正常水平(below normal)

(续表)

9. 感知(Perception)	——幻觉(hallucinations) ——听觉(auditory) ——视觉(visual) ——其他(other) ——错觉(illusions)
10. 洞察力和判断(Insight and Judgment)	——自杀(suicidal) ——杀害他人(homicidal) ——低质的判断力(poor judgment) ——否认精神问题(denial of mental health problems)

书面生理心理社会评估的要素

BPS 评估由一些要素构成，这些要素在之前有所提及。在跨学科的场域中，来自团队成员和其他执行评估或提供报告的信息聚齐在一起检测和讨论。这个部分描述临床社工思考、收集以及在手写 BPS 报告中的信息种类。保持与本书的 BPS 框架同步，报告将包含生物生理、社会以及心理部分的信息。

生理信息

生物学信息从医生那儿获取，或是来自案主的自陈式报告。社工也可以通过询问案主的营养、运动、睡眠以及物质使用情况来评估案主的健康。案主健康行为的质量、数量和一致性显示是健康的，或是适应不良的自我照顾。社工也应当询问案主其对于健康照顾服务的使用情况，然后判断是否存有障碍(缺少健康保险)阻碍服务的使用。就如同很难将生理健康与精神健康隔离开来，要将生理健康的服务使用与精神健康状态的服务使用隔离开也是不容易的。因为社工的专长在社会领域，在这里将特别强调案主生活的社会维度。

社会信息

BPS评估的社会面，要求人们明白人际关系是一个人生活的一部分。这种关系包括家庭和其他的重要他人。渗透案主生活的文化，影响他们个体与其社会功能。

为了理解人们生活的社会维度，一些相关的主题应该在评估中有所涉及。虽然这些分开来讨论为了更清晰，但应该记住他们在人们的生活中是交叉的。即将讨论的主题有：（a）家庭；（b）文化和文化族群；（c）其他的社会支持；（d）社会环境压力和支持；（e）用以评估社会情境的工具。

家庭 与案主生活或紧密连接的人一同构成了家庭的核心或基础（父母、兄弟姐妹），现时的成员（配偶、同居者、孩子），延伸家庭成员（亲戚如祖父母、阿姨、侄子），还有朋友、小组之家的同住者。

评估家庭成员和家庭时，检查者有兴趣知道谁常在家，作为整体或是组成部分的关系的质量（情感上的支持、冲突、竞争性），互动的属性（支配的、互动的），联结的优势，家庭的敏感议题。了解这些最好的方式是家庭访问。

行为健康案主的问题，（若有需要）应当置于其家庭互动的情境中审视。也应当检视家庭如何看待和回应案主，以及案主如何看待家庭。家庭对于案主的关心，成员对于治疗的乐意参与情况，以及他们的资源也应当被评估。在家庭系统理论中许多维度被提及——边界（开放、渗透），交流模式，组织机构（角色、规则、子系统），与其他系统的联系（延伸家庭、社区），以及权力关系——都当评估。

家庭及其成员对案主或提供或不提供支持。社工应当判断对案主来说何种形式是支持性的，以及那些无法提供支持的阻碍。如果有阻碍，为了形成突破它们的策略，阻碍的属性和原因也应当进行探索。

在另一方面，家庭有成员照护重担的也会有危机出现。不管是否与案主同住，家庭成员都可能经历到负荷。评估家庭向案主提供支持和照护的能力就变得十分重要。家庭照护者本身常常需要得到支持。

文化 个体和家庭也许是族群、宗教、民族文化的一分子，而后者会影响案主的身份、价值、归属感、个体行为以及家庭的互动模式。文化提供了结构和意义。对一些人而言，与某类不被社会多数认可的文化族群联结，可能会成为冲突或矛盾的来源。

临床社工有责任明白与案主有关的文化。为了鼓励他们解释所属文化的意义，不熟悉案主特定族群文化或是宗教的工作者应当向案主了解。文化敏感性的实务将在第六章中进行讨论。

评估应当辨识重要的宗教族群，然后描述出案主的纽带与身份的属性。文化模式，比如分享个人感受的想法、做决定的模式、价值目标以及亲人在人们生活中的角色，都应当得到评估。文化团体/族群、社区感知/感受、(被)分享的生命周期事件以及假期，都是案主潜在的资源。案主的精神健康问题应当在其常规化的文化族群的价值与行为下进行看待；心理-病理的问题也许在一种文化下属正常而在另一种文化下则属异常。

其他的社会支持　案主可能有一些额外的关系，可以提供给他们情感支持。这些人们和团队能够提供友谊，需要时的人际帮助，具体的服务(如照护孩童、交通运送等)。这些支持者们有的是案主的朋友、同事、邻居。医生、律师、公务员也都可以提供社会支持，还包括教会会友。理发师、美容师、酒保、杂货店老板也都可以成为案主社会网络的一部分。

除了非正式的社会支持外，案主也可以加入同伴支持小组。在另一方面，在同伴提供友谊的同时，也可能形成问题行为，比如说酒友或是反社会团伙。如果这类同伴对于案主很重要，构成他们社会关系的很大部分的话，反而将成为其治疗的阻碍。

一些案主受到来自家庭的疏远，也没有什么朋友。同时对他们而言，交往和保留住朋友也是困难的事情。在这样的情况下，许多机构中的人类服务工作者将作为弥补成为案主社会支持的网络。

社会支持也可以是组织化的社区团队或者活动的形式。聚焦于特定议题(如酒精、强暴、儿童虐待、丧失孩子)的自助和倡导团队将提供给个人支持网络，同时也可以彼此支持。社会服务所、基督教男女青年会、犹太教社区中心也都会提供一些社会项目、娱乐活动、文化实践以及有利于案主福祉发展的课程。

社会环境的资源与压力　案主所生活的环境既能是压力的保护，又能是压力的激发。资源如存款、来自他人的经济支持、补充保险的收入、食物券、住房以及工作都能充当压力的保护；而贫穷、缺乏住处也可以产生或加大压力。

个体与社会系统间的冲突能够产生威胁。法律问题诸如儿童支持、债务、酒驾都会涉及个体案主，律师，还有法院，对于不熟悉该套系统的人们而言，相关的规则和实务是神秘的。在这种环境下定义某人是高成本的，也会花费许多时间（致使其）远离工作。在其他系统下的法律困扰和麻烦，如税收，会使身体和精神障碍的群体变得十分弱势。

在种族、性别、阶层、年龄、性取向、社会性别、残疾等方面的歧视都会造成情感压力，也会干扰获得工作。在另一方面，做两份以上的工作，成为单亲家长，或是照护精神障碍人群或老人，都会使得人们产生额外的需求。

环境或是角色的改变也可能产生压力。因此，毕业、结婚、换工作、升迁、退休等都可能诱发焦虑。即使案主没有抱怨这些变化，他们仍会期待为了适应新环境做些调整。

生理心理社会评估应当辨识案主生活中的社会环境压力，并且评估他们获得支持和资源的充沛性。案主的心理-病理症状是否为其应对生活事件压力和环境的反应。

评估社会情境的工具 许多工具可以被用来评估社会支持、资源和压力源。在这其中有生态图（ecomap）（Hartman，1978），它是被评估者的社会系统与其家庭互动的速写。在生态图中，家庭成员置于圆环的中心，在其外面围绕着其他的系统，如行为健康机构、延伸家庭、教会、儿童福利机构。生态图勾勒出了个体与这些系统的关系质量（比如冲突性的、支持性的）。另一种工具，genogram（McGoldrick，Gerson & Petry，2008），是一种评估家庭代际的图表。常被用来捕捉家庭关系的质量、潜在的支持者、产生压力的家庭成员、在代际间反复出现的模式。genogram 和 ecomap 在访谈的早期都能起到很好的作用，帮助了解案主的家庭和其他的潜在社会支持。

DSM 第四版修订版（APA，2000）自身有一些轴，涵盖了社会和环境的压力源。第四轴（轴Ⅳ）中，临床工作者会列出一些初级支持群体的问题，职业困扰、经济问题、法律麻烦以及在前些年出现的其他问题。轴Ⅲ的诊断（健康问题）也会对此进行关注，因为健康问题常有人际-社会和心理的结果。轴Ⅴ的诊断、整体功能性评估（Global Assessment of Functioning）（GAF）用以评估案主的心理、社会、职业的功能（1～100，1 表示极差，100 表示最佳）。这个评估要求临床工作者考虑案主的问题，对于其参与社会的能力状况的整体影响。通过列出过去一年和现如今最高的GAF分数，临床工作者可以评估案主的预后。轴V的诊断也可以作为用具被用在行为健康环境下，来监管案主的进展情况。

心理信息

心理信息也是生理心理社会评估中一项重要的元素。包括案主的症状、心理测试的报告结果。一些这样的发现表明案主在哪些领域处于精神健康危机的弱势。案主也可能在面对生活改变、环境压力或是过去可及的支持者离开或不再能给予帮助时，处于弱势的状态。

临床社工会给予案主的心理优势特别的关注。这些可能是积极的态度或是应对模式。个人特点需被辨识，或是应当包括在生理心理社会评估中的例子如下：

1. 完成教育课程的学习(高中、大学、职业训练、商学院)
2. 良好的问题解决技能
3. 良好的分析技能
4. 有交朋友的能力；良好的社交能力
5. 得体的妆饰
6. 良好的幽默感
7. 遵守约定；能够守时赴约
8. 有工作经验及工作技能
9. 有特殊的才能(艺术、音乐、写作、叙事)
10. 可以准备有营养的食物
11. 维持公寓的整洁

优势对于个体来说是独特的。每个人都有他们自己的优势。除了这些个人的优势外，个体文化的优势也能够参与问题的改善。

应对机制是指个体处理日常的问题或是出现在他们面前的挑战时所使用的策略。对于防御机制，那些常是无意识或是自动的，应对机制总是有意识、有准备的。下面是一些包含在评估中的应对机制的罗列：

1. 寻找信息
2. 寻求其他人的支持(如朋友、家人或是专业人士)

3. 分析问题，然后产生可能的解决方案

4. 锻炼释放压力

5. 看电影

6. 阅读

7. 听音乐

8. 思考可能发生的最坏状况的结果

9. 使用宗教资源或是独自祷告

10. 使问题的严重性最小化

11. 记录并保持经历中的反思

诸如优势、应对机制是可以多元、个性的。这些能够帮助个体管理他们的感受，防止他们超负荷工作，为他们继续去做些事情增能。

书面生理心理社会评估报告

初步的生理心理社会评估报告整合、总结、分析来自案主和重要他人的原始访谈信息、生物医学发现、其他机构和专业的报告、心理学的测试结果、快速评估测试结果(选择性实施)，以及人际-社会的评估(选择性实施)。这样的评估应当综合全面，给出案主生活情境中人与问题的视角。照顾应当传递给案主，因为他们是经历困境的个体而非诊断标签下的个体。

建议格式

许多行为和精神健康组织都有推荐的格式，来收集和书写生理心理社会评估。这些格式经常反映了机构和他们治疗理念。在这里所呈现的是一个比较宽泛的，或许并不适用于每一个机构里的特定功能。同时，这个范本也非常具体，甚于一般管理型照顾机构的要求。在这里的一些信息可以被整合入总结单或是检查表。

1. 信息辨识

1）人口学信息：年龄、性别、族群、现时身份（学生/工作/家庭角色）、婚姻状态等等。

2）转介信息：转介来源（自己或其他人推荐）、转介的原因。

3）报告的数据来源：访谈了哪些人（列出来），执行的检查和测试，以及其他的数据等。

2. 问题陈述

1）问题的细节描述，处境，症状，哪些帮助应当被寻求。如果可能的话，使用案主的语言。现时沉积的困境是什么？他们被唤醒的感受和想法是什么？到目前为止，案主如何回应？

2）问题还涉及谁？怎样涉及他们？他们如何看待问题？他们如何反应？他们如何致力于问题和解决方案？

3）关于现时困难的过往经验。之前有发生过类似的情况吗？若有的话，这些情况如何被处理的？相应的结果是什么？

4）其他的现时问题是什么？辨识过去一年里发生的压力性生活事件和环境，案主如何管理，以及它们对案主意味着什么？

3. 现时的处境

1）家庭情况的描述：家里有谁（名字、年龄），关系状态（亲生的孩子、继父母、朋友），关系的质量，家庭内外的照顾者。

2）社会网络：延伸家庭、朋友、同辈群体、社区链接。

3）监护人信息（如果适用的话）。

4）经济状况：谁正在工作；雇佣的属性；是否接受公共援助、社会保险、SSI或退休收入；收入的充沛性；债务状况。被辨识的经济需求以及财务管理的能力。

5）物理环境/住房：生活条件的属性（公寓、集体住房或其他的与人同住的场地、拥挤的住房条件、无家可归者庇护）；邻居。

6）重要的议题、角色或是活动：学生、退休、参军、健康问题、残疾、物质滥用、法律问题。

4. 之前的精神健康问题和治疗：困境的属性（包括自杀企图）和治疗、治疗的类型（门诊或是住院）、治疗的结果、对于药物和心理治疗的态度。

5. 背景信息

1）家庭背景：家庭缘起和家庭发展脉络的描述（如果需要的话）。

2）婚姻和亲密关系历史。

3）受教育和工作情况。

4）工作经历。

5）参军历史（若有必要）。

6）个人或家人酒精或毒品的使用情况。

7）健康议题：事故、残疾、疾病、家庭成员的健康问题、营养、睡眠、运动、饮食控制。

8）文化背景：族群、与族群或是宗教团体联结的身份和关系。移民情况（如果适用）。关于精神健康问题和治疗的文化敏感性/认知。

9）其他的历史信息（暴力史、违反法律）。

6. 精神状况检查和诊断结果

7. 分析

1）从你的视角，核心的问题和困扰是什么？和案主的视角相比，差别在哪里？问题的严重性在何处？

2）案主的功能性如何？

3）什么因素对于解决问题有助益（想法、行为、个性、环境）？这些因素中，哪些属案主本身，哪些属案主的系统，哪些属于社会环境，哪些属于案主与环境的交互？

4）辨识个体和文化的优势、意义来源、应对能力以及资源可以被运用来帮助案主。

5）压力源、障碍、弱势和需求的辨识。

6）评估案主陷入危险的程度状况（自杀？无家可归？），与案主接近的其他人是否有处于受伤害的风险？

7）从干预中评估案主的动机和潜能。

8. 推荐的干预计划

1）推荐的行动是什么？具体表现在：

（1）干预的类型（个案管理；个体、家庭或小组治疗；环境干预）。如果一项具体的证据为本的干预是合适的、可得的，具体化这项干预策略。

（2）转介给精神病学家进行药物治疗评估。

（3）转介给机构进行特定的服务项目（ACT 项目、药物小组）。

(4) 转介给其他机构以便于接受(更匹配)的服务。

(5) 对于特定议题的倡导。

(6) 进一步地测试。

2) 干预的目标是什么?如何评估目标实现或是症状降低?你会推荐使用哪些快速评估工具或是临床工具?

3) 短期和长期的目标分别是什么?他们是现实可管理的吗?要实现这些目标的时间大概会有多久?

社工的姓名、学历、执照

职位头衔

日期

第7部分的“分析”反映了临床工作者的理论取向。举例而言,自我心理学视角的评估将评估案主自我的功能、发展性议题、处境的压力、角色表现以及环境限制,然后分析案主的问题与每个领域的困境之间的程度状况(Goldstein, 1995)。使用认知理论的评估将强调与困境有关的思维模式,以及案主对他们自己、别人、环境以及他们未来的感知(Beck, 1976)。

在上述描述的基础报告的第8部分“干预计划”,此大纲需要在案主和社工之间进行协调。临床社工应当有他们对案主问题和需要的感知,但同时也应当给案主同样的机会按照那样去做。在案主自决价值(案主增能)的影响下,案主的潜能性应当反应在干预计划中。

目标可以通过许多方式进行评估。当评估以行为为导向时(如:“Mary将在未来一周每天离开家1小时”),这些目标可以在一定时间周期内,机构为此发展的表单上评定“实现”“部分实现”“还未实现”。各类工具也可以选择性地被用来监管目标的实现情况。一些实务工作者使用目标实现量表(Goal Attainment Scaling)技术评估他们与案主协商后的目标。在实施中,工作者与案主一同测试量表每一个普通维度下的结果状况(从最糟糕到最积极的一系列连续结果评估)。GAS在许多社工文本中被描述(Sheafor, Horejsi & Horejsi, 1994),GAS由社工来完成。如果目标是降低症状的严重性,案主能够完成许多快速评估工具(他们在前期的走访和访谈中)。当目标未完成时,社工应当与案主、同僚反思和探究可能的原因。在一方面,或许目标制定得不够恰当,因而产生了实现的阻碍,或是案主缺乏改变的动机。在这样的案例中,阻碍应该得到解决。在另一些案例中,目标则应当被改变。相似地,如果症状没有得到缓解,社工应当来反思干预计划的充足性。干预策略也许并不恰当，需要重新检视和修订。

许多组织有些表单，可供工作者与案主合作性地完成。其中，问题、需求、目标都被列出，通常是行为导向的具体语言。一些被设定的包含条目确保了（他们）满足联合委员会（先前被称为 Joint Commission on Accreditation of Healthcare Organizations 健康照护组织认定的联合委员会）、医学援助项目以及行为健康管理医疗机构的要求。下述列出要求的条目，它们常需包含在干预计划中：

问题领域和需求的描述

问题的罗列（优先秩序）

优势和资源

阻碍和需求

目标（短期、长期）

分目标——每个问题对应的分目标

应该做什么（建议的行动），由谁来做（案主、工作者等等）

目标如何实现（方法）

实现分目标的时间节点

评估目标实现的标准，以及所使用的工具

检视日期：________

目标通常是宽泛界定的（“Jack 将改善他的社会技能”），然而分目标则更加细化和具体（“Jack 将在下周参加保龄球联盟”）。一些组织使用被称为问题导向的追踪记方法；对这些组织，病程记录将反映所罗列的问题。其他的一些组织则使用目标导向系统，在那里面，被记录的是目标和分段目标实现的情况，SOAP（主观信息、客观信息、评估和计划）构成了另外的方法来追踪记录；这些也被一些行为健康组织所采用。

在今日管理医疗背景下，构建一种清晰的、行为具体的、与特定问题或症状相关联的分目标可测量的方案是十分重要的。这样的信息不仅在正式接案或评估阶段需要，在过程中，治疗或是干预阶段同样需要。使用这些信息的医疗费使用检查，实现了进展性（显示所需要的治疗和特定干预类型）、齐头并进性（不同治疗策略的运用）、具有反思性（在治疗完成后）之效果（Corcoran & Vandiver，1996）。临床工作者需要推动一种理性的案例服务（他们想要做什么，他们正在做什么，以及他们过去做什么）。在另一方面，社工避免使用标准化、机械式的语言(反映在机构目标而非发生在与案主的互动之中)(Floersch，2000)。

跨学科治疗计划的团队个案研讨

虽然机构在它们的跨学科实务中各有不同，但使得团队参与到对于案主的评估和治疗计划，是十分有价值的。对于精神健康专业工作者而言，团队会议提供了一个机会来获得其他学科同事们的视角；通过团队讨论和审议来学习；通过其他人来获得建议和意见，社会工作的学生可以从这些讨论中聆听和参与，以获得知识。对于案主而言，获得对于推荐治疗的不同声音对于他们而言也是有益处的。

一些机构遵循着这样的程序，在其中所有的个案经过一个接案过程(基础的扫描、心理-社会评估的手写发展报告)，这个过程会有一个公开的团队专业工作者的会议讨论。团队会听取个案的描述，审视所给出的诊断，集体地发展初阶的治疗计划。一些机构邀请来访者、重要他人、个案管理者和其他人参与会议。与此同时，个案也许被分配给某位工作者，或是某个针对性的项目，或是被转介给精神病学家或是心理学家。

许多机构也使团队来执行阶段性的案主进程检视。主要的治疗人员展示关于案主在心理治疗方面和获得资源方面的周期内进展情况(如 60 天、90 天、6 个月)。在这种情况下，随着信息的增加以及外部环境的变化，诊断和治疗计划可以得到检视和修正。此外，专业工作者还能共同地检视个案，因此实现他们对于案主、机构以及出资方的责任。

其他团队基于有关特定案主的新发展和关于持续性治疗策略的共识，会有每日常规的会面。这样的团队会持续性地修订他们的评估和干预计划来解决案主的困扰。

案主和重要他人的参与在案主进展的周期性检视中是十分有价值的过程。治疗并不是一个人强加给另一个的图示。工作应当致力于与案主相关的问题。目的和目标也应当反映案主的意愿和优势。比起系统所要求的文案，检视更应该提供一种评估和修正方案的途径，来反映案主的声音或诉求。

总结与解构

生理心理社会评估是一项开放的、持续的、与案主互动的临床工作；同时它也是书面的总结，总结和分析有关案主可得信息的报告。许多专业工作者可以参与这项工作，包括社工、精神病学家、心理学家、护士以及机构的行为精神健康团队成员和医生（他们会检查和执行测试）。重要他人（比如家庭成员）也能提供关于案主的信息。

在评估过程中的重要参与者是案主自身。临床访谈中案主的故事和回应构成了基础的资料以供检查和分析。虽然案主在评估建构中起到了清晰的作用，BPS 评估仍是一项专业活动，可能会偏向某些专业分类或某些出资方所认为有价值的部分。即使像是压力源、支持、优势等词汇，都是一种专业的建构。

本章提供了有关精神状态检查和生理心理社会评估的建议模式。这些来自和案主的互动。虽然他们对于当代实务都有用处，但是让案主感知他们自己、其他人、治疗以及朝向目标的工作的方式，对于案主的康复而言是充满意义的。这就不仅仅要求诊断和其他生理心理社会评估的元素了。

参考文献

American Psychiatric Association. (2000). *Diagnostic and statistical manual of mental disorders* (4th ed., text rev.). Washington, DC: Author.

Beck, A. T. (1976). *Cognitive therapy and the emotional disorders.* Madison, CT: International Universities Press.

Corcoran, K., & Vandiver, V. (1996). *Maneuvering the maze of managed care: Skills for mental health practitioners.* New York: The Free Press.

Crisp, B. R., Anderson, M. R., Orme, J., & Lister, P. G. (2004). Learning and teaching assessment: Reviewing the evidence. *Social Work Education, 23*(2), 199–215.

Fischer, J., & Corcoran, K. (2007). *Measures for clinical practice: A sourcebook* (4th ed., Vols. 1 and 2). Oxford and New York: Oxford University Press.

Floersch, J. (2000). Reading the case record: The oral and written narratives of social workers. *Social Service Review, 74*(2), 169–192.

Folstein, M. F., Folstein, S. F., & McHugh, P. R. (1975). Mini-mental state: A practical method for coding the cognitive state of patients for the clinician. *Journal of Psychiatric Research, 12,* 189–198.

Franklin, C., & Jordan, C. (2003). A integrative skills assessment approach. In C. Jordan & C. Franklin (Eds.),

Clinical assessment for social workers (pp. 1–52). Chicago: Lyceum.

Goldstein, E. (1995). *Ego psychology and social work practice* (2nd ed.). New York: The Free Press.

Graham, J. R., & Lilly, R. S. (1984). *Psychological testing.* Englewood Cliffs, NJ: Prentice-Hall.

Hartman, A. (1978). Diagrammatic assessment of family relationships. *Social Casework, 59,* 465–476.

Hepworth, D. I., & Larsen, J. (1982). *Direct social work practice.* Homewood, IL: Dorsey Press.

Kleinman, A. (1988). *The illness narratives: Suffering, healing, and the human condition.* New York: Basic Books.

Lawton, M. P., & Brody, E. M. (1969). Assessment of older people: self-maintaining and instrumental activities of daily living.*Gerontologist, 9,* 179–186.

McGoldrick, M., Gerson, R., & Petry, S. (2008). *Genograms: Assessment and intervention* (3rd ed.). New York: W. W. Norton.

Sadock, B. J., & Sadock, V. A. (2007). *Kaplan & Sadock's synopsis of psychiatry: Behavioral sciences/cinical psychiatry* (10th ed.). Philadelphia, PA: Wolters Klumer Lippincott Williams & Wilkins.

Sheafor, B. W., Horejsi, C. R., & Horejsi, G. A. (1994). *Techniques and guidelines for social work practice* (3rd ed.). Boston: Allyn & Bacon.

Spitzer, R. L., Williams, J. B. W., Gibbon, M., & First, M. B. (1989). *Structured clinical interview for DSM-III-R SCID.* New York: New York State Psychiatric Institute.

Trzepacz, P. T., & Baker, R. W. (1993). *The psychiatric mental status examination.* New York: Oxford University Press.

Wallace, C. J. (1986). Functional assessment in rehabilitation. *Schizophrenia Bulletin, 12,* 625–629.

第五章

法律与伦理议题

2007 年 4 月 16 日，弗吉尼亚理工大学本科生赵承熙开枪打死打伤包括自己在内的 32 人。尽管入学之前曾有过精神病史，教师和学生也观察到一些危险信号，但他没有入院治疗，并且购买了枪支。

弗吉尼亚理工大学的枪击案是一场悲剧，给法律专家、决策者、高校和精神健康服务提供者提出了复杂的法律与伦理问题。为什么一个登记的精神疾病患者能够得到枪支呢？为什么赵承熙的精神疾病没有得到治疗？为什么他寻求门诊治疗而不是住院治疗？本章考察了法律与伦理议题，例如它们如何影响临床社工提供精神健康服务。

如 Dolgoff，Loewenberg 和 Harrington（2009）所述，伦理关注什么是正确的和合适的。伦理原则基于价值观，这是什么是好的以及什么是可取的信念（Dolgoff 等，2009）。在社会工作领域，专业价值观和伦理汇流（Levy，1979），都包含在全美社工伦理守则中。伦理手册中阐明的核心价值原则是：（a）服务；（b）社会正义；（c）人是有尊严和价值的；（d）人际关系的重要性；（e）整体性；（f）能力（NASW，1996/1999/2008）。一个社工的首要责任是促进案主的幸福和利益，尊重案主的自决和隐私（NASW，1996/1999/2008）。然而，社工必须遵守法律，这超越了自己对案主的责任。除了案主以外，专业社工还需对同事、工作机构、社工专业以及社会负责（NASW，1996/1999/2008）。因此，有不少不同层次的共存的义务和要求，其中的任何一个或多个在给定情境下将得以凸显。

精神健康临床社会工作实务受到法律影响，它可能与社会工作价值和伦理一致，也可能不一致。法律与伦理之间有差异。遵守法律和处罚违规是强制性的，而遵守伦理原则是自愿的（Dolgoff 等，2009）。不合乎伦理的专业实践会受到专业机构、同行和组织的制裁，这些都基于伦理原则，伦理原则往往难以改变（Dolgoff 等，2009）。

精神健康临床社工是在特定的环境之中运作，在其中法律和准法律权威具有影响力。法律包括州立和联邦法院的判决、立法部门颁布的法案、公共政策和解读公共政策的法规。最高法院判决和联邦法律演化并继续演化以适用于整个国家。州立和联邦地区法院的案例和决议影响本地的这一领域的实践。尽管这一州高级法院的判决与另一州无关，然而，在联邦法庭和各州法庭为涉及同一议题辩论的律师，将运用这些判决作为正确判决的范例。州的法令有时与其他州的判决和特殊利益集团提出的法律范本一致。同样地，管理医疗机构等法律机构因地而异，但也有其共同点。

本章首先展开伦理理论的讨论。然后讨论非自愿民事移送、最少限制性选择、案主权利、保密和保护的责任、文件和记录的保存等议题。

伦理理论

伦理理论是由伦理哲学家发展出的解决伦理问题的视角。Reamer(2006)描述了两种规范的伦理理论，社工能够适用于不同的道德原则冲突的情况。义务论，基于康德的普世原则，某些行为本质上是对或错或坏的。那些支持这一理论的人认为存在固定的道德准则。Reamer描述的另一理论为目的论。行为的对与错取决于结果。因为一个人不可能提前知道结果，他必须考虑到可能的后果并权衡不同选择的优势。功利主义是目的论。通过这样的思考，如果一种行为达到了最优的结果那么它就是好的(Reamer，2006)。

另外，再介绍其他几种伦理理论。基于希腊哲学，德性伦理专注于个性塑造，也就是一个有道德的好人愿意做对的事情(Beauchamp，1999)。关怀理论，由Gilligan(1982)提出，认为做出伦理决定要考虑到与自己所爱之人的关系。决疑论(Casuistry)认为在新情况中制定决策会考虑到与过去情况的关系(Beauchamp，1999)。另一个当代理论是社群主义，认为要考虑到共同体的最大利益，在决策制定时，共同体的价值观被赋予至高无上的地位(Reamer，2006)。

当不同价值或伦理原则、法律和专业价值之间出现冲突的情境下，伦理理论对于社工是有帮助的。冲突情境中，社工使用这些理论帮助他们制定决策(Reamer，2006)。精神健康实务领域的社工面临的一个议题是非自愿的民事移送引发的冲突。

非自愿民事移送

非自愿民事移送是指这样一个法律程序，一个人要限定在精神科住院或到具备一定条件的社区门诊治疗。强制性移送至精神病医院，是非常严肃的决定，因为它剥夺了个人自由、隐私和实现自己利益的自由(Hermann，1997)。国家通过如同父母的历史角色以及保护公众免于危险的警察而获得其权利。作为“父母”，国家在它试图保护弱势群体的福利上采取仁慈立场。国家在承担其“父母”角色时，号称以个人的最大利益为其行动之依归。“警察权力是为了维护和平与秩序，采取行动惩罚、限制侵犯他人或他人财产的行为的国家权威”(p. 146)。国家承担警察权力之时，是以共同体的利益为依归的。因此，国家被赋予权力保护个人或共同体，有时两者都要保护。

尽管各州强制性移送的限定性条款不同，但多数人认为有两个标准适用于案主。首先，精神疾病的诊断是必要条件。其次，个人要被视为对自己或他人有危险。近期，标准已扩大到包括需要治疗和伤害的概率、风险或可能性(Pfeffer，2008)。第三个标准是案主没有能力满足其需要，有时被视为严重残障。然而，这个标准常常并非是需要满足的独一无二的要求(Brakel 等，1985)。民事移送应当与犯罪行为进行区别，犯罪者会因犯罪而受罚，导致的结果是失去部分民事权利。

需要的额外的信息可能涉及危险性。威斯康星的莱萨德诉施密特案(1974)裁定，移送只有在一个人可能“即刻危害到自己或他人”的时候才是合理的。尽管该案例要求“最近的公开行为、意图或威胁对他人造成实质性伤害”(p. 1093)，其他许多州并未有这样的要求(Hermann，1977)。评估危险性是一个主观判断，因为将来的行为不能准确预测。奥康纳诉唐纳森一案(1975)上至最高法院，一个住院多年的人被认定为限定其自由是错误的，因为他并未有危险性(Brakel 等，1985)。另一个最高法院的案子是，阿丁顿诉得州(1979)，认为州立标准应该基于“清楚且令人信服的证据”，因此要求危险性应记录在案。一般精神科医生可以判断个体是否患有精神疾病和是否需要紧急入院，各州在正式听证会中会授权司法人员、陪审团、行政委员会、精神病学家委员会决定个体是否应该移送(Hermann，1977)。赵承熙的移送听证会上，他被认为有危险性，但另一个标准，“最少限制环境”（下一节讨论），确认治疗是门诊为本的(Pfeffer，2008)。自从弗吉尼亚理工大学枪击案发生后，非自愿民事移送扩展至弗吉尼亚整个州(Pfeffer，2008)。

强制性门诊移送(IOU)是强制性入院移送的一个替代方式，案主被移送到社区治疗中心而非医院(1988)。在这一条款下，社区居民要遵从治疗计划，强制性门诊移送可以在住院期间或从精神科出院后实行。纽约的门诊治疗法，称之为肯德拉法，让人想起一个女性被精神分裂症的男人推入地铁铁轨，拨付了一定的资金用于个案管理和相关门诊服务(Appelbaum，2005)。但该条法规并不必然包含在其他州的法律之中。佛罗里达州的同类型法律并未得到充分利用(Petrila & Christy，2008)。强制性门诊移送的变化形式是有条件释放，患者可从医院出院，但在释放期间不能回家。另一个变化是预防移送，有些州已将其视为保护那些可能恶化的人的制度(Monahan，Swartz，& Bonnie，2003)。

尽管大多数州有一些门诊民事移送的案例，但还是颇具争议的(Monahan 等，2003)。一方面，它可以让那些本来要住院的人能够相对自由地居住在社区，使那些可能不愿意遵从治疗计划的人最终接受治疗。Gott(1997)指出，研究表明门诊移送对治疗结果有正面效果，并且为案主接受帮助提供了机会。Swartz 和 Swanson(2004)从文献回顾中断定门诊移送对精神障碍患者在六个月及以上的治疗中有积极影响。

尽管有潜在的益处，但强制性门诊移送是强制性的，因为它不需要征求本人同意(Monahan，2008；Monahan 等，2003)。它使用包括住房补贴、收入管理、威胁监禁、住院作为工具手段迫使人们遵从治疗(Monahan 等，2003)。这使得社工和其他精神健康专业人士承担“精神健康警察”的角色，而不谈社工的个案量之中包括了有危险性的个体而施加的责任(Wilk，1997)。另一个视角是确信，最少限制性治疗是与案主的需要一致的。

最少限制性选择

最少限制性选择是一项法律原则，即能够在更少干预性环境中生活的精神疾病案主应该出院或不住院。好几个案例都已确认案主有权在最少限制性的选择方式中接受治疗（Lake v. Cameron，1966；Covington v. Harris，1969；Wyatt v. Stickney，1971/1972；Dixon v. Weinberger，1975）。瓦特案例规定住在亚拉巴马州精神疾病和精神发育迟滞患者机构的案主，在引入实现治疗目标所必需的最低限制后，有权受到人性治疗。

最少限制性选择适用于可供采用的治疗环境和治疗模式。其评估与案主个人的治疗目标（Brakel，Parry & Weiner，1985）以及消除危险威胁（Hermann，1997）有关。最多限制性环境是最禁闭的、最具干预性的（Rinas & Clyne-Jackson，1988），例如，将案主锁在屋内的机构。最少限制性的方式是社区场所，案主受到很少的监督。在筛选是否需要入院时，评估案主的治疗需要应与满足该需要的可选择性场所联系起来考虑。例如，如果一个人可以在社区精神健康中心和住家的密集门诊计划中得到有效治疗就应当避免住院。同样地，住院的案主不应该置于限制性场所（如果限制程度不是治疗性的），例如，最高级别安全病房。案主从更少限制性单位或治疗场所转介到更多限制性单位或治疗场所，需要经过听证（Brakel，Parry & Weiner，1985）。

1999 年的最高法院案例——奥尔默斯特德对 L. C. 一案——进一步拓展了倾向更少限制性场所的法律基础。这个案例记载了两个患有精神疾病和精神迟滞的妇女。案例显示，残障人士隔离在州机构里，然而，她们能够在社区中过比较独立的生活，这违背了 1990 年美国残障法第二条（ADA）（Greenhouse，1999）。奥姆斯特案的裁决和美国残障法得以后续应用，联邦地区法官裁定 2009 年 DAL 诉帕特森案中，纽约州用于收容数千名患有精神疾病的成年人的护理院违反了美国残障法，因为这并没有使患者融入社区（Bazelton Centered for Mental Health Law，2009）。

可以采用的干预方式亦包括在最少限制性选择范围之内。那些影响躯体功能的治疗（如药物治疗、电击治疗）比“谈话治疗”更具干预性，反感治疗比系统脱敏法更具强制性，躯体限制比平静诱导更具限制性。应当鼓励精神健康实务工作者采用那些可帮助案主的更少限制性选择。对案主的药物治疗同样要依据最少限制性选择（Brooks，1988）原则。接受药物治疗的案主依据特殊原因（例如，副作用）可以改用替代性的、没有副作用的药物治疗，或药物治疗以外的其他有治疗效果的治疗策略。

社工有责任将最少限制性选择标准付诸实施。无论他们是在社区精神健康中心、行为健康计划、宿舍计划、医院入院部或急诊部，还是在住院部门，都要在一系列可供选择的治疗场所和服务之中，决定对特定案主最适合的、最受益的和最少限制性的服务方式。社工有责任熟悉特定场所，如这里能提供什么？每种选择的氛围如何？是否在特定时间开放？此外，他们还应确定案主需要的生活环境和治疗类型以及案主感觉舒服的场所。案主要全面了解这些重要议题的感觉，他们有权为自己做出选择。

案主的权利与保护

社区精神健康服务的消费者有着与其他公民一样的权利，如选举、双规程序和合法代表权。其中，涉及他们的精神健康状况的权利是获得治疗的权利、拒绝治疗的权利（包括药物治疗）。精神健康服务的消费者有权利决定他们自己的行为，除非发现他们无此能力。

严格说来，无此能力这个词要得到法庭的确认，而丧失能力则是一种临床判断，但这两个词汇在实践中并不是在严格意义上使用的（Appelbaum，2007）。用于评估案主是否有能力决策的标准包括：(a) 能够就选择进行沟通；(b) 理解相关信息；(c) 认识到各种情况的可能问题和相应结果；(d) 能对治疗方案进行理性选择（Appelbaum，2007）。即使一个人正式判定无能力并有法定监护人，他们帮助患者看管他们的财产，也不可让渡这个权利。这些监护人可能在为案主做决定的领域是受限制的（诸如钱财管理），而案主在有些领域享有权利。

至于案主拒绝治疗的权利方面，不少州对案主在紧急情况下和非紧急情况下的权利进行了区分，否决了案主在第一种情况下的权利。同样地，明确了对失去能力的案主可进行并非所愿的治疗（如药物治疗）。在雷尼诉克雷因一案（1983）中，美国第三区巡回上诉法庭就规定：尽管非自愿性案主在非紧急情况下拒绝服用抗精神病药物，但医院职工如果确认案主对自己或他人构成危险，就可以强迫其服用药物（Hermann，1997）。在此情况下，专业判断（通常情况下会得到双规程序的入院程序的支持）超越案主的权利（Hermann，1997）。

案主拒绝治疗的权利是基于其自主与自决的权利（Caplan，2008）。然而从家庭成员或实务工作者的角度而言，案主并非基于其最佳利益行事。Caplan 反对在某些情况下案主具有拒绝权，争辩说，“成瘾于酒精或药物很严重的人是真正没有自决或自主的全面能力。”（p. 1919）。他建议，临时性使用安全的药物治疗成瘾是值得考虑的决定（诸如环丙甲羟二羟吗啡酮）。同样的情形可以适用于违背案主意愿的康复方法的使用，诸如案主痛苦不已要求死亡，或在某些情况下对成瘾进行药物治疗可恢复其自主（Caplan，2008）。

然而，案主可能有很好的理由拒绝治疗。不少药物有难以忍受的副作用（参见第八、九和十二章），在这种情况下，其他的药物和心理治疗方式干预也许更合适。如有可能，在情况没有恶化到非用某种治疗不可的时候，实务工作者应该尝试不同的选择。对那些愿意接受治疗但希望对如何治疗发表意见的案主而言，预先指引是一个合适的方式。

精神科预先指引

预先指引是个人在有能力时签署的书面文件，指明“如果个人失去了能力，应如何制定治疗决策”。预先指引广泛应用于健康照顾，个人总是希望提前表达自己使用特定生命延续方法的意愿。精神疾病预先指引指定案主希望或不希望的治疗方法，他们可能会代偿失调或经历精神健康危机。因为精神疾病预先指引赋予服务使用者做出自己的选择，他们得以赋权并与康复的理念相一致（Scheyett & Kim，2007）。

美国精神健康领域应用两种预先指引——指导性的和代理的。指导性指引与遗嘱类似，而代理人指引在某种程度上像委托权（Srebink & La Fond，1999）。指导性指引明确出现精神健康发生危机案主没有能力交流信息时，希望选用的精神健康照顾的治疗方案，选择的领域包括药物治疗方式、管理方法、限制使用、偏好的医院、需要通知的人、承担照顾小孩责任的人以及适用的特殊治疗方法（如电击治疗）Srebink & La Fond，1999）。代理人指引指定第三方在案主没有能力的时候可以代表案主做出决定（Appelbaum，1991）。代理人可以是家庭成员或朋友（可以信赖的）。预先指引可以既包括指导性指引，也可以包括代理人指引。有的指引包括精神科医生的签名，以证实案主在做出指引时是有能力的（Vogel-Scibilia，1999）。美国和欧洲使用的其他类型的提前指引包括联合危机计划、便捷精神疾病预先指引、危机卡片、治疗计划和康复计划（Henderson，Swanson，Szmukler，Thornicroft，& Zinkler，2008）。在美国针对特定州的特殊需求形式都能够从国家资源中心了解（http://www.nrc-pad.org/）。

预先指引保留了案主的权利和偏好，即便其功能已经变弱了。需要指出的是，指引不可以强迫精神健康服务提供者照搬他们视为不可取、不道德的治疗方法（Drebnik & La Fond，1999；Swanson，Van MeCrary，Swartz，Elbogen，& Van Dorn，2006）。另一个复杂之处在于，如果指引是不可修改的书面文件，它可能被理解为尤里西斯式的合约——限制个人的未来自由（Srebnik & La Fond，1999）。

至此为止，我们一直谈论的是案主的权利及其对他们的权利的限制。接下来，我们要讨论社工的义务和限制。

保密和保护义务

保密

保密是社会工作价值和伦理的核心原则。社工应维护案主在沟通过程中的个人隐私，不能未经案主同意分享信息，采取预防措施确保个案记录的安全。根据全美社会工作准则（1996/1999/2000），“一旦个体分享了信息，那么保密标准就适用”（Section 1.07(a)）。

保密要与密切相关的另一个概念——沟通特权——区分开来。在精神健康专业人员、律师、教士和医生之间，秘密的信息可以免于法庭的盘问，各州的法律都规定，这些特定专业人士有此权力。在 Jaffee 诉 Redmond（1996）一案中，最高法院宣称注册临床社工在诊断和治疗过程中写下的记录和笔记受到保护，以免于通过心理治疗师-案主特权的非自愿性披露（Gelman，Pollack & Weiner，1999，p. 244）。在该情形下，案主有权要求保护法律程序所索要的信息。然而，在某些情况下可以忽视这一沟通特权。如果案主签署取消书或者接受知情同意，可以向法庭披露取消书或同意信所列的第三方信息。在有些场合下，如儿童受虐嫌疑、强制性移送、危险行为(Rinas & Clyde-Jackson，1988)等信息，社工要遵照法律作证。

保密是治疗关系的一个核心特征。正因为此，案主才觉得分享情感是安全的。承诺保密，表明社工愿意保护案主的权益。因此，保密有利于提高治疗联盟的质量。然而，保密不能得到完全保障。在有些情况下，社工会打破保密协议。美国社会工作伦理守则中规定的例外情况为(1996/1999/2008)：

社工在专业服务中获得的信息应当尊崇保密协议，除非一些令人信服的专业理由。社工严守资料的基本要求在以下情形不适用：预防案主或可确认的第三者遭遇严重的、可预期的、即将发生的伤害时，或是法律规定要求披露而无须案主的同意时，披露是必要的。无论如何，社工应披露与达成目标最必要且最少量的保密信息，而且只有与披露目标直接相关的信息才可以公开(Section 1.07(c))。

Tarasoff 判决和保护义务

以上从全美社会工作人员协会伦理守则的最新版本摘录出中的引文，囊括了围绕 Tarasoff 案引起的争论。该加利福尼亚案例包含了保密和以令人信服的理由违背这一原则的内容。

塔拉索夫案的两个裁决以及后来的法庭判决，确立了心理治疗师具有警告他人可能受到伤害的义务。案例是这样展开的：Prosenjit Poddar 是一个在加州大学伯克利分校学生精神健康服务中心接受心理治疗的研究生。他告诉治疗师，他打算杀了 Tatiana Tarasoff，因为这位女生已表明无意与其发展恋爱关系。那时，Tatiana Tarasoff 正在巴西度假。治疗师做出了如下反应：(a) 要求 Poddar 承诺不会为所欲为；(b) 为了着手实施强制性移送而通知驻校警队。警察调查了此事，Poddar 保证什么都不会发生。然而，当 Tatiana 休假回来后，Poddar 杀害了她(Brakel 等，1985)。

根据 Poddar 在审讯时供认的信息，Tarasoff 一家起诉了 Poddar 的两个治疗师、加州大学和驻校警队，并申明 Tarasoff 应该被警告处于危险之中。州最高法院认定治疗师和警察应该为没有警告 Tatiana 而负责。法庭重审了这个案子(1976 年聆讯的案子称为 Tarasoff Ⅱ)。这一次，法庭认为治疗师如果没有"采取合理的措施"保护受害人，就是玩忽职守。法官推荐警告受害人或能警告受害人的他人、通知警察等做法，以及其他合理做法(Tarasoff v. Regents of the University of California，1976)。法庭没有机会裁决该治疗师是否有疏忽，因为实现了庭外和解且 Paddar 回到印度。自 Tarasoff 案之后，不少其他案例的裁决已明确，受害人应是具体的、可确认的人或一群人(Brakel 等，1985)。

自从 Tarasoff 案Ⅱ之后，关注点从"警告的义务"变为"保护的义务"，保护第三方不受暴力行为的威胁(Appelbaum，1985)，有义务把警告看作是一个可用于保护潜在受害者的选项之一(Weinstock，Vari，Leong，& Silva，2006)。在 Tarasoff 案件的解释和法院裁决的基础上，Appelbaum (1985)描述了临床工作者能够使用的三个步骤。第一步，评估与收集个体危险性的相关信息，并使用这些信息评估他/她的危险性。第二步，选择行动方针，包括除警告第三方以外的其他步骤，诸如案主住院治疗、服用药物等。第三步是实施，执行行动计划并监测之。

Tarasoff 案的判决仍然加诸临床社工两难选择。全美社工协会很少就警告受害人提供指南。守则指明，保密原则只能在"有说服力的理由"下可以违背。尽管案主声称对他人有暴力意图看起来是有说服力的意图，但意图并不必然会直接表达出来。案主也许会含糊地谈到担心或幻想，而不付诸实践。很多案主有侵略性幻想，可是大多数没有实施。因此，社工要就案主实施行为的严重程度、是否有明确的受害人以及预期的受害人是否处在危险之中作出判断。如果行动看起来会付诸实施，社工(或另外的精神健康专业人员)有责任警告受害人或采取其他合理步骤。

Tarasoff 案的判决强加给精神健康工作员的压力，不仅在于评估案主的危险性，而且在于估计案主是否会威胁他人。美国精神病学会的工作组对治疗师预见暴力行为的能力持有很大的保留意见，因为错误肯定会犯。此外，警告受害人或其他合适的任何一方，会使治疗关系陷入危机之中(Brakel 等，1985)。案主在警告他人的同时，就侵犯了案主的信任。背叛的结果是，治疗关系难以为继。

在这种情况下，社工可以有几个渠道是开放的。首先，社工要了解 Tarasoff 案的判决在自己所在的州是如何对这一法律信息进行解释的。经加州案件引发的法规和案件不一而足，比 Tarasoff 案更加包容或更多限制（Kachigian & Felthous，2004；Simone & Fulero，2005）。国家的法令随着时间而改变，从 TarasoffⅡ开始（Weinstock 等，2006），在那些没有提供豁免的州（即便是有豁免的州）里，应考虑一系列操作，重视对第三方的保护以及应该警告谁。向另一位员工咨询，尤其是精神科医生，是非常有必要的（Brook，1988）。同样，联系机构的律师也是必要的。

本章讨论了保密和保护潜在受害者的责任。当今健康和精神健康服务领域，档案逐渐是以电子文档的形式保存的，法律议题和保密对社工和案主来说变得极为重要。

文件和记录的保存

社会工作与案主的接触要从专业关系开始之时便进行完整的记录。Mary Richmond（1917）使用记录以研究和证明诊断的分析过程。随着专业的发展，案件记录的文档帮助工作者考虑案主及其处境，作为教学和督导的辅助材料，并为了问责（Kagle & Kopels，2008）。

最近，个案记录有许多功能。包括：（a）辨识和描述案主情境及接受服务的原因；（b）记录并为使用可及资源的评估提供基础；（c）提供目标、计划和干预的理由；（d）文件符合机构政策、实践指导、法律标准和专业伦理；（e）为监督过程提供基础；（f）为索赔报销提供依据；（g）保持在一个员工缺失或离开的情况下的连续性；（h）为外部监督提供信息；（i）为法庭提供证据；（j）为研究提供数据（Kagle & Kopels，2008）。

审慎的文档对于行为健康领域的社会工作实务尤其相关。首先，精神疾病仍旧受歧视，这会干扰案主获得工作和相应社会地位的能力。其次，那些有精神健康问题的个体可能会面临其他威胁他们身体健康的问题，例如患有 HIV/AIDS、虐待关系、物质滥用、法律麻烦、被逐出家门等等。所有这些情况都是私人信息，如果记录下来，便需要确保安全。第三，如在保护那一节所讨论，有些案主在接受服务过程中存在伤害自己和他人的风险。这需要社工在记录这些威胁、行为和专业回应时非常谨慎(Reamer，2005)。

精神健康临床实务要求具备专业伦理责任的知识，并且需要保存文档和记录。本章考察了围绕当代伦理精神健康领域记录保存的议题。

社会工作伦理和文档

个案记录的多种功能导致案主保密和隐私受到威胁。Reamer(2005)所述，“不存在真正机密的个案记录”(p. 332)。大量个体和机构，如管理医疗机构、认证组织、审查小组和计费组织都与案主记录有关(Kane，Houston-Vega & Nuehring，2002)。此外，电脑和网络沟通使案主记录暴露在风险之中。

全美社会工作协会伦理守则对这样的威胁表现出了敏感性。它明确了案主记录：

3.04　案主记录

(a) 社工应该采取合理措施确保记录的文档准确反映了提供的服务。

(b) 社工应该充分和及时地进行文件记录，以方便提供服务并且确保今后为案主提供服务的延续性。

(c) 社工的文档应该保护案主隐私，应该仅包括与服务提供直接有关的信息。(NASW，1996/1999/2008)

如上面3.04的摘录，社工有义务对他们在记录中所描述的活动进行真实的描述，他们应该尽快完成记录。另一方面，如(c)所述，社工不应提供超出需求的信息。要考虑背离社工-案主关系的侵害当事人隐私权的披露问题。因此，如果一个案主的性取向与治疗无关，该信息就不应记录在案。

该守则对社工保护案主隐私的责任方面做出了另外的规定：

1.07　隐私和保密

(a) 社工应该尊重案主隐私的权利。社工不应在案主面前提起隐私信息，除非有必要或有评估或研究的需求。一旦分享了隐私，隐私标准的运用……

(l) 社工应该为案主的书面材料和电子档案及其他敏感信息提供保密协议。社工应该有充分理由确保案主记录安全储存并且他人无授权不得接触到这些信息。

(m) 社工应该有防范措施，确保通过使用计算机、邮件、传真、电话和答录机等工具发送给其他各方时是保密的。应尽可能避免识别信息暴露。(NASW，1996/1999/2008)

1.07(a)与3.04(c)有关。1.07(1)和1.07(m)解释了记录不仅仅局限于复印件、纸质版记录。过去几十年科学技术地不断发展，出现了电子版记录，以及通过邮件、传真等方式的沟通交流方式。

伦理守则中另一部分解释案主接触记录的内容为：

1.08　查阅记录

(a) 社工为案主提供合理的途径获得有关案主的记录。社工担心案主查阅记录会导致误解或伤害，应该及时提供帮助解释记录并为案主解释有疑惑的部分。当出现特殊情况有充足的证据表明查阅记录会对案主有严重的伤害，社工应该限制案主查阅记录，或仅部分查阅。不论是案主的请求还是需要隐瞒部分或全部纪录的理由，都应记录在案主档案中。

(b) 当提供给案主查阅记录，社工应该采取措施保护其他案主的记录。(NASW，1996/1999/2008)

案主有权利知道记录中关于他们的部分是怎样的。合理的查阅在1.08(a)中已做解释。社工可以根据案主的反应处理他/她所看到的记录。明确了案主有权查阅记录，社工不应该在档案中记录下他们不希望案主看到的东西。而保护其他案主的记录也是十分重要的。这需要社工有选择地为案主提供记录。

法律法规与文档

在过去几十年，法律法规的变化已经影响了社会工作文档记录。临床社工需要特别注意联邦法律，例如酒精和物质滥用患者记录的保密(2007)以及健康保险流通和责任(1996)。

酒精和物质滥用患者记录的保密这部联邦法律，为接受服务的物质滥用患者提供了在联邦援助计划下的额外的保护(Kagle & Kopels，2008)。大多数案例，法律需要案主的书面同意书才能查阅案主的记录。只有一个例外，当社工作为强制报告人需要报告怀疑有虐待或忽略儿童的情形，另一种情况是出现了紧急医疗状况(Kagle & Kopels，2008)。规定也明确了当有法庭命令或需要出庭作证的时候，个人信息应如何处理(Kagle & Kopels，2008)。

健康保险流通和责任法案，适用于健康和精神健康机构，包括两个部分的内容：第一部分和第二部分，以及第二部分下的隐私条文。第一部分明确健康保险是可流动的，能够让雇员及其家属在工作变动或失业后仍旧能够使用该保险，第二部分便是告诉大家如何管理健康医疗(Kagle & Kopels，2008)。隐私条文为健康医疗机构(健康照顾联合体、健康计划、通过电子方式传输健康医疗信息的医疗提供者，与前几种实体有往来业务的机构)提供了保护私人医疗记录以及保护个人的健康信息的使用的最低标准。健康信息的保护也称为受保护的健康信息(PHI)。所关注的主要是，针对某个特定个体的信息(如他/她的名字、地址、社保账号、生日)。当这些信息已经去识别化以后便能够用作研究分析。如果一个州有更严格的要求，那么这些州的法令便高于联邦政府。美国康复与再投资法案(2009)包含附加条款，并拨出资金，到2014年进一步完善电子健康档案。

电子记录有许多益处。首先，可以减少医疗错误(Richard，2009)。第二，联邦政府意识到能够节省税收(Kucznski & Gibbs-Wahlberg，2005)。第三，提高健康信息的有效流动，并允许更大的患者参与和保护隐私(Richards，2009；Summary of the HIPAA Privacy Rule，2003)。另外，大众对网络可以获得的个人健康信息的安全问题(Kucznski & Gibbs-Wahlberg，2005)，以及患者希望保持过去的健康和精神健康的隐私信息的可用性(Privacy Rights Clearinghouse，2010)心存疑问。

总结与解构

在行为健康领域从事实践的临床社工置身于不同的权力之间——法律、案主、管理医疗机构、社会工作专业及其伦理守则、法律。不要低估的是，很大的权力在于社工为自认为正确的东西而进行的倡导。在伦理守则中，社工有专业责任将案主置于至高无上的地位——尊重其尊严和价值、其自决和知情同意的权利、其在案主-工作员关系中披露的隐私。社工亦要遵守法律，有时在法律要求下须打破保密原则。除了这些专业原则之外，为严重精神疾患工作的实务工作者，必须明白案主有生活在最少限制性环境和接受最少限制性但最受益照顾的权利。

当前精神健康环境使案主保密暴露在风险之中。尽管法律保护隐私，但大量的个体和机构都能够接触到这些信息。除了机构人员，管理医疗组织、计费机构、质量保证人员或他人以个人身份看到或处理客户信息。个人信息的风险与电子档案出现有关，包括电子邮件、语音信箱、移动电话。

反过来，有时候个人信息可能会使他人信息受到危险。回到赵承熙一案，他曾经的精神健康历史和对他行为的担忧一直得以保密，从而使他人陷入危险。如此案所示，隐私的保护和对保密的尊重可能会成为暴力的帮凶。

参考文献

Addington v. Texas, 441 U.S. 418, 3MDLR 164 (1979).

American Bar Association. (1988). *Mental disability law primer* (3rd ed.). Chicago: Author.

Appelbaum, P. S. (1985). Tarasoff and the clinician: Problems in fulfilling the duty to protect. *American Journal of Psychiatry, 142*(4), 425–429.

Appelbaum, P. S. (1991). Advance directives for psychiatric treatment. *Hospital and Community Psychiatry, 42*(10), 983–984.

Appelbaum, P. S. (2005). Assessing Kendra's Law: Five years of outpatient commitment in New York. *Psychiatric Services, 56*(7), 791–792.

Appelbaum, P. S. (2007). Assessment of patients' competence to consent to treatment. *New England Journal of Medicine, 357*(18), 1834–1840.

Bazelton Center for Mental Health Law. (September 8, 2009). *Disability groups win landmark case affirming rights of people with mental disabilities in state-funded adult homes.* Retrieved January 9, 2010, from http://www.bazelton.org/ newsroom/2009/DAIruling9-9-09.htm

Beauchamp, T. L. (1999). The philosophic basis of psychiatric ethics. In S. Bloch, P. Chodoff, & S. A. Green (Eds.), *Psychiatric ethics* (3rd ed., pp. 25–48). New York: Oxford University Press.

Brakel, S. J., Parry, J., & Weiner, B. (1985). *The mentally disabled and the law* (3rd ed.). Chicago: American Bar Foundation.

Brooks, A. D. (1988). Law and the chronically mentally ill. In A. D. Brooks, K. S. Brown, L. F. Davis, P. Fellin, U. C. Gerhart, & A. B. Hatfield (Eds.), *Services for the chronically mentally ill: New approaches for mental health professionals* (Vol. 1, pp. 62–75). Washington, DC: Council on Social Work Education.

Caplan, A. (2008). Denying autonomy in order to create it: The paradox of forcing treatment upon addicts. *Addiction, 103*, 1919–1921.

Covington v. Harris, 419 F.2d 617 (D.C. Cir. 1969).

Dixon v. Weinberger, 405 F. Supp. (D.D.C. 1975).

Dolgoff, R., Loewenberg, F. M., & Harrington, D. (2009). *Ethical decisions for social work practice* (8th ed.). Belmont, CA: Thomson Brooks/Cole.

Gelman, S. R., Pollack, D., & Weiner, A. (1999). Confidentiality of social work records in the computer age. *Social Work, 44*(3), 243–252.

Gilligan, C. (1982). *In a different voice: Psychological theory and women's development.* Cambridge, MA: Harvard University Press.

Gott, W. (1997). Should clinical social workers support the use of outpatient commitment to mental health treatment? Yes. In B. A. Thyer (Ed.), *Controversial issues in social work practice* (pp. 110–115, 121–123). Boston: Allyn and Bacon.

Greenhouse, L. (1999, June 23). High court limits who is protected by disability law. *New York Times,* pp. A1, A16.

Henderson, C., Swanson, J. W., Szmukler, G., Thornicroft, G., & Zinkler, M. (2008). A typology of advance statements in mental health care. *Psychiatric Services, 59*(1), 63–71.

Hermann, D. H. J. (1997). *Mental health and disability law in a nutshell.* St. Paul, MN: West Publishing Co.

Kachigian, C., & Felthous, A. R. (2004). Court responses to Tarasoff statutes. *Journal of the American Academy of Psychiatry and Law, 32*, 263–273.

Kagle, J. D., & Kopels, S. (2008). *Social work records* (3rd ed.). Long Grove, IL: Waveland Press.

Kane, M., Houston-Vega, M. K., & Nuehring, E. M. (2002). Documentation in managed care: Challenges in social work education. *Journal of Teaching in Social Work, 22*(1/2), 199–212.

Kuczynski, K., & Gibbs-Wahlberg, P. (2005). HIPAA and the health care hippo: Despite the rhetoric, is privacy still an issue? *Social Work, 50*(3), 283–287.

Lake v. Cameron, 364 F.2d 657 (D.C. Cir. 1966).
Lessard v. Schmidt, 349 F. Supp. 1078 (E.D. Wis. 1972), vacated and remanded on other grounds, 414 U.S. 473 (1974), redecided, 379 F. Supp. 1376 (E.D. Wis. 1974), vacated and remanded on other grounds, 421 U.S. 957 (1975), redecided, 413 F. Supp. 1318 (E.D. Wis. 1976), LMDLR 32.
Levy, C. S. (1979). *Values and ethics for social work practice.* Washington, DC: National Association of Social Workers.
Monahan, J. (2008). Mandated community treatment: Applying leverage to achieve adherence. *Journal of the American Academy of Psychiatry and the Law, 36*(3), 282–285.
Monahan, J., Swartz, M., & Bonnie, R. J. (2003). Mandated treatment in the community for people with mental disorders. *Health Affairs, 22*(5), 28–38.
National Association of Social Workers. (1996/1999/2008). *Code of ethics of the National Association of Social Workers.* Retrieved January 23, 2010, from http://www.socialworkers.org/pubs/Code/code.asp?print=1
O'Connor v. Donaldson, 442 U.S. 563 (1975).
Olmstead v. L.C. and E.W., 527 U.S. 581 (1999).
Petrila, J., & Christy, A. (2008). Law & psychiatry: Florida's outpatient commitment law: A lesson in failed reform? *Psychiatric Services, 59,* 21–23.
Pfeffer, A. (2008). "Imminent danger" and inconsistency: The need for national reform of the "imminent danger" standard for involuntary civil commitment in the wake of the Virginia Tech tragedy. *Cardozo Law Review, 30,* 277–315.
Privacy Rights Clearinghouse. (2010). Fact sheet 8a: HIPAA basics: Medical privacy in the electronic age. Retrieved from http://www.privacyrights.org/fs/fs8a-hipaa.htm
Reamer, F. G. (2005). Documentation in social work: Evolving ethical and risk-management standards. *Social Work, 50*(4), 325–334.
Reamer, F. G. (2006). *Social work values and ethics* (3rd ed.). New York: Columbia University Press.
Richards, M. M. (2009). Electronic medical records: Confidentiality issues in the time of HIPAA. *Professional Psychology: Research and Practice, 40*(6), 550–556.
Richmond, M. E. (1917). *Social diagnosis.* New York: Russell Sage Foundation.
Rinas, J., & Clyne-Jackson, S. (1988). *Professional conduct and legal concerns in mental health practice.* Norwalk, CT: Appleton & Lange.
Scheyett, A. M., & Kim, M. M. (2007). Psychiatric advance directives: A tool for consumer empowerment and recovery. *Psychiatric Rehabilitation Journal, 31*(1), 70–75.
Simone, S., & Fulero, S. M. (2005). Tarasoff and the duty to protect. *Journal of Aggression, Maltreatment & Trauma, 11*(1), 145–168.
Srebnik, D. S., & La Fond, J. Q. (1999). Advance directives for mental health treatment. *Psychiatric Services, 50*(7), 919–925.
Summary of the HIPAA Privacy Rule. (2003). U.S. Department of Health and Human Services. Retrieved from http://www.hhs.gov/ocr/privacy/hipaa/understanding/summary/privacysummary.pdf
Swanson, J. W., Van McCrary, S., Swartz, M. S., Elbogen, E. B., & Van Dorn, R. A. (2006). Superseding psychiatric advance directives: Ethical and legal considerations. *Journal of the American Academy of Psychiatry and the Law, 34*(3), 385–394.
Swartz, M. S., & Swanson, J. W. (2004). Involuntary outpatient commitment, community treatment orders, and assisted outpatient treatment: What's in the data? *Canadian Journal of Psychiatry, 49*(9), 585–591.
Tarasoff v. Regents of the University of California, 529 P.2d 553 (Cal. Sup. Ct.) (1974).
Tarasoff v. Regents of the University of California, 551 P.2d 334 (Cal. Sup. Ct.) (*Tarasoff II*) (1976).
Vogel-Scibilia, S. (1999, Winter). Preparing an advance directive. *Alliance,* NAMI Pennsylvania, pp. 5, 11.
Weinstock, R., Vari, G., Leong, G. B., & Silva, J. A. (2006). Back to the past in California: A temporary retreat to a Tarasoff duty to warn. *Journal of the American Academy of Psychiatry and the Law, 34,* 523–528.
Wilk, R. (1997). Should clinical social workers support the use of outpatient commitment to mental health treatment? No. In B. A. Thyer (Ed.), *Controversial issues in social work practice* (pp. 115–121). Boston: Allyn and Bacon.
Wyatt v. Stickney, 325 F. Supp. 781, aff'd, 344 F. Supp. 1341 (M.D. Ala. 1971), and 344 F. Supp. 373 (M.D. Ala. 1972), aff'd sub nom.

第六章

文化胜任力：精神健康实践的文化议题

精神健康系统不曾紧跟少数族裔的多样文化需求的步伐，因为服务不到位或不适当。具体而言，这一系统忽略了融入、尊重或理解不同文化群体的历史、传统、信仰、语言与价值体系。误解和曲解行为引发悲剧性后果。

——President's new freedom commission on mental health，Achieving the promise. 2003. p. 49

美国是一个多元文化的社会，历史上占主流的多数白种人一直视不同种族、族群和文化的群体为“他者”。在精神健康领域，“他者”接受不同的治疗，这导致误诊、不足或不当的治疗以及忽视。尽管一直认为，加勒比和非裔美国人、绝大多数拉丁裔和亚裔族群的精神障碍的终生患病率比白人低，但前者加上美国印第安人和阿拉斯加原住民，极少能够接受和获得质量更差的精神健康服务(McGuire & Miranda，2008)。

为了回应精神健康服务输送的差距，广泛的、多层次的、服务使用者为本的系统变化是需要的(Dougherty，2004)。在服务提供者这个层次上，就精神健康人员而言，解决这一状况的方式是文化胜任力(Lum，2007；McGoldrick，Giordano & Garcia-Preto，2005；Sue，2006)。文化胜任力指的是，形成对与实务工作者的生活经验、世界观、语言、族群和社会地位不同的他人的意识，以及认识到自己的文化和文化偏见，并将此意识付诸实践。因此，临床社工需要意识到不同的文化价值和传统，敏感地感受歧视的影响，有能力与不同种族和群体的个体建立关系，评估和提供相适合的干预。除了要促进不同的治疗，文化胜任力对合适伦理的社会工作实务来说至关重要(NASW，1996/1999/2008)。

本章介绍精神健康领域中确立具备文化胜任力的实践框架。聚焦于种族/族裔的多样化群体需要开始并将继续予以区别对待。这样的群体包括合法及非法的移民、缺少健康保险的人、操持不同语言的人与维持不同文化实践的人。为此，首先需要理解其中的专业术语。

定　义

种族、族群和文化是美国社会与经济资源、社会地位和政治权力交织在一起的社会建构。它们都表示先赋差异有着不同的意义，其意义有赖于就指定人群而言是内群体抑或外群体。

种族(race)这一术语指这样一群人，其生物或生理特征代代相传。肤色被视为种族固有的众多特征之一。然而种族这一术语用于指称生物学特征是极富争议的。美国人类学协会(1998)的声明如下：

科学知识在本世纪的巨大进展已清晰表明，人类群体并不是能毫无争议地清晰区分且生理上明确可辨的群体。遗传学分析的证据表明，绝大多数身体变化，约94%，存在于所谓的种族群体之内。而传统的地理种族的群分相互之间只有6%的基因不同。这意味着种族群体之内的变异比更大。邻近人群中有更多重叠的基因和表达形态。纵观历史，只要有不同的群体之间有接触，他们之间便会混种。遗传物质的持续分享使得人类能够维持为单一的物种(http://www.aaanet.org/stmts/racepp.htm)。

看过了科学证据，那么疑问就是，为什么种族一直作为一个类别存在。很大的可能是，这个术语有助于维持这样一个体系，其中占主导地位的白色人种能够断言差异是基于其他群体的低劣，并由此声称自己群体的优越感。种族主义是基于建构的种族差异而形成的针对某一群体的褊狭。它体现为制度安排、机会结构和人际行为。

族群(ethnicity)这一术语使人们有可能避免与种族相关的生物学谬误。族群是指构成群体认同、信仰、习俗和政治组织的历史、文化和民族根源。基于国籍和祖先，族群通过家庭的代际传递(Lum，2007)。族群有共同的文化遗产、语言、信仰、传统、仪式、食物偏好和互动模式，并已融入其家庭和群体生活之中。白人族群有许多，如爱尔兰人、意大利人、希腊人、犹太人(也是一个宗教团体)。许多非裔美国人创始的特定族群(部落或宗族)知识已荡然无存，被进入美国而经历的奴隶体验所掩盖。拉丁裔或西班牙裔，是由不同族群、种族和国籍的拉丁美洲人和西班牙人的后代组成。

本书中，文化这一术语——早期的社会科学家至少给出了 164 种定义方式(Kroeber & Kluckhohn，1952)——指的是，习得的和传承给他人的知识、价值、象征、认知方式和行为体系。特定的认识、评估和认知方式也许被视为特定的文化。世界观经常用于描述特定的文化群体的观点。族群与文化有关，但族群亦是认同和政治行动(如认同政治)的基础。有些族群自己与本群体的历史、宗教、习俗和价值有关。然而，有些族群则通过与本群体合作追求政治目标而发现意义。由此，族群可以是行为的(文化的)或是意识形态的(政治的)。

与文化、族群和种族有关的词汇还包括文化认同、族群认同和种族认同等。个体以不同程度的自我接纳及与主流文化的认同，接触并认同各自的文化、族群或种族。有些人否认或尽量少表达自己的文化作为同化到主流的一种方式，而有些人对自己的文化群体引以为豪，享受表达其独特的文化习俗。本章的另外部分将进一步讨论认同议题。

多元文化主义(multiculturalism)和文化多样性(cultural diversity)用于描述文化、族群和种族差异。这些术语包含不同类型的差异(如性取向、性别、年龄和残障)，并代表人类多样性的不同侧面。由于这些术语淡化了种族的重要性，它们倾向于消解种族和族群的力量(Helms & Cook，1999)。霍普斯(1982，1987)指出，广泛使用族群和少数民族这样的术语也面临同样的问题。以前所说的少数民族，仅仅指那种规模小的群体，但也暗示地位低下或低人一等(L. Y. Finley，personal communication)。此外，该术语坚信这一事实，很多在美国数量较少的群体，在全球范围之内却人口众多(L. Y. Finley，personal communication)。

历史上看，特定的文化群体——非裔美国人、西班牙裔/拉丁美洲裔、印第安人和亚裔美国人——要屈从于阻碍他们在更大社会中生存和成功的歧视性实践。这些群体一直遭遇受压制和掠夺的历史，其结果是易受贫穷、婴儿死亡、营养不良和失业之困扰。由于肤色或族群，他们一直被视为局外人，被有组织地排除特定居住环境、教育机会和获得体面工作。为了满足竞争环境之中的生活需求，他们面临障碍、形成压力，进而超出其应对资源之负荷。

表 6.1 表明，不成比例的种族和族群群体生活在贫困之中。非裔美国人和西班牙裔美国人的人均收入明显低于非西班牙裔白人。2008 年接近四分之一的这些族群和种族群体生活在贫困线以下。美国印第安人和

阿拉斯加原住民并未在此表中列出，因为该年的数据不可见，他们中也有大量的人生活在贫困线以下。根据2006年的普查数据分析(Ogunwole, 2006)，2000年，他们中的25%生活在贫困线下。2008年，17.8%在美国之外出生的美国居民生活在贫困线下(U. S. Bureau of the Census, 2009)。

表6.1　不同人口群体的贫困状况

群　体	贫困人口/百万	贫困发生率	人均年收入/美元
非裔美国人	9.4	24.7	18 406
西班牙裔	11.0	23.2	15 674
亚裔和太平洋诸岛居民	1.6	11.8	30 292
非西班牙裔白人	17.0	8.6	31 313
所有族群	39.8	13.2	26 964

资料来源：美国人口普查局(2009)，数据为2008年收集

正如种族、族群和阶级相互交织在一起的方式，这增加了边缘群体的经济、社会和心理负担，而性别也与种族和阶级相互影响。其结果是，有色妇女“处于多重危险之中，面临种族歧视、性别歧视，以及在很多情况下，贫穷的联合压力”(Hopps, 1982, p.4)。单身妇女及其小孩的贫穷的女性化，在黑人和西班牙裔母亲为户主的家庭尤为盛行(Sands & Nuccio, 1989)。其他与种族、族群和阶级有关的因素是性取向、性别认同、年龄、残障(生理、精神、智力)、宗教、移民身份等。当行为健康服务不可及之时，生活在农村地区是非常不利的。

本章认为，应该理解文化议题，这样才能更好地在行为健康领域中提供具备文化胜任力的临床社会工作服务。本章特别突出了在美国受到歧视的种族和文化群体——非裔美国人、亚裔美国人/太平洋诸岛岛民、西班牙裔/拉丁裔和美国印第安人/阿拉斯加原住民。尽管这些群体常常被称为非白种人或有色人种，但其中有些人仍旧自我认同为白人。有混合背景的人认同一个群体或视自己为混种、多文化、多种族的人。但是，应该清楚每个人都是一个或多个文化的一部分。不同的白人族群，如爱尔兰、意大利、希腊、瑞典和德国，影响着来自这些地方的人的生活，在临床实践之中需要加以考虑。

情境关联性概念（context-related concepts）

文化多样性群体的成员，并不是占主导地位的多数白人的一部分，需要驾驭熟悉，或有时候并不熟悉的情境。Chestang（1976）辨识出两个重要系统——养育系统和维持系统——为非裔美国人提供情感支持和经济生计。养育系统包括族群共同体的家庭和朋友，提供温暖和支持、促进表达；维持系统代表了外部社会的物质、政治和社会供给。非裔美国人与其他原住民文化群体，生活在两个系统之中，在两个系统之中权衡，但都需要这两个系统。其他国家的移民（如波多黎各）面临类似的挑战，因为他们试图适应新国家的经济和社会需求，同时保持其持续文化的价值观和习俗。不管一个人是在美国出生或长大，还是移民到这里，对这两个系统的认知、需求和态度都可能会发生冲突。这可见于，主流文化概念化种族和族群的方式和不同文化群体看待自己的方式。

概念化

过去的社会科学家所信奉的是与欧洲后裔的白人的经验一致的想法，而非种族和文化群体不同的后裔。因此，他们信奉只要工作努力就能实现“美国梦”。美国是个大“熔炉”，各种群体都能混合，并吸引穷人，白人族裔欧洲移民相较其他种族不同的群体与美国有着更接近的文化，能更好地适应（de Anda，1984）。即使有些白人族群和宗教群体在初次移民时面临歧视，随着时间的推移，他们能够克服障碍并变成“白人朋友”（Brodkin，1998；Ignatiev，1995）。

二十世纪六十年代，“大熔炉”失去了可信度。这是人权运动时期，非裔美国人在政治上非常积极。他们的政治活动被曲解，再加上日益增多的有色人种仍旧贫困的证据，这导致文化缺失模式的发展，该模式视有色人种为文化剥夺（de Anda，1984）。在“向贫穷宣战”时期，很多解决这种不足的教育和社会项目在不断地发展。文化缺失模式随后名誉扫地，因为它从中产阶级的观点评价不同文化(de Anda，1984)。

另一个概念是文化差异，是指不同群体中存在着文化差异(de Anda，1984)。然而，该概念因过分强调各文化群体的独立性而走向极端。de Anda(1984)强调二元文化社会化模式，他承认文化之间有差异和重叠的区域，人们可以在不同的文化环境中有效地发挥作用(Sue & Sue，2008)。还有一个概念，文化多元主义，是指接受社会中共存的多元文化。“沙拉碗”的使用取代了“大熔炉”，是指保留源文化的同时适应美国文化(Alessandria，2002)。

• • • 认同

除了以上多样性的外在概念之外，还有不同族群、种族和文化群体认识自己的方式。多元文化咨询的学者描述了一个发展的过程，随着他们不断获得意识，种族和族群身份也不断变化。边缘化种族群体成员的变化是沿着这样一个方向：减少对主流社会对自己的定义的依赖，更多地接纳自己是特定种族群体的一员。这个变化过程并不一定是线性的，它不仅适用于案主，也适用于服务提供者。

根据 Sue 和 Sue(2008)总结出的种族/文化认同发展模型，受压迫的人群经历了五个发展阶段——(a) 顺从，(b) 失调，(c) 抵抗和侵入，(d) 反思，(e) 整合意识。在“顺从”阶段，个体认同主流文化超越了自己文化群体的认同。这包括认同和内化主流文化。第二个阶段，经过个体经历或遭遇与主流文化观点的冲突，提升了针对自己所在群体种族歧视或偏见的认知。在这一阶段，个体变得不舒适并开始质疑自己的价值观和信仰。第三个阶段，对自己文化的拥护和对主流社会价值观的排斥。聚焦于探索、学习和认同个体的种族或文化群体，并包含了对白人社会的厌恶。第四阶段，个体反映了前一阶段的局限性，例如需要保持愤怒的能量，并想着主动出击。第五阶段，个体接纳和赞赏自己的文化同时也接纳美国文化，选择愿意接纳的方面。

种族认同发展模型也适用于白人，他们倾向于否认，在美国，他们是一个种族以及白人所具有的优势(Sue & Sue，2008)。白人被社会化为一个持有种族主义态度、偏见以及对非白人持有刻板印象的社会(Sue &

Sue，2008）。为其他种族和族群的人服务，对于白人社工很重要的是，必须意识到他们的特权、潜在偏见以及他们可能被非主流种族案主看待的方式。Sue和Sue介绍了Hardiman，Helms，Rowe，Bennett和Atkinson以及他们自己的白人种族认同发展模型。Sue的模型与前面的五阶段模型有不同的侧重点，但有一个例外。例外是在第一阶段前加入一个阶段，即无知阶段(naivete)发生在最初几年，个体缺乏种族意识。在此之后，白人孩子开始吸收白人是正面的这一观念。接下来的顺从阶段，白人相信他/她的文化是高级的，这是基于对其他种族群体的社会刻板印象。持有这种观念的个体会相信族群之间是没有差异的而且自己没有偏见。然后在失调阶段，为个人经验所驱动，个体认为自己不是种族主义这一信念受到挑战。例如，个体对孩子与其他种族的孩子交朋结友可能会感觉到不舒服。该经历可能会推动该个体恢复到以前的阶段或转入下一阶段，抵抗与入侵阶段，他们会日益认识到内部及外部的种族主义。该阶段会发生愤怒、内疚和自我憎恨。反思阶段，包括意识自己作为白种人有着特权。最后一个阶段整合意识，个体理解自己是种族/文化的存在，认识到种族主义的社会和政治因素，欣赏多样性，并致力于消除压迫。

认同理论呼吁关注作为文化存在的自我意识的增长，无论个体是美国边缘化的文化群体的一员还是白人的一员。社工，主要是白人，会服务于各种不同种族、族群和文化群体。对社工来说，自我意识是一个非常重要的阶段，即便社工是来自移民文化群体。也很重要的一个认识是，大多数人具有多个文化群体的成员资格，这影响他们如何以不同方式看待自己。

解释模型

文化提供了一种理解生活经历的框架。医学人类学家、精神病学家Kleinman(1988)使用解释模型这个术语描述了文化提供了一个解释疾病的视角的方式：

解释模型是病人、家属和实务工作者对某种特定疾病的概念。疾病是什么的非正式描述有巨大的临床意义，忽略它们可能是致命的。他们回答了这样的问题：这一问题的本质是什么？为什么它会影响到我？为什么是现在？它会一直伴随吗？它对我身体有什么影响？我希望什么样的治疗？我最害怕这种疾病的是什么以及如何治疗它(p. 120)。

应用在精神健康领域，社工可能视一种行为为精神障碍的表现，而案主可能仅仅将它视为对生活事件的普通表现。同样地，一个服务提供者和案主可能会对同一行为有不同的态度。文化为他们提供了自己的治疗方式和对未来的期望。具备文化胜任力的社会工作实践就需要探索类似Kleinman所提出的问题。

• • • 求助行为

医学社会学家会使用一些术语来帮助理解不同种族和族群群体的求助。在这些术语中包括病人角色、健康行为和疾病行为。Parsons(1964)定义病人角色为一种合法的社会地位，病人有权利不受责罚且放弃自己平时的责任，同时，他们有配合治疗的义务。健康行为是指健康的人抵御疾病和在症状发展之前检测到它的活动；而疾病行为是指感到生病的人确定他们健康状况的行为并寻找合适的治疗方法(Kasl & Cobb，1966)。每半年一次的牙科检查就是健康行为；针对感冒的医疗预约就是疾病行为。

社会文化变量影响病人角色、健康和疾病行为的实践的假设。为了合法地进入病人角色行为，个体所在文化必须认识到其处于生病之中，并需要承担一定的权利和义务。这要求对症状的认知是有意义的，并且免除一定的社会义务是合适的。如果该文化没有对应该症状的类别，那么该个体将不会被认为是生病了。同样，健康行为也与文化有关。尽管在美国中产阶级中牙科预防和定期检查成为常态，但该行为在其他文化中并未普及。疾病行为是个体认知到自己生病后的行为。可能需要非正式支持或正式精神健康服务。

文化的解释和回应可作用于精神健康服务提供系统对多样文化的接受度。许多服务提供者可能误解了文化差异并错误地将其解释为阻抗。服务输送系统的回应也部分地作用于文化差异。

精神健康的文化差距

自从二十世纪六十年代，已经认识到，对多元文化群体提供的精神健康服务的输送与质量上的差距成为全国性议题（DHHS，1999；2001）。边缘文化群体较少利用服务且面临进入服务的各种障碍，在接受服务后常常中途退出或过早终止（Snowden & Yamada，2005）。

根据《精神健康：文化、种族和族群：美国卫生局长的精神健康补充报告》（DHHS，2001），这个报告回顾和分析了大量的研究且发现：在使用和提供精神健康服务中存在严重的文化差距：

> 与白人相比，大部分少数族群都不太喜欢使用服务，他们得到较差的精神健康照顾，尽管有着同样的社区精神障碍比率，同样的患病率，连同低使用率和低质量的服务，这意味着少数族群社区有大量个体精神健康服务需求尚未得到满足。（DHHS，2001，p. 3）

全国共病调查复查（NCSRS）发现弱势群体——非裔美国人、西班牙裔、老年人、低收入者、低教育者和缺少医疗保险的人——跟成年白人、更年轻、高收入及高教育的人相比，较少使用精神健康服务（Wang 等，2005）。另一些研究也得到了相似的结果（Alegrfa 等，2002；Wells，Klap，Koike & Sherbourne，2001）。一项关于患有双相障碍和物质滥用的非裔美国人和白人使用服务的研究表明，更高比例的白人比非裔美国人能够接受门诊精神健康服务（Hatzenbuehler，Keyes，Narrow，Grant & Hasin，2008）。一项针对洛杉矶的华裔的流行病学研究发现，只有15%的人符合诊断标准且需要精神健康治疗（Kung，2003）。

许多障碍阻挡了他们使用服务的能力。无法使用英语的患者不能跟精神健康工作者很好地沟通交流，除非服务提供者能够使用他们的语言或有翻译。文化敌视、歧视、缺乏健康保险也阻碍了获取服务的路径（Snowden & Yamada，2005）。一项针对美国出生的低收入黑人和拉丁裔妇女以及低收入移民妇女筛查抑郁的研究发现，后勤障碍（例如，没有保险、没有儿童照管）以及歧视担忧（例如，害怕他人眼光）等是非常严重的问题（Nadeem等，2007）。一个质性研究探索了蒙特利尔的西印度移民不愿使用精神健康服务的状况，辨识出三个议题：（a）反对医生过度依赖用药；（b）被轻蔑的方式对待；（c）相信非医学治疗，例如神圣干预和民间医疗（Whitley, Kirmayer & Grolean，2006）。

精神健康服务质量是差距的另一方面。各种因素会导致误诊。

• • • 误诊

美国当今使用的临床诊断系统是基于西医模式，个体被视为有病，科学方法用以解释和治疗这种疾病（DHHS，2001）。此外，西方模式强调精神和躯体的分离，这是一种与亚洲文化不一致的观点（Lin & Cheung，1999）。因为大部分社工接受的西方社会的教育，同化了这一模式，他们存在曲解不同文化背景的案主的思维、行为和感受的风险，可能会得出一个不恰当的诊断结果。并且，那些不熟悉其他文化的白人社工可能会误读案主的言语和非言语交流。精神疾病的症状在来自不同文化的个人身上，有不同的体现和不同的意义（Kleinman，1988）。

实务工作者因为缺乏其他文化的知识，可能要依赖其刻板看法，这会导致误诊。不同文化的案主可能以相容于其文化的方式陈述症状，但与DSM-Ⅳ-TR所描述的精神疾病分类不一致。由于世界观和行为的迥异，案主和临床工作人员解释同一症状时会大相径庭。

多年来，非裔美国人的症状受到错误阐释，导致了诊断精神分裂症过多，而诊断心境障碍过少（DHHS，2001）。尽管精神分裂症和情感障碍都与精神病症状有关，美国精神病学家解释这些症状为精神分裂症的表现，尤其当患者为非裔美国人时（Jones & Gray，1986）。误诊部分归因于非裔美国人自己在临床机构的错误解释。某些症状，如幻想狂和单调情感，是非裔美国人生存于异文化所采取的适应策略。Grier 和 Cobbs（1968）提及"'健康的'文化狂想症"，这是一种适应性功能。然而，适应性的偏执症亦在非裔美国人之中被过度诊断，时常被视为偏执性精神分裂症，或偏执性人格障碍的症状（Steinberg，Pardes，Bjork & Sporty，1977）。同样地，回应一个自己不信任的白人治疗师的控制性情绪表达，也许被理解为生硬的或单调的情感，这都是精神分裂症的症状(Jones & Gray，1986)。为了防止情绪和行为表现的误诊，建议使用“基于情境”的精神健康照顾方式(Suite，La Bril，Primm & Hrrison-Ross，2007)。需要考虑的情境包括：种族主义的历史、文化、社会、灵性、哲学基础以及这些因素如何影响个体及其社区的认同(Suite 等，2007)。

诊断问题同样存在于其他的少数族群。Escobar(1987)讨论了西班牙裔躯体症状的流行陈述。这些症状伴随抑郁障碍和精神分裂障碍，但并不足以全然符合 DSM 的躯体化症诊断。华裔同样陈述躯体症状(Lim & Lin，1996；Lin & Cheung，1999)。另外，亚裔美国人表现出来的症状与 DSM 所述不同(Lin & Cheung，1999)。对文化因素和文化相关的症状的深入理解能够帮助防止误诊或诊断混乱。

诊断、评估和治疗的文化维度

DSM-Ⅳ-TR 中的文化

与以往的诊断手册相反，DSM-Ⅳ和 DSM-Ⅳ-TR 考虑了文化对精神病态表现的影响。在这两个版本的介绍中都建议，临床工作者不要以自己的文化去评价其他文化的行为、体验或信仰。DSM 中很多精神障碍的章节都有一小节讨论特定文化特征，从而介绍人们可以见到的文化变异形态。此外，在两个 V 编码的部分——文化适应问题(V62.4)和宗教或灵性问题(V62.89)——回应文化相关的议题。附录包含文化考量纲要和文化综合征术语表。期望 DSM-V的大纲能做进一步的修订(Lewis-Fernandez，2009)。

文化相关综合征

文化相关综合征是某一特定文化的行为和经历。这需要放在特定社会文化背景下理解，从而形成文化上的解释和补救（Sadock & Sadock，2007）。随着难民持续迁移世界各地，如此症候将出现在美国。尽管DSM-Ⅳ-TR词汇中的文化相关综合征起源于非西方文化，仍有没有列出的症状，如神经性厌食症，出现于北美（Flaskerud，2000）。

文化认可的助人者

如同每个文化都有其特定的症候，同样地，不同文化都有特定的人得到认可治疗可辨识的状况。尽管美国主流社会将这一任务分配给了精神科医生、心理学家和社工，某些族群仍拥有自己的治病方式及与其文化规范和信仰一致的民间治疗师。民间治疗者，诸如萨满就等同于治疗师。他们被墨西哥美国人称为巫医，波多黎各人称之为招魂者。印第安人、亚裔和海地人都有自己的治疗师。萨满可能采用草药、特殊的食谱、锻炼或治疗仪式。有些治疗师会跟原住民治疗师合作（Sadock & Sadock，2007）。

文化评估

具备文化胜任力的社会工作实践要求在评估中考虑到文化的各个面向，包括种族、性别、社会阶级、宗教或灵性、年龄、性取向和性别认同等方面的交叉影响。建议实务工作者要探索解释框架，判断是否存在土著治疗者，评估潜在的文化相关综合征。不论案主是否为主流或非主流文化中的一员，其社会文化背景都应该得到重视，因为这两种文化“以文化嵌入的方式表达痛苦”（Alarcon 等，2009，p. 559）。

为了从文化上理解案主，社工接触案主家庭成员和社会网络是非常有帮助的，这些成员能够贡献他们的文化知识从而让社工更好理解案主。对于有些文化而言，接受服务时案主有家庭成员的陪同是正常的。

接下来介绍的内容包括所有案主探索的文化评估的建议维度：

1. 社会文化的描述符。简要描述一个或多个相关特征，确定个体的社会和文化背景（如，种族或族群群体、来源国家、社会经济地位、教育、性取向、宗教、语言、职业）。

2. 发展阶段。记录案主年龄、年龄群体及其文化所界定的生命阶段。

3. 家庭/支持系统。个体认为谁是家庭成员？个体认为谁是他/她的支持系统（家庭、朋友、健康或精神健康服务提供者等）？个体认为谁是其文化定义的支持系统（包括宗教或精神领袖）？

4. 文化和社区资源。辨识可为案主提供更正式的支持的群体、社会服务机构和组织。这可能在个体文化之内，也可能在之外。

5. 性别角色。案主的文化如何定义私人和公共情境下的性别角色？谁是教养角色？谁是一家之主？谁工作？谁是主要的经济来源？家庭中如何做决定？

6. 文化适应。个体如何在自己的文化与主流文化之间转换（例如，个体是否被自己所在文化群体排斥，在平衡不同群体之间的要求，或被主流文化同化？）？

7. 文化信仰、价值和行为。个体的文化信仰、价值和行为如何塑造了其对健康和精神健康的认知和交流（这包括沟通方式，对躯体、精神健康、疾病、康复的信念，求助行为，灵性和宗教信仰，对死亡的认识，问题解决的方式，独立和权利的观点等）？

8. 过去和当前的社会政治因素。过去的事件和当前情况影响个体或家庭成员，对主流社会的接纳感受和舒适程度等（这包括移民环境，移民，地理迁移（包括创伤性事件），主流文化歧视的历史；主流社会或文化的政治环境；主流文化的社会政策；特殊的歧视经历；内在歧视）。

9. 文化认同。个体如何看待他们自己与其民族、文化或群体、性取向、宗教等方面的关系（确定个体与他或她自己的群体及以外的文化群体的关系，个体如何表达他/她的文化认同？）？

（Finley，1995，2005，Finley & Shake，2000，Bourjolly 等，2006—2007）

这一大纲，连同表 6.2 建议的实践策略和不同文化的具体信息，可以帮助实务工作者以一种更具文化胜任力的方式进行实践。

表 6.2　实践策略建议

花点时间培育信任的治疗联盟	探索解释模型、文化信仰和文化相关的治疗方法
注意倾听并展现尊重	理解文化相关的情绪痛苦（诸如躯体化）表现

（续表）

评估英语读写能力、双语能力、为沟通准备首选语言	探索案主存在文化相关综合征的可能性
决定是否需要一名翻译	询问文化认可的治疗者
评估提供服务的外部障碍（例如，没有保险，没有交通工具，无人照顾儿童等）并尽可能解决之	开展综合文化评估
了解案主态度、其家庭及其所在文化对精神疾病的态度	学习案主特定的文化及其规范

针对特定文化群体的具备文化胜任力的实践

正如文化评估纲要所指出的，具备文化胜任力的社会工作实践要考虑可使用于任何人的文化维度和体验。我们将考虑美国背景下与歧视作斗争的文化。如此特定文化受到不公平的历史、经济、社会不平等和本地生态系统的影响。那些主要生活在孤立社区之中自己群体之间的案主比那些被抛进竞争性城市环境的人有更少的社会联系（也可能更少冲突）。那些生活在更大的多元文化社区的族群聚居区的人定期体验到不同世界观的推力和拉力。新移民既要处理离开家庭的失落感，又要适应新文化。

这一部分将针对非裔美国人、亚裔/太平洋诸岛居民、拉丁美洲裔/西班牙裔、印第安人的社会工作实践提供介绍性信息和可行的建议。陈述此类材料的危险是它将形成或强化刻板形象。在阅读这部分内容时，建议读者要铭记在心的是：某一文化的内部以及不同文化之间都是千差万别的；要意识到尽管受特定文化教化的人，虽总体上具有其群体的信仰和实践知识，但个人并非一律接受这些信仰，或参与这些实践。这里介绍的价值和行为，绝不能被视为与群体相关的任何一人都固有的、普遍的和核心的特征。

另外，文化的手段被看作协助案主解决精神健康问题的资源。因此，本土定义和类别（称之为主位视角），就是案主及其文化看待问题的方式。

本土类别包含的是患病而非疾病的体验，它们是特定文化的意义的重要来源。特定文化的精神健康概念和患病建构，如同西方疾病建构一样有效。临床社工从案主的观点出发，帮助案主以文化相容的主张解决问题。

认同其主流文化的社工可能有一定的偏见，阻碍其为不同文化的案主服务。例如，欧裔美国人的个人主义、独立、竞争性和成就的观念跟若干少数族裔所持有的分享、中庸和代际联结的观念大异其趣。同样地，主流文化重视的某一人际行为(例如自信、目光接触和非正式性)被另外的文化人群视为不宜，而另有一些行为(例如沉默和顺从)则为少数族群所偏好。案主口头表达其感受、接纳其弱点以及面质导致其愤怒的人，这些期望都是基于欧裔美国人的治疗模式。为了服务于不同族群的案主，社工要控制其偏见并接受案主自己的主张。

因为案主和临床工作员之间的潜在差异，学者建议了两种行为健康服务提供模式："(1) 通过培训现有人手或聘请少数族裔职员以提高员工的文化胜任感；(2) 需要文化敏感性计划"(Takeuchi, Uehara & Maraba, 1999, p.555)。临床工作者操持同样语言或分享同样文化的少数族裔中心、有少数族裔的主流中心、员工之中有双语临床工作者的，都特别具有族群敏感性。然而，这样的项目远远不够。一个可能的替代策略是聘请翻译。不过，翻译的选择要与文化相容，并与案主的偏好一致。鉴于治疗性谈话的私人性质，年轻的或不同性别的翻译员可能不太合适。在任何情况下，精神健康专业人员需要熟知不同族群的特征，铭记不同群体之间的多样性，以及案主和临床社工认同自己群体的程度(Helms & Cook, 1999)。

• • • 非裔美国人

欧洲人定居在现在的美国后不久，他们输入非洲人作为殖民者的奴隶。非洲人被视为财产，被出售用作种植的劳动者和繁殖后代。种植园主通过强奸非裔妇女进一步征服他们。强迫移民、剥削和分离，导致了非洲本土文化的破坏。婚姻的限制和家庭成员的买卖破坏了建立稳定的非裔美国家庭。

尽管南北战争主要是为了维护联邦的统一，但在南北战争前，奴隶在新获得的土地上的蔓延的冲突成为导致南北分立的原因之一。这场战争导致了奴隶制的废除，赋予非洲裔美国人公民权利和投票权。南北战争后，公共政策(例如人头税和祖父条款)以及非法及恶意活动(如私刑)，阻碍了非裔参与公民生活。最高法院1896年普莱西诉弗格森案，确立了非裔和白人的隔离但平等的教育原则。即使这一决定在1954年布朗诉肯萨斯州托皮卡教育委员会一案中被推翻，随后的立法禁止种族隔离住房和就业歧视，种族主义和贫困一直压迫着非裔(Kitano，1985)。

非裔接近3 800万人口，占总人口的12.4%，是美国最大的少数族群(美国统计局，2008)。尽管有些来自加勒比海和南美的是作为移民自愿来的，大多数人是被抓获并被带到美国贩卖为农奴的非洲人的后裔。非洲人来自众多的非洲民族部落。他们散布于南部殖民地，这阻碍其本土文化的延续。近年来，新的非洲自愿移民已抵达美国(Kamya，1997)。像其他族群一样，他们面临着学习新的语言和社会规则的挑战，要确保谋生的手段并适应新的文化。

美国的黑人生活体验留下的是征服、掠夺和经济困顿的印记。从第一个非洲人到来开始，他们就被视为奴隶，其价值来自他们有用于白人主导的美国经济。美国历史上早期建立的主仆关系将非裔贬低到一个亚人类的地位，其价值、权利和尊严得不到承认。即便法律将非裔看作具有权利的公民之后，不平等依然以制度性种族歧视的方式继续存在。

针对非裔的制度性种族歧视反映在统计数据上。如表6.1所示，24.7%的非裔是穷人(美国人口普查局，2009)。2008年非裔美国人的中等收入是34 218美元，人均收入是18 406美元(美国人口普查局，2009)。尽管非裔的贫穷率非常高，但很多人接受教育，并从事专业工作和熟练技工。根据2007年来自若干来源的人口普查数据，据估计80.1%的人高中毕业，17.3%的人为本科以上学历(Crissey，2009)。总体而言，非裔是异质性很大的人口，表现出应对逆境的优势。

文化价值和规范 非裔的文化价值和规范有三个来源：非洲文化的残余、美国的主流价值以及发轫于压制、贫穷和种族歧视的受害人系统的反应和调适(Pinderhughes，1982)。个人之间的迥异反映了认同来源的不同，如同社会阶层、教育、城乡环境、区域的差别以及个人的差异。

Nobles(1976)认为非洲的世界观体现了崇尚合作、集体责任和相互依赖，并在心理行为上具有同一性、群体性和共同性。同样地，非洲中心范式强调集体认同、灵性和认识的情感视角(Schiele，1996)。非洲的价值和行为与欧洲人的竞争、个体性和差异价值恰恰相反。非洲的价值观体现在很强的血缘纽带(Hill，1971；Leigh & Green，1982)，以及对宗教和灵性的强调(Boyd-Franklin，1989)。

尽管Boyd-Franklin(1989)宣称“世上没有所谓的黑人家庭”，她和其他学者(例如Leigh & Green，1982)介绍了代表非裔美国人家庭特征的若干模式。首先，家庭不再限于核心设置，而且包括收养小孩、朋友(叔叔和阿姨)和远近关联的生物血缘关系。小孩由祖父母或多代住户养大。孩子的双亲关系是以母亲为主的，单亲家庭是家庭亲属系统的重要组成部分。亲属网络是合作性的和相互依赖的。

不少学者提及很多非裔家庭出现的弹性家庭角色(Boyd-Franklin，1989；Hill，1971；Sue & Sue，2008)。黑人男性和女性的就业，导致性别角色趋于平等，以及合作性的家庭组织(Leigh & Green，1982)。在危机期间，扩展的亲属体系受到动员，承担了缺位者的角色(Hines & Boyd-Franklin，1982)。小孩被教化为自信和独立，其自身而非其控制物理世界的能力受到了重视(Leigh & Green，1982)。

宗教或灵性一直被认为是非裔美国人的力量源泉(Boyd-Franklin，1989；Hines & Boyd-Franklin，1982； Hill，1971； Leigh & Green，1982；McAdoo，1987；Sue，2006)；源于非洲经历和农奴制度下的压制，宗教和宗教组织为意义、情绪表达、联络和政治组织提供了架构。教堂是非裔美国人感到自由自在的地方，寻求灵性支持的地方，表达内心情感的地方，感觉受到接纳的地方。作为超越物质世界的意义根源，宗教是可以提供变迁希望的反作用力。尽管大多数非裔依附的组织化宗教是天主教，也有部分人是穆斯林。

非裔的文化一直并将继续受到种族主义的影响。十九世纪精神健康的历史，实务工作者描述一种“精神疾病”为“漂泊狂”——奴隶逃离他们的处境时按捺不住内心的激动(Suite等，2007)。二十世纪病态化非裔的方式是误诊，正如我们前面章节所讨论，这导致了不信任(Suite等，2007)。今天非裔的大多数是精神健康服务的“高需求”者——无家可归者、被监禁者、受过创伤的人和物质滥用者(DHHS，2001)。

健康、精神健康和精神疾病的本土概念　非裔的精神健康和精神疾病概念受到了主流文化与宗教信仰的影响。作为美国公民，非裔被教导接受主流的生物医学概念(Jackson，1981)，并使用主流健康和精神健康服务。

然而，宗教为某些人提供了人类经验的基本意义体系。一些非裔以宗教或民俗的方式解释他们的症状，并认为使用正式服务体系并不足取（Hines & Boyd-Franklin，1996）。

文化特殊性综合征　见于非裔美国人和加勒比海背景人士的文化特殊性综合征之一是气竭。它以突然虚脱、瘫痪、不能说或不能看为特点。在间隙期内，其听力未受损、两眼睁开（Jackson，1981）。另一个是中邪，疾病归因于邪恶力量（APA，2000）。

患病行为　非裔使用养育系统和维持系统之内的资源解决精神健康问题。历史上的、正在进行的压制，导致对主流服务的不信任；因此在危机期间，他们更可能求助于朋友、家人、邻居和宗教资源（Hines & Boyd-Franklin，1996；Suite 等，2007）。使用主流精神健康服务的非裔，可能迟疑于跟临床工作员坦诚相对。过去的公共救助、儿童福利和法院系统经历，已提醒黑人要谨慎小心（Boyd-Franklin，1996）。相应地，其抗拒则被视为优势（Boyd-Franklin，1996）。

有研究指出非裔比白人更少接受面谈的心理治疗，他们往往过早地终止治疗（DHHS，2001）。因此，契约的质和量都需要改进。如果临床工作者不是非裔，他/她应熟知这一差别并在为其工作的早期探索潜在的种族障碍（Hines & Boyd-Franklin，1996）。

实践启示　非裔的精神健康问题，必须置于其社会经济地位以及作为有色人种在白人主导社会里所承受的苦痛这一脉络之中进行考量。尽管非裔拥有的文化价值和对宏观体系的适应是力量的源泉，但这与通常在精神健康设置中占据主导角色的欧洲血统白人的模式不同。除非其他族裔的临床工作者理解并尊重非裔的差异和优势，否则，他们将可能依赖不当的价值和刻板影响来治疗黑人。

社工应该考虑到非裔基于民族起源、宗教、教育和经济地位而形成的差异。关系建立后，应探索最近来自非洲的移民的可怕经历。加勒比地区和拉美其他地区的人都来自不同的文化。非裔之间的异质性、黑人社区复杂的家庭模式和互助与自助形式，要求以系统视角进行评估和治疗。要明确养育系统和维持系统之中的家庭系统与不同支持资源。要主要帮助案主建立支持，并减少个人和集体改善的障碍。为了抵消歧视的影响，非裔的临床实践应是赋权式的。案主要在协助下使用自己的内在资源和社区资源，从而达成自己选择的、与其价值一致的目标。他们要得到工具性协助，从而寻求和实现可辨识问题的解决。此外，要鼓励非裔在政治上组织起来，以寻求集体问题的解决。

美国印第安人/阿拉斯加原住民

美国印第安人和阿拉斯加原住民被认为是2万年前从亚洲通过穿越阿拉斯加大陆桥移民而来(Kitano，1985)。当时，哥伦布发现了新大陆，差不多1 000个部落和以百万计的人分散在该大陆(Blanchard，1987)。其他的人生活在中美洲和南美洲。这些土著居民为欧洲征服者呈现了一个难以克服的障碍，而这些侵略者以为他们发现了新大陆。欧洲人通过发动战争、贸易交流、签订条约的方式对付印第安人，从而剥夺他们赖以生存的资源。在这一过程中，大量的美国印第安人被杀，而剩下的人被欺骗、感染疾病和迷上酒精。

在美国独立后，公共政策破坏了印第安人的文化。这包括迁移美国印第安人，建立保留地，将美国印第安儿童送进美式学校，土地再分配(Kitano，1985)。美国印第安部落作为一国之民族的地位导致几代人的土地、公民权利和儿童安置的混乱不堪(Johnson，1982)。土地流失、部落团结和文化认同对幸存下的印第安人有着长期的影响。

当美国印第安人被欧洲人殖民时，阿拉斯加原住民正变成俄国的臣民，俄国要求当地的因纽特人和阿留申人捕猎毛皮(DHHS，2001)。1867年美国购买阿拉斯加后，阿拉斯加原住民得到了美国法律的保护。尽管十九世纪后期建立了保留地，但并未要求阿拉斯加原住民搬迁至此(DHHS，2001)。二十世纪七十年代，政策出现了变化，在阿拉斯加的北边发现了石油储备，于是希望清除这个地区来建造阿拉斯加管道。阿拉斯加当地人建立公司，允许控制数百万英亩的土地和接近十亿美元(DHHS，2001)的资产。股东只限于那些1971年以前出生的人，从而限制了之后出生的人的权利(Weaver，2007)。

如今，根据特定标准，印第安事务局认为存在564个美国印第安和阿拉斯加原住民部落(美国内政部，2010)。此外，还有一些未被识别的部落存在(Trimble & Clearing-Sky，2009)。根据一份2000年对阿拉斯加原住民的统计数据(Ogunwole，2006)，约有240万人确定为阿拉斯加原住民，

430万人可能与前者相同或与另一种族相同。他们的文化和种族变得多元化了。72%的人在家只讲英语，而其他人能够讲双语或只说另一种语言(Ogunwole，2006)。他们对宗教、语言、政治结构和社会结构有不同的尊重(Waver，2007)。尽管有三分之一的人居住在联邦保留地或信托土地或阿拉斯加本地村庄，64%的人居住在这些地方之外(Ogunwole，2006)。

美国印第安人和阿拉斯加原住民有不同的家庭结构，有些是母系，有些是父系(Sue & Sue，2008)。大家庭往往是基本的家庭单位，包括祖父母和其他有血亲或非血亲关系的亲属(Sue & Sue，2008；Sutton & Broken Nose，2005)。他们开始接受同性恋、双性恋、变性和酷儿，认为他们是存在两种灵魂的人。对两种灵魂的人进行照顾是非常重要的(Evans-Campbell，Fredriksen-Goldsen，Walters，& Stately，2007)。

美国印第安人和阿拉斯加原住民的知识和认同本土文化的水平是不同的(Weaver，2007)，这导致了不同形态的家庭结构。Horse(1988)描述传统形态为：优先使用乡土语言，由扩展的亲属体系形构社区生活，土地得以保留，信仰乡土民间宗教。新传统型家庭跟传统型家庭相似，除了吸收另外的宗教，诸如天主教，有些人更愿意讲西班牙语。过渡型家庭在其私人生活中保留了本土价值、语言和扩展的亲属体系，但与更大的社区交往时采用外人的习俗和语言。如果他们住在城区，就时常回到原居地探访以消除隔阂。Horse介绍的第四种类型是双文化型。此类家庭更愿意使用英语，居住在核心单位，并皈依其他宗教。然而，成年人通晓其乡土语言和宗教并了解土地的神圣性。濡化家庭被同化进主流文化，他们主要跟非原住民交往，很少保留印第安价值。传统价值、传统和语言的复兴，以及对美国制度架构的批判，成为泛复兴家庭的特征。社工应该评估阿拉斯加原住民的认同传统文化的程度，并保持对潜在文化适应冲突的敏感性(Sue & Sue，2008)。

不成比例的印第安人收入低微，并深受贫困之苦。2008年，中位家庭的收入：男人是28 919美元，女人是22 834美元(Ogunwole，2006)。同时，贫困率是25.7%(Ogunwole，2006)。66%的阿拉斯加男人参与劳动，而只有57%的女人参与劳动(Ogunwole，2006)。80%的人拥有高中以上的学历(美国人口普查局，2006)。20%以上的家庭以妇女为户主，没有配偶(Ogunwole，2006)。

当把阿拉斯加原住民与其他美国人相比就会发现有巨大的健康差距，

阿拉斯加原住民有较低的生活期望，酗酒、糖尿病、肺结核、他杀、意外伤害和自杀是导致他们死亡的主要原因(DHHS，2010)。他们主要的行为健康问题是酗酒、物质滥用和精神障碍的共病以及创伤后应激障碍(DHHS，2001)。

文化价值和规范　尽管美国印度安人和阿拉斯加部落或民族之间的多样性使得形成一套适用于所有群体的价值很困难，但揭示其一致性的努力已付诸实施，包括整体性、和谐和社区。与视个人和环境为不同实体的标准西班牙裔不同，浸淫于自身传统的美国印度安人和阿拉斯加部落在自然现象、超自然现象和人类现象之间，能找到一致性和连续性(Anderson & Ellis，1988；Kumitz & Levy，1981；Lewis，1985；Nofz，1988)。印第安人感觉自己与家庭、同伴、祖先以及被视为神圣的土地紧密相连(Nofz，1988；Red Horse，1988)。他们对自然界和谐的感知扩大至水、动物和植物(Sutton & Broken Nose，2005)。

美国印第安人和阿拉斯加原住民重视群体成就。他们有义务与其家族和宗族分享资源(Nofz，1988；Sutton & Broken Nose，2005)。正因为这些价值，印第安小孩在重视个人和竞争的公立学校里无法立足(Anderson & Ellis，1988)。印第安人回避冲突或面质，他们注意隐私，不喜欢外人干涉其生活(Lewis & Keung Ho，1975；Trimble，Manson，Dinges & Medicine，1984)。不幸的是，这些与其文化保持一致的行为常常被局外人视为消极、羞涩和缺乏激情(Anderson & Ellis，1988)。另一方面，他们将治疗师诱导个人体验、思维和感受的努力看作侵入或不当(Lewis & Keung Ho，1975；Trimble等，1984)。印第安人重视倾听，认为沉默是一种交流形式(Sutton & Broken Nose，2005)。

印第安人的扩展家庭包括教化其小孩的生物亲属和非血亲亲属(Red Horse，1980b)。随着印第安人迁移到城市，众多家庭在地理上相互分离了。然而，他们在城市里形成了自己的社区，并在特殊仪式时回到儿时的家乡(Red Horse，1980b)。尽管印第安人喜欢年轻人，但老人在社区也受到尊敬(Red Horse，1980a)，祖父母尤其重要(Sutton & Broken Nose，1996)。一些阿拉斯加原住民的文化与他们的祖先有强烈的联系(Weaver，2007)。

健康、精神健康和精神疾病的本土概念　印第安文化对健康和精神健康不作区分。与他们的个人和环境的整合观点相一致，印第安人将他们精神健康的苦痛跟生活的其他层面乃至宇宙联系起来(Trimble 等，1984)。纳瓦求(Navajo)印第安人把生理疾病和精神疾病看成不和谐的征兆，代表超自然力量或其他外在因素的侵入。不和谐可能因打破禁忌、精灵侵入、巫术或病因主体(如动物和风)而致(Kuntiz & Levy，1981)。鬼魂、逝者的精灵和巫术可以干扰生者。

文化特殊性综合征 印第安人和阿拉斯加原住民有着特有的多种精神科综合征。其中之一，北极癔症(pibloktoq)或(arctichysteria)是中风骤发后的抽离间歇期(APA，2000)。这个症候在阿拉斯加爱斯基摩妇女中常见。另一种以昏迷不醒和一心想死为特征，叫作失魂。生时进入人体、死时离开人体的魂，此刻正要离开躯体(Kunitz & Levy，1981)。另一方面，精灵侵入是为鬼魂、恶魔或魔鬼所侵占的形式，表现症状为不安的抑郁、躯体化和幻听。印第安人和阿拉斯加原住民因触犯禁忌而体验到一系列的行为和躯体症状。在他们触犯反对性表达的方式(如乱伦)、谋杀和其他禁止行为的禁忌的时候，他们将受到如同局外人所说的精神疾病般的折磨(Trimble 等，1984)。另一症候是幻影病，会幻觉一个已死或将死之人，表现症状为晕厥、噩梦、食欲不振和幻觉(APA，2000)。

患病行为 患病行为与印第安人和阿拉斯加原住民的同化程度具有一致性。相应地，我们可以预期来自传统家庭和新传统家庭的人利用草药治疗和参与程式化治疗仪式，过渡家庭利用本土和主流的方法，而双文化和濡化家庭则主要依赖美国的制度性照顾(Red Horse，1988)。

印第安人和阿拉斯加原住民之中有人或群体是治疗人员。他们也许是可以提供与文化相容的协助的萨满、医疗人员、传统治疗人员或教士(信奉天主教)。有些治疗师提供草药治疗，而其他人经由治疗仪式介入受困扰的人士。通过医学治疗的人可能是精神上或身体上的治疗(Sutton & Broken Nose，2005)。有时实务工作者会推荐当地的医师。

实践启示 在主流精神健康体系下，印第安人与阿拉斯加原住民的精神科治疗要与其特定部落的价值和行为，以及他们对美国主流文化的不同同化程度相一致。有研究者指出，印第安人视家庭治疗为干涉，而精要的和任务中心的小组治疗则与印第安人的群体取向保持一致(Lewis & Keung Ho，1975；Nofz，1988)。此外，有研究者已经采用文化敏感性的家庭治疗为中产阶级的印第安人服务(Attneave，1982)。

在治疗有酒精问题的印第安人与阿拉斯加原住民的时候，要特别注意饮酒的文化要素。对于印第安人而言，饮酒是一种哥们儿义气和团结的同辈群体现象，而非个人逃避方式(Anderson & Ellis，1988)。对某些人而言，饮酒是一种战胜羞涩或其边缘社会地位的一种方法(Anderson & Ellis，1988；Nofz，1988)。小组酒精治疗是利用同辈群体提高整合程度，而非将酒精看作催化剂。同样地，另一社会问题，自杀的文化情境要引起注意(Davenport & Davenport，1987)。临床工作者要询问案主部落的特征及其更愿意使用的语言，并明确案主认同的文化(Sutton & Broken Nose，2005)。对创伤后应激障碍的治疗，可能是儿童虐待或暴力导致的，也需要对案主的文化保持敏感性，需要知道暴力对个体、家庭和社区的意义。向部落首领咨询可以帮助非阿拉斯加原住民的社工以文化相容的方式倡导社会正义。

亚裔美国人/太平洋诸岛居民

在十九世纪中期，亚洲移民进入美国的西海岸的原因，类似从欧洲移民的白人——是提升其经济状况(Kitano，1987)。他们成为矿工、铁路工人、佣人和制造业工人。因为中国女性的短缺和反种族通婚的法律使得几乎很少有人组建家庭。因为他们能够接受低收入，使得竞争同一职位的白人与他们存在积怨(Kitano，1985)。1882 年和 1902 年的排华法案和之后 1924 年的移民法案都表达了对华人的歧视。

从 1890 年到 1924 年，允许日本人及其家庭移民至夏威夷和美国(Kitano，1985)。尽管他们及其子女已经同化，但仍遭受了歧视。在二战期间，种族主义直指日本人，达到了歇斯底里的地步，最终将日裔安置在拘留营。其他来到美国的亚洲人群有菲律宾人、韩国人、太平洋岛民和东南亚人，1965 年的移民法案和随后的公共政策都为移民提供了便利。东南亚人主要是来自越南、老挝和柬埔寨的难民，在战争和破坏土地的政治变革期间寻求庇护(Kitano，1987)。其他人是来寻求教育和工作机会的。

亚太裔是一个不断增长的人群，包括那些具有东亚(日本、中国和朝鲜)、东南亚(印度尼西亚、越南、缅甸、老挝、柬埔寨、泰国和菲律宾)和太平洋诸岛(关岛、夏威夷和汤加)文化根源的人。来自南亚(巴基斯坦、印度和斯里兰卡)的亦被视为亚裔(Kuramoto，Morales，Munoz & Murase，

1983)。华人、菲律宾人和日本人是人口最多的亚裔群体(美国人口普查局，2002)。亚太裔人群差不多有135万人(美国人口普查局，2005)，有超过半数居住在加利福尼亚、纽约和夏威夷(美国人口普查局，2002)。

除了其不同的民族起源，特定的民族群体内部也不同。此外，他们与美国主流文化的同化程度和融合程度都不同(DHHS，2001)。来自东南亚的难民在来美国之前或之中经历了创伤，有创伤后应激障碍和其他精神障碍的风险(DHHS，2001)。以下的讨论主要集中在来自太平洋岛屿、东亚和东南亚的亚洲裔美国人。

文化价值与规范 尽管亚太裔的文化之源呈现多样性，若干价值和文化规范却是共同的。其中有些来自东方宗教——儒教、道教和佛教。这里强调的相互关联的价值是家庭的延续性、孝道、回避羞耻和自我控制。

家庭是亚太裔价值的重要来源。在东亚裔居民中，家庭将个人与其父系祖辈联系起来，以确保家庭声誉的代代相传(Shon & Ja，1982)。为了达到这个目标，家庭倾向于等级制、男性主导和高度结构化(Shon & Ja，1982；Sue & Sue，2008)。孩子有义务表现孝道，即他们要顺从、尊重并忠诚于家庭(Ho，1981)。祖父母和父母受到极高的尊敬。另外，家庭成员应避免使家庭蒙羞，以及家庭的福利超越个人目标的追求(Ishisaka & Takagi，1982)。亚裔最重视面子，如果与家庭和社区规范不一致的个人问题或行为为别人所知，亚裔就觉得羞愧和丢脸(Ho，1981)。这些行为的犯事者不仅羞辱了自己而且羞辱了家庭。

与白人美国人、非裔美国人和西班牙裔美国人相比，亚太裔有较高比例(82%)的家庭生活在已婚夫妇家中，或不带孩子的家里(Kreider & Elliott，2009)。而且，他们的单亲妈妈家庭比例最低(5%)(Kreider & Elliott，2009)。

亚裔崇尚自我控制和情绪压抑(Ho，1981；Sue & Sue，2008)。家庭期望其成员控制其情绪并避免反社会行为。能够依此行事的亚裔被视为成熟的象征(Ishisaka & Takagi，1982)。实际上，压抑可看作资源，它有助于提高自我管理的能力，培养耐心和勤劳的品质，这对于在美国取得成功具有重要意义。然而，这与流行的精神健康治疗情感表达的要求并不相容。

健康、心理健康和精神疾病的本土概念 传统的亚洲医学体现的是一种整体的健康、心理健康和治疗概念(Marsella & Higginbotham，1984)。心、身、灵被认为是一个整体，而非分割的系统。健康等同于和谐或均衡

(Gould-Martin & Ngin，1981)。中国古人视疾病(生理的或精神的)为两种生命动力阴和阳之间的失调(Kleinman，1980)。生命动力(例如风)在脆弱时期进入人体，就会打破平衡(Gould-Martin & Ngin，1981)。本土的治疗手段旨在恢复内在和谐，以及个人与环境(可拓展至宇宙)的统一。

亚太文化对行为失调的起源研究形成了三种学说(Ishisaka & Takagi，1982)。社会解释将责任归于不幸的境遇，例如死亡、婚姻冲突和失业，强调牺牲而非个人责任，从而激发同情反应、建议并让渡责任。第二种是道德解释，发生于个人违背被社区视为神圣价值的时候。大多数时候，它涉及背叛家庭责任和指定的行为模式。社区长者、牧师和家庭成员将介入违规。第三种是机体解释。亚洲文化将接受生理、躯体解释和症状作为生活的一部分。亚裔更容易接受躯体化解释，而非西方理论那样，因功能失调行为而谴责个人或家庭(Ishisaka & Takagi，1982)。

亚洲人赋予精神疾病大量的污名，并导致家庭诅咒、巫术和其他超自然力的想法(Marsella & Higginbotham，1984)蔓延。为了避免耻辱，亚洲人将精神疾病概念限定为最严重的精神病性问题(Kleinman，1980)。西方文化里的非精神病性的精神健康问题，倾向于由健康专业人士或本地治疗师进行治疗(Kleinman，1980)。

文化特殊性综合征　文献记载了众多流行于亚洲人口的功能失调综合征，主要有如下几种：

杀人狂(amok)是一种特别流行于东南亚(尤其是马来西亚)男性的侵犯爆发。它从消沉期开始，并最终实施杀人行为，之后体验到心力交瘁和健忘，并可能导致自杀(APA，2000)。胡作非为这一表达就来自该综合征(Favazza，1985；Kaplan & Sadock，1988；Westermeyer，1985)。

缩阳(koro)是与性器官相关的焦虑发作。男性非常忧心阳具不断缩小，并缩回到腹腔里，其结果是死亡。女性的忧虑则集中于乳房和阴唇(APA，2000)。缩阳焦虑主要见于亚洲，但西方亦有报告(Favazza，1985；Westermeyer，1985)。

拉塔病(latah)是由中度而突然的刺激所导致的震惊反应。个人不计后果地顺从并模仿他人的行为。作为东南亚妇女的症候，它亦见于非洲班图人、日本阿伊努人和菲律宾人(APA，2000；Favazza，1985；Westermeyer，1985)。

怒火病或狂怒综合征(hwa-byung 或 wool-hwa-byung)从韩国翻译而

来，因为它看起来是被压抑的愤怒——症状包括疲劳、烦躁不安、失眠、厌食和全身酸痛等(APA，2000)。中国人群中发现相似的症状是神经衰弱(neurasthenia)(Lin & Cheung，1999)。

患病行为 尽管文献发现亚裔精神健康的使用率很低(DHHS，2001)。但这些发现并不意味着其精神健康问题不普遍，或者他们不需要帮助(Crystal，1989)。患病行为部分归结为他们受到主流的历史隔离和排斥的结果，这就需要相互依赖的族群社区和本土资源控制精神健康问题。另外，文化理念重视家庭和拓展网络作为精神健康问题成员的照顾者的突出地位。只有当问题变得很严重并且家庭已走投无路他们才会使用外部资源(Lee & Mock，2005)。英语水平欠佳，再加上讲同一种语言的服务提供者有限，健康保险缺失，不熟悉精神治疗，歧视和羞耻也是导致低使用率的原因(DHHS，2001；Sue & Sue，2008)。

亚裔社区有自己的治疗师、草药师、医生和算命先生，这些人可以提供与文化相关性的帮助(Lin & Cheung，1999)。有些亚裔在家里用草药治疗，而草药可在族群社区的药铺中购得(Gould-Martin & Ngin，1981)。其他的家庭治疗方式包括特殊食品、滋补品和取得专利权的成药(Kleinman，1980)。亚裔在看精神科医生之前，可能会先看民间医师或西医以及神灵治疗师(Kleinman，1980)。

实践启示 亚太裔和太平洋诸岛居民的精神科治疗，应同其文化价值和精神疾病概念保持一致。临床社工应是一个尊重案主家庭角色和关系的权威人物。社工不能要求案主对家庭成员直接表达愤怒情感。另一方面，强调自我控制、意志力和回避痛苦想法的治疗是有益的(Lee，1982)。亚裔美国人案主往往会接受治疗师的积极作用，以及他们提供的各种会面和指引(Hwang，Wood，Lin，& Cheung，2006；Lin & Cheung，1999)。临床工作者要了解心理问题是污名的根源，并可能以躯体化形式表现出来。此外，临床社工要注意到，亚裔是以符合文化规范的合理行为与他人交往的，例如，他们避免目光接触(Toupin，1981)。亚裔对其家庭有着持续一生的责任。代际的相互依赖不应被视为一个问题，而应被视之为是与文化协调的义务和优势。

很多亚裔社区已建立了回应社区的社会、经济和文化需要的互助系统或组织。自助组织的勃兴，是因为很多更大的社会系统不能满足需要。为亚裔服务的临床社工应该熟悉亚太裔居住的社区可及的特定组织，并且在案主的需要与组织提供的服务一致的时候，将案主与组织联系起来。

亚太裔的多样性要求每一群体具有特定的知识。尤其要注意移民的境遇，乡土文化的认同、同化，以及融合美国主流文化的程度。亚太裔普遍陈述的问题包括适应、家庭暴力、战争创伤、躯体化、抽离、焦虑和抑郁的症状。临床工作者应注意与 DSM 中描述不太吻合的模糊的症状，这可能是文化相关综合征(Lin & Cheung，1999)。

西班牙裔/拉美裔

欧洲征服者十六世纪开始在新世界定居。法国人、英国人、荷兰人和瑞典人定居在现在美国东部和北部的部分，瑞典人占领了墨西哥，随后侵入当地人的土地、文化、语言并与土著印第安妇女通婚。为了保持与当时的欧洲标准的一致而进行持续扩张，西班牙人侵入了现在美洲的西南部。墨西哥 1821 年从西班牙独立出来。

美国在墨西哥美国战争期间，收购了墨西哥和西南地区，战争 1848 年结束，美国 1853 年通过戈斯登计划(Gadsden)购买了这些地区。在购买时，这些土地有大量的西班牙裔、墨西哥裔、美国印第安人和混血群体(印第安与西班牙混血)。尽管墨西哥裔通过签订条约赋予公民权利，而随后几年中，盎格鲁裔接管土地并经由控制经济、政治和教育体制而确保主导地位(Gibson，1987)。但是，墨西哥移民继续涌入美国西南地区和其他地区以获得工作。另外，来自墨西哥和中美洲的非法移民渗透墨西哥-美国边境。另一些西班牙裔群体，如古巴人、多米尼加人、萨尔瓦多人、厄瓜多尔人，为追寻经济利益和政治庇护也移民至此。波多黎各人也是美国公民。

西班牙裔一词是由联邦政府所创，以形容来自南美洲、中美洲、北美洲、加勒比海的人，以及其他母语为西班牙语的人(Castex，1994)。这个称谓问题多多，因为它注意的是征服的国家，而非原住民。而且，掩盖了来自不同国家的人们之间的区别。还有其他术语用于形容具有墨西哥背景的人——墨西哥人(Mexicans)、墨西哥美国人(Mexican Ameicans)和墨西哥裔美国人(Chicanos)。有些西班牙裔更愿意被称为拉丁裔(Latino Latina)。鉴于上述术语都是具有一定偏见的建构，西班牙裔和拉丁裔将互换使用。尽管许多西班牙裔/拉丁裔操西班牙语为最基本的语言，为数不少的人却是双语或以英语为主的；另一些人则操其他的语言。西班牙裔是多种族的，黑、白、红、黄和混色。他们在生活方式、文化认同、政治、社会阶级、教育和职业上各具特色。

根据2004年美国社区调查报告，美国有405万各个种族的西班牙裔，构成了美国人口的14.2%（美国人口普查局，2007）。这个数据可能被低估，因为有数目不详的非法移民进入了美国。西班牙裔是美国人数最多、增长最快的少数族裔群体。据预测，至二十一世纪中叶，他们将接近全部人口的24%（美国人口普查局，2004）。他们的生育率非常高，1 000个西班牙裔育龄妇女之中75个在美国社区调查前生育了孩子（10 000个白人妇女中只有50人生育）（美国人口普查局，2007）。19%的家庭是由没有丈夫的妇女维持的（美国人口普查局，2007）。如表6.1所示，西班牙裔的贫困率在23%左右，2004年，28%的西班牙裔美国人是外国出生的且不是美国公民，而11%在其地方出生的人被归化为美国公民。在美国的拉丁裔中，有三分之二源于墨西哥，第二位为波多黎各（美国人口普查局，2007）。尽管西班牙裔生活在整个国家，但半数生活在加利福尼亚和得克萨斯，另外七个州排名第二位（佛罗里达、纽约、伊利诺伊、亚利桑那、新泽西、科罗拉多、新墨西哥）（美国人口普查局，2007）。

文化价值和规范　拉丁人文化中有某些特定的价值。其中最根本的是尊重，相应地应用于父母、祖父母、长者、自己和他人（Galan，1985）。个人受到相应的尊重是基于其内在的属性而非其财产——这是一种称之为人格主义的个人主义（Bernal，1982；Garcia-Preto，2005）。然而，他们崇尚等级，尤其在家庭内。家庭强调传统性别角色期望的等级制。男性应该强壮、勤劳和占据主导地位，女性则应该被动、贤德和自我牺牲（Galan，1985；Garcia-Preto，2005；Sue & Sue，2008）。阳性和阴性这两个术语可以揭示男性和女性相应的理想性别角色。经济压力促使女性投入劳动市场。

西班牙裔家庭包括具有生物关系的人和无关的人，他们互相为伴、相互支持。孩子的教父母在家庭可发挥替代父母和顾问的功用。家庭倾向于大、内聚和相互依赖。家庭内强烈的情感依附和三代同堂显示代际的紧密联结是常态（Falicov，2005）。该文化重视相互依存的关系即集体主义，集体需要和目标优于个人主义理想(Ruiz，2005)。

健康、心理健康和精神疾病的本土概念 大多数西班牙裔文化群体没有区分健康和心理健康(Delgado，1977；Schreiber & Homiak，1981)。如同印第安人和阿拉斯加原住民，他们对身心持整合观点。被美国主流文化看作“精神病”的障碍被视为民间疾患，并受到民间治疗师或民间疗法、医生、精神健康专业人员的治疗。无论使用什么资源，人看作一个整体，而非一个特定的体系(de la Rosa，1988)。

墨西哥裔的疾病和患病概念有时被称为热/冷理论(Shreiber & Homiak，1981)。源于古希腊的体液均衡论认为，患病(生理的或精神的)是过度暴露于冷或热的非均衡状态中的结果。不同的内在和外在客体以及情感体验，被归类为冷或热。例如，水和某些食品被视为冷，太阳和茶则归类为热。治疗即是通过排除多余的物质或消费相反的物质而克制过度状态。

唯灵论是波多黎各人的流行信念。它部分地以罗马天主教物质世界和灵性世界的两分法为基础。唯灵论的形式之一是桑托里亚，源于尼日利亚(Berthold，1989)。唯灵论的追随者坚信，无实体的神圣精神或逝者在个人刚出生的时候，就将自己依附在人的身体之中，并终其一生(Berthold，1989；de la Rosa，1988；Harwood，1981b)。善良的精灵，例如一个人的保护神，帮助、保护个人，并且影响其达到更高的目标。另一方面，邪恶的精灵可以对自己或活人经由巫术征用它而诱发问题。不良精灵的行为可导致生理或精神疾病(Harwood，1981b)。

文化特殊性综合征 若干综合征更多见于西班牙裔。波多黎各人易患阿达柯症(adaques)，有时称之为神经发作，其特征是哭，不加节制的喊叫，与癫痫类似的晕厥发作，抽离经验和失控感，症状常发生应激性生活事件后(APA，2000)。另一通常存在于西班牙裔之中的综合征是惊吓(susto)，发生在一个事件之后，据称使灵魂离开身体(APA，2000)。如同焦虑障碍、躯体形式障碍和抑郁症，如腹泻、食欲不振、烦躁不安、悲伤、睡眠障碍和自卑的感受(APA，2000)。比较非裔美国人、波多黎各人和白种人的疾病话语的民族志研究中，Alverson 和他的同事(2007)认为波多黎各人归因“精神病”为其生活中的一种行为，视其为一种麻烦而不是精神疾病。并且，他们不喜欢谈话治疗，而接受使用药物。

患病行为 拉丁裔与白人相比更少从专业或初级服务提供者处接受精

神健康治疗(Cook, McGuire & Miranda, 2007)。Cook 等(2007)认为，如此低的使用率是因为没有保险和对治疗的认知。这些因素，以及躯体症状的呈现、利用文化语言进行表达，可在正规精神健康系统中有助于识别抑郁症(Lewis-Femandez, Das, Alfonso, Weissman & Olfson, 2005)。

相对于正规系统，西班牙裔向家庭系统、教堂、商会和社交俱乐部以及民间治疗师寻求支持(Delgado & Humm-Delgado, 1982)。家庭系统为有健康或精神健康问题的人提供情感支持、小孩照看服务和家庭治疗(零售药物、草药等)。另一支持系统是宗教，最普遍的是罗马天主教堂。工会和社交俱乐部提供适应于文化的信息、供给和社会交往。其中一种形式是草药店，这里出售治疗仪式中需要的草药和物品，针对疾病提出建议，并转介至民间治疗师。另一个设置是杂货店，不仅卖本土的食品而且进行转介(Delgado & Humm-Delgado, 1982)。

第四个系统是民间治疗师，它在不同的西班牙裔群体中有不同的名称和功能：波多黎各人寻求招魂师协助解决没有器质性病因的焦虑，或躯体化症状(Delgado, 1978)。招魂师可能建议案主参加一个有家庭成员、媒介(有能力与精灵沟通的人)和其他有病的人参与的治疗仪式。整个仪式包括点燃蜡烛、诵祷词、揭示病因、澄明灵性。然而，唯灵论绝非唯一的民间治疗形式。从事萨泰里阿教(结合非洲部落和天主教宗教式的一种宗教)的波多黎各人和古巴人参与治疗仪式。另一形式的民间治疗师是草药师，他们建议使用与热/冷理论一致的草药。第三种见于西班牙裔社区的治疗师是先知，视疾病为偏离罗马天主教堂的结果。先知治疗的目标，在于使个人更加接近教堂和教义(Delgado & Humm-Delgado, 1982)。

实践启示 拉丁美洲裔案主考虑使用乡土和/或主流精神健康服务的时候，咨询重要他人的意见并自己做出决定。鉴于关注躯体化症状的倾向，有些西班牙裔在精神健康照顾系统似乎更适宜的时候才使用该系统。使用精神健康照顾系统的人应得到符合其文化特质的治疗。Delgado (1988)指出，民间治疗和心理戏剧的共同点，是将灵性维度整合进小组治疗。他建议小组领袖是权威性的，成员要多样，突出活动而非口头表达。同样地，Berthold(1989)注意到灵性治疗和心理分析有类似之处。唯灵论对看不见的精灵和病因的祈祷，与心理分析中无意识力量和自我的动员类似。两者都是“探求病因”和修复个人功能。

针对多元文化背景人群的证据为本的实践

卫生局长的补充报告——精神健康：文化、种族和族群(DHHS, 2001)——的一个发现是，干预措施的随机对照研究，无论是排除或包含来自不同文化背景的少数族群参与者，数据并没有按族群进行分析。因此，直至2001年，没有足够的数据能够支持，证据为本的干预和实践指引发现对大多数人群有效。一个对2005年不同人群的社会心理干预研究的回顾发现，两种对抑郁的证据为本的治疗(认知行为和人际关系疗法)对非裔美国人和拉丁裔群体有效(Miranda 等，2005)。这些治疗方法将在第八章作进一步讨论。

因为研究有限，所以仍旧需要加强对不同文化群体的干预研究。如Hwang(2006)强调，当今实务工作者有三个选择：(a) 实施现有的证据为本的治疗方法；(b) 适应证据为本的治疗，使它们更符合案主的文化；(c) 为特殊群体发展新的证据为本的治疗方法。第一种选择没有考虑到文化，而第三种选择成本较高，因此，Hwang 提出了帮助亚裔美国人适应精神治疗的新模型，包括建立文化桥梁，如使用熟悉的文化术语，熟悉案主表达困扰的文化特定方式。有学者也赞同将此方法运用于其他群体之中(Conner & Grote，2008)。

但是问题依然存在于证据为本的实践和文化胜任力的范式之间的兼容性。Whitley(2007)视证据为本的实践为“现代主义”，是知识逐渐进步，并可以通过使用科学技术，如标准化的措施予以推进，并认为文化能力链接了多元文化和后现代主义，承认差异的价值，有利于质性研究方法的发展。Aisenberg(2008)建议转变思维，从“单一的、欧洲中心的框架，从一个狭窄的、收集和传播实证主义知识到响应多元的、不同的文化”(p. 305)。他建议研究者与族群社区建立合作伙伴关系以确保干预和吸纳社区参与干预是就有文化针对性的。这样的调整应该是使用文化适宜的语言，并将文化价值观、习俗和传统纳入干预的内容(p. 304)。Miranda 等(2005)也认为应该提升证据为本干预的文化适应研究。

总结和解构

本章介绍了相关的历史背景、概念和主题，以理解和服务来自不同种族、族群和文化群体的案主，讨论了社会学和人类学概念，同时检视了患病行为和文化差异。本章尤其强调了在美国被建构为“他者”的非裔、原住民、亚太裔和西班牙裔/拉丁裔。尽管每个群体自身都是多元文化的，但每一群体的总体特征业已进行了介绍。后现代视角认为要以此知识为资源，但要回避将个人和全体本质化。每个个体都需要在其多重差异中进行观察。

文化信息可作用于族群敏感性和文化胜任感，但这远远不够。临床社工要反思自己族群的价值和规范以及他们对待自己群体和相异人群的态度。因为大多数社工是白人，所以他们很少反思白人的种族认同和与生俱来的优势的意义。非裔、美国原住民、亚裔或拉丁裔社工可能有混合种族和族群背景(包括白种人)。他们在很多情况下认为上述类别部分属于白种人。尽管本章未曾直接涉及其他的差异(例如宗教、社会阶层、性别、性取向和残障)，它们也影响跨文化行为的健康实践。无论文化背景是什么，一个人都对自己的群体有着某种程度的正面和负面感受。

然而，文化胜任力的概念有其局限性。这是一个中性词，它掩盖了种族主义这一问题，而种族主义在美国及其他地区是普遍存在的、充满争议的。另外，该词包括各种差异——年龄、能力、性别、宗教、国家等(Abrams & Moio，2009)。这使得压迫均等化了，从而鼓励无视种族之影响(色盲 color blindness)而不是反压迫实践(Abrams & Moio，2009)。Beckett 和 Macey(2001)表达了对多元文化概念的另外的担忧，特别是在英国，其聚焦点是种族主义。他们相信通过强调种族，将低估性别歧视和同性恋恐惧以及与种族、性别和性取向的交织所带来的伤害。最后，许多严重的社会问题，如存在于多元文化群体中的切割女性生殖器官、强迫包办婚姻和家庭暴力都可能视而不见了。

参考文献

Abrams, L., & Moio, J. A. (2009). Critical race theory and the cultural competence dilemma in social work education. *Journal of Social Work Education, 45*(2), 245–261.

Aisenberg, E. (2008). Evidence-based practice in mental health care to ethnic minority communities: Has practice fallen short of its evidence? *Social Work, 53*(4), 297–306.

Alarcón, R. D., Becker, A. E., Lewis-Fernández, R., Like, R. C., Desai, P., Foulks, E., et al. (2009). Issues for DSM-V: The role of culture in psychiatric diagnosis. *Journal of Nervous and Mental Disease, 197*(8), 559–560.

Alegría, M., Canino, G., Ríos, R., Vera, M., Calderón, J., Rusch, D., et al. (2002). Inequalities in use of specialty mental health services among Latinos, African Americans, and non-Latino whites. *Psychiatric Services, 53*(12), 1547–1555.

Alessandria, K. P. (2002). Acknowledging white ethnic groups in multicultural counseling. *The Family Journal: Counseling and Therapy for Couples and Families, 10*(1), 57–60.

Alverson, H. S., Drake, R. E., Carpenter-Song, E. A., Chu, E., Ritsema, M., & Smith, B. (2007). Ethnocultural variations in mental health discourse: Some implications for building therapeutic alliances. *Psychiatric Services, 58*(12), 1541–1546.

American Anthropological Association. (1998, May 17). Statement on "race." Retrieved April 3, 2010, from http://www.aaanet.org/stmts/racepp.htm

American Psychiatric Association. (1994). *Diagnostic and statistical manual of mental disorders* (4th ed.). Washington, DC: Author.

American Psychiatric Association. (2000). *Diagnostic and statistical manual of mental disorders* (4th ed., text rev.). Washington, DC: Author.

de Anda, D. (1984). Bicultural socialization: Factors affecting the minority experience. *Social Work, 29,* 101–107.

Anderson, M. J., & Ellis, R. (1988). On the reservation. In N. A. Vacc, J. Wittmer, & S. B. DeVaney (Eds.), *Experiencing and counseling multicultural and diverse populations* (2nd ed., pp. 107–126). Muncie, IN: Accelerated Development.

Attneave, C. (1982). American Indians and Alaska Native families: Emigrants in their own homeland. In M. McGoldrick, J. K. Pearce, & J. Giordano (Eds.), *Ethnicity and family therapy* (pp. 55–83). New York: Guilford Press.

Beckett, C., & Macey, M. (2001). Race, gender and sexuality: The oppression of multiculturalism. *Women's Studies International Forum, 24*(3/4), 309–319.

Bernal, G. (1982). Cuban families. In M. McGoldrick, J. K. Pearce, & J. Giordano (Eds.), *Ethnicity and family therapy* (pp. 187–207). New York: Guilford Press.

Berthold, S. M. (1989). Spiritism as a form of psychotherapy: Implications for social work practice. *Social Casework, 70,* 502–509.

Blanchard, E. L. (1987). American Indians and Alaskan Natives. In A. Minahan (Ed.), *Encyclopedia of social work* (Vol. 1, pp. 141–150). Silver Spring, MD: National Association of Social Workers.

Bosmajian, H. (1974). *The language of oppression.* Washington, DC: Public Affairs Press.

Bourjolly, J., Finley, L., Pernell-Arnold, A., Sands, R. G., Solomon, P., & Stanhope, V. (2006–2007). Unpublished format for a multicultural assessment, based on Finley (1995), Finley & Shake (2000), & Finley (2005).

Boyd-Franklin, N. (1989). *Black families in therapy: A multisystems approach.* New York: Guilford Press.

Brodkin, K. (1998). *How Jews became white folks and what that says about race in America.* New Brunswick, NJ: Rutgers University Press.

Brown v. Board of Education of Topeka, Kansas, 348 US 8861 (1954).

Castex, G. M. (1994). Providing services to Hispanic/Latino populations: Profiles in diversity. *Social Work, 39,* 288–296.

Chestang, L. (1976). Environmental influences on social functioning: The Black experience. In P. S. J. Cafferty, & L. Chestang (Eds.), *The diverse society: Implications for social policy* (pp. 59–74). Washington, DC: National Association of Social Workers.

Conner, K. O., & Grote, N. K. (2008). Enhancing the cultural relevance of empirically-supported mental health interventions. *Families in Society, 89*(4), 587–595.

Crystal, D. (1989). Asian Americans and the myth of the model minority. *Social Casework, 70,* 405–413.

Cook, B. L., McGuire, T., & Miranda, J. (2007). Measuring trends in mental health care disparities, 2000-2004. *Psychiatric Services, 58*(12), 1533–1540.

Crissey, S. R. (2009). *Educational attainment in the United States: 2007.* Current Population Reports, P20-560. Washington, DC: U.S. Census Bureau. Retrieved September 10, 2010, from http://www.wwwcensusgov.zuom.info/prod/2009pubs/p20-560.pdf

Davenport, J. A., & Davenport, J., III. (1987). Native American suicide: A Durkheimian analysis. *Social Casework, 68,* 533–539.

Delgado, M. (1977). Puerto Rican spiritualism and the social work profession. *Social Casework, 8,* 451–458.

Delgado, M. (1978). Folk medicine in Puerto Rican culture. *International Social Work, 21,* 46–54.

Delgado, M. (1988). Groups in Puerto Rican spiritism: Implications for clinicians. In C. Jacobs & D. D. Bowles (Eds.), *Ethnicity and race: Critical concepts in social work* (pp. 34–47). Silver Spring, MD: National Association of Social Workers.

Delgado, M., & Humm-Delgado, D. (1982). Natural support systems: Source of strength in Hispanic communities. *Social Work, 27,* 83–89.

Dougherty, R. H. (2004). Reducing disparity in behavioral health services: A report from the American College of Mental Health Administration. *Administration and Policy in Mental Health, 31*(3), 253–263.

Evans-Campbell, T., Fredriksen-Goldsen, K. I., Walters, K. L., & Stately, A. (2007). Caregiving experiences among American Indian two-spirit men and women: Contemporary and historical roles. *Journal of Gay & Lesbian Social Services, 18*(3/4), 75–92.

Falicov, C. J. (2005). Mexican families. In M. McGoldrick, J. Giordano, & N. Garcia-Preto (Eds.), *Ethnicity and family therapy* (3rd ed., pp. 229–241). New York: Guilford Press.

Favazza, A. R. (1985). Contributions of the sociocultural sciences: Anthropology and psychiatry. In H. I. Kaplan & B. J. Sadock (Eds.), *Comprehensive textbook of psychiatry* (4th ed., pp. 247–265). Baltimore, MD: Williams & Wilkins.

Finley, L. (2005). Multicultural diagnosis and assessment. In L. Finley & A. Pernell-Arnold (Eds.), *Partners reaching to improve multicultural effectiveness: Workforce training curriculum to reduce racial and ethnic disparities*. Rockville, MD: Substance Abuse and Mental Health Services Administration.

Finley, L. Y. (1995). *When cultures meet curriculum*. Philadelphia: Medical College of Pennsylvania and Allegheny Health Sciences.

Finley, L. Y., & Shake, M. A. O. (2000). *Multicultural diagnosis and assessment module*. Hartford, CT: Department of Mental Health and Substance Abuse Services, Office of Minority Affairs.

Flaskerud, J. H. (2000). Ethnicity, culture, and neuropsychiatry. *Issues in Mental Health Nursing, 21*, 5–29.

Galan, F. J. (1985). Traditional values about family behavior: The case of the Chicano client. *Social Thought, 11*(3), 14–22.

Garcia-Preto, N. (2005). Puerto Rican families. In M. McGoldrick, J. Giordano, & N. Garcia–Preto (Eds.), *Ethnicity and family therapy* (3rd ed., pp. 243–255). New York: Guilford Press.

Gibson, G. (1987). Mexican Americans. In A. Minahan (Ed.), *Encyclopedia of social work* (Vol. 2, pp. 135–148). Silver Spring, MD: National Association of Social Workers.

Gould-Martin, K., & Ngin, C. (1981). Chinese Americans. In A. Harwood (Ed.), *Ethnicity and medical care* (pp. 130–171). Cambridge, MA: Harvard University Press.

Grier, W. H., & Cobbs, P. M. (1968). *Black rage*. New York: Bantam Books.

Harwood, A. (Ed.). (1981a). *Ethnicity and medical care*. Cambridge, MA: Harvard University Press.

Harwood, A. (1981b). Mainland Puerto Ricans. In A. Harwood (Ed.), *Ethnicity and medical care* (pp. 397–481). Cambridge, MA: Harvard University Press.

Hatzenbuehler, M. L., Keyes, K. M., Narrow, W. E., Grant, B. F., & Hasin, D. S. (2008). Racial/ethnic disparities in service utilization for individuals with co-occurring mental health and substance use disorders in the general population: Results from the National Epidemiologic Survey on Alcohol and Related Conditions. *Journal of Clinical Psychiatry, 69*(7), 1112–1121.

Helms, J. E., & Cook, D. A. (1999). *Using race and culture in counseling and psychotherapy: Theory and process*. Boston: Allyn and Bacon.

Hill, R. B. (1971). *The strengths of Black families*. New York: National Urban League.

Hines, P. M., & Boyd-Franklin, N. (1982). Black families. In M. McGoldrick, J. K. Pearce, & J. Giordano (Eds.), *Ethnicity and family therapy* (pp. 84–107). New York: Guilford Press.

Hines, P. M., & Boyd-Franklin, N. (1996). African American families. In M. McGoldrick, J. Giordano, & J. K. Pearce (Eds.), *Ethnicity and family therapy* (2nd ed., pp. 66–84). New York: Guilford Press.

Ho, M. K. (1981). Social work with Asian Americans. In R. H. Dana (Ed.), *Human services for cultural minorities* (pp. 307–316). Baltimore, MD: University Park Press.

Hopps, J. (1982). Oppression based on color. *Social Work, 27*, 3–5.

Hopps, J. G. (1987). Minorities of color. In A. Minahan (Ed.), *Encyclopedia of social work* (18th ed., Vol. 2, pp. 161–171). Silver Spring, MD: NASW.

Hwang, W.-C. (2006). The psychotherapy adaptation and modification framework: Application to Asian Americans. *American Psychologist, 61*(7), 702–715.

Hwang, W.-C., Wood, J. J., Lin, K.-M., & Cheung, F. (2006). Cognitive-behavioral therapy with Chinese Americans: Research, theory, and clinical practice. *Cognitive and Behavioral Practice, 13*, 293–303.

Ignatiev, N. (1995). *How the Irish became white*. New York: Routledge.

Ishisaka, H. A., & Takagi, C. Y. (1982). Social work with Asian- and Pacific-Americans. In J. W. Green (Ed.), *Cultural awareness in the human services* (pp. 122–156). Englewood Cliffs, NJ: Prentice-Hall.

Jackson, J. J. (1981). Urban Black Americans. In A. Harwood (Ed.), *Ethnicity and medical care* (pp. 37–129). Cambridge, MA: Harvard University Press.

Johnson, B. B. (1982). American Indian jurisdiction as a policy issue. *Social Work, 27*, 31–37.

Jones, B. E., & Gray, B. A. (1986). Problems in diagnosing schizophrenia and affective disorders among Blacks. *Hospital and Community Psychiatry, 37,* 61–65.

Kamya, H. A. (1997). African immigrants in the United States: The challenge for research and practice. *Social Work, 42,* 154–165.

Kasl, S. V., & Cobb, S. (1966). Health behavior, illness behavior, and sick role. *Archives of Environmental Health, 12,* 246–266.

Kitano, H. H. L. (1985). *Race relations* (3rd ed.). Englewood Cliffs, NJ: Prentice-Hall.

Kitano, H. H. L. (1987). Asian Americans. In A. Minahan (Ed.), *Encyclopedia of social work* (Vol. 1, pp. 156–171). Silver Spring, MD: National Association of Social Workers.

Kleinman, A. (1980). *Patients and healers in the context of culture.* Berkeley: University of California Press.

Kleinman, A. (1988). *The illness narrative: Suffering, healing, and the human condition.* New York: Basic Books.

Kreider, R. M., & Elliott, D. B. (2009). *America's families and living arrangements: 2007.* Current Population Reports, P20-561. Washington, DC: U.S. Census Bureau.

Kroeber, A. L., & Kluckhohn, C. (1952). *Culture: A critical review of concepts and definitions.* New York: Vintage Books.

Kung, W. W. (2003). Chinese Americans' help seeking for emotional distress. *Social Services Review, 77,* 110–133.

Kunitz, S. J., & Levy, J. E. (1981). Navajos. In A. Harwood (Ed.), *Ethnicity and medical care* (pp. 337–396). Cambridge, MA: Harvard University Press.

Kuramoto, F. H., Morales, R. F., Munoz, F. U., & Murase, K. (1983). Education for social work practice in Asian and Pacific American communities. In J. C. Chunn II, P. J. Dunston, & F. Ross-Sheriff (Eds.), *Mental health and people of color* (pp. 127–155). Washington, DC: Howard University Press.

Lee, E. (1982). A social systems approach to assessment and treatment for Chinese American families. In M. McGoldrick, J. K. Pearce, & J. Giordano (Eds.), *Ethnicity and family therapy* (pp. 527–551). New York: Guilford Press.

Lee, E., & Mock, M. R. (2005). Asian families: An overview. In M. McGoldrick, J. Giordano, & N. Garcia-Preto (Eds.), *Ethnicity and family therapy* (3rd ed., pp. 269–289). New York: Guilford Press.

Leigh, J. W., & Green, J. W. (1982). The structure of the Black community: The knowledge base for social services. In J. W. Green (Ed.), *Cultural awareness in the human services* (pp. 94–121). Englewood Cliffs, NJ: Prentice-Hall.

Lewis, R. (1985). Cultural perspectives on treatment modalities with American Indians. In M. Bloom (Ed.), *Life span development* (2nd ed., pp. 458–464). New York: Macmillan.

Lewis, R. G., & Keung Ho, M. (1975). Social work with American Indians. *Social Work, 20,* 375–382.

Lewis-Fernández, R. (2009). The cultural formulation. *Transcultural Psychiatry, 46*(3), 379–382.

Lewis-Fernández, R., Das, A. K., Alfonso, C., Weissman, M. M., & Olfson, M. (2005). Depression in US Hispanics: Diagnostic and management considerations in family practice. *Journal of the American Board of Family Medicine, 18*(4), 282–296.

Lim, R. F., & Lin, K. M. (1996). Cultural formulation of psychiatric diagnosis. Case No. 03. Psychosis following Qi-Gong in a Chinese immigrant. *Culture, Medicine and Psychiatry, 20,* 369–378.

Lin, K. M., & Cheung, F. (1999). Mental health issues for Asian Americans. *Psychiatric Services, 50*(6), 774–780.

Lum, D. (Ed.). (2007). *Culturally competent practice: A framework for understanding diverse groups and justice issues* (3rd ed.). Belmont, CA: Thompson Brooks/Cole.

Marsella, A. J., & Higginbotham, H. N. (1984). Traditional Asian medicine: Applications to psychiatric services in developing nations. In P. B. Pedersen, N. Sartorius, & A. J. Marsella (Eds.), *Mental health services: The cross-cultural context* (pp. 175–197). Beverly Hills, CA: Sage Publications.

McAdoo, H. P. (1987). Blacks. In A. Minahan (Ed.), *Encyclopedia of social work* (18th ed., Vol. 1, pp. 194–206). Silver Spring, MD: National Association of Social Workers.

McGoldrick, M., Giordano, J., & Garcia-Preto, N. (Eds.). (2005). *Ethnicity and family therapy* (3rd ed.). New York: Guilford Press.

McGuire, T. G., & Miranda, J. (2008). New evidence regarding racial and ethnic disparities in mental health: Policy implications.*Health Affairs, 27*(2), 393–403.

Miranda, J., Bernal, G., Lau, A., Kohn, L., Hwang, W.-C., & LaFromboise, T. (2005). State of the science on psychosocial interventions for ethnic minorities. *Annual Review of Clinical Psychology, 1,* 113–142.

Nadeem, E., Lange, J. M., Edge, D., Fongwa, M., Belin, T., & Miranda, J. (2007). Does stigma keep poor young immigrant and U.S.-born Black and Latina women from seeking mental health care? *Psychiatric Services, 58*(12), 1547–1554.

National Association of Social Workers. (1996/1999/2008). *Code of ethics of the National Association of Social Workers.* Retrieved January 23, 2010, from http://www.socialworkers.org/pubs/Code/code.asp?print=1

Nobles, W. W. (1976). Black people in white insanity: An issue for Black community mental health. *Journal of Afro-American Issues, 4,* 21–27.

Nofz, M. P. (1988). Alcohol abuse and culturally marginal American Indians. *Social Casework, 69,* 67–73.

Ogunwole, S. U. (2006). *We the people: American Indians and Alaska Natives in the United States.* Census 2000 special reports. Washington, DC: U.S. Census Bureau. Retrieved September 10, 2010, from http://www.census.gov/prod/2006pubs/censr-28.pdf

Parsons, T. (1964). *The social system.* New York: Free Press.

Pinderhughes, E. (1982). Afro-American families and the victim system. In M. McGoldrick, J. K. Pearce, & J. Giordano (Eds.),*Ethnicity and family therapy* (pp. 108–122). New York: Guilford Press.

Plessy v. Ferguson, 163 US 537 (1896).

President's New Freedom Commission on Mental Health. (2003). *Achieving the promise: Transforming mental health care in America. Final report* (DHHS Publication No. SMA 03-3832). Rockville, MD: U.S. Government Printing Office.

Red Horse, J. G. (1980a). American Indian elders: Unifiers of Indian families. *Social Casework, 61,* 490–493.

Red Horse, J. G. (1980b). Family structure and value orientation in American Indians. *Social Casework, 61,* 462–467.

Red Horse, J. G. (1988). Cultural evolution of American Indian families. In C. Jacobs & D. D. Bowles (Eds.), *Ethnicity and race: Critical concepts in social work* (pp. 86–102). Silver Spring, MD: National Association of Social Workers.

de la Rosa, M. (1988). Puerto Rican spiritualism: A key dimension for effective social casework practice with Puerto Ricans. *International Social Work, 31,* 273–283.

Ruiz, E. (2005). Hispanic culture and relational cultural theory. *Journal of Creativity in Mental Health, 1*(1), 33–55.

Sands, R. G., & Nuccio, K. (1989). Mother-headed single parent families: A feminist perspective. *Affilia, 4,* 25–41.

Sadock, B. J., & Sadock, V. A. (2007). *Kaplan & Sadock's Synopsis of psychiatry: Behavioral sciences/clinical psychiatry* (10th ed.). Philadelphia, PA: Wolters Klumer Lippincott Williams & Wilkins.

Schiele, J. H. (1996). Afrocentricity: An emerging paradigm in social work practice. *Social Work, 41,* 284–294.

Schreiber, J. M., & Homiak, J. P. (1981). Mexican Americans. In A. Harwood (Ed.), *Ethnicity and medical care* (pp. 264–336). Cambridge, MA: Harvard University Press.

Shon, S. P., & Ja, D. Y. (1982). Asian families. In M. McGoldrick, J. K. Pearce, & J. Giordano (Eds.), *Ethnicity and family therapy* (pp. 208–228). New York: Guilford Press.

Snowden, L. R., & Yamada, A.-M. (2005). Cultural differences in access to care. *Annual Review of Clinical Psychiatry, 1,* 143–166.

Steinberg, M. D., Pardes, H., Bjork, D., & Sporty, D. (1977). Demographic and clinical characteristics of Black psychiatric patients in a private general hospital. *Hospital and Community Psychiatry, 28,* 128–132.

Sue, D. W. (2006). *Multicultural social work practice.* Hoboken, NJ: John Wiley & Sons.

Sue, D. W., & Sue, D. (2008). *Counseling the culturally diverse: Theory and practice* (5th ed.). New York: John Wiley & Sons.

Suite, D. H., La Bril, R., Primm, A., & Harrison-Ross, P. (2007). Beyond misdiagnose, misunderstanding and mistrust: Relevance of the historical perspective in the medical and mental health treatment of people of color. *Journal of the National Medical Association, 99*(8), 879–885.

Sutton, C. T., & Broken Nose, M. A. (1996). American Indian families: An overview. In M. McGoldrick, J. Giordano, & J. K. Pearce (Eds.), *Ethnicity and family therapy* (2nd ed., pp. 31–44). New York: Guilford Press.

Sutton, C. T., & Broken Nose, M. A. (2005). American Indian families: An overview. In M. McGoldrick, J. Giordano, & N. Garcia-Preto (Eds.), *Ethnicity and family therapy* (3rd ed., pp. 43–54). New York: Guilford Press.

Takeuchi, D. T., Uehara, E., & Maramba, G. (1999). Cultural diversity and mental health treatment. In A. V. Horwitz & T. L. Scheid (Eds.), *A handbook for the study of mental health: Social contexts, theories, and systems* (pp. 550–565). Cambridge, UK: Cambridge University Press.

Toupin, E. S. W. A. (1981). Counseling Asians: Psychotherapy in the context of racism and Asian-American history. In R. H. Dana (Ed.), *Human services for cultural minorities* (pp. 295–306). Baltimore, MD: University Park Press.

Trimble, J. E., & Clearing-Sky, M. (2009). An historical profile of American Indians and Alaska Natives in psychology. *Cultural Diversity and Ethnic Minority Psychology, 15*(4), 338–351.

Trimble, J. E., Manson, S. M., Dinges, N. G., & Medicine, B. (1984). American Indian concepts of mental health: Reflections and directions. In P. B. Pedersen, N. Sartorius, & A. J. Marsella (Eds.), *Mental health services: The cross-cultural context* (pp. 199–220). Beverly Hills, CA: Sage Publications.

U.S. Bureau of the Census. (2009). *Income, poverty, and health insurance coverage in the United States: 2008.* Current Population Reports, P60-236. Washington, DC: U.S. Government Printing Office.

U.S. Census Bureau. (2002). *The Asian Population: 2000. U.S. Department of Commerce, Economics and Statistics Administration.* Retrieved May 13, 2010, from http://www.census.gov/prod/2002pubs/c2kbr01-16.pdf

U.S. Census Bureau. (2004). *U.S. Census Bureau News. More diversity, slower growth.* Retrieved May 14, 2010, from http://www.census.gov/Press-Release/www/releases/archives/population/001720.html

U.S. Census Bureau. (2005). *Asian/Pacific American Heritage Month.* Retrieved May 13, 2010, from http://www.census.gov/Press-Release/www/releases/archives/facts_for_features_special_editions/004522.html

U.S. Census Bureau. (2007). *The American community—Hispanics: 2004.* American Community Survey Reports. Retrieved May 14, 2010, from http://www.census.gov/prod/2007pubs/acs-03.pdf

U.S. Census Bureau. (2008). *B02-1.Race-universe: Total population. 2008 American Community Survey 1-Year Estimates.* Retrieved May 10, 2010, from http://factfinder.census.gov/servlet/DTTable?_bm=y&-context=dt&-ds

U.S. Department of Health and Human Services. (1999). *Mental health: A report of the Surgeon General.* Rockville, MD: U.S. Department of Health and Human Services, Substance Abuse and Mental Health Services Administration, Center for Mental Health Services, National Institutes of Health, National Institute of Mental Health.

U.S. Department of Health and Human Services. (2001). *Mental health: Culture, race, and ethnicity—A supplement to mental health: A report of the Surgeon General.* Rockville, MD: U.S. Department of Health and Human Services, Substance Abuse and Mental Health Services Administration, Center for Mental Health Services.

U.S. Department of Health and Human Services, Indian Health Service. (2010). *HIS fact sheets: Indian health disparities.* Retrieved May 11, 2010, from http://info.ihs.gov/Disparities.asp

U.S. Department of the Interior. (2010). *Bureau of Indian Affairs.* Retrieved May 12, 2010, from http://www.bia.gov/WhoWeAre/index.htm

Wang, P. S., Lane, M., Olfson, M., Pincus, H. A., Wells, K. B., & Kessler, R. C. (2005). Twelve-month use of mental health services in the United States: Results from the National Comorbidity Survey Replication. *Archives of General Psychiatry, 62*, 629–640.

Weaver, H. N. (2007). Cultural competence with First Nations Peoples. In D. Lum (Ed.), *Culturally competent practice: A framework for understanding diverse groups and justice issues* (pp. 254–275). Belmont, CA: Thomson Brooks/Cole.

Wells, K., Klap, R., Koike, A., & Sherbourne, C. (2001). Ethnic disparities in unmet need for alcoholism, drug abuse, and mental health care. *American Journal of Psychiatry, 158*(12), 2027–2032.

Westermeyer, J. (1985). Psychiatric diagnosis across cultural boundaries. *American Journal of Psychiatry, 142,* 798–805.

Whitley, R. (2007). Cultural competence, evidence-based medicine, and evidence-based practices. *Psychiatric Services, 58*(12), 1588–1590.

Whitley, R., Kirmayer, L. J., & Groleau, D. (2006). Understanding immigrants' reluctance to use mental health services: A qualitative study from Montreal. *Canadian Journal of Psychiatry, 51*(4), 205–209.

第七章

女性主义精神健康实践

个体对实际困境或功能障碍的调整，无论它如何损害一个人的功能，都不能视为其本身是病态的，更贴切而言，应视为对囿于长期具有迫害性的父权社会的反抗。

——Brown，FEMINIST THERARY，2010，p.5

过去30多年，美国在男女平等问题上不断进步，但却从来没有真正意义上实现。2009年的数据调查显示，妇女的周平均收入是男性的80%，其中，拉美裔美国人和非裔美国人的女性收入更是其中的最低人群（IWPR，2010）。在大多数职业岗位中，不论由于职业的特殊性还是在一些男女比例相对一致的岗位，男女性别差异是十分显著的（IWPR，2010）。约31%的贫困女性户主家庭中（Wait，Proctor & Smith，2009），女性一直遭受着“贫困女性化”观念的侵袭（Pearce，1979）。由于不同的收入水平和贫困程度，女性在家中、工作岗位上以及其他地方受到程度不一的暴力伤害。一项全国大型调研结果表明，女性在暴力事件中常常会遭受如亲密伴侣暴力伤害（IPV）、强奸、骚扰、人身伤害的概率大大超过男性（Tjaden & Thoennes，2000a，2000b）。这类痛苦经历，再加上性骚扰和人口贩卖往往多会对女性的精神健康造成极大伤害。

本章的主要内容是介绍女性主义以及女性主义的实践案例，同时运用女性主义来研究若干对女性精神健康造成负面影响的案例。本章主要介绍了女性主义的流派、女性主义心理理论、精神疾病在不同性别中的差异，以及若干女性主义实践案例。为了详细解释暴力如何影响女性的精神健康，本章讨论亲密人际暴力及人口贩卖问题。本章还介绍了如何对受到创伤的女性进行干预。首先，本章介绍不同流派的女性主义。

女性主义理论视角

二十世纪的最后25年里，女性主义作为一个重要的政治力量和社会力量，兴起于美国和世界各地。在美国，这是第二波“女性主义”的浪潮，第一波浪潮始于十九世纪中期(Kinser，2004)。第二波女性主义运动孕育于1950s—1960s时期的民权运动。当中产阶级的白人妇女聚集成一个意识觉醒群体，并且认识到她们个人所经历的是与现存意识形态联系在一起的(即个人的就是政治的)。她们在经历了一个反思、互动过程后，发现关于阴性(被动的、依附的、情感的)、女性身体(最好是苗条的)、女性的地方(家庭)的类型理念是男权制的结果。男性在政治和经济舞台上的优势地位，男性作为家庭户主的身份，以及男性的身材大小与力量，限制了女性获取她们所需要的自由和机会的能力。

许多女性参加了新兴的政治组织，如全国妇女政党会议、全国妇女组织。这些组织与其他组织一起关注诸如平等权利修正案、生育自由、强奸和家庭暴力等议题。尽管这些组织对女同性恋和有色人种开放，但是非异性恋、非白人妇女并不认为自己受到欢迎。此外，鉴于她们已经意识到其边缘地位，后者并没有唤醒自我意识的统一需要。依然有一些妇女呼应Sojourner“难道我不是女人？”的抗议(Hooks，1981)。白人妇女为妇女奔走呼告的倾向，如同白人中产阶级女性一样，一直是女性主义的敏感话题。

女性主义不是一个单一的理论和视角，有很多女性主义哲学立场和理论。Nes和Iadicola(1989)为社工厘清了在二十世纪80年代的三种取向：自由的、社会主义的、激进的。Saulnier(1996)在社会工作的女性主义理论中增加了女同性恋、后现代主义、全球女性主义等视角。还有学者将女性主义的研究范畴扩展到更宽泛的群体(例如，Gonda，1998；Jagger & Rothenberg，1993； Mills，1998；Tong，1998)

Brown(2010)将过去50年内女性主义运动中以女性心理视角分为四个历史阶段。因为女性主义理论主要观点与Brown的第一、二和四阶段吻合很好，因而也将这几个阶段作为本文的组织框架。最后一个阶段将归为“第三次女性主义浪潮”(Kinser，2004)。

无差别的女权主义(1960年代到1980年代早期)

在这一时期，凸显出两种类型的女性主义-改良主义(或者自由主义)

和激进主义。自由女性主义在现存的政治体系下，为妇女寻求平等机会与权利。自由女性主义相信男性角色为主导是有局限的，并主张男女平等（Tong，1998）。她们在政治上主张通过立法实现权利平等。激进女性主义同样主张缩小性别差异，但是她们将这种差异性归咎于父权制，这也是她们一直主张改革的根本（Brown，2010；Tong，1998）。

此外，马克思主义、社会主义、女同性恋女性主义在这一时期也占据主流地位。马克思女性主义将女性的从属地位归咎于资本主义经济体系。社会主义女性主义则认为经济体系和父权制双重因素导致了女性的弱势地位。这两种思想都主张变革经济体系。然而，同性恋女性主义认为，异性恋和父权制限制了女性的地位，并主张颠覆该社会体系（Saulnier，1996）。为了强调女同性恋的独特性，女同性恋女权主义期待下一阶段的开启。

差异或文化女性主义（1980年代中期—1990年代中期）

Brown（2010）的第二阶段强调存在差异且应该认识到这样的差异。Gilligan在《另一种声音》（in a different voice）一书中突出了要聚焦性别差异这一新的视角。石头中心（Stone Center）将关系自我作为女性的特征（Surrey，1991）。（Stone Center和Gilligan的观点将在后续章节中予以详细讨论）在家庭疗法中，女性主义治疗师发现，治疗师如果保持中立会对处于劣势地位的女性不利（Walters，Garter，Papp & Silverstein，1988）。

支持差别的女性主义被称为文化女性主义。在父权制社会，男性界定自己的经验、地位和视角为正常的且合法的，而女性的体验被视为“他者”（de Beauvoir，1968）。其结果是，女性的认同“受制”于男性，这一建构整合了他们自己男性主义的自我利益、忧虑和厌女情绪（Alcoff，1997）。为了回应这一状况，文化女性主义试图以自己的方式定义自己。文化女性主义视女性为不同的，但这样的建构是积极的，诸如，她们“视女性的被动为和平、情感为养育的倾向，主观性为高级自我意识，等等”（Alcoff，1997，p. 331）。文化女性主义者的问题在于，假设存在一个普遍的女性本质理念，同时蔑视更大文化所形成的理念且镶嵌上女性主观认同的印记（Alcoff，1997）。

Brown(2010)没有提到的另外两个女性主义理论视角，一个是女性主义立场认识论，另一个是黑人女性主义观点。女性主义立场认识论作为研究方法的出发点是，女性视角处于屈从的地位(Smith，1987；Swigonski，1994)。该观点认为，女性看待问题有独特视角，该视角源于她们在特定社会地位的日常生活体验。由于，所有压迫都是环环相扣的，Swigonski 将这个方法拓展到所有受压迫的群体中。黑人女性主义视角认识到非裔美国人的特殊性地位。正如 Collins(1991)描述的那样，“黑人女性主义视角是由非洲裔美国女性为帮助黑人妇女提出的，这个观点运用了十分专业的理论知识”。换句话说，黑人女性主义观点主要聚焦于为黑人女性的现实生活提供解释(p. 22)。Collins 所提及的黑人女性所面临的现实经历包括种族主义、性别歧视主义和阶级歧视。

多元文化女性主义、全球女性主义和后现代女性主义(二十一世纪)

这一阶段出现的女性主义是对过去的女性主义的纠偏，因为她们主要来自白人中产阶级女性或假设了一个不存在的整体。其中之一，多元文化女性主义的兴起在更大的社会范围内和女性主义运动之中对不同文化群体的排斥。第六章界定的大熔炉意识形态以及白人女性主义者假定她们的观点具有普适性，都引发过去那些被人忽视的声音的反抗(Tong，1998)。非裔美国人，诸如 Collins(1991)和 Hoooks(1981)讨论了种族、性别、阶级的交叉影响。特别是，他们为讨论黑人男性针对黑人女性的性骚扰和亲密关系暴力(Tong，1998)等行为开启了空间。

全球女性主义探讨了第一世界对第三世界施加的殖民主义与帝国主义政策的影响。全球女性主义更加关注经济和政治因素的影响，这与第一世界的女性主义视角有所不同(Tong，1998)。全球女性主义关注在被殖民主义、原教主义宗教、文化差异等以不同形成所笼罩的国家之中生活的女性抗争(Saulnier，1996)。全球女性主义意识到，由于地域差异，不同地区女性的需求是不同的，并且她们的世界观也与西方发达国家的女性不同。在有些地方，女性接受低薪工作，因为她们需要这份工作并因此获得财政独立(Tong，1998)。

后现代主义批判普适性理论和现代思想之中的客观性、理性以及中立假设。根据后现代主义，那些呈现为普遍的范畴是镶嵌在特定的社会、文化和历史脉络之中且反映权力关系的社会建构。因此，当白人中产阶级妇女在二十世纪七十年代谈论女性女性主义的时候，她们是在讨论如自己一般的女性，而不是那些种族民族、社会阶层、性取向和国籍不同的女性。尽管不同妇女面临着同样的问题，但由于她们所处的社会位置不同而产生多种视角。后现代女性主义确认了这种多样性，并强调这样的多样性(Sands & Nuccio，1992)。后现代女性主义批判诸如男性-女性、黑人-白人的二元对立范畴，在其中，一个类别享有特权，另一个类别则被贬低或处于边缘。进一步的配对概念被视为对立的和截然相反的(Grosz，1989)。至于性别，二元分法促进了对立性别迥异的观念。解构是后现代女性主义用以消解此思维方式和揭示隐含偏见的方法(一个新兴的与之相关的理论是“批判种族女性主义” Wing，2003)。

正如在第一章所述，后现代女性主义作为一个批判性的工具是十分有用的，因为它指出了将特征建构为本质化的视角的局限性。另一方面，后现代女性主义的问题在于它假定了一个体系，期间人们不能定义人或任何东西。如果人不能定义女性，又遑论为女性地位的社会变迁而努力呢？在本章中，假定可以讨论女性以及其他范畴，但是这些范畴既不是单一的，也不是限定在某一时间段内。

以上这些理论体系都属于女性主义主要流派。大多数的女性主义理论批判性别不平等，并且接受社会变革将根除对女性的压制并促进社会公平。性别歧视在社会、政治和经济领域如此普遍，这一情形也体现在心理学理论之中。

女性主义对心理学理论的批判

传统上，很多指导精神健康的心理学理论都将女性建构为“他者”。其中影响最大的是 Freud 心理学、Erikson 的心理学理论以及 Kohlberg 的社会道德发展理论。女性主义对这些理论的批判，可以引出女性和男性心理发展的替代性理论视角。

• • • 传统的心理学理论

FREUD（弗洛伊德） 早期女性主义对人类行为理论的批判主要针对Freud。根据Freud的精神分析理论，妇女没有阴茎，因此“在构造上是低级的”。这意味着男性代表生存的正常方式，而女性则是异常的（或他者）。同样地，Freud宣称女性具有阳具崇拜倾向——她们真正崇拜的不是男性的阳具，而是他们的自由（Chodorow，1978）。除此之外，Freud相信女性有受虐倾向且超我发展不足。

Freud的理论关注性压抑。他相信婴儿和儿童是有性的，儿童时期未曾解决的心理性议题将导致成年的心理病态。然而，早期生活经历的创伤是能够经由矫正的、心理分析和治疗关系而得以克服。

Freud进行理论建构参照的女性之一是Anna。这是一个受过教育的知识女性，是他朋友Josef Breuer的一个病人，后来，人们了解到她本名Bertha Pappenheim，是全球首批社工之一。Freud最初相信，其歇斯底里症状和防卫机制是为了保护自己不再意识到发生在儿童时期的性创伤体验。Freud解释并总结指出，性内容代表了对父母式人物的幻想。后来的学者推断，“幻想”是儿童性侵犯的真实体验（Manson，1984）。将真实事件归因于想象是一种消解女性生活体验的方式。

Freud的遗传学说认为，人存在多个成长阶段，婴儿时期为以后的生活奠定了基础。在这些成长阶段（口腔期、性蕾期、潜伏期、两性期）之中，性蕾期或奥迪帕斯期尤为重要。在这一时期，男童迷恋母亲并跟父亲形成竞争关系，害怕被父亲阉割。男童解决奥迪帕斯情节的方式是压抑对母亲的迷恋并认同父亲。Freud假设，女性以相反的方式经历类似冲突。在性蕾期，女孩意识到自己没有阳具，于是责怪母亲，并将情感转移至父亲（渴望拥有阳具或者给他生小孩）。她解决冲突的方式是意识到不可能拥有父亲从而认同母亲。

女性主义学者质疑Freud对女孩前奥迪帕斯体验的解释。Chodorow（1978）争辩说，在整个前后奥迪帕斯期，女孩对母亲的依恋是持续的，尽管女孩建立与父亲的依恋，但并没有与母亲决裂。另外，女孩对母亲的依恋强调关系质量，这比母子关系更长久且较少分化。结果是，母女之间的边界可能很模糊。

Chodorow 是美国具有代表性的女性主义精神分析思想家，她致力于继续挖掘心理分析观点的价值，但希望能纠正这一理论对女性的误读。这一派中的大部分观点都认同源于精神分析学说的客体关系理论，其本身就是精神分析的发展。该理论强调自我与他人之间的关系以及在关系领域形成的人格模式(Hockmeyer，1988)。这有别于经典精神分析学说将优先性置于驱动力中。

ERIKSON(埃里克森) Erikson 将 Freud 的发展理论拓展至包含全部生活周期。Erikson 著名的心理社会理论包括八个生命阶段——信任与不信任，自动自发对退缩愧疚感，自主、羞愧对怀疑，勤勉对自卑，认同对角色混淆，亲密对隔离，生产对停滞，以及完整对绝望。这些阶段依照 Erikson 称之为超基因原则的基本方案展开。在该理论中，Erikson 认识到，在个人生命的延展中，生物、心理、社会、文化和历史因素交织在一起。Erikson 认为，这样的模式具有普遍性。

Erikson 的某些著作对女性主义构成挑战。Erikson(1968)基于对游戏中的小孩的研究总结说，男孩更倾向于“外来空间”，而女孩倾向于“内部空间”。这一描述反映了男性和女性的身体构造及其相应的主动性和被动性。这一基于儿童的可观察的类型化行为而得出的关于男性和女性本质的解释，似乎与其理论的社会文化与情景特征有矛盾。女性主义者一直与 Erikson 争辩其一直捍卫的内在空间和外在空间的二元对立(Erikson，1974)。

Erikson 的另一难题，涉及女性生命阶段的次序。Erikson 将认同对角色混淆置于亲密对疏离之前。Dovan 和 Adelson(1966)的研究发现，女孩在认同议题之前就回应了亲密议题。此外，Gilligan(1982)争辩说，亲密议题和认同议题是交织在一起的。然而，Erikson 的普遍阶段论，似乎是建立在男性生活周期之上。

KOHLBERG(科尔伯格) Kohlberg 是一个认知发展心理学家，他延续了 Piaget 的道德发展阶段论。他研究不同阶层的儿童和青少年，主要是男童。Kohlberg 提出发展阶段的序列包含三个层次——前常规(自利)、常规(尊重社会规范)和后常规(强调价值和原则)。在早期著作中，有六个阶段

（每一层次两个阶段）。后来他去掉了第六阶段（Crain，1985）。

Kohlberg 提出，其阶段论是普遍的、层级的和前后相继的。人们从最低层次的道德发展至更高层次，从简单到复杂。很少有人可达到最高阶段。每一阶段代表显著不同的思维方式。

Kohlberg 的阶段论受到 Gilligan（1982）的挑战，她注意到 Kohlberg 的大多数研究对象是男孩，而当女孩接受男孩所接受的同一阶段试验的时候，女孩得分较低。Gilligan 不接受女性在道德上更低级或不足这一结论。她解释说，女孩没有男孩表现好，是因为女性基于关系考量而非抽象正义进行道德判断。她认为，存在着一个关怀和责任的伦理（女性），以有别于 Kohlberg 著作中的（男性）正义伦理。为了批判 Freud、Piaget、Kohlberg 和 Erikson，Gilligan 引用了众多女性主义学者（Loevinger，Horner，Chodorow）的观点支持其立场。Gilligan 指出，男性由于害怕融合，所以在亲密时会有障碍；相反，女性由于担心分离，所以在自主上有困难。Gilligan（1982）激励其他学者建立理论并进行实践，以证明其在重要文献中介绍的两种伦理（声音）的区别。

KEGAN（凯甘） Kegan 的发展心理学理论整合了 Erikson，Loevinger，Piaget，Kohlberg 的发展阶段，并回应了 Gilligan 对其先驱者的批判。Kegan 提出了涉及自我和自我-他人关系的建构与再建构的动态过程的发展的自我。个人经由连锁阶段（称之为融合、冲动、控制、人际和个体间）寻求的总是自我的需要和同他人有关欲望之间的平衡。Kegan 的个体间平衡说包含了他视为众生冲突的对亲密和自主的渴望。他宣称，了解发展的自我的两个层面可纠正过分强调自主的发展理论，从而回应了女性主义学者对人类依恋的关注（Kegan，1982）。Kegan 的“自然治疗”说协助个体利用危机创建新的意义，从而达到了新的平衡。

• • • 女性主义观点和理论

为了寻求适合于女性的心理学理论，女性主义者做了大量的研究并从她们的亲身经历中发展出若干观点和理论。以下将一一介绍。

BELENKY 等 认知发展心理学也是 Belenky 等（1986）研究的基础，她们的《女性的认识方式》拓展了 Gilligan 辨识出的若干议题。她们对 135

个高中和大学女性进行了深度访谈，这个群体的经济地位高低不一、族群也是多样的。她们还对45名为因父母角色而寻求社会机构帮助的案主服务的女性进行了访谈。对访谈文本的分析辨识出参与研究的女性采取的五个认识论立场：沉默(无声的、受制于人的)；接受知识(接纳他人的知识而不创造自己的知识)；主观知识(持有自己的知识)；程序知识(学习和利用程序传播知识)；建构的知识(认识到所有的知识都是有其脉络的，了解到人们可以自己创造知识并整合主观和客观的认识方式)。这项工作支持了展现女性体验的发声与沉默这样的隐喻。"我们发现女性不断使用发声的隐喻描述她们的知识与伦理发展；发声感、心灵和自我的形成是复杂地交织在一起的"(Belenky et al.，1986，p.18)。

关系-文化理论 Gilligan对关联性的强调呼应了威尔斯利学院石头中心的看法，Miller(1986)和其他的女性主义思想家与治疗师正在建构我们所知的关系自我和自我之于关系理论(Jordan，Kaplan，Miller，Stiver & Surry，1991)。她们视"关系成长"为"女性生活中的组织因素"，并认为在某种程度上适用于男性生活。石头中心的学者尤其对母女关系、同理心和相互性的发展、赋权感兴趣。如同Gilligan，她们批判视自主为人类成长标志的发展理论家。她们所支持的治疗帮助女性追求关系目标并建立与他人的联结。

在石头中心发展的初期，她们支持女性主义的差异与多元文化形态。她们在声称女性是理性之时，意思是女人具有与生俱来的女性气质。他们忽略了不同女性之间的差异性，而认为女性是一体的。这种观念随着石头编辑出版的《多样性下的妇女成长》而慢慢改变，该书以更加流变性的词汇描述自我，其中包括描写种族认同、女性同性恋关系以及边缘群体被羞辱的章节。石头中心如今支持关联性-文化视角。

关系-文化理论是从自我之于关系理论发展而来的，涵盖不同种族、族群、文化和男性。它强调了联结，尤其是促进成长的关系、关系能力以及失去联结的影响(Jordan & Harlting，2002)。治疗涉及相互同理、互为赋权，非主导视角的声音和转型(West，2005)。关系文化理论权力的分化，可见于异性恋的男女之间、同性恋之间以及治疗师和案主之间。以关注个体开始的治疗，为包含社会变革会进一步展开：

最近，关系文化理论学者已经在其思维中包含这样的概念：权利分配构成西方国家政治以及经济结构的基石，这种安排不仅要保证代表个体的发展，而且要代表社会发展的必然要求。从这样的情境看，赋权，要从强化个体能力拓展到抵抗的集体策略（West，2005，p. 109）。

对女性主义实践的启示

前面讨论的女性心理学理论表明，达成对女性的共同理解并非易事。一些临床工作者接受的心理分析范式将女性建构为“他者”。比较新的心理学理论深知关系在女性生活中的中心地位，但她们倾向于将女性本身本质化。

女性主义社会工作实践是必要的。它包含女性主义价值观，并对女性之间的差异、男性之间的差异以及个体男女之间的差异敏感。有女性主义者发现，鼓励女性在治疗过程中讲述并重构自己的故事是赋权的（e. g. Laird，1989）。叙事治疗回应权力差异并将精神健康专业人士倾向于从个人角度考虑的问题外在化（White & Epston，1990）。正如前面所讨论的，关联-文化理论同样回应权力差异。

理想而言，女性主义实践包含以下特征：

1. 工作人员-案主关系是伙伴关系而非等级关系。

2. 支持案主表达自己的声音，并了解这样的声音与他人的声音不同。

3. 支持案主的优势和抗逆力。

4. 认知并回应治疗夫妇和家庭关系中的性别为本的权力动态。

5. 经由关系、工作、灵性、艺术和/或其他有意义的生活领域提升案主的自我实现和发展。

6. 鼓励案主与他人建立互利关系。

7. 尊重、欣赏和支持文化差异。

8. 避免性别歧视语言。

9. 了解对女性有负面影响的经济、政治与社会议题（诸如就业歧视、低工资、儿童照顾不足、工作场所的性骚扰、难以获得儿童支持）。

10. 促进女性赋权，尤其是自决、个人控制感、抵制不公正遭遇、自我倡导权利。

11. 倡导支持女性赋权的公共议题。

12. 在建构心理病态的诊断之前，考虑其社会情境（cf. Ault-Riche，

1986； Hare-Mutsin，1984； Libow，1986； Van Den Bergh，1995）。

女性主义者与女性主义治疗师日益认识到，女性主义以及女性主义治疗并不仅仅局限于妇女。男性也可以成为女性主义治疗师和女性主义治疗师的案主。Hooks(2000，p. viii)在其著作“面向所有人的女性主义”的书名之中就宣称了这一点，将女性主义定义为一场终结男性主义、女性剥削和压迫的运动。社会上一个群体对另一群体的统治与控制导致对所有人的整体不公。因此，女性主义治疗的最终目的是为了对患者赋权并消除权力不平等(Brown，2010)，从而为全人类造福。

然而，精神健康体系的规范与实践对女性主义实践造成挑战。例如，对女性主义治疗师而言，诊断是一个敏感议题，他们认为诊断是不平等的，是剥夺别人权利的(Brown，2010)。因此，为了了解精神疾病在人群之中的分布，社工需要熟悉精神障碍发病率的性别差异。

性别与精神疾病的流行病学发现

尽管 DSM－Ⅳ列出了每个诊断的具体标准，但若干诊断在女性中更常见，而有些在男性中更常见。15～54 岁公民的全美共病调查显示了若干性别差异(Kessler et al.，1994)。从不同障碍类别可以看出，情感与焦虑障碍在女性中更加常见，而物质泛滥/依赖在男性中更加广泛。反社会人格障碍在男性中更加常见(Kessler et al.，1994)。在情感障碍中，女性在重性抑郁与心境恶劣相较男性要高不少，而狂躁发作(或双相障碍的症状)没有明显性别差异。女性在所有的焦虑障碍中都有较高的患病率，而男性在物质使用障碍上有更高的患病率。

NCS 的另一项调查显示，所有参与者任何障碍终生患病率为 48%，年患病率 29.5%，两者都比较高(Kessler et al.，1994)。这个数据表明，有的参与者有并发症状。全美并发病调查显示，女性比男性有更高的并发障碍终生和年患病率(Kessler el al.，1994)，比男性高三个或者三个以上。性别差异可能源于女性愿意报告以及文化上更愿意倾听精神疾病症状。这个差异也许可以用精神疾病诊断或建构的独特方式予以解释。

一项国际流行病学研究得出了上述类似的结论，该研究属于世界卫生组织世界精神健康调查计划的一部分(Seedat et al.，2009)。该研究的样本选取了来自5个发展中国家和10个发达国家的成年人。研究发现，就性别差异而言，女性比男性具有更高的终生患抑郁症和心境障碍的风险，同时也有更高的焦虑症风险。相较女性而言，男性在外在化障碍(注意力缺陷、多动症、间歇性爆发障碍)和物质使用障碍(滥用药物、酗酒等等，任何一种物质障碍)上具有更高的终生患病率。同一数据的另一分析，考察性别与年龄的相互影响，发现了一个有趣的现象：女性患抑郁症的概率较高和男性患间歇性爆发障碍和物质使用障碍概率较高，但这一结果在绝大多数国家的年轻群体那里并不明显。在性别平等较高的国家，重度抑郁和物质滥用的性别差异在缩小。这样的缩小要归因于性别平等的提升，性别平等有利于保护女性免于抑郁，但增加物质滥用的风险(Seedat et al.，2009)。

针对女性的暴力

根据流行病学调查发现，女性比男性更有可能遭遇抑郁和焦虑。很多时候，女性表现出的情感与思想被建构为与暴力相关的精神障碍的症状。在这一部分将讨论针对女性的两类暴力行为——亲密伴侣暴力与贩卖人口。这样的情景问题会引发新的症状或加剧业已存在的精神健康问题。

• • • 亲密伴侣暴力

亲密伴侣暴力指的是蓄意使用或者威胁使用身体或性暴力以及导致受害人的心理或情绪损害的行动、威胁或强迫策略(Salzman，Fanslow，McMahon & Shelley，2002)。尽管相比男性，女性更容易成为受害者，疾病控制中心(CDC)的定义认为，男性与女性都可能成为受害者或施害者。疾控中心的定义包括以前和当前的夫妻、同居的异性伴侣、同性伴侣以及男朋友和女朋友之间。

亲密伴侣暴力通常是强者欺负弱者的侵犯行为。作为一种权力的宣示，其根源是针对女性的性别歧视和厌女情绪。尽管一些女性坚持认为她们深爱着虐待她们的人，但是，将爱和暴力这两种截然不同的感情混在一起的想法是令人费解的。不论暴力的方式是殴打、强奸或是威吓，亲密伴侣暴力立足于这样一个信念：女性是没有价值的。在某种程度上，暴力为他人所助长或者人们视而不见，社会难辞其咎。

全国反对女性暴力调查(Tjaden & Thoennes，2000c)发现，在受调查的女性中，25%声称她们终其一生曾被自己的配偶、伙伴、男朋友、女朋友或约会的对象强暴或侵害。这个比例是男性报告的三倍多。在侵害过程中，女性比男性更易受到伤害。其中约有18%的女性曾被强暴过，其中有一半以上是在18岁之前(Tjaden & Thoennes，2000c)。曾经经历过性侵和身体攻击的女性，在日后的生活中更加容易患精神疾病。对不同文化背景的女性调查发现，印第安、阿拉斯加、非裔男性与女性相较其他文化背景，报告了更多的暴力侵害(Tjaden & Thoennes，2000c)。

女性有不少精神健康症状与亲密伴侣暴力相关。文献之中频繁报告的是创伤后应激障碍、抑郁、自杀与药物滥用(Afifi et al.，2009；Leiner，Compton，Houry & Kaslow，2008；Rodriguez，Valentine，Son & Muhammad，2009)。不少族群的妇女在经历了亲密伴侣暴力之后不情愿接受精神健康服务。已辨识的障碍之一是与这样的文化观念相关的：一个人要将暴力侵害的秘密埋在心里且害怕被贴上精神疾病的标签(Rodrfiguez et al.，2009)。其他的障碍因素包括语言议题、经济约束以及基于针对不同族群的施害而产生的不信任(Bryant-Davis，Chung & Tillman，2009)。

女性通常会采取非正式的方式求助直到暴力情况愈演愈烈(Ansara & Hindin，2010)。然而，她们担心自己和孩子，同时担忧未来。如果她们受到身体伤害，她们或许去急诊室或诊所，在那里精神健康专家或许会询问其是否遭受了虐待。由于害怕牵连自己的伴侣，她们往往编造一个事实隐瞒过去。尽管女性会为了孩子离开这种受虐待的关系，但是研究发现，作为母亲，妇女会增加其对伴侣的容忍度(Vatbar & Bjorkly，2010)。Walker(1979)描述了暴力的周期，其具有典型的家庭暴力特征。从一个虐待周期分析，一般施暴者开始会出现懊悔情绪并会十分热切关心他的伴侣，但是，一段时间后，他们的关系将再次变得紧张，在这段时期，女性通常会避免说或做任何她认为可能会导致又一次暴力的事情，她开始变得小心翼翼，然后又一次家暴发生了。这时候，女性会寻求家庭成员的庇佑或者去避难所。不管哪一种情形，她最终还是会回到虐待她的丈夫身边。不论她回去的原因是因为经济依赖抑或情感依赖或是害怕，这种反复的逃离与回归会使试图帮助她们的社工沮丧不已，后者正努力拯救她们以避免受到更大的伤害或者——被杀害。

社工将面对许多在不同场合遭受暴力伤害的女性或男性。除了专业的机构为这类情况提供服务(如受虐待妇女庇护所、受害者救助服务、危机中心)，诊所、初级照顾场所与急诊室都是受害者寻求医疗帮助的地方。Murpyh 和 Ouimet(2008)建议，要对这些机构的女性进行亲密伴侣暴力筛查，社工进行评估与筛查并为女性倡导，培训医护人员以了解亲密伴侣暴力的动态过程。精神健康服务的社工们可能需要治疗女性创伤相关的症状，诸如创伤后应激障碍、抑郁、药物滥用以及自杀倾向。对于亲密伴侣暴力相关案例进行深入研究是非常重要的。最后，施害者的干预也是优先考虑的议题，因为如果不处理，一个家暴的结束，将会变成另一个家暴的开始。

另一个针对女性暴力的例子是人口贩卖。这是一个国际性议题，因为女性(以及儿童)在全球范围内被贩运。这些被贩卖的妇女会被迫接受折磨、强奸、剥削和卖淫。

• • • 人口贩卖

对性贩卖和卖淫的女性主义话语是充满争议的。正如 Jeffreys(2009)所述，社会主义女性主义者以及其他大多数学者，都将卖淫视为“性工作”，是一种合法养活自己的方式。其他的观点，如激进女性主义者认为这是一种针对女性的暴力。正如 Jeffreys(2009)所说，这被视为暴力，是“因为身体被使用的过程中，忽视了女性的快乐和人格，而且为了生计，她被迫将情感与自己的身体分离”(p. 318)。

人口贩卖指的是，通过欺骗、强迫或者武力来招募、贩运男性、女性以及小孩，并以极少甚至零报酬将其固定在性交易或者其他行业的工作之中。它也是奴隶制度的形态之一，并存在于全世界。这个术语是与人口跨国贩运相关，但贩卖也可发生在特定的一国之内。不论人口贩卖存在于一国之内，还是通过走私从一个国家贩运到另一个国家，身处其中的人，通常都经历类似的命运，他们被迫从事诸如妓女、家奴、血汗工厂劳工、农业工人等其他职业(Logan，Walker & Hunt，2009)。与此同时，贩卖人口可获得暴利(Schauer & Wheaton，2006)。

人口贩卖活动具有隐蔽性特征，想要全面了解美国人口贩卖状况是十分困难的。一般认为，绝大多数贩卖的人口是移民，因为其非法居住状况而导致了这样的风险(Logan et al.，2009)。那些容易受到蛊惑的人生活在贫穷之中，希望有更好的生活，相信能够获得真正工作的虚假承诺(Logan et al.，2009)。但是，当他们陷进去之后，等待他们的将会是非人的折磨。例如，他们会被要求偿还偷渡的费用，从而使他们成为债务人。对于妇女或女孩而言，可能会被羞辱、殴打以及强奸，迫使她们就范沦为妓女(Hodge，2008)。她们会被安排住在封闭的生活区，很难逃出。

在美国有一些针对人口贩卖受害者的法律保护。2000年(Pub. L. No. 106—386)人口贩卖受害者保护法(TVPA)，并于2003年、2005年和2008年得到再次授权，其目的是帮助受害者有资格获得福利和服务。在获得认证资格后，他们能够有住房、享受工作培训、卫生保健等其他服务(美国健康和人口服务部，n.d.[a])。但是，尽管这项法案很好，但真正找出人口贩卖受害人是很难的，除非自己逃脱出来，或是因某种原因而受到社会服务机构或健康专业人员的注意。专业人士或许都不熟悉人口贩卖以及如何判断某一对象是否属于该情况(Sigmon，2008)。下面列举了一些可以用于判断人口贩卖受害者的线索：

1. 被控制的证据；
2. 无法转工或离职的证据；
3. 瘀青或其他被打的痕迹；
4. 恐惧和抑郁；
5. 不讲英语；
6. 最近刚刚从东欧、亚洲、拉丁美洲、加拿大、非洲或印度来到美国；
7. 没有护照、移民和身份证明。[美国健康和人口服务部，n.d.(b)]

许许多多的障碍导致受害者不敢求助。这其中包括：(a) 他们可能受到不断的性侵害、身体虐待和威胁而饱受创伤或精神失控；(b) 他们担心如果试图逃跑，自己或孩子将受到虐待甚至被杀害；(c) 他们不信任警察和当局；(d) 他们害怕会被驱逐出境；(e) 语言和文化障碍；(f) 缺乏替代选择、地理和社会空间的知识；(g) 羞耻(Logan et al.，2009； Sigmon，2008)。

健康机构、精神健康机构以及社会服务机构辨识人口贩卖较慢，因此干预措施尚不成熟。最初，要回应的需要是安全、住房、经济福利和卫生保健。对受害者的支持、倡导以及帮助他们获得证明也是早期工作的一部分。考虑到案主可能是移民，制定一个完备的有力的方法将更加有益(第六章)。当危机消除后，创伤的证据就很重要了。

• • • 暴力后的创伤

创伤可从两方面认识：(a) 导致紧张、烦躁情绪的单一事件或一系列事件，如"9 · 11事件"；(b) 主观体验。作为主观经验，它并不必然是病态的。当创伤体验过于强烈，并且大大影响心理社会功能，同时满足了其他临床标准的时候，才可诊断为创伤后应激障碍。许多证据表明，一个人的创伤经历会产生心理反应，即便没有造成身体伤害(Rothschild，2000)。全球的流行病学研究都发现，尽管男性比女性更容易受到创伤，PTSD 在女性人群的发病率更高(Breslau，2009)。一项研究发现，在创伤康复中心治疗过的女性人群相较男性有更差结果的风险明显更高(Holbrook，Hoyt，Stein & Sieber，2002)。

Judith Herman 这个精神病学家在《创伤与康复》一书中，综合研究了在战争或政治监禁中受到创伤的男性和受到性及躯体虐待的女性。她谈到，旁观者难以理解受创伤者的痛苦，受害者自己在施害者以及将其体验界定为不足以为外人道的社会规范下保持沉默，创伤幸存者的利益并没有得到持续关注。Herman 注意到，采取有组织的政治运动(诸如越南老兵、妇女团体)，才能唤起公众重视经历过创伤体验人的需要。

Herman(1992)观察到经历心理创伤的人常见的三个主题。第一个是恐惧，就是担心危险、伤害或死亡。恐惧产生于焦点事件发生之时，以后用碎片的形式维持。创伤后压力障碍的个体，将经历过度亢奋以保护自己免于未来的同样事件。尽管他们不会总是想起创伤事件，但痛苦的记忆仍会侵入和干扰他们的生活。有的人会无意识地强化创伤经验。恐惧也会伴随着情绪禁闭或个人与他人和自己的抽离而麻木。Herman 描述为“创伤的辩证法”，如同在侵入和禁闭之间荡秋千。

Herman(1992)将第二个主题界定为脱离，即受害者与他人关系破裂。创伤事件损害了个人的自我感觉，并进而伤害自信和基本信任。当信任不再存在时，与他人的关系和对上帝的信仰就会受到影响。事件的性质和个人的抗逆能力决定心理伤害的程度。年轻的和有精神障碍的人士相对其他人更容易受到伤害，创伤事件后，他们需要他人保护和一个安全的环境。安全对那些与虐待者住在一起的女性来说，尤其具有争议性。而那些有支持性的伙伴、家庭成员和朋友的人，则可以获助找到一个康复的安全处所，以及一些能够倾听、热情的接受并帮助宣泄痛苦的人。公众对身处此境遇人群的态度和法律系统对报告的犯罪的回应，也进入脱离议题的视野之中(Herman，1992)。

第三个议题禁闭是创伤的一个维度，它适用于重复出现的施害者在一段时期内控制受害者的情景(Herman，1992)。受害人可能是躯体上受限(诸如战犯)，也可能是屈从于心理的、经济的、社会的和法律的依附，而感到如同囚徒一般。施害者对受害人的心理实施强制性控制，以迫使其按照他想要的方式思考。采取的策略包括实施威胁(针对受害人或他人)、突发暴力、任意实施的琐碎规则、受害人生理活动的监视(吃饭、睡眠等)、间歇性报酬的运用、个人依恋的破坏(造成隔离)。这些措施不断强化了受害者对施害者的依赖，以致受害人最终放弃了自我。据 Herman 所说，DSM 的创伤后应激障碍诊断，没有准确描述遭禁闭的幸存者，他们与面对单一事件的个人不同，在一段时间内反复受到创伤。她建议采用一个新的类型——多重创伤后应激障碍以概括类似体验。

Herman 的康复模式

尽管 Herman 并没有称她自己是女性主义者，她所推荐的干预计划与前面描述的女性主义实践的诸多方面是一致的。尽管此处讨论这一模式，是因为它对针对女性的暴力比较敏感，但也适用于乱伦、政治监禁和战争创伤的幸存者（无论男女）。康复立足于赋权，致力于帮助案主改善案主与他人的关系以及案主与治疗师之间的关系。案主掌握着自己的康复，治疗师见证虐待，并促进治愈过程。当与宣称所犯罪行不道德的幸存者在一起时，治疗师保持专业价值中立（Herman，1992b）。治疗师要对幸存者的移情和自己的反移情保持敏锐的感觉，并妥善处理。治疗合约内容包括双方的责任、诚实和开放的期望、幸存者康复的相互责任。

Herman 介绍了康复的三个阶段——建立安全感、追忆和哀伤、重新与正常生活联结。这三个阶段是源于她对创伤特征的总结，并综合了歇斯底里、战斗创伤、多重人格障碍，以及复杂创伤后应激障碍的治疗阶段。以上阶段并不必然会以线性状态循序出现。建立安全感有好几个组成部分。首先，问题要得到评估和命名。给幸存者的体验一个名称（即便是精神科诊断），可以将其从沉浸于不可理喻的感觉之中解放出来。接着，幸存者在帮助下重新控制和恢复安全感。她也许感到思维、身体功能和人际关系失去控制。治疗关系之中信任的建立、行为策略和药物对幸存者或有裨益。如果有躯体伤害，就要进行医疗检查。足够的睡眠、运动和适当的饮食，可以帮她恢复身体功能。治疗师要帮助她找到一个安全的生活环境，以及从他人而非侵害者或者阻碍其康复的人那里寻求支持。即使幸存者继续与侵犯者保持联络，她也可以在协助下，在事件的间隙期间实施安全计划（Herman，1992b）。

第二阶段的重点是追忆和哀伤，让幸存者讲述自己的故事。Herman 建议，不要在第一阶段探索创伤记忆，这时幸存者是脆弱而易受伤害的。准备好后，治疗师要求案主尽可能详细地讲述自己的故事，包括其感受、意象和躯体知觉。这样做的目的，是将故事客观化和现实化，并最终整合进入个人生活。将故事联系起来需要时间，因为，其中有不少抵抗和压抑试图回避痛苦的记忆（有时是耻辱的）。这个过程以重述幸存者在创伤事件之前的生活，以及一系列场景作为开始。临床工作者扮演的角色是“一个思想开放的、富有同情心的见证人，而不是侦探”或调查员。幸存者的“叙事事实”也许与“历史事实”不一致（Spence，1982）。临床工作者跟随案主的指引，揭示幸存者的日常经验和现有的记忆。当痛苦记忆呈现时，治疗面谈需要有足够的事件让案主从讲述中减压。

讲述故事之后，哀伤就开始了。哀伤造成了很多损失-自我、对施害者的依恋、身体整合和其他损失。这期间幸存者可能报复或原谅施害者或者希望从中获得某种补偿幻想。幻想的消失是哀伤过程的一部分，可以使幸存者在情绪上逃离施害者。整个阶段由临床工作者见证，而要求幸存者为自己的康复负责。尽管哀伤是痛苦的，但是它有利于恢复情绪能量和与他人的关系。

第三阶段即重获联结，涉及重建自我和个人生活。这一次，幸存者将重新考虑在第一阶段涉及的安全议题(她的身体和物理环境等)，而现在，她将精力耗费在他人身上，并在这个过程中为自己赋权。涉及这个阶段的任务是正视担忧。这可以通过参加自我防卫课、参与野外远足和/或直面家人和/或侵犯者来解决。另一个任务是认识自己有价值的一面，并由此建立新的自我。她要摆脱受害者认同，而强化幸存者认同。这个阶段的重要任务，是重新建立与他人的联系——深化与家人、朋友、治疗师的已有关系，并建立新的关系。这与 Erikson 所主张的生产和停滞发展阶段理论一致，她开始关心下一代，包括自己的小孩(如果她是孩子母亲)。在这一点上，一些幸存者将积极参与社会活动(例如受虐母亲运动)，并在公众面前说出自己的体验。尽管创伤的结痂永远无法平息，但前述致力于这一议题的幸存者，能够因控制感、自信、满意的人际关系和幸福感而过上满意的生活。

对 Herman 模式的评价

尽管 Herman 的康复计划并不自称为女性主义，但与这样的视角是保持一致的。它聚焦于康复、治愈、存活，这是与为遭遇亲密伴侣暴力以及因人口贩卖而遭受虐待的女性服务的临床社会工作密切关联的。该康复计划对于遭受暴力及其他负面事件的男性案主同样适用。Herman 的康复模式对案主过去的权力丧失非常敏感，并尊重他们按照自己的节奏重新掌控自己生活的努力。该模式支持案主建立自身洞察力，与他人建立联系并保持自信。它采用叙事视角帮助案主构建和重构其过去并为其在未来重构自己铺平道路。

然而，Herman 模式的研究证据并不多。Herman 与 Schatzow(1987)描述了一个小组干预案例，该案例中，从乱伦阴影中幸存下来的妇女能够从创伤中恢复并直面自己的过去。Herman(1992b)建立复杂 PTSD 的症状，展现了重复以及持续受到创伤的人群的经历。Courtois 和 Ford 的《处理复杂创伤后应激障碍——一个证据为本的指引》一书中为该模式提供了广泛的研究基础。下面我们将介绍基于实证的实践和创伤后应激障碍。

● ● ● 证据为本的实践

对患有急性应激障碍(ASD)和创伤后应激障碍的男性和女性的干预研究表明，一系列的干预模式得到研究证据的支持(APA，2000)。ASD 可在早期进行诊断，症状一般持续 2～14 天。随后，创伤后应激障碍是可能的诊断(APA，2000)。此外还需要其他临床症状作为诊断患者的确切病因。

表 7.1 列举了针对急性应激障碍人士的证据为本的心理社会干预的基本原则。根据美国精神病协会实践指南(2004)并结合社工的实践智慧可以知道，非常重要的是，案主在披露自己的难言之隐前，要感受到支持且信任实务工作者。如果案主处于人身危险(或可能被殴打)的风险之中，或非常脆弱(被强奸后送到急症室抢救)，实务工作者应表现出敏感与亲和。对于急性应激患者，心理精要干预(紧急事件应激精要干预)并不是第一反应(Marmar & Spoegel，2010)。Marmar 和 Spiegel 推荐精要认知行为治疗(CBT)。

表 7.1　急性应激障碍患者的证据为本干预的指导原则
恢复安全感
迅速建立治疗关系
提供信息
当客观危险和潜在威胁消失后，允许情绪宣泄
分散内疚感
促进社会支持
强化自我照顾的重要性

对于创伤后应激障碍的干预，有更多研究证实的干预模式，主要是认知行为治疗和与认知行为治疗相关的技术。Ponniah 和 Hollon(2009)在一项全面的综述之中推荐如下治疗方法：

- 效果最好的方法

聚焦于创伤的认知行为治疗

眼动脱敏和再加工疗法(EMDR)

- 可能有效的

压力管理包括应激预防训练

催眠疗法

人际心理治疗

心理动力治疗

基于创伤的认知行为疗法强调暴露以及认知重建,该疗法一般以个体或者小组形式进行。相似地,最有效的干预治疗的研究发现可见于认知治疗的荟萃分析(Butler, Chaplin, Forman, & Beak, 2006)。创伤后应激障碍干预的荟萃分析的作者们发现"基于创伤的认知行为治疗、眼动脱敏和再加工疗法都具体针对的是受害者对创伤事件的痛苦回忆与事件及其后果的个人意义"(Butler et al., 2006, p. 26)。美国精神病协会实践指南(2004)和 2009 年的补充版(Benedek, Friedman, Zatzick & Ursano, 2009)支持使用 EMDR 和 CBT 疗法。

创伤后应激障碍适用于很多不同的压力——包括目击身边士兵被子弹射死、遭受虐待、被强奸以及火灾生还。一些压力因素短暂却非常强烈,一些则是长期的且有害。大多数的证据为本的干预并不能专门针对某一类特定的压力因素。另外,它们并不能适用于特定的文化和不同的性别。很少心理干预案例回应既有创伤经历又有药物滥用经历的女性,但只有一例得到研究支持(Najavits, 2009)(参见表 7.1)。

案例研究

1. Corina Gomez 17 岁,已生活在美国南部一个小镇两年。自从父母同意将她卖给一个叫 Ernesto 的人贩子之后,她从危地马拉偷渡到美国。Ernesto 告诉她的家人,他将把 Corina 安置在一个非常和善的人家,只需要做简单的家务活和照顾小孩子。然而事实上,这个人家有一个非常大的农场,家中包括两个老人、一对夫妻和 5 个孩子。Corina 每天需要做饭、打扫卫生并且照顾小孩。有时她还需要下地做农活。她每天没日没夜地干活且没有休假和工资。每天她都筋疲力尽，一开始她并没有抱怨，直到家里的爷爷开始骚扰她。如果她反抗，他就殴打她。她感到非常恐惧，然后逃跑了。她幸运地被警察营救并送到医院附近的安全屋。如果你是接待她的社工，你将如何面对。

2. Laura Williams 20 岁，在伊拉克战争时为美军服务一年，她在服务时被一个士兵强奸。当她将这件事向上司报告时，上司找那名士兵求证，却被说成是双方同意。她的上司决定不做任何处理。之后 Laura 在她的办公室再次被几名士兵轮奸。这次，Laura 寻求医疗庇护，但她的上司仍然没有做任何处理。在 Laura 怀孕后，她请病假离开。当她回到家中，她会做噩梦、出现幻觉以及其他症状，被诊断为创伤性应激。如果你是接待她的社工，你如何与她进行第一次会见？她需要怎样的社会支持？你如何对她进行干预？

总结和解构

女性主义社会工作实践要意识到女性在美国社会的地位和脆弱性。正如前述，女性在行为健康场所陈述的某些症状源于其作为“他者”这一地位，例如贫穷、就业不足和躯体虐待。仔细评估女性的地位要明确问题是置于人、情境、还是两者之间的关系。女性需要住房、经济援助、工作或朋友，而非仅仅心理治疗和药物治疗。

个人、家庭、小组治疗的传统视角倾向于表现为层级的乃至男权的。女性和声音被压制的其他群体，需要有伙伴和平等关系以实现治愈。她们尤其需要可帮助她们控制自己的生活和作出自己决定的治疗关系、治疗与共同体。

本章首先聚焦于女性的女性主义实践。尽管为了尝试公平，指出女性主义治疗可以由男性实施或为男性服务，但是它忽略了其他的人口群体，包括但不限于：男同性恋和女同性恋、变性男性和变性女性、可见的残障和无形残障人士、老人，不同宗教、种族、文化认同的人。此外，多重身份的人和特定范畴的多重身份的人并未得到足够的认识。

例如，正如有很多女性主义和不同版本的女人气质，男性气质同样也有多重。在美国社会，很多也许是大部分男性缺乏媒体和电影观众鼓吹与信奉的理想男性气质。某些男性亦缺乏其特定族群亚文化的理想男性气质。理想和现实的不一致，促使不少男性实施侵略性行为以此对女性或社会显示他们的权力以及社会建构了一套他们难以达到的标准。药物滥用和反社会人格障碍——男性比女性更常见的精神障碍——以男性气质和性别歧视的过火表现为其特征。

如同女性一般，男性亦是多样的。有男秘书、男芭蕾舞演员、男理发师、男内部装潢师，亦有男主管、男军人、男运动员和男政治家。前一组男性尽管通常被建构为有女人味或同性恋，但他们是具有男性气质的不同版本的男性。如同女性，他们深受主流性别建构的压制。

男性气质的建构亦可见于行为健康机构。据观察，很难将男性置于治疗之中。很多男性坚信寻求帮助必然会披露一个人的内心感受和弱点，这是损害男人气质的，而成为案主即有女人味。除非社工和其他临床工作人员可处理男性案主的感受，他们可能面临很大的案主阻力。

在精神健康领域，为男性和女性服务需要对性别议题很敏感，临床社工必须运用男性和女性的理论以及心理治疗的替代性方法熟悉他们。在创伤后应激障碍个案中，一些干预有强有力的证据支持，然而另外一些（例如 Herman 模式）与女性主义（社会工作）价值观匹配。新兴的网络干预是潜在的可供选择的治疗（Benigh，Ruzek，& Waldrep，2008）。以上策略的应用可促使男性和女性发挥功能且茁壮成长，鼓励自己为社会做出独特贡献。

参考文献

Afifi, T. O., MacMillan, H., Cox, B. J., Asmundson, G. J. G., Stein, M. B., & Sareen, J. (2009). Mental health correlates of intimate partner violence in marital relationships in a nationally representative sample of males and females. *Journal of Interpersonal Violence, 24*(8), 1398–1417.

Alcoff, L. (1997). Cultural feminism versus post-structuralism: The identity crisis in feminist theory. In L. Nicholson (Ed.), *The second wave: A reader in feminist theory* (pp. 330–355). New York: Routledge.

American Psychiatric Association. (2000). *Diagnostic and statistical manual of mental disorders* (4th ed., text rev.). Washington, DC: Author.

American Psychiatric Association. (2004). *Practice guideline for treatment of patients with acute stress disorder*

and posttraumatic stress disorder. DOI: 10.1176/appi.books.9780890423363.52257
Ansara, D. L., & Hindin, M. J. (2010). Formal and informal help-seeking associated with women's and men's experiences of intimate partner violence in Canada. *Social Science & Medicine, 70*, 1011–1018.
Ault-Riche, M. (1986). A feminist critique of five schools of family therapy. In M. Ault-Riche (Ed.), *Women and family therapy* (pp. 1–24). Rockville, MD: Aspen.
de Beauvoir, S. (1968). *The second sex*. New York: Modern Library.
Belenky, M. F., Clinchy, B. M., Goldberger, N. R., & Tarule, J. M. (1986). *Women's ways of knowing: The development of self, voice, and mind*. New York: Basic Books.
Benedek, D. M., Friedman, M. J., Zatzick, D., & Ursano, R. J. (2009). *Guideline watch (March 2009): Practice guideline for the treatment of patients with acute stress disorder and posttraumatic stress disorder* (pp. 1–12). DOI: 10.1176/appi.books.9780890423479. 156498
Benight, C. C., Ruzek, J. I., & Waldrep, E. (2008). Internet interventions for traumatic stress: A review and theoretically based example. *Journal of Traumatic Stress, 21*(6), 513–520.
Breslau, N. (2009). The epidemiology of trauma, PTSD, and other posttrauma disorders. *Trauma, Violence, & Abuse, 10*(3), 198–210.
Brown, L. S. (2010). *Feminist therapy*. Washington, DC: American Psychological Association.
Bryant-Davis, T., Chung, H., & Tillman, S. (2009). From the margins to the center: Ethnic minority women and the mental health effects of sexual assault. *Trauma, Violence, & Abuse, 10*(4), 330–357.
Butler, A. C., Chapman, J. E., Forman, E. M., & Beck, A. T. (2006). The empirical status of cognitive-behavioral therapy: A review of meta-analyses. *Clinical Psychology Review, 26*, 17–31.
Chodorow, N. (1978). *The reproduction of mothering: Psychoanalysis and the sociology of gender*. Berkeley: University of California Press.
Collins, P. H. (1991). Defining Black feminist thought. In *Black feminist thought: Knowledge, consciousness, and the politics of empowerment* (pp. 19–40). New York: Routledge.
Courtois, C. A., & Ford, J. D. (Eds.). (2009). *Treating complex traumatic stress disorders: An evidence-based guide*. New York: Guilford Press.
Crain, W. C. (1985). *Theories of development: Concepts and application* (2nd ed.). Englewood Cliffs, NJ: Prentice-Hall.
Douvan, E., & Adelson, J. (1966). *The adolescent experience*. New York: Wiley.
Erikson, E. H. (1968). *Identity: Youth and crisis*. New York: Norton.
Erikson, E. H. (1974). One more time the inner space: Letter to a former student. In J. Strouse (Ed.), *Women and analysis* (pp. 320–340). New York: Grossman.
Erikson, E. H. (1980). *Identity and the life cycle*. New York: Norton.
Gilligan, C. (1982). *In a different voice*. Cambridge, MA: Harvard University Press.
Gonda, C. (1998). Lesbian theory. In S. Jackson & J. Jones (Eds.), *Contemporary feminist theories* (pp. 113–130). New York: New York University Press.
Grosz, E. (1989). *Sexual subversions*. Boston: Allen & Unwin.
Hare-Mustin, R. T. (1984). A feminist approach to family therapy. In P. P. Rieker & E. H. Carmen (Eds.), *The gender gap in psychotherapy: Social realities and psychological processes*. New York: Plenum Press.
Herman, J. L. (1992a). Complex PTSD: A syndrome in survivors of prolonged and repeated trauma. *Journal of Traumatic Stress, 5*(3), 377–391.
Herman, J. L. (1992b). *Trauma and recovery*. New York: Basic Books.
Herman, J. L., & Schatzow, E. (1987). Recovery and verification of memories of childhood sexual trauma. *Psychoanalytic Psychology, 4*(1), 1–14.
Hockmeyer, A. (1988). Object relations theory and feminism: Strange bedfellows. *Frontiers, 10*, 20–28.
Hodge, D. R. (2008). Sexual trafficking in the United States: A domestic problem with transnational dimensions. *Social Work, 53*(2), 143–152.
Holbrook, T. L., Hoyt, D. B., Stein, M. B., & Sieber, W. J. (2002). Gender differences in long-term posttraumatic stress disorder outcomes after major trauma: Women are at higher risk of adverse outcomes than men. *Journal of Trauma Injury, Infection, and Critical Care, 53*(5), 882–888.
hooks, b. (1981). *Ain't I a woman: Black women and feminism*. Boston: South End Press.
hooks, b. (2000). *Feminism is for everybody: Passionate politics*. Cambridge, MA: South End Press.
Institute for Women's Policy Research. (2010, April). *Fact sheet: The gender wage gap by occupation, IWPR #C350a*. Retrieved May 20, 2010, from http://www.iwpr.org/pdf/C350a.pdf
Jagger, A. M., & Rothenberg, P. S. (1993). *Feminist frameworks* (3rd ed.). Boston, MA: McGraw-Hill.
Jeffreys, S. (2009). Prostitution, trafficking and feminism: An update on the debate. *Women's Studies International Forum, 32*, 316–320.
Jordan, J. V. (Ed.). (1997). *Women's growth in diversity: More writings from the Stone Center*. New York: Guilford Press.

Jordan, J. V., & Hartling, L. M. (2002). New developments in relational-cultural theory. In M. Mallou & L. S. Brown (Eds.), *Rethinking mental health and disorder: Feminist perspectives* (pp. 48–70). New York: Guilford Press.

Jordan, J. V., Kaplan, A. G., Miller, J. B., Stiver, I. P., & Surrey, J. L. (1991). *Women's growth in connection: Writings from the Stone Center.* New York: Guilford Press.

Kegan, R. (1982). *The evolving self: Problem and process in human development.* Cambridge, MA: Harvard University Press.

Kessler, R. C., McGonagle, K. A., Zhao, S., Nelson, C. B., Hughes, M., Eshleman, S., et al. (1994). Lifetime and 12-month prevalence of DSM-III-R psychiatric disorders in the United States: Results from the National Comorbidity Survey. *Archives of General Psychiatry, 51,* 8–19.

Kinser, A. E. (2004). Negotiating spaces for/through third-wave feminism. *National Women's Studies Association Journal, 16*(3), 124–153.

Laird, J. (1989). Women and stories: Restoring women's self-constructions. In M. McGoldrick, C. Anderson, & F. Walsh (Eds.),*Women in families: A framework for family therapy* (pp. 427–450). New York: W. W. Norton.

Land, H. (1995). Feminist clinical social work in the 21st century. In N. Van Den Bergh (Ed.), *Feminist practice in the 21st century* (pp. 3–19). Washington, DC: NASW Press.

Leiner, A. S., Compton, M. T., Houry, D., & Kaslow, N. J. (2008). Intimate partner violence, psychological distress, and suicidality: A path model using data from African American women seeking care in an emergency room. *Journal of Family Violence, 23,* 473–481.

Libow, J. (1986). Training family therapists as feminists. In M. Ault-Riche (Ed.), *Women and family therapy.* Rockville, MD: Aspen.

Logan, T. K., Walker, R., & Hunt, G. (2009). Understanding human trafficking in the United States. *Trauma, Violence, & Abuse, 10*(1), 3–30.

Marmar, C. R., & Spiegel, D. (2010). Posttraumatic stress disorder and acute stress disorder. In G. O. Gabbard (Ed.), *Gabbard's treatments of psychiatric disorders* (4th ed., p. 3). DOI: 10.1176/appi.books.9781585622986

Masson, P. (1984, February). Freud and the seduction theory. *Atlantic Monthly,* 33–60.

Miller, J. B. (1986). *Toward a new psychology of women* (2nd ed.). Boston: Beacon Press.

Mills, S. (1998). Post-colonial feminist theory. In S. Jackson & J. Jones (Eds.), *Contemporary feminist theories* (pp. 98–112). New York: New York University Press.

Murphy, S. B., & Ouimet, L. V. (2008). Intimate partner violence: A call for social work action. *Health and Social Work, 33*(4), 309–314.

Najavits, L. M. (2009). Psychotherapies for trauma and substance abuse in women: Review and policy implications. *Trauma, Violence, & Abuse, 10*(3), 290–298.

Nes, J. A., & Iadicola, P. (1989). Toward a definition of feminist social work: A comparison of liberal, radical, and socialist models. *Social Work, 34,* 12–21.

Pearce, D. (1979). The feminization of poverty: Women, work, and welfare. *Urban and Social Change Review, 2,* 28–36.

Ponniah, K., & Hollon, S. D. (2009). Empirically supported psychological treatments for adult acute stress disorder and posttraumatic stress disorder: A review. *Depression and Anxiety, 26,* 1086–1109.

Rodríguez, M., Valentine, J. M., Son, J. B., & Muhammad, M. (2009). Intimate partner violence and barriers to mental health care for ethnically diverse populations of women. *Trauma, Violence, & Abuse, 10*(4), 358–374.

Rothschild, B. (2000). *The body remembers: The psychophysiology of trauma and trauma treatment.* New York: Norton.

Salzman, L. E., Fanslow, J. L., McMahon, P. M., & Shelley, G. A. (2002). *Intimate partner violence surveillance: Uniform definitions and recommended data elements, version 1.0.* Atlanta, GA: Centers for Disease Control and Prevention, National Center for Injury Prevention and Control. Retrieved May 23, 2010, from http://www.cdc.gov/ncipc/pub-res/ipv_surveillance/intimate.htm

Sands, R. G., & Nuccio, K. (1992). Postmodern feminist theory and social work. *Social Work, 37*(6), 489–502.

Saulnier, C. F. (1996). *Feminist theories and social work: Approaches and applications.* New York: Haworth Press.

Schauer, E. J., & Wheaton, E. M. (2006). Sex trafficking into the United States: A literature review. *Criminal Justice Review, 31*(2), 146–169.

Seedat, S., Scott, K. M., Angermeyer, M. C., Berglund, P., Bromet, E. J., Brugha, T. S., et al. (2009). Cross-national associations between gender and mental disorders in the World Health Organization World Mental Health Surveys. *Archives of General Psychiatry, 66*(7), 785–795.

Sigmon, J. N. (2008). Combating modern-day slavery: Issues in identifying and assisting victims of human trafficking worldwide.*Victims and Offenders, 3,* 245–257.

Smith, D. E. (1987). *The everyday world as problematic: A feminist sociology.* Boston, MA: Northeastern University Press.

Spence, D. P. (1982). *Narrative truth and historical truth: Meaning and interpretation in psychoanalysis.* New York: W. W. Norton.

Stewart, R. L. (1985). Psychoanalysis and psychoanalytic psychotherapy. In H. I. Kaplan & B. J. Sadock (Eds.), *Comprehensive textbook of psychiatry/IV* (4th ed., pp. 1331–1365). Baltimore, MD: Williams & Wilkins.

Surrey, J. L. (1991) The self-in-relation: A theory of women's development. In J. V. Jordan, A. G. Kaplan, J. B. Miller, I. P. Stiver, & J. L. Surrey (Eds.), *Women's growth in connection: Writings from the Stone Center* (pp. 51–66). New York: Guilford Press.

Swigonski, M. E. (1994). The logic of feminist standpoint theory for social work research. *Social Work, 39*(4), 387–393.

Tjaden, P., & Thoennes, N. (2000a). Full report of the prevalence, incidence, and consequences of violence against women: Findings from the National Violence against Women Survey. Washington, DC: National Institute of Justice. Retrieved from http://www.ncjrs.gov/pdffiles1/nij/183781.pdf

Tjaden, P., & Thoennes, N. (2000b). Prevalence and consequences of male-to-female and female-to-male intimate violence as measured by the National Violence against Women Survey. *Violence against Women, 6*(2), 142–161.

Tjaden, P., & Thoennes, N. (2000c). Extent, nature, and consequences of intimate partner violence: Findings from the National Violence against Women Survey. Washington, DC: National Institute of Justice. Retrieved from http://www.ncjrs.gov/pdffiles1/nij/181867.pdf

Tong, R. (1998). *Feminist thought: A more comprehensive introduction* (2nd ed.). Boulder, CO: Westview Press.

U.S. Department of Health and Human Services. (n.d.[a]). *Trafficking Victims Protection Act of 2000 fact sheet.* Retrieved May 23, 2010, from http://www.acf.hhs.gov/trafficking/about/TVPA_2000.pdf

U.S. Department of Health and Human Services. (n.d.[b]). *Identifying and interacting with victims of human trafficking.* Retrieved May 24, 2010, from http://www.ccc-aht.org/Resources/identify_victimssserv.pdf

Van den Bergh, N. (Ed.). (1995). *Feminist practice in the 21st century.* Washington, DC: NASW Press.

Vatnar, S. K. B., & Bjørkly, S. (2010). Does it make any difference if she is a mother? An interactional perspective on intimate partner violence with a focus on motherhood and pregnancy. *Journal of Interpersonal Violence, 25*(1), 94–110.

Wait, C. D., Proctor, B. D., & Smith, J. C. (2009). *Income, poverty, and health insurance coverage in the United States.* Retrieved May 25, 2010, from http://www.census.gov/prod/2008pubs/p60-235.pdf

Walker, L. (1979). *The battered woman.* New York: Harper and Row.

Walters, M., Carter, B., Papp, P., & Silverstein, O. (1988). *The invisible web: Gender patterns in family relationships.* New York: Guilford Press.

West, C. K. (2005). The map of relational-cultural theory. *Women & Therapy, 28*(3/4), 93–110.

White, M., & Epston, D. (1990). *Narrative means to therapeutic ends.* New York: W. W. Norton.

Wing, A. K. (Ed.). (2003). *Critical race feminism: A reader* (2nd ed.). New York: New York University Press.

第八章

抑郁症患者的证据为本实践

根据药物滥用和精神健康服务局的数据，在 2005 年和 2006 年，有重性抑郁发作(MDE)的 18 岁以上的成年人每年平均有 67.4%的人在过去一年接受过抑郁干预，即与医生或治疗抑郁的专业人士见面或会谈，使用抑郁处方药物。在过去一年患有重性抑郁发作并接受治疗的年满 18 岁的成人中，69.4%的人既与专家进行了面谈也接受了药物治疗，23.8% 的人与专家进行了会谈但未使用药物，6.7% 的人应用药物治疗但未与专家面谈。

——药物滥用和精神健康服务局

全国药物应用及健康调查报告，2008，p.1

抑郁症是一个常见的异质的情绪障碍，每年影响了约 1 500 万年满 18 周岁的美国成年人，约占 7% 的美国人口(Kessler，Chiu，Demler & Walters，2005)。重度抑郁症(MDD)是美国 15～44 岁人残疾的主要原因(世界卫生组织，2004)，且女性患者比男性患者更加普遍(Kessler et al.，2003)。

抑郁症具有悲哀、易怒、精神不振或缺乏对生活的信心、行动迟缓、悲观、无价值感、内疚、病态思维以及出现饮食和睡眠模式的变化这些特征。这与慢性内科疾病、残疾、精神共病和死亡率有关。抑郁症提高了心脏病发作的风险，也是糖尿病、中风和癌症的常见复杂因素，并且研究发现抑郁症是引起致命性冠心病的一个因素(May et al.，2009)。与抑郁症有关的经济成本每年估计有 830 亿美元(“国立”精神健康研究所[NIMH]，2006)。

抑郁症作为一个精神障碍，应区别于“郁闷”“消沉”或者感觉“心情跌入谷底”，这是作为日常生活的变化的一部分，诸如压力、失望、失落相关的常见人类体验。通常这样的感觉是随着与个人预期或希望不一致的事件或互动而来。这样的感觉会自己逐渐消失，或个人接受该情境或者采取坚定自信的行动时就会减轻。当抑郁症状强度和频率大、病程长、干扰心理社会功能并伴有其他症状时，才被视为精神障碍的临床表现。

如表 8.1，抑郁的症状发生在多重领域。此外，有很多种抑郁，并且每一个个体有其独特的特点。然而，社会科学家和实务工作者发现将障碍分类可促进有效干预的发展和实践。DSM-Ⅳ-TR[美国精神病协会(APA)，2000]提供了这样一个分类。

表 8.1 抑郁的症状	
症状的类型	描　　　述
生理的	胃口增加或下降、睡眠模式改变(嗜睡、失眠、早醒)、性欲下降、精力下降
认知的	无用感、绝望、自贬、自责、罪恶感、悲观、无能感、剥夺感、预期失败或惩罚
情感的(心境的)	伤心、沮丧、失落、痛苦、冷漠、愤怒
行　为	活动迟缓或减少、脱离日常活动、过多的睡眠、哭泣、被动、减少人际/社交行为

在 DSM－Ⅳ－TR[(APA)，2000]中，诊断包括已标明的抑郁症是：躯体疾病所致的心境障碍、药物诱发型情绪障碍、Ⅰ型躁郁症、Ⅱ型躁郁症、循环性情绪障碍、重性抑郁障碍(MDD)、分裂情感性障碍(抑郁的类型)、心境恶劣障碍，具有抑郁心境的适应障碍——但很少提及未加标明(NOS)的障碍和悲伤。此外，在 DSM－Ⅳ－TR 附录的抑郁诊断，有时被并入在 NOS 的种类里——轻度抑郁障碍、经前情绪障碍、反复发作的短暂抑郁障碍和混合抑郁焦虑障碍。两种诊断(躯体情况所致的心境障碍及药物诱发型心境障碍)都是基于病因；一些是基于一个躁狂、混合和轻度躁狂发作的历史(如Ⅰ型躁郁症、Ⅱ型躁郁症和环性障碍)；其他的则是基于慢性(心境恶劣障碍和循环性情绪障碍)(APA，2000)。在众多心境中，标明语(在“X”轴上显示)用于描述严重性、慢性、发作、典型特征，其他的最近特征(如具有忧郁特征的严重性、产后起病和具有不典型特征)，以及反复发作(如季节模式)(APA，2000)。

DSM－Ⅳ－TR 区分了以情绪低落为特征的单相障碍，以及有情绪高亢与低落的双相障碍。本章主要聚焦于两种单相障碍——没有精神病性的重性抑郁障碍(MDD)和心境恶劣障碍——两者都没有被药物滥用复杂化。要讨论的心理治疗，主要是针对严重性从轻度到中度的抑郁。严重或反复发作重性抑郁障碍的患者，将受益于第十一章和第十二章讨论的对重性精神疾病患者的干预方式。由于作为本章重点的这两种抑郁障碍与其他精神障碍有很高的并发率(Kessler，Abelson & Zhao，1998)，其治疗方案要将其他障碍考虑在内。那些同时具有药物滥用障碍的案主，也许适用于第十三章讨论的某些干预方式。

我们接着介绍重性抑郁障碍(MDD)和心境恶劣障碍。随后解释生理层面、社会维度和心理社会理论。最后讨论老年期抑郁症、认知疗法、人际治疗、问题解决疗法、药物议题和替代性的康复方式。

重性抑郁障碍(Major Depressive Disorder)

重性抑郁障碍(MDD)是最常见、也是最严重的抑郁障碍，得到了广泛的研究。DSM－Ⅳ－TR 将重性抑郁障碍描述为，一种疾病发作至少持续两星期，并出现低落情绪或对日常活动丧失兴趣(快感缺乏)的心境障碍。重性抑郁障碍有两个主要的(显著的)症状。症状显示以前日常功能的改变且非躯体状况、酒精或药品(处方药品或街头药品)的结果。正如表 8.2，DSM－Ⅳ－TR 规定了一个发作期必须出现五个或更多的如下症状。

表 8.2

抑郁的症状
1. 几乎整天有抑郁心情，而且是每日都有。这可由案主报告，或由他人观察得出
2. 对几乎所有活动的兴趣或乐趣都显著减少，这种情形几乎每日都会发生
3. 并非处于节食中，而体重明显下降或增加
4. 几乎每日失眠或睡眠过多
5. 几乎每日精神运动性激动或迟滞
6. 几乎每日感觉疲劳或失去活力
7. 几乎每日有无价值感、过分或不适宜之罪恶感
8. 几乎每日思考能力或注意力减退，或无决断能力
9. 反复想到死亡、重复出现无特定计划之自杀意念或尝试，或执行自杀之特定计划

来源：美国精神病协会的印刷许可(2000，p. 356)，省略了附加的例子和注释

重性抑郁障碍进一步被划定为四个领域：慢性(如果一个个体符合所有的标准至少两年)、复发(一个个体单独发作的次数)、严重性(轻度、中度、重度)、缓解状况。如果一个个体符合混合发作的条件(躁狂和抑郁发作的症状)或者一个人由于近期的失去(丧亲之痛)有这些症状，这些发作

不被考虑为重性抑郁障碍。个体可能有单次的或周期性的重性抑郁障碍发作(APA，2000)。正如前面提到的，重性抑郁障碍可能会伴随精神病性的特征。如果有精神病性症状，临床工作人员有必要明确他是否属于某种精神病性障碍(精神分裂症、分裂性障碍、分裂情感性障碍、妄想性障碍、未加标明的精神病性障碍)(APA，2000)。

心境恶劣障碍(Dysthymic Disorder)

心境恶劣障碍(精神抑郁症)由慢性抑郁症的一种模式组成，持续至少两年(APA，2000)，但是没有重性抑郁障碍那么严重。如表 8.3，根据 DSM-Ⅳ-TR，抑郁患者要出现两种或更多的如下症状。

表 8.3
心境恶劣障碍的症状
1. 食欲差或饮食过量
2. 失眠或嗜睡
3. 精神不济或疲劳
4. 自信心低
5. 注意力差或难以做决定
6. 绝望

资料来源：美国精神病协会(2000，p. 380)

与重性抑郁障碍相同，在心境恶劣障碍诊断之前，要考虑其他症状——尤其是药物滥用、躯体情况、精神分裂症、躁狂发作和其他。心境恶劣障碍有早发(21 岁之前)和晚发(21 岁之后)之分(APA，2000)。

尽管重性抑郁障碍和心境恶劣障碍的诊断标准似乎有所区别，但它们的特征有重叠之处。研究者估计 75%的心境恶劣障碍患者符合至少一个重性抑郁障碍的标准，也被称为双重抑郁(Keller et al.，1995)。与重性抑郁障碍相比，这些有抑郁发作的心境恶劣障碍患者抑郁的周期更长，完全康复花费的时间更少(Klein, Schwartz, Rose, & Leader, 2000)。

老年抑郁

抑郁是老年人最普遍的精神健康障碍。这是晚年生活出现心理困扰的常见原因，且会显著降低生活质量。由于美国人口持续老龄化，需要社工领域提供老年精神健康支持是迫切的。2015 至 2030 年将尤其明显，老年(65 岁以上)人口将由 2000 年占总人口的 13%上升到 20%(U. S. Bureau of the Census, 2000)。此外，美国目前只有不足 3%的老年人寻求精神健康治疗(Blazer, 2002)。除此之外，少数族群老年人，包括非裔美国人、拉丁美洲人、亚裔美国人的比例也在增加(Arean et al., 2005; Gellis & Taguchi, 2003)。

在总体的、相对健康的、社区的老年人样本中，重性抑郁患病率估计为 1%到 4%，女性有相对较高的患病率(Kessler et al., 2003)。心境恶劣障碍的流行率约为 2%，尽管轻度抑郁的流行率估计更高，从 4%到 13%，不同性别、种族和族群的分布具有相同的模式(Blazer, 2002; Kessler et al., 2005)。与总体老年人口对比，身体患病的老年人的重性抑郁患病率很高，为 10%至 12%，还有 23%报告有显著的抑郁症状(Koenig, Meador, Cohen & Blazer, 1988)。身体患病并接受家庭护理的老年人中，约有 13.5%患有重性抑郁(Bruce et al., 2002)。身体患病的老年人临床上有显著抑郁症状的比率从 10%到 43%不等(Steffens et al., 2000)。

伴随身体疾病的抑郁增加了功能障碍的等级、健康服务的使用和医疗费用。同时也会延迟或抑制身体康复。常见的与抑郁有关的内科疾病包括心脏病、中风、高血压、糖尿病、癌症、骨关节炎(Gellis, 2009)。晚发、单相障碍具有晚年自杀的特性(Conwell, Duberstein & Caine, 2002)。老年自杀受害者常常有晚发的未被发现或未经治疗的抑郁症，尽管通常在死亡之前他们与家庭医生有过联系。这些可能反映出高水平的共病或担心依赖他人或痛苦。生命晚期抑郁的有效治疗包括药物和心理干预(如认知行为治疗、问题解决治疗、人际治疗),这些都将在本章后面进行讨论。

多重风险和相关因素

流行病学因素和社会/环境因素

由美国国立卫生研究院(NIH)资助的几个全国性流行病学研究,为拓宽我们对抑郁障碍流行率和发生率的理解提供了非常重要的数据。这些包括二十世纪八十年代流行病学责任区(ECA)研究,二十世纪九十年代全美共病调查(NCS)及其修订版(NCS - R)(2001—2002),全美酒精及相关状况的流行病学调查(NESARC)。在后面的研究中,12 个月和终生的 DSM - Ⅳ重性抑郁症的流行率分别是 5. 28% 和 13. 23% (Hasin, Goodwin, Stinson, & Grant, 2005)。多项研究已辨识重性抑郁症的各种风险因素,包括女性、中年;北美原住民;分居或离婚;丧偶;低收入,而对于西班牙裔、非裔、亚裔而言风险是下降的(Hasin et al., 2005)。

抑郁风险人群的大型流行病学研究发现,女性的终生患病率几乎是男性的两倍(Boyd & Weissman, 1986; Regier et al., 1998),尽管最近的全美共病调查发现,该比率稍微低一点(女性 21. 3%,男性 12. 7%)(Kessler et al., 1998)。不同的族群和国家记录了相似的女性/男性患病率(Weissman et al., 1996)。女性的高比率可以流行的生物学理论进行解释,包括激素差异、压力和生小孩(如果产后起病)(Noble, 2005; Sadock & Sadock, 2007)。也许男性与女性的比率具有可比性,但男性在物质滥用和法律麻烦中出现抑郁的比率更高(Weissman & Klerman, 1977)。抑郁症随着年龄的增加可以直至 65 岁,随后降低(Regier et al., 1993; Weissman & Myers, 1978);然而轻度抑郁和阈下抑郁在老年人中显著增高。流行病学人口聚居区研究,没有发现族群或种族之间的显著差异(Regier et al., 1993)。

在不同的流行病学研究中，导致重性抑郁障碍的最大风险是女性、以前的抑郁史、离婚或分居、总体健康状况差、主要的负面生活事件和社会经济地位低(Kaelber，Moul，& Farmer，1995)。防止患上重性抑郁症的最合理的因素是就业、高等教育、经济稳定以及富裕、强大的社会支持系统(Kaelber et al.，1995)。

··· 生物层面

抑郁症的生物学基础证据来自基因研究和精神药理学研究。遗传因素的研究表明，抑郁症患者的亲属比普通人群有更高的患病比例(Klerman，1988)。双胞胎研究显示，同卵双胞胎的重性心境障碍的共患率是异卵双胞胎的2～5倍(McGuffin & Katz，1989)。收养研究数量有限，难以就是否与单相疾病相关做出结论(DeRubeis，Young，& Dahlsgaard，1998)。

过去的研究表明有些神经递质——血清素、多巴胺、组胺和去甲肾上腺素——与心境障碍有关(Sadock & Sadock，2007)。近来，研究开始转向神经回路、神经行为系统和更加复杂的神经调节结构的研究(Sadock & Sadock，2007)。脑部神经影像研究表明大脑膝下前额叶可能与抑郁有关(Andreasen & Black，2006)。考虑到研究的试验性，很可能是生理、心理和社会层面三者交织在一起的结果。

··· 心理层面

不同的心理学理论对抑郁症的发展作出了不同的解释，包括心理分析理论、认知理论、依附理论、习得的无助感、行为(学习)理论、问题解决理论。根据心理分析理论，抑郁症是人类发展的口腔期的失调(Hirschfeld & Goodwin，1988)。在这一时期有过冲突经历的人(例如，经历父母的死亡或沟通的功能失调模式)，也许停滞于这一阶段。成年之后，这些人继续依赖他人，以满足其早期未能得到满足的需要。后期的丧失体验或可感知的丧失，威胁其自我统整。另外，那些未曾经历口腔剥夺的人，将退回口腔期以回应丧失。无论是否涉及停滞或退行，抑郁的人都深受丧失投射客体之困扰(Freud, 1917)。在单纯的丧亲之痛时期(哀痛),抑郁的人会遗憾,重现过去的经历,让失去的客体“一点一点”地离去,从而释放能量以发展新的关系。如果丧失是复杂的(melancholia 忧郁症),个人将对内化的客体乃至自我产生爱恨交织和愤怒的感觉。如果是自杀性的,个人将会毁灭自我/客体。忧郁者比哀伤者更难以放下丧失的客体(Freud, 1917)。

Beck 的抑郁认知理论是另一种当代理解抑郁的框架。一个主要的假设是,抑郁的患者具有错误解释体验和抑郁假想的认知(Beck, Rush, Shaw, & Emery, 1979)。认知呈现为“认知三角”——防卫性的或不充分的自我观念、负面解释体验的倾向和对未来的负向评估——类化个人体验的认知结构(图式)。抑郁的人采用基于错误假想的不恰当图式去解释日常生活事件。在认知疗法中,这些扭曲信念将会被检视、挑战,并代以之正确和现实的信念(Beck et al., 1979)(参见第三章的认知理论)。

依恋理论(attachment theory)亦可用于解释客体丧失后的反应。根据对母亲和婴儿的观察以及人种学研究,Bowlby(1969)指出,人类有适应一种环境的本能,最初表达于依恋母性人物和后来跟他人的关系之中。依恋行为表现为最大限度地接近某个具体的客体,接近引发安全感,然而分离则诱发焦虑。在成长过程中,年轻人减少对作为主要关爱对象的父母的依恋,并建立了同辈关系(Weiss, 1982)。成年之后,基于依恋的爱情关系提供了意义、安全和舒适的来源(Marris, 1982)。丧失即依恋过程的断裂。哀伤辅导需要让其放下丧失的客体,进行意义重建(Marris, 1982)。

另一解释框架采用习得的无助感这一概念。根据 Seligman(1975)对狗进行的试验(狗在经历暴露于无处可逃的震惊之后会变得被动起来),该理论提出的无助感(以及随之而来的无法控制自己所处环境的想法)是习得的。当一个人曾经接触剧烈、不可预测的需求并有逃脱的机会时,其反应是消极的。习得的无助感可以解释对其遭遇麻木不仁的受虐配偶的行为。它亦类似于抑郁。

根据行为(学习)理论,抑郁是一种与缺乏社交技巧和导致正向强化的自发活动水平低相关的动机缺陷(Rosenhan & Seligman, 1984)。个人因未经足够的强化而没有采取行动的动机。相反,他们变得被动且抑郁。行为治疗旨在改善社交技巧、提升活动水平、增进强化和促进自信。

根据问题解决理论,心理困扰构成不适应的或无效的行为,从而导致抑郁的症状(Nezu & D'Zurilla, 1989)。在理论方法中,"心理困扰被视为有压力的生活事件的两种类型(例如,主要的负性的生活事件和日常的个人问题)、消极的情感状态、问题解决对应中相互关系的一种功能"(Nezu, 2004)。这些压力变量的严重性、频率和强度随着时间不断变化。问题解决理论包括两个总体的但又部分独立的过程——问题取向和问题解决(D'Zurilla, Nezu, & Maydeu-Olivares, 2004)。问题取向包括针对个人问题及个人成功解决问题的能力的一套泛化的评估和情绪反应。它也可以是积极的(例如,在某些方面视问题为获益的机会;感知自己有能力有效地解决问题),这有助于加强后续问题的解决;或者可能是消极的(例如,视问题为一个人幸福的主要威胁;当问题出现情感上有过激反应),这抑制了解决问题的尝试。

与本章有关的有关抑郁的心理学理论是认知行为理论、人际理论和问题解决理论。接下来我们将研究如何将这样的理论应用到有或无药物治疗的心理治疗。

心理治疗的研究

心理社会干预对成年人和老年人有效已得到证明,特别是拒绝药物治疗或者应对低社会支持或压力情景的人。根据美国国立卫生研究院(NIH)的共识声明、美国卫生局长的精神健康报告以及文献回顾,证据为本的方法包括结构化的认知行为疗法(CBT)、人际疗法(IPT)和问题解决疗法(PST),这些都是有效的选择方案或作为药物治疗的辅助(Gellis, 2009; Lebowitz et al., 1997; Department of Health and Human Service, 1999)。

尽管多种心理治疗应用在干预抑郁之中(并行药物治疗或单独开展),三个证据为本的实践将会在如下部分介绍和阐明。选择认知治疗、人际治疗和问题解决治疗的原因是,它们的有效性和适应性有强有力的研究证据,以及符合管理医疗的短期抑郁干预预期。当然,还应注意到不少实践者运用其他的疗法,如心理动力视角。在考虑使用以上心理治疗的这种或那种疗法之前,实务工作者都应对案主的精神状况和当前生活压力源进行深入评估。抑郁时常与压力生活境遇相关,可经由危机干预和动员环境支援而康复。此外,案主要做药物滥用检查,药物滥用会使干预复杂化(参见

第 13 章）。建议做全面的身体检查以确定医疗状况是否正在导致抑郁。具有自杀意图的案主需要住院治疗。

证据为本的实践：认知或认知行为治疗

这里描述的认知治疗是由 Beck 及其副手发展出来的（Beck，1976；Beck et al.，1979），其根源可追溯到 Karasu（1990）。该疗法立足于自动思维和意象（认知）推进抑郁与情绪障碍的其他症状这一理念。自动思维是“自动地和无意识地产生特定的默读或自我陈述”（Sacco & Beck，1995，p. 333）。治疗的目的在于将扭曲的、适应不良的和不准确的认知改变为比较适应的认知。有时候，它被称为认知-行为疗法，这种治疗既采用行为策略，又采用认知策略。表 8.4 比较了本章讨论的认知视角、人际视角和问题解决视角。

表 8.4 抑郁治疗的三个证据为本的心理社会实践的主要特点

特点	认知视角（CBT）	人际视角（IPT）	问题解决视角（PST）
主要代表人物	Plato、Adler、Beck、Rush	Meyer、Sullivan、Klerman、Weissman	Aristotle、D'zurilla、Goldfried、Nezu
病理学和病原学的概念	歪曲的思维：因习得的对自己、他人和世界的负面观点而烦躁	受损的人际关系：缺失或对重要社会联系不满	功能障碍或无效的问题解决导致逃避或产生消极结果的冲动-粗心大意的方式
主要目标和改变机制	通过改变目标思维而缓解症状；明确自毁倾向的认知；修正特定错误假设；提高思维方式的自我控制	通过解决当前人际问题而缓解症状；减少涉及工作和家庭的压力；提高人际沟通技巧	学习新的应对技能和解决方法去解决日常生活问题；学习新的问题解决的方向和方式
主要技巧和实践	行为的/认知的：记录和监察认知；经过沟通和社交技巧，由逻辑和试验测试	沟通的/环境的：训练澄清和经营适应不良的关系并纠正扭曲的主题；提供替代性思想内容；家庭功课	行为的/认知的：建立现实的目标；形成/评估解决方案的选择；选择能最好达成预期目标的解决方案；在现实世界中实施选择的解决方案；提供疾病信息；家庭功课

(续表)

特点	认知视角(CBT)	人际视角(IPT)	问题解决视角(PST)
治疗师的角色/治疗关系	教育者/塑造者：积极关系而非移情；合作性经验主义作为共同科学的(有逻辑的)任务的基础	探索者/建议者：积极关系/非解释式移情；影响和倡导的积极治疗师角色	指导者/教育者：倡导解决生活问题积极的态度；本质上是合作的和理性的

资料来源：The columns, "Cognitive Approach" and "Interpersonal Approach," were from Karasu(1990). Printed with the permission of the American Psychiatric Association. The column, "Problem-Solving Approach," was developed by Gellis(2009)

尽管认知疗法并不排除生物学的、发展的解释或药物的使用(Beck, 1976)，但它主要关注抑郁背后的思维模式或图式。生活经历，例如丧亲，可激活早期形成的潜在图式(如丧亲的态度)。单相抑郁患者可能以突出负面、忽视情境和恶劣地反省自己的方式解释以后的生活。人们选择性地注意与抑郁图式一致的情境因素，并以偏概全地建构情境(Beck et al., 1979)。下面的例子是两个同事早餐在咖啡间简短交流的非适应性解释。

对话

AL：嗨，Bob，怎么样?

Bob：非常好。你好吗?

AL：不错。我要走了。(奔出)

Bob 对 AL 奔出的非适应性解释：

AL 不喜欢我。

AL 不再喜欢我了。

我怀疑我做错了什么。

这个情境的准确评估显示，AL 热情而友好地问候 Bob。然而，Bob 将此互动视为 AL 对其负面看法的表现。AL 行为的替代性解释可以是：(1) AL 有约会或会议；(2) AL 需要准备一天的忙碌工作；(3) AL 去咖啡间是去取咖啡，而不是社交。实质上，AL 的理由与 Bob 无关。负面解释反映了 Bob 的图式。

抑郁人士倾向于对其经历作不准确的解释。自动负面思维影响生活事件和情绪反应，并形成消极偏见。抑郁人士将通常被视为不快的、失望的、甚至中性的生活事件看成灾难。他们确信自己认知的现状就是现实(Beck, 1976)，其痛苦与这样的偏差解释联系在一起。他们很快沉溺于不幸经历的抛弃、匮乏、失败和自责的情绪之中。随着抑郁的加深，抑郁主题占据了支配地位，现实测试受到损害(Beck, 1985)。

• • • 治疗关系

Beck 的认知治疗经由临床工作者和案主的协作关系而付诸实践。治疗师要促成一种情势，从而有利于形成 Rogerian 式治疗所描述的热情、真诚和正确同理的关系(Beck et al.，1979)。要高度重视建立默契与建立信任关系。尽管认知治疗强调认知，但情绪亦同等重要。案主要有机会表达自己的感受，而实务工作者要接纳案主分享的感受。

尽管这是一种伙伴关系，但实务工作者与案主的角色不同。认知治疗师可视为教师，而案主是学生。实务工作者向案主解释认知理论、准备面谈结构、询问案主、布置家庭作业。在治疗工作开展之前，临床工作者将解释他们要共同努力以提出假设并加以检验(Hirschfeld & Shea，1985)。实务工作者在明确问题、聚焦特定议题、实施认知和行为技巧上扮演积极角色(Beck，1985)。认知治疗期望案主描述感受、认知和行为，致力于修正不正确的思想，完成布置的活动和家庭功课。

• • • 认知治疗的本质

认知治疗是精要的、当前取向和聚焦的。时间跨度为 10～25 周不等(Jarret & Rush，1985)。在结案之后，案主可以继续有 4 或 5 个“后援(booster)”环节(Sacco & Beck，1995)。尽管认知治疗可以夫妻和小组的形式展开(Jarrett & Rush，1989)，但这里介绍的是个人治疗。

认知治疗采取应用于研究的科学方法。贯穿过程的是收集信息、检验假设、得出逻辑结论。实务工作者和案主检视思想和解释，形成并评估案主在其日常生活中所进行的试验，以检测假设。实务工作者要鼓励案主抛弃不合理的、不能反映可观察的现实的理念。

假设和试验可洞察隐匿的抑郁推断和规则(Beck et al.，1979)，也可以得到检验。Beck 提出了几个与抑郁相关的“无声推断”(Sacco & Beck，1995，p. 339)：

1. 为了幸福，我要在所做的一切上都取得成功。

2. 为了幸福，我应该在所有时候都被人接受。

3. 如果我不在顶端，我就失败了。

4. 受欢迎、出名和富有是美妙的，而不受人欢迎和平庸却是悲惨的。

5. 如果我犯错，我就是无能。

6. 作为一个人，我的价值就在于其他人对我的看法。

7. 没有爱，我无法生存。如果我的配偶(情人、父母、孩子)不爱我，我就一文不值。

8. 如果某人不同意我的意见就意味着他不喜欢我。

9. 如果我不抓住每一个提高自己的机会，之后我会后悔的。

(Beck，1976，pp. 255 - 256)

认知治疗的目标，是促进抑郁症状的缓解和防止复发(Beck et al.，1979)，使案主主观满意度和幸福感得以提高。辅导案主要达到的目标是：(a) 学会明确和修正自己的错误思想与功能失调行为；(b) 认识并改变导致功能失调之意图和行为的认知模式(Beck et al.，1979，p. 75)。

• • • 认知治疗的过程

Beck 及其副手介绍了策略和手法因时而变的治疗过程。在进入治疗之前，他们对潜在的案主进行了初步评估。评估包括当前困难的历史、既往病史、精神状况检查和一系列测试。采用的测试包括情绪障碍和精神分裂症提要、Hamilton 抑郁量表、绝望量表、自杀意图量表、Minnesota 多相人格调查表、Spielberger 状态-特质焦虑量表、Beck 抑郁调查表(Beck et al.，1979)。

第一次面谈　第一次面谈的重点是建立和谐关系，询问案主对治疗的期望，了解案主对自己、临床工作者和治疗的看法。在第一节对案主精神状况的初步评估和观察所得信息的基础上，临床工作者明确主诉(“我看不到任何继续进行的理由”)，并将其转化为目标症状(自杀思想)或问题(难以完成学业)(Beck et al.，1979)。在辨识出不止一个症状或问题的情况下，潜在目标的优先次序，是基于其对案主造成的压力，以及案主在治疗中的义务。临床工作者和案主要就聚焦的症状或问题达成协议。

临床工作者在第一节要花相当多的时间告诉案主，什么是认知治疗。

临床工作者要解释抑郁的认知理论和干预技巧(见下一节)。此外，鼓励案主阅读心理教育的材料或者使用提供认知治疗信息的自助材料(Wright, Thase & Beck, 2009)。尤其要重视案主在节与节之间有完成家庭功课的责任。临床工作者询问案主的活动水平，并要求案主记录在这一节和下一节之间进行的活动。在面谈结束之前，实务工作者要启发案主说出对面谈的感受。

第二次面谈 第二次面谈再次鼓励案主分享第一次面谈的感受，并请他们就阅读材料或过程提出问题，实务工作者回答问题并回应之。另外，要检查家庭功课布置的活动。如果案主没有积极动机，临床工作者要和案主一起提出一个有案主执行的活动计划。案主要为自己完成的家庭功课的控制程度和愉悦程度打分(Beck et al., 1979)。

在刚开始的几次面谈中，临床工作者有时会向案主提供一个“案例解析”或概念解释，作为治疗过程的构架(Sacco & Beck, 1995, p.333)。整个治疗的各个环节都是结构化的。一般都以社工和案主确立他们在面谈中希望完成的日程作为开始(Beck et al., 1979)。通常包括案主自上一节以来的经历总结、家庭作业的评估，也可以提出与以前各节相关的议题和关注点。案主和临床工作者一起明确问题，并协商这一节要回应什么问题。案主可以选择实务工作者建议的策略(例如角色扮演、反驳自动思维等)以回应此节的目标问题。面谈也包括案主情绪的导引、临床社工的总结陈述、介绍下一节的家庭功课(Beck et al., 1979)。

每一次面谈，社工都要询问案主的抑郁症状，以及上一次见面以来发生的事件。临床工作者要询问案主的感受、思想和行为以回应案主汇报的经历。在讨论中，案主显露出与生活事件相关的扭曲思维。临床工作者开始指出案主的负面认知与抑郁之间的关系。

中间阶段 干预的中间阶段的重点是，与困扰情绪(悲伤、焦虑和对生活失去兴趣)关联的自动思维。案主也许要求完成家庭作业，从而记录与这些情绪相关联的促成事件和认知的情境。通常案主要在多列表格中记录下其情境、自动思维和情绪反应。在面谈中，临床工作者要询问案主在其所描述的情境中(口头或表格中)被排除在外的层面。这是因为抑郁案主通常狭隘地建构其经历，忽略那些与其负面图式不一致的层面。临床工作者挑战案主的扭曲思维，并在综合考虑证据的基础上提供替代性解释。除此之外，临床工作者要从案主那里引导出(在每一节中和家庭作业中)理性的替代性解释，可以被合并为表格中附加的一列。其他的技巧被用于协助案主明确功能障碍的认知，并进行重构。案主要就其感受与抑郁假设之间的关系，提供进一步信息。有时，临床工作者要求案主在两次面谈之间布置的活动中检验其假设。

结束阶段 在治疗快要结束之时，案主拥有更多责任去启动议程、布置家庭功课和设定目标。认知和行为技巧被应用于预期和实践解释体验的理性策略。根据案主的进步情况，这一阶段的重点是改变适应不良的图式。在最后几次面谈中，案主要为结案和继续在将来受益于建设性思维而做准备。案主和临床工作者要讨论案主在将来可能面临的议题和应对策略。

认知治疗的手法

认知治疗采用一系列认知活动和行为的手法与步骤，有些在整个治疗过程中应用，有些则循着抑郁的严重性和治疗的阶段而变化。

认知手法 尽管认知技巧贯穿于整个治疗过程，技巧的本质却因时而变。一开始，临床工作人员教条式地解释什么是自动思维以及它如何影响情绪和行为(Beck et al.，1979)。然后案主在协助下明确其日常生活中的自动思维。社工可以给案主布置家庭功课，记录两次面谈之间发生的事件，以及与之关联的认知及情绪。作业以及案主在面谈中提供的特定范例，可作为讨论认知谬误的基础。案主和临床工作人员一起考察这些因素，以及案主对事件的解释，从而提出替代性解释。此种合理性检查的结果，是将自己抽离自身体验(变得更加客观)，将责任从案主转移至另外的源头(重新归因)。案主可学会通过罗列自动式思维和替代性解释的家庭作业，在面谈中质疑并提出替代性的改良解释以修正负面认知(Beck，1985；Beck et al.，1979)。

在治疗的全过程中，隐匿在案主行为背后的假设呈现并得到经验检验。举例说明，Dell太太情绪抑郁，身体稍微超重，很少外出。她解释说她只是大清早去杂货店买东西，因为稍晚时候店里人很多，人们都会注视她肥硕的身躯。临床工作人员提出的假设是：“由于你抑郁，所以你认为别人以否定的态度看待你。”社工要求她于不同的时间去购物，并了解每次购物时注视她的人数。结果她发现无论什么时候去，很少有人盯着她。

行为手法 如果案主严重抑郁，行为策略将在过程的早期使用。例如，那些抑郁至卧床不起的案主在活动日程表(activity schedules)和分级任务分配(graded task assignments)的帮助下变得更加积极(Beck et al.，1979)。首先，临床社工要求案主写出一个日常生活日程表。如果案主似乎不是很积极，临床社工和案主要建立一个每小时活动时间表以拓展案主的技能。新的和更多必要的活动随着时间的推移而逐步增加(分级任务分配)。临床工作者要求案主记录其活动并根据其体验的愉悦(P)程度和控制(M)程度，以0～5等级评分(Beck et al.，1979，1985)。

其他的行为技巧补充认知策略(Beck，1979)。角色扮演，指临床社工和案主扮演案主描述的各个角色，从而让案主的问题在社会互动的障碍中呈现出来。呈现的问题往往与自动思维有关。另外，认知演练(cognitive rehearsal)帮助案主在精神上为执行其预计到难度的任务而做准备。社工通过这个技巧要求案主想象一步步地执行某项任务。通过这个情境，案主明确阻碍完成任务的障碍和思维模式。认知演练要重复到在想象中障碍已被克服。然后，社工要求案主在实际生活中执行此项任务。除此之外，也可以运用转移(diversion)技巧。社工鼓励案主通过参与其他活动、聚焦环境刺激和想象温馨场景，而从痛苦情绪中抽离出来。

案例

Maxine Brown，45岁的已婚妇女，寻求治疗，并称自己的情绪低落、无法振作。她报告说，自己没有食欲、睡眠过多、精力不济。Brown太太说自己难以找到需要自己照顾的人的动力，并感觉做妻子和继母都很失败。案主称她和Brown先生结婚一年了，一切都是那么“完美”，直到Brown先生16岁的儿子Todd 4个月前开始跟他们住在一起。Todd的脏衣服满屋子随处可见，他满口粗话，指望Brown太太帮他收拾。Brown太太说，她不但不爱他，反而憎恨他。

Brown太太讲在Todd到来之前，她差不多能够完成其责任。她兼职做会计，是其生病的叔叔的主要照顾者。叔叔单独一人住在一个公寓里，Brown太太负责打扫房间和家务。Brown太太解释说，Brown先生只负责草坪和家具维修，视家务活为“女人的工作”。尽管案主通常能干完家务活，但 Todd 来了之后，洗衣清洁之类的家务就开始堆积起来了。她仍可以正常地工作，但速度已比以前慢了。

在问到 Todd 怎样跟他们住在一起的时候，Brown 太太告诉社工，孩子的母亲跟 Brown 先生在几个月前作出了这个安排。很显然，Todd 的生母准备再婚，而 Todd 和她男性朋友的关系不好。当问到她是否参与了照看 Todd 的决定时，她回应说，她丈夫没有问过她的意见，他显得别无他法。社工问丈夫没有征求其意见她有什么感受，她说感觉自己受到忽视。她认为如果征求她的意见，她一定会同意照看 Todd 的，Brown 先生有义务照顾自己的儿子，但她希望自己能够参与这个决定。Brown 太太提及作为一个单身母亲自己挣扎了 15 年，自己内心充满了怨恨。现在她的孩子已经独立，她原本希望结婚后过上不用承担父母责任的夫妻生活。她怀疑自己是不是很自私。

在初步评估和第一次面谈中，临床工作人员明确 Brown 太太的诊断为重性抑郁障碍，单一发作。案主报告自己在以前的生活中曾多次感到抑郁，但都能“迅速摆脱不良状态”。根据 Beck 抑郁调查表测量，Brown 太太是患了轻度到中度抑郁。而她在工作和家庭中继续发挥功能，仍显示了其力量。

第一次面谈，案主和临床工作人员（社工）明确了若干问题和目标症状。他们达成的共识是，她在与丈夫沟通上有问题，在抚养继子上有障碍，在完成其责任上有问题。目标症状是悲伤、缺乏动力、愤怒、对吃饭缺乏兴趣。她有模糊的自杀想法，但没有自杀意图。案主和社工同意 Brown 太太完成责任的动机障碍，以及她感受到而未能表达的愤怒是最初的目标症状。社工要求案主在下一次面谈时带一个每小时日常生活作息时间表来。

第二节一开始，临床工作人员和案主确定了这次见面的议程。他们将评估案主的家庭功课、讨论过去一周的事件、探索上一次讨论过的目标症状。Brown 太太将时间表交给社工时，提到自己感觉过去一周没做什么。然而，临床工作人员注意到她的时间表排得满满的。案主在做饭、清洁、照顾他人或工作上花了大量时间，而很少有时间休息或参与娱乐活动。当社工问她觉得还有什么其他的事要做的时候，她说叔叔的厨房没有清洁，两周一次的衣服没有洗，继子的房间没有整理，还是一团糟。由此，引入了对上一周生活事件的讨论。Brown 太太说上一次面谈之后感觉好多了，自那以后她意识到了自己的愤怒。她说她憎恨跟在继子后面清洁，因此她不愿完成整理其房间的工作。她对同意儿子来的 Brown 先生和送儿子来的 Brown 前妻心怀怨恨。Brown 太太说自己很疲惫亦很愤慨。社工要求案主解释自己与 Todd 之间关系的期望。Brown 太太说她希望自己能够像对待自己的孩子那样去爱他、照顾他。她相信自己应该心无怨恨地承担做母亲的责任。她将这个看成是欠丈夫的，丈夫是主要赚工资的人。社工问 Brown 太太有没有想过，如果自己没有这种感情，是否能强迫自己去体验爱。Brown 太太推断自己没有这样做过，但因不能爱 Todd 而自责。她说希望自己不要对 Todd 那么不满，也许不感到愤怒的话就能体验到爱。社工质疑 Brown 太太感受爱的推理。

社工：是什么使得你认为你应该爱 Todd？

Brown 太太：如果我是他的继母，我就应该爱他。

社工：你也可以不爱他，照样是他继母。

Brown 太太：我该怎么办？如果我不爱他，我就是一个残忍的母亲。

社工：听起来，你相信为了对他好一点，你应该爱他——如果你不爱他，你就是残忍的。

Brown 太太：我不残忍，也不恨他，但我也不是很喜欢他。

社工和案主进一步讨论了 Brown 太太对 Todd 不合作的怨恨，并引出一下讨论：

社工：你能更具体一点告诉我，你生 Todd 什么气？

Brown 太太：他一点都不关注我，以及他给我带来的麻烦。他不铺床也不整理房间，不端菜到桌子上，也不洗熨。我女儿不仅照顾好自己的房间，而且还帮我做饭。Todd 什么都不做。

社工：看起来，你好像相信他应该在家里承担责任，但他没有做到。

Brown 太太：是的。

社工：我怀疑你没有跟他就这个问题进行过沟通。

Brown 太太：我从不用告诉女儿们，但她们知道。我一直等着 Todd 主动做些什么，但他却一直在等。他应该知道自己的责任。

社工：他似乎并不知道。他不知道你的心思。现在，他跟你住在一起，你有责任告诉他规则是什么。

Brown 太太：你是说，我应该告诉他我希望他在家里做什么？

社工：是的，告诉他你对他的期望。无论你对他感受如何，你有权对他拥有期望。

这次面谈后布置的家庭功课有两部分：第一个功课是 Brown 太太要与 Todd 和丈夫沟通其对 Todd 的期望。Brown 太太向她丈夫说明自己不应该承担 Todd 应承担的责任。其次，Brown 太太要继续记录其活动，但要根据其感受的愉悦程度评级。与此同时，社工鼓励她要积极参与自己感兴趣的活动。

下一次，Brown 太太报告说与 Todd 的谈话进行得很满意。她告诉他应该负责清洁房间、摆桌子和洗盘子。他很不满，但仍然愿意按照她的意愿跟其相处。她还谈到丈夫质疑其让 Todd 摆桌子和洗盘子的决定。Brown 太太对其所有活动的愉悦程度评级都在低分尾端，除了她一天花一个小时看电视被评定为 3 外(等级是从 0 到 5)。

在接下来的几次面谈中，Brown 太太称对 Todd 的合作感到满意。然而，她仍然感到抑郁。社工发现案主的某些观念是有问题的，Brown 太太坚信，自己是一个完美的家庭主妇，她应为家庭的任何要求负责。她的抑郁假设是“为了幸福，我应该在所做的任何事情上都取得成功”(Beck，1976，p. 255)。上一节对话是这样进行的：

社工：如果下星期你不做完你平时做的家务活，你认为将会出现什么情况？

Brown 太太：我认为就像一次失败。

社工：你认为你没干完的活将会出现什么情况？

Brown 太太：我要在下一个星期里将其干完。

社工：因此，你比平时做更少的事是可能的。

Brown 太太：我可以少做些。但我所做的好像还不够。

社工：你能说说什么是“够”吗？

Brown 太太：当我精疲力竭的时候，我知道我够了。我常常工作到精疲力竭。

社工：在没有精疲力竭之前，如果你停止干家务活，你认为会发生什么？

Brown 太太：我不知道，我不会那么干。

社工：也许我们可以将这个作为你这一周的家庭作业。

Brown 太太：我愿意试试。

通过这个和另外的家庭作业，Brown 太太认识到，自己没有必要像过去那样辛苦地干活，她可以在给定的时间里干更少的活，留下时间去参加让人高兴的活动。继子干了自己要做的活之后，她对他有了更多积极的看法。在她接近结案的时候，她开始考虑找家庭健康助理帮她照看叔叔。在最后几次面谈中，她谈到了丈夫提到 Todd 要来跟他们一起住的这个话题时，自己不愿意被人分享的想法。她意识到，自己有这样一种扭曲思维：当认为自己的想法偏离丈夫的期望时，自己就不愿意表达出来。Brown 太太自信地表示，她能够打破这个不曾言明的规则，从而改善与丈夫的关系，以及自己的幸福感。Brown 太太在最后一次面谈中报告，她和丈夫已就家务杂活进行了讨论，他们同意更公平地分配家务活并且每周外出就餐一次。她说已经学会更好地调整自己不再抑郁了。

正如案例所示，认知治疗应用于帮助具有扭曲观念的抑郁案主改变其思维和行为。作为具有成效记录的短期治疗，它可以促进减轻痛苦情绪，以及减少思考自己、他人和将来的功能障碍方式。作为科学论证指导的治疗，它可促进有益于问题解决的逻辑思考。这个模式对重视智识处理的临床工作人员和能够学会检视自己信念的案主而言，是富有吸引力的。

正念认知治疗

有经验支持的正念认知治疗（MBCT）的新研究正在兴起（Grepmair et al.，2007； Ma & Teasdale，2004）。这种方法基于抑郁复发的认知易感性模型理论框架（Teasdale et al.，2000）。这种模型假设个体通过提高他/她复发或潜在复发的实际时间的负性思维的意识，可以降低抑郁复发的风险。个体可以通过训练和练习内在控制力或正念，这包括冥想、呼吸、身体扫描、聆听声音，教授专注和集中的技能（Thompson & Waltz，2007）。正念认知治疗可以帮助案主更加专注和认识到自己的原本是飘忽不定的和难以琢磨的想法，一般而言，正念认知治疗在每周一节共 8 节的小组中学习，每次持续 2～3 个小时（Teasdale et al.，2000）。在每节，教授和练习正式的冥想实践，目的是提高专注力和将个体从正式的想法、情感和感觉中分离开来。日常家庭功课立足于技能练习，应用于日常生活之中以提升问题情境以及个体是怎样受到影响的意识。

证据为本的实践：人际治疗

人际治疗是由纽黑文-波士顿合作抑郁计划的临床工作人员和研究员提出的（Weissman & Klerman，1989）。它已在非双相抑郁患者之中进行了试验，包括药物治疗、其他的治疗方式和安慰剂等对照组。相当多的经验证据证实了其适用效果（de Mello，de Jesus，Bacaltchuk，Verdeli & Neugebauer，2005；Weissman & Klerman，1989；Weissman，Markowitz & Klerman，2000）。

人际治疗认为抑郁是在人际和社会情境之中形成的（Klerman，Weissman，Rounsaville & Chevron，1984）。人际治疗理论上根源于 Adolf Meyer 的心理生物学框架（见第二章）和 Harry Stack Sullivan 的人际理论。Meyer 认为精神障碍是试图适应环境的结果；Sullivan 关注人们之间的互动（Weissman & Klerman，1989）。建立人际治疗的团队也承认，注意到抑郁的社会和人际层面的其他理论家们的贡献（如 Frieda Fromm-Reichmann 和 Silvano Arieti）。

人际治疗认识到抑郁诱发于不同的根源，并有多样的表现形式。一系列的原因（基因、环境压力、人格特点和早期生活经历）“以复杂的方式交织在一起形成抑郁的病因和病理”（Klerman et al.，1984，p.38）。同样地，抑郁在不同的案主身上有不同的呈现形式。人际治疗的支持者采取医学模式，将抑郁界定为疾病，案主扮演病人角色（Klerman et al.，1984；Weissman et al.，2000）。尽管可能进行药物治疗，但心理治疗的焦点是社会。

人际治疗是精要的、聚焦的、当前取向的、时间有限的治疗形式（Klerman et al.，1984；Weissman et al.，2000）。每周一次的心理治疗通常要持续12～16周。在此期间，与个人当前人际关系和生活情境相关的一至两个问题得到解决。人际治疗并不尝试去改变人格结构或提高对内心冲突、防卫和移情的洞察力。尽管人际治疗从根本上讲是个人治疗，但重要他人的参与是必要的。早期生活经历、功能失调行为和扭曲的认知要置于当前人际关系而非问题本身之中进行考量(Klerman et al.，1984)。发展之初是个人治疗，也可应用于夫妻、小组、电话等方式(Weissman，Markowitz & Klerman，2007)。

● ● ● 治疗关系

人际治疗中临床工作人员和案主之间的关系遵循罗杰斯式的治疗路线确立，也就是说治疗师是温馨的、非评价的，以无条件的正向鼓励的方式沟通(Klerman et al.，1984；Weissman et al.，2000)。正向的移情可以单独存在，案主和实务工作者之间不协调可与案主日常生活之中的问题性人际关系进行对照。实务工作者在人际治疗中比自我心理治疗更积极。当然，案主为其改变负责。实务工作者承担的责任是案主倡导、提供支持、安慰和乐观态度，以推动案主寻求改变的努力(Klerman et al.，1984)。

● ● ● 干预过程

人际治疗分三步进行，每一步都包含特定的活动。所有的时候，实践都是为了达到人际治疗的目的——减轻抑郁症状和改善人际功能。以下部分总结的各个阶段的内容，节选自Weissman等人撰写的《人际心理疗法的临床工作人员快速指南》(Clinician's quick guide to interpersonal psychotherapy)和《早期资料集》(earlier source book)(Klerman et al.，1984)。

在第一到第三节的最初阶段，案主描述症状以及自己生活的人际情境，确定诊断并签订治疗合约。在形成诊断之前，案主要转介给医生检查是否有某种躯体状况导致抑郁。与此同时，临床工作人员收集案主个人史、症状和当前功能等信息。组成人际治疗的小组建议采用汉密尔顿抑郁等级量表来指导评估案主的症状。这个量表包括了解抑郁心境、罪恶感、失眠、自杀意图、焦虑、心理行动迟缓、性症状、体重下降等症状。如果症状与抑郁诊断一致(躯体状况被排除)，临床工作人员将症状和诊断标示联结，并告知案主他/她是抑郁症患者。

临床工作人员接着要告知案主什么是抑郁症，这包括抑郁症的性质、过程以及治疗手段。治疗师要解释其在整体人口中的分布、男女分布情况和治疗的成效。临床工作人员要对康复前景持乐观态度。在这里，案主允许扮演病人角色，从而为得到治疗而免于一些社会角色的责任。接着案主要转介给精神科医生，以评估是否需要药物治疗。

最初阶段是收集信息，并在案主生活的人际情境之中进行评估。临床工作人员首先可以要求案主解释其在症状开始时的日常生活状况。案主要明确并描述形塑其生活轮廓的与重要他人的关系(家庭成员、朋友和同事)、最近的生活事件(不忠、失业)和情境(家庭和工作)。临床工作人员鼓励案主谈论冲突性人际关系和互动，以及关系各方的期望。案主要明确关系的正负两面，以及这些关系如何改变。尽管重点是当前的关系和生活情境，案主可以谈及过去的重要关系。

对人际情境的讨论有利于明确主要的问题领域。人际治疗的创立者指出了抑郁案主的四个突出议题，它们是：悲伤、人际争议、角色转换和人际缺失。临床工作人员和案主要达成一个共同决定，将某一两个议题作为治疗的核心。为了实现这个目的，临床工作人员要强化案主对抑郁症状与人际议题之间关系的认识。

最初阶段的结果是，临床工作人员提供问题的口头总结，解释人际治疗的概念，建立治疗合约。首先，临床工作人员要通报对主要问题的评估，以及这些问题是如何跟案主生活的人际情境联系在一起的。例如，Tom Smith，一个刚刚分居的35岁男性被告知：

看起来，你因离开妻子和孩子而抑郁。你现在一个人住，感到孤独。很明显，你不想失去家庭，并希望妻子能够回心转意。你妻子的所作所为似乎是要离婚。你不知如何行动——试图赢回她的心，或接受离婚。

不少案主难以理解心境与其生活的人际情境相关。相反，他们会自责。有必要告知案主，生活是由人组成，以及人际关系是如何影响心情的。同样地，重要他人的缺位会影响一个人的幸福。一个临床工作人员这样说："关系是复杂的，它们引发问题。另一方面，没有关系，人也会寸步难行。”

人际治疗概念的澄清，包括实践层面(短期、每周一小时面谈、费用、取消和爽约的规则)和预期。案主要充分利用面谈评估关系，提出当前议题和想法，包括对治疗关系的想法。

治疗合约由主要问题的口头协议和需要在治疗中达成的两到三个目标组成。目标应与问题衔接并且要现实，同时可在短期治疗过程中实现。举例说明，前面提到的那位35岁男性在所有四个领域都有问题(悲伤、人际争议、角色转换和人际缺失)。但是，合约只能指向有限的目标：

1. 了解导致分离的境遇和争吵(人际争议)的原因。

2. 明确他与妻子之间的争吵可否修复(人际争议)。

3. 如果不能破镜重圆，为以前角色的失去而哀伤(丈夫、同居父亲)，接受并承担新的角色(单身男性、探视父亲)(角色转换)。

中间阶段回应问题领域以及相关目标，并同时注意抑郁症状。社工要致力于让案主参与治疗。在治疗中，要鼓励案主了解症状与人际问题之间的关系。正如表8.5所示，中间阶段的干预目标和策略与问题领域相关。

表8.5

问　题	目　标	策　略
1. 悲伤(死亡)	1. 推动哀伤过程	1. 评估抑郁症状
		2. 将症状的出现跟重要他人的死亡联系起来
		3. 重构患者与逝者的关系
	2. 帮助案主建立可替代过去的兴趣和关系	4. 描述事件的程序以及死亡前、中、后的事件的结果
		5. 探索相关的情绪
		6. 考虑涉及他人的方式
2. 角色转换(从一种情景及其角色到另一种情景和角色的改变)	1. 哀伤和接受过去角色的丧失	1. 评估抑郁症状
		2. 将抑郁症状与应对一些最近的生活变化的困扰联系起来
		3. 评估新旧角色的正负两面
	2. 帮助案主更积极地看待新角色	4. 探索若有失去的情绪
		5. 探索对变化自身的想法
		6. 探索新角色包含的机会

（续表）

问题	目标	策略
2. 角色转换（从一种情景及其角色到另一种情景和角色的改变）	3. 针对新角色的需要建立控制感从而重建自信	7. 现实地评估失去的东西
		8. 鼓励合理释放情绪
		9. 鼓励建立社会支持体系以及开发新角色所需的新技巧
3. 人际争论（冲突）	1. 明确争议	1. 评估抑郁症状
		2. 将症状的出现与患者和其当前涉及的重要他人之间的争吵联系起来
	2. 选择行动计划	3. 明确争议的阶段（再次协商、僵局，破裂）
		4. 了解非对等角色期望与争议的联系（议题，不同的期望、价值和选择，发现可供选择的可能性，资源）
	3. 修正期望或有缺陷的沟通模式，从而达成满意的解决方式	5. 与其他关系是否有相似性（受益、假设）
		6. 冲突是怎样持续的
4. 人际缺失	1. 降低案主的社会隔离	1. 评估抑郁症状
		2. 将抑郁症状与社会隔离或未实现的问题联系起来
	2. 激励构建新的关系	3. 评估过去的重要关系，包括正面的和负面的
		4. 探索关系中的反复模式
		5. 讨论案主对治疗师的正负两面情绪，并在另外的关系中寻求相似之处

资料来源： From Klerman et al.（1984）. Reprinted by permission of Perseus Books, Inc., Publishers, New York

如果是悲伤议题，社工要帮助案主哀悼：回忆与失去的亲人一起的生活，以及丧亲后的生活、探索情感和建立新关系。如果是角色转换议题，社工要鼓励案主讨论以前的角色和现在的角色之优劣，通过情感表达对以前角色丧失的哀悼，建立与新角色一致的正面态度、支持和技巧。至于人际争议议题，要讨论争议的历史和阶段，以及不一致的角色期望，采取行动协调或解决问题。如果案主有人际缺失，目标就是降低社会隔离和建立新关系，包括评估过去的关系、明确反复的人际模式、讨论治疗师的互动与案主日常生活的关系之间的相似之处。Tom Smith 的中间阶段的经历如下：

Smith先生说，尽管有过困难时期，他和妻子在结婚后的最初十年很幸福。去年他失业了，妻子在一家陶器坊工作，这是她的第一份工作。尽管她申明自己热爱这份工作，但是Smith先生认为她在工作之后“变坏了”。她下班之后就跟自己新认识的朋友去喝酒（而他这时在家里照看小孩），并且不想干家务活。与此同时，Smith先生在寻找新工作上遇到了麻烦。最后，他找到一份工资不错的卡车司机工作。当他告诉妻子她不用再去工作时，她拒绝辞掉工作。过去几个月，他俩的距离越来越远。性生活很少，甚至两人几乎没有见面的机会（丈夫白班、妻子晚班）。Smith先生说他想找回过去的Cindy，但现在的Cindy似乎并不需要他。他怀疑她有婚外情。

在中间阶段的治疗过程中，Smith先生认识到，几年来，妻子已经从一个依赖他人的“女孩”变成了一个渴望独立的女性。然而，他希望他们的关系依然如故。他知道妻子对其不稳定的工作状况不满意，并需要安全感。他自己表示愿意改变对其关系的期望，进而改变自己。

然而，Smith先生想与妻子讨论改变自己意愿的努力失败了。Smith太太不接听他的电话，只用答录机而从不回复其留言。他带着小孩去看望她的时候，在门口迎接他的是她的亲戚或朋友。除了一张便笺建议他有什么事找她的律师处理，他的信也没有得到回应。Smith先生听到她跟老板外出的流言。最后，他签署了离婚文件。

情势的升级，让Smith先生和临床工作人员都知道他和Cindy之间的人际冲突是无法和解的，离婚在所难免。这时，他开始感伤Cindy的离开，以及自己的丈夫和父亲角色的丧失。Smith先生在治疗面谈期间，哭泣并报告早醒、食欲不振和人格解体。他被转介给精神科医生作药物评估。与此同时，Smith先生分享了没有妻子，以及不与妻子和孩子住在一起的感受，他独自一人不好受。他说他深爱自己的妻子，即便妻子看来并不爱他。他说有妻子、有家可归使其生活有目标，并知道为谁而工作。然而，其感受需要进一步探索，从而引发愤怒和憎恨的宣泄。他认为自己是一个有责任的丈夫，但当一个更富有的人出现时，自己就被“抛弃”了。他感觉到自己在性上成为被弃之人（作为男人），并渴望妻子的感情。

不过，Smith先生继续做卡车司机。在中间阶段的结束期内，他和社工讨论了作为探视父亲的方式。他想带孩子去宿营、野炊和去动物园等。他（通过律师的努力）协商了一个包括一周几次晚餐和周末过夜的探视计划。除此之外，Smith 先生还考虑了其他的方式以填补空闲的夜晚。例如，探望父亲和兄弟姐妹（他们一直努力帮助他）、参与社区教堂、加入单亲父母组织。Smith 先生说，此时并没有准备与另外的女性约会。尽管他仍报告为失去自己熟悉的妻子和家庭而忧伤，他认识到有可能在将来拥有新的生活。

结案阶段（持续 3～4 节）的早期，案主被告知治疗很快就要结束。案主有机会表达自己对治疗结案和治疗师的感受。临床工作人员帮助案主为将要到来的丧失哀伤，同时，向案主保证他们能够独自应对。接下来的时间用于评估治疗的收获，并为将来做准备。这时，治疗中呈现的丧失议题将再次出现：

在听到自己只剩 4 节时，Smith 先生表示忧伤和绝望。这时临床工作人员跟他一起回顾了他一直面对的丧失议题和他独自一人面临的困难。Smith 先生向治疗师表达了感激之情，并试图说服她将治疗延长至他们同意的 12 节以上。治疗师注意到，他希望延续治疗与其不愿接受跟妻子即将离婚有相似之处。Smith 先生将自己形容为“看不到墙上字的困顿之徒”。当问到他对结案有什么感受时，他说有被抛弃的感觉。然而，在几节之后，案主认识到治疗预定为 12 周，并从中受益。Smith 先生谈到，尽管因离婚和结案而不安，但为有机会以单身男性的身份重新建立自己的生活而感到备受挑战。他报告说，自己加入了附近教堂的单身成年人支持小组，并增强了与孩子、父亲和兄弟姐妹的联系。他不再抑郁，对未来充满希望。

人际治疗的手法

在人际治疗中，临床工作人员要采用一系列的手法。

探索 该手法根据导向性和非导向性问题与反馈，导出案主的问题和症状的信息。非导向性技术包括开放问题、非语言或尽可能少的交流（“嗯啊”），鼓励案主继续谈、要求案主进一步拓展其表达的意见，用沉默表达鼓励。导向技术包括，直接询问与具体症状和人际关系相关的问题。

情感鼓励 该手法可以促进痛苦情绪的表达和体验。临床社工诱导案主说出感受(你对此有什么感受？)，并以接受案主的痛苦作为反馈。这个手法在为难以明确表达自己感受的案主服务时特别有益。而对那些沉迷于自己情绪之中的案主，社工要协助其控制情绪。

沟通分析 该手法分析沟通失败，尤其是涉及人际冲突的问题。临床工作人员要求案主详细描述有缺陷沟通的特定事件。与此同时，他们要指明模糊信息、错误假设和反应的间接方式，并建议可供选择的解释和反应。

澄清 临床工作人员试图要求案主重新思考以前的陈述，深入理解过去所讲的一切。这可以经由以下方式实现：阐释案主的信息，要求案主重新解释自己的话，检视案主言语的含义，注意异常观念和信息之间的脱节之处。

行为改变技巧 行为改变技巧可以促进治疗过程中讨论或示范案主日常生活中的人际行为的改变。这可以经由导引技巧实现，如限定性场所、给予建议、提供信息或教育、示范、提供直接协助、决策分析和角色扮演。协助案主解决问题的治疗努力，应立足于案主为自己行为承担责任的意愿上。相应地，导引技巧要以确保案主自立的方式谨慎使用。决策分析可以让案主检视可供选择的问题解决方式和不同选择的后果。临床工作人员提出解决方法的基本理念，并协助案主考虑不同的可供选择的方案，但由案主做出决定。在角色扮演中，临床社工扮演一个案主生活中与其有问题关系的人。运用这个技巧的目的，在于临床社工评估问题的本质，案主从中学习建设性的沟通策略。

治疗关系的运用 尽管人际治疗不强调移情的建立，但要鼓励案主一开始就分享对临床工作人员和治疗过程的正面和负面感受。如果案主以扭曲的方式与临床社工交往，临床社工要跟案主讨论这些模式。扭曲的案主-治疗师关系具有诊断价值，显示了案主与他人互动的方式。临床工作人员接受案主对他们的感受，为矫正扭曲和处理关系中的敏感议题提供了机会。

在本章介绍的案例中，不少技巧被采用。探索技巧在初期和中期阶段用于明确 Smith 先生发生了什么、其重要他人是谁、婚姻冲突是否有修复的可能。当案主以扭曲的形式提供信息(“她变坏了”)时，澄清技巧用于明确发生了什么变化、谁发生了变化和为什么。在案主意识到没有和解的希望之时，他开始哀伤。临床工作人员鼓励其表达感受，主要是悲伤、孤独、愤怒、怨恨和渴望。Smith 先生觉得失去了妻子这个性伙伴，其男性尊严受到了挑战。当 Smith 先生向探视父亲和单身成年转变的时候，社工要经由讨论一系列可供选择的方式来鼓励其改变。最后，治疗关系应用于帮助史密斯先生处理生活中的分离事件。

人际治疗包含临床社工采取的视角和策略。首先，它将社会场景作为关注点，这与社会工作中的人在情境中的视角一致。其次，它聚焦于关系，这在为抑郁妇女服务时尤为关键。最后，它包括在社工领域广泛适用的干预阶段和技巧。研究表明，人际治疗不仅对急性抑郁成年患者有效，而且对抑郁老年患者和 HIV 阳性患者也有效（Hinrichsen，2008；Markowitz & Weissman，1995）。

人际治疗尤其与本书的生理心理社会概念框架相容。首先，它承认抑郁有生物学的基础。在适用的情况下，案主会得到药物治疗和承接病人角色的机会。其次，它认同人类问题兴起的社会环境情境，以及导致社会角色僵化的心理问题。人际治疗认识到，多种动力影响问题的产生和发展。它对社会情境的强调，区分于下面将要讨论的对认知的强调。人际治疗主要治疗指南是 Weissman 等人（2000）的《人际心理疗法综合指南》（Comprehensive Guide to Interpersonal Psychotherapy）。

证据为本的实践：问题解决治疗

问题解决治疗师给予这样的抑郁模型，该模型的特点为，考虑到紧张的生活事件和抑郁之间的关系，社会问题解决（SPS）可承担中介（e. g.，Kant，D'Zurilla & Maydeu-Olivares，1997）与调节（e. g.，Nezu & Ronan，1988）这两个作用。问题解决被定义为：在日常生活中个体尝试辨识或发现有效的或合适的应对令人紧张的问题的方法这一认知-行为过程（D'Zurilla & Ne zu，2007）。在该背景下，它涉及这样一个过程，个体尝试将他们的应对努力导向改变压力事件的困扰本质、改变他们对问题的反应，或两者兼而有之。表8.6列明针对晚年期抑郁的问题解决治疗的治疗过程，其基础为Gellis及同事(2007，2008)和Nezu和D'Zurilla(1989)关于成人抑郁的著作。根据场合和人群的不同，PST可从6～20节会谈不等，并可持续30～60分钟。可使用表8.6中展示的问题解决和认知技巧五步法统整会谈。PST治疗师利用治疗关系引导案主通过问题解决法积极解决当下生活中的压力。第三章提供了抑郁的问题解决治疗的进一步细节。

表8.6 抑郁症问题解决治疗的阶段

阶段	内容
1. 辨识问题建立目标	熟悉和介绍抑郁症的问题解决治疗(采取积极的解决问题态度)；解释日常问题、压力、心境和愉快的事件之间的联系；回顾抑郁症的原因、症状、药物和治疗；识别和明确日常生活中压力问题的本质；识别患者的处理应对；为减少问题设立现实的目标；适应和选择两个愉快的活动(日常活动安排)；布置家庭作业；获准联系初级护理医师；每周与患者简短的电话联系，提醒其完成家庭作业和令人愉快的活动
2. 头脑风暴可供选择的方案	评估家庭作业；评估愉快活动的日志；评估症状；评估问题的应对；评估问题解决的方式；评估目标；产生很多可供选择的方案；在实际的、可完成的、花费、努力(预计结果有效性和重要性)的条件基础上，确定/选择一个或两个解决方案；指导患者带着行动计划和监测结果尝试实施已选择的解决方案 ；解决各项困难；设置家庭作业；每天选择/计划两个令人愉快的活动；每周与患者简短的电话联系，提醒其完成家庭作业和令人愉快的活动
3. 评估优势(赞成)和劣势(反对)	评估家庭作业；评估选择方案的执行结果；教患者奖励自己在尝试解决问题所作的努力；评估愉快活动的日志；评估症状；如果解决方案没有那么成功，评估目标和可供选择的方案或者检查新问题和更新目标；头脑风暴替代性解决方案；选择一个或两个方案(预计结果 赞成/反对)；带着行动计划以及监测评估结果，尝试解决方案；解决各项困难；设置家庭作业；选择两个令人愉快的活动；每周与患者简短的电话联系，提醒其完成家庭作业；通过被指派的家庭健康服务人员随访患者进展
4. 决定和选择解决方案	评估家庭作业；评估选择方案的执行结果；患者奖励自己在尝试解决问题所作的努力；评估愉快活动的日志；评估症状；如果解决方案没有那么成功，评估目标或者检查新问题和更新目标；产生可供选择的方案；在实际的、可完成的、花费、努力的条件基础上，选择一个解决方案(预计结果)；带着行动计划以及监测评估结果，尝试解决方案；设置家庭作业；解决各项问题；选择两个令人愉快的活动；每周与患者简短的电话联系，提醒其完成家庭作业和愉快的活动

(续表)

阶 段	内 容
5. 试行已选择的方案 行动计划 监督	评估家庭作业;评估选择方案的执行结果;患者奖励自己在尝试解决问题所作的努力;评估愉快活动的日志;评估症状;如果解决方案没有那么成功,评估目标或者检查新问题和更新目标;产生可供选择的方案;选择一个解决方案(预计结果);带着行动计划以及监测评估结果,尝试解决方案;设置家庭作业;解决各项问题;选择两个令人愉快的活动;让患者为临床结案做好准备;评估 PST-HC 的步骤;每周与患者简短的电话联系,提醒其完成家庭作业;通过被指派的家庭健康服务人员随访患者进展
6. 评价 评估技能 结案	评估家庭作业;评估选择方案的执行结果;患者奖励自己所作的努力;评估愉快活动的日志;评估症状;如果解决方案没有那么成功,评估目标或者检查新问题和更新目标;产生可供选择的方案;选择一个解决方案(预计结果);带着行动计划以及监测评估结果,尝试解决方案;设置家庭作业;解决各项问题;选择两个令人愉快的活动;与患者临床结案;评估 PST-HC 的步骤和总结;通过被指派的家庭健康服务人员随访患者进展

问题解决的概念化指出，抑郁导致问题导向和问题解决类型维度的功能缺乏或效力下降(Nezu，2004)。例如，抑郁患者常有消极取向的特点，他们对处理压力问题的应对能力缺乏信心，时常相信问题是不可克服的，频繁自责导致了问题，当问题出现时很沮丧。总体而言，负面信念减少案主参加任何有意义的应对尝试的动力。当一个人抑郁的时候，其有效界定与明确问题以及设定现实目标的能力就下降，因此，辨识有效的解决方案十分困难。时常抑郁的人会设定不切实际的高目标，当他们不能完成时，可能会出现挫折感、自责感，动力减少。抑郁患者也易于形成效果不佳的替代性选择以应对问题情境。由于特定的行为技巧和社交技能不足，抑郁案主执行解决方案计划也可能有困难。抑郁案主对于应对的尝试可能会心烦意乱，并可能感觉个人的目标不能实现。

问题解决治疗也适合于教授案主特定的技能以(a) 增强他们积极的问题导向；(b) 减少他们消极的倾向；(c) 提高他们理性解决问题的能力；(d) 减少他们回避的倾向；(e) 当尝试应对生活中的压力问题时，最小化他们冲动和草率的倾向。另外，PST 模式是有效的，由于它明确地以解决日常生活问题的技能和自我效能感为目标。通过认知和行为技能的构建和强化，在承担起日常自我生活的管理的责任以及最小化负面情绪和一些确诊的医疗问题带来的生理反应中，PST 也可以提升成年人和老年人的自我胜任感和自我效能感。提高问题解决和应对技能，连同产生的自我效能感都是潜在的有效成分，因此可能会缓冲抑郁症风险因素的影响。通过认可案主处理和克服特定问题的成功经验增强自我效能感，这是防止和减少成年人和老年人的抑郁的一个主要策略。

药物治疗

临床社工可能要为需要药物治疗或正在接受药物治疗的案主服务。由于现在有很多用于治疗抑郁的有效药物，了解这些药物的知识、特点及其副作用是重要的。

抗抑郁药

抗抑郁药应用于治疗抑郁的生理和心理症状。药物并非对所有抑郁患者都是必要的。在需要药物治疗的患者之中，不同的人可能受益于不同药物。需要注意的是，在病人中有很高的比例(35%～50%)对于第一次处方开的抗抑郁药物没有反应，因此考虑病人的人口统计特征和病史，尝试其他药物是很重要的(Olfson，Marcus，Tedeschi & Wan，2006)。然而，没有直接的反应也指示临床工作人员，如果在少于一个月的时间内没有起作用，并不需要自动改变患者的药物(Papakostas，Perlis，Scalia，Petersen & Fava，2006)。例如，对于那些用选择性 5 羟色胺受体抑制剂(SSRIs)的抑郁患者，可能需要五个星期才能对药物有积极的反应。

某些同类药物可用于缓解抑郁，亦有益于焦虑障碍(参见第九章)和伴有精神分裂症、分裂情感性障碍的抑郁(参见第十二章)。同样地，某些药物可治疗其他的障碍(如抗精神病药、心境镇定剂和抗焦虑药)，可用于补充或增加抗抑郁药的效果——这一策略被称为多重用药(polypharmacy)。此处介绍的药物，主要治疗中度至严重单相抑郁——尤其重性抑郁、恶劣心境。

抗抑郁药的种类包括选择性5羟色胺受体抑制剂(SSRIs)、多巴胺-去甲肾上腺素重摄取抑制剂、5羟色胺-去甲肾上腺素重摄取抑制剂(SNRIs)、三环类药和四环类药、单胺氧化酶抑制剂(MAOIs)。案主对不同的药物反应不一，而有些人对任何药物都没有反应。每一药物需要3~5周的时间才会显出治疗效果(Nemeroff & Schatzberg，1998)。表8.7列出了不同类别具体药物的类别名、商品名及其副作用。

表8.7　抗抑郁药物

类别名	商品名	副作用*
选择性5羟色胺受体抑制剂(SSRIs)		
Fluoxetine	氟西汀(Prozac)	恶心、腹泻、便秘、食欲减退、头痛、孤独感、眩晕、流汗、性功能障碍、低钠状态
Paroxetine	帕罗西汀(Paxil)	
Sertraline	舍曲林(Zoloft)	
Citalopram	西酞普兰(Celexa)	
escitalopram	草酸艾司西酞普兰片(Lexapro)	
替代性抗抑郁剂(Alternative antidepressants)		
Venlafaxine	万拉法星(Effexor)	与SSRIs类似;出汗
Bupropion	布普品(wellbutrin)	头痛、失眠、恶心
Duloxetine	欣百达(cymbalta)	口干、恶心、乏力
Trazodine	曲唑酮(desyrel)	镇静、体位性高血压
Nefazodone	尼法唑酮(serzone)	头痛、恶心、口干
Mirtazapine	米他扎平(remeron)	孤独感、口干、食欲增加
三环类和四环类抗抑郁药(Tricyclics and tetracyclics)		
Imipramine	米帕明(Tofranil)	镇静、抗胆碱能作用、癫痫、体位性低血压、性功能障碍、体重增加、停经、心血管反应、用药过量。突然停药会导致焦虑
Amitriptyline	阿米替林(Elavil，Endep)	
Trimipramine	曲米帕明(Surmontil)	
Doxepin	多塞平(Sinequan)	
Desipramine	盐酸多虑平(Adapin)	
Nortriptyline	地昔帕明(Norpramin)	
Protriptyline	去甲替林(Aventyl，Pamelor)	
Maprotiline	普罗替林(Vivactil)	
Amoxapine	马普替林(Ludiomil)	
	阿莫沙平(Asendin)	

（续表）

类别名	商品名	副作用*
单胺氧化酶抑制剂(MAOIs)		
Isocarboxazid	异卡波(Marplan)	食用特定食物会产生酪胺酸引起的高血压危象，与其他药物合用会导致相反作用，体位性低血压、水肿、体重增加、失眠、性功能障碍、视力模糊、出汗、口干、用药过量
Phenelzine	苯乙肼(Nardil)	
tranylcypromine	反苯环丙胺(Parnate)	

* 除了替代性抗抑郁剂的特定副作用是对应每个抗抑郁剂，其他的副作用适用于总的一个类别。
资料来源：Based on Cowen(1998)；Nemeroff & Schatzberg(1998)；Sadock & Sadock(2007)

选择性5羟色胺受体抑制剂(SSRIs) 根据抑郁治疗指南，选择性5羟色胺受体抑制剂(SSRIs)是一线治疗，已成为内科医师选用的药物(Andreasen & Black，2006)。这样的药物通常称为Zoloft，Prozac，Paxil和Celexa，仅举几例。它们被认定为抗抑郁和抗焦虑药的组合。当前推荐它们的理由是，其至少与老的三环类抗抑郁药(TCAs)同样有效，但更安全，且严重的副作用较少。它们导致更少的抗胆碱能副反应、镇静反应、体重增加和体位性低血压。SSRIs亦有不良副反应，但部分可经由减少剂量而减轻(Nemeroff & Schatzberg，1998)。此外，SSRIs是否与其他治疗严重抑郁的药物一样有效，还存在争议(Cowen，1998)。

替代性抗抑郁药 最近几年，引入了一系列二线的抗抑郁药，包括多巴胺-去甲肾上腺素重摄取抑制剂和选择性SNRIs(SSNRIs)。这些药物可有益于那些对SSRIs没有成功反应或者个人或家族史中对这些药物有积极反应的病人。近来最常用的万拉法星(Venlafaxine，也称为Effexor)，是一种SSNRI，其优点是不会导致抗胆碱能副反应和镇静反应。此外，它对那些严重抑郁患者特别有效(Nemeroff & Schatzberg，1998)。布普品(Bupropion，也称为Wellbutrin)，是一种5羟色胺-去甲肾上腺素重摄取抑制剂，不会导致体位性低血压、抗胆碱能副反应、心血管反应、镇静以及性功能失调(Nemeroff & Schatzberg，1998)。其他两种药物列在表8.7中，曲唑酮(trazodine)和尼法唑酮(nefazodone)，它们在结构上相互关联。曲唑酮比TCAs药物有更少的副反应，比SSRIs药物有更小的心电反应，并更少可能导致性功能失调(Cowen，1998)。另一方面，其弱点在于体位性低血压、过度镇静、恶心和头昏眼花(Cowen，1998；Nemeroff & Schatzberg，1998)。

三环类抗抑郁药(TricyclicAntidepressants，TCAs) 三环类抗抑郁药是第三线的抗抑郁药，它们是一组有相同化学结构和对神经递质有同样影响的药物。最先研制出的是米帕明(盐酸丙咪嗪),其他的包括阿米替林(依拉维)、曲米帕明、多塞平、地昔帕明、去甲替林、普罗替林(在这一类抗抑郁药中,氯米帕明被应用于治疗强迫性人格障碍)。四环类抗抑郁药(例如马普替林和阿莫沙平)与三环类抗抑郁药有相似的化学结构(Andreasen & Black,1995;Kaplan & Sadock,1998)。

尽管三环类和四环类抗抑郁药效果差别甚微,但它们有不同的副反应。阿米替林、多塞平和曲米帕明最具镇静反应,而地昔帕明和普罗替林的镇静反应最小(Kaplan & Sadock,1998)。由于镇静反应可以改善睡眠,因此它也许是可取的。不同的三环类药与各种抗胆碱能副反应有联系,例如,口干、排尿困难、便秘、意识模糊。最具抗胆碱能副反应的是阿米替林、曲米帕明;抗胆碱能副反应最小的是地昔帕明和马普替林(Sadock & Sadock,2007)。三环类药也会产生体位性低血压,即改变位置时血压降低,这对老年人而言是一个问题,也许会导致摔跤或骨折。其他的副反应在表 8.7 中列出。一个主要的风险是用药过量。

单胺氧化酶抑制剂(MAOIs) 尽管单胺氧化酶抑制剂对治疗抑郁症有效,但会导致风险和烦人的副反应。服用 MAOIs 的人被建议忌用高酪胺含量的某些食物和饮料(如干酪、烟熏食品、巧克力、葡萄酒、啤酒和蚕豆酱)。食用这些产品会导致有生命危险的高血压危机(出汗、头昏眼花和高血压)。危机来临的早期标志是头痛、恶心和呕吐。MAOIs 产生需要监控的其他不良反应,如体位性低血压、体重增加、性功能失调、水肿(Sadock & Sadock,2007)。

抗抑郁药和女性 即便有不成比例的女性深受抑郁之苦,她们的特定需要在开发抗抑郁药时也从未被考虑过。女性特别关注体重增加、无月经和怀孕期间的药物治疗。对正在服用药物的案主,社工要鼓励她们与精神科医生讨论上述议题,并询问替代性药物。尽管研究很少,但医生也看出在怀孕末期服用三环类药物,母亲和婴儿都会产生抗胆碱能副反应(Miller,1996)。更多的对妇女服用氟西汀后效果的研究表明,在头三个月里服用此药物与畸形新生儿的增多不相关(Miller,1996)。

抗抑郁药和老年人 超过 30 个安慰剂对照临床随机试验以及很多对照试验(das Gupta,1998;Salzman,Wong & Wright,2002)证明了老年人抗抑郁治疗的安全性和功效。在老年人中,有一项针对年龄相对较老的患者的临床研究,其中将去甲阿米替林和安慰剂行随机化(Katz,Parmelee,

Beaston-Wimmer & Smith，1994）。该研究总体表明了去甲阿米替林的疗效，但该药存在如体位性低血压等的副作用。一项关于 20 毫克氟西汀的大型疗效研究表明该药有效，但反应率较低（Tollefson，Rampey，Beasley，Enas & Potvin，1994）。在同时患有心血管疾病的中老年人群中，有研究表明氟西汀的疗效与去甲阿米替林相近，但其心血管方面的副作用较少（Roose et al.，1997）。由于 SSRI 类药物和之前的 TCA 类药物同样有效，且副作用较少，因此在治疗晚期生活抑郁中结果相对较好。

评估和监控抑郁的工具

为成人或老年人诊断抑郁和监控治疗过程的临床测量工具和速评工具有不少，其中部分可用于评估结果。本书推荐下列工具：前面带星号的测量工具收录在 Fishcher 和 Corcoran（2007）的《临床实践和研究的测量：资料手册》一书之中。括号内给出的工具的参考文献见于另处。除非特别说明，量表应由案主完成。

Beck 抑郁调查表（Beck，ward，Mendelson，Mock & Erbaugh，1961）

*老年抑郁量表（Sheikh & Yesavage，1986）

Hamilton 抑郁等级量表（由临床工作人员完成）（Hamilton，1960）

病人健康 9 项问卷（Kroenke & Spitzer，2002）

Cornel 痴呆量表（Alexopoulos，Abrams，Young & Shamoian，1988）

补充性和替代性治疗

本章介绍的主要干预是专业取向的，并在临床研究试验中显示了其有效性。然而，从案主的角度来看，其他的治疗方式可能更令人满意和有益的。抑郁案主可能寻求那些没有得到专业认可但富有前景且似乎对他人有效的替代性方式。

目前，不少消费者使用治疗抑郁的草药，这些草药无须处方就可以通过健康食品商店或网络购买。其中最有名的是贯叶连翘（或金丝桃）。“国立”精神健康研究所的研究人员发现这种物质治疗中度严重的重性抑郁症的益处极少，而且并不比安慰剂有效果（Hypericum Depression Trial Study Group，2002）。然而，贯叶连翘可能对轻度的抑郁症的个体有益（Linde，Berner & Kriston，2008）。使用贯叶连翘这样的非管制药物的问题，在于市场上各个品牌之间的纯度、成分和药力各异，针对不同的产品品牌难以决定一个人应服用多少剂量。此外，这些药物可能具有不明的副反应或与处方药物相互影响。其他的替代性治疗抑郁的方式是运动、灯光治疗（针对季节性情感障碍）。

案例研究

Dagostino 太太是一位 77 岁的老太太，独居在自己的公寓里。丈夫在两年前因癌症去世了。三年前，她被诊断为心脏病。频繁的看诊让她十分疲惫，同时她在服用八种不同的药物治疗。由于不开车，交通对她成为一个问题。她没有什么精神，觉得很孤独，但她说自己可以勉强应付。她并没有觉得有什么不对，也不将其视为一种负担。她担心公寓变得很凌乱。女儿 Pat 决定带母亲去见老年家庭服务中心的社工，主要有以下几个原因。

在过去的两个月中：

1. Dagostino 太太抱怨背疼，睡眠和饮食都不好。
2. 和过去一样记不起来事情。
3. 她很难集中注意力，难以做决定。
4. 由于有限的收入，她担心支付自己的账单。

5. 她停止与社交团体的朋友一起打牌。

6. 她对会见朋友和外出失去兴趣。

7. 如果她不来访，她说事情会变得好，“不是我女儿的一个负担”，但是她不想自杀。

总结和解构

本章从一开始就将一般心境变化与社会建构为精神病理学的抑郁区别开来。然后回顾了抑郁的不同症状和复杂分类。很明显，没有一个“根本的”抑郁，而有多种类型的抑郁。抑郁是异质的，正如抑郁的个人。然而，对临床工作人员而言，掌握不同抑郁类型的知识有利于实施干预。

本章介绍了治疗轻度和中度抑郁的证据为本的三种心理治疗。它们都是短期的，并与管理医疗制度的要求相一致。它们都是聚焦式的、当前取向的和结构式的。认知治疗(CBT)主要重视与抑郁关联的扭曲观念。人际治疗(IPT)包括抑郁教育和集中于一到两个议题。问题解决治疗(PST)集中于发展解决与心理困扰有关的日常生活问题的技能。药物可与上述三种心理治疗同时采用。

药物一般由精神科医生和内科医生开处方，以用于缓解抑郁症状。本章综述了目前可获得的不同类型的药物——选择性5羟色胺受体抑制剂(SSRIs)、三环类和四环类药物、单胺氧化酶抑制剂(MAOIs)和替代性抗抑郁药。个人对不同的药物有不同的反应，一些人则对任何药物都没反应。尽管最新的药物似乎副反应更小，但这些药物对怀孕期和围产期妇女与老人的合适性则仍存疑问。

尽管专业人员觉得有责任干预那些表现出悲伤情绪的个体，但是一些个体更愿意选择自我康复。实际上一些人选择通过草药来康复，以及从经历或之前的治疗发展而来的其他应对方式。

参考文献

Alexopoulos, G., Abrams, R., Young, R., & Shamoian, C. (1988). Cornell Scale for Depression in Dementia. *Biological Psychiatry, 23*(3), 271–284.

American Psychiatric Association. (2000). *Diagnostic and statistical manual of mental disorders* (4th ed., text rev.). Washington, DC: Author.

Andreasen, N. C., & Black, D. W. (2006). *Introductory textbook of psychiatry* (4th ed.). Washington, DC: American Psychiatric Publishing.

Arean, P., Ayalon, L., Hunkeler, E., Lin, E., Tang, L., Harpole, L., et al. (2005). Improving depression care for older minority patients in primary care. *Medical Care, 43*(4), 381–390.

Beck, A. T. (1976). *Cognitive therapy and the emotional disorders.* Madison, CT: International Universities Press.

Beck, A. T. (1985). Cognitive therapy. In H. I. Kaplan & B. J. Sadock (Eds.), *Comprehensive textbook of psychiatry/IV* (pp. 1432–1443). Baltimore, MD: Williams & Wilkins.

Beck, A. T., Rush, A. J., Shaw, B. F., & Emery, G. (1979). *Cognitive therapy of depression.* New York: Guilford Press.

Beck, A. T., Ward, C. H., Mendelson, M., Mock, J., & Erbaugh, J. (1961). An inventory for measuring depression. *Archives of General Psychiatry, 4,* 561–571.

Blazer, D. (2002). *Depression in late life* (3rd ed.). New York: Springer.

Bowlby, J. (1969). *Attachment.* New York: Basic Books.

Boyd, J. H., & Weissman, M. M. (1986). Epidemiology of major affective disorders. In G. L. Klerman, M. M. Weissman, P. S. Appelbaum, & L. H. Roth (Eds.), *Social, epidemiologic, and legal psychiatry* (pp. 153–168). New York: Basic Books.

Bruce, M., McAvay, G., Raue, P., Brown, E., Meyers, B., Keohane, D., et al. (2002). Major depression in elderly home health care patients. *American Journal of Psychiatry, 159,* 1367–1374.

Conwell, Y., Duberstein, P., & Caine, E. (2002). Risk factors for suicide in later life. *Biological Psychiatry, 52*(3), 193–204.

Cowen, P. J. (1998). Psychopharmacology. In A. S. Bellack & M. Hersen (Eds.), *Comprehensive clinical psychology* (Vol. 6, pp. 136–161). Amsterdam: Elsevier Science.

De Mello, M. F., de Jesus, M. J., Bacaltchuk, J., Verdeli, H., & Neugebauer, R. (2005). A systematic review of research findings on the efficacy of interpersonal therapy for depressive disorders. *European Archives of Psychiatry Clinical Neuroscience,* 255, 75–82.

DeRubeis, R. J., Young, P. R., & Dahlsgaard, K. K. (1998). Affective disorders. In A. S. Bellack & M. Hersen (Eds.), *Comprehensive clinical psychology* (Vol. 6, pp. 339–366). Amsterdam: Elsevier Science.

D'Zurilla, T. J., & Nezu, A. M. (2007). *Problem-solving therapy: A positive approach to clinical intervention* (3rd ed.). New York: Springer Publishing.

D'Zurilla, T. J., Nezu, A. M., & Maydeu-Olivares, A. (2004). Social problem solving: Theory and assessment. In E. C. Chang, T. J. D'Zurilla, & L. J. Sanna (Eds.), *Social problem solving: Theory, research, and training* (pp. 11–27). Washington, DC: American Psychological Association.

Fischer, J., & Corcoran, K. (2007). *Measures for clinical practice and research: A sourcebook* (4th ed., Vols. 1 and 2). New York: Oxford University Press.

Freud, S. (1917). Mourning and melancholia. In J. Strachey (Ed.), *The standard edition of the complete psychological works of Sigmund Freud* (Vol. 14, pp. 243–258). London: Hogarth Press and Institute of Psychoanalysis.

Gellis, Z. D. (2009). Evidence-based practice in older adults with mental health disorders. In A. Roberts (Ed.), *Social work desk reference* (2nd ed., pp.843–852). New York: Oxford University Press.

Gellis, Z. D., McGinty, J., Horowitz, A., Bruce, M., & Misener, E. (2007). Problem solving therapy for late life depression in home care elderly: A randomized controlled trial. *American Journal of Geriatric Psychiatry, 15*(11), 968–978.

Gellis, Z. D., McGinty, J., Tierney, L., Burton, J., Jordan, C., & Misener, E. (2008). Randomized controlled trial of problem-solving therapy for minor depression in home care. *Research on Social Work Practice, 18*(6), 596–606.

Gellis, Z. D., & Taguchi, A. (2003). Depression and health status among community-dwelling Japanese American elderly. *Clinical Gerontologist, 27,* 23–38.

Grepmair, L., Mitterlehner, F., Loew, T., Bachler, E., Rother, W., & Nickel, M. (2007). Promoting mindfulness in psychotherapists in training influences the treatment results of their patients: A randomized controlled double-blind study. *Psychotherapy and Psychosomatics, in Medical Settings, 76,* 332–338.

das Gupta, K. (1998). Treatment of depression in elderly patients: Recent advances. *Archives of Family Medicine, 7,* 274–280.

Hamilton, M. (1960). A rating scale for depression. *Journal of Neurological and Neurosurgical Psychiatry, 23,* 56–62.

Hasin, D., Goodwin, R., Stinson, F., & Grant, B. (2005). Epidemiology of major depressive disorder: Results from the National Epidemiologic Survey on Alcoholism and Related Conditions *Archives of General Psychiatry, 62,* 1097–1106.

Hinrichsen, G. A. (2008). Interpersonal psychotherapy for late life depression: Current status and new applications. *Journal of Rational-Emotive Cognitive-Behavioral Therapy, 26,* 263–275.

Hirschfeld, R. M. A., & Goodwin, F. K. (1988). Mood disorders. In J. A. Talbott, R. E. Hales, & S. C. Yudofsky (Eds.), *Textbook of psychiatry* (pp. 403–441). Washington, DC: American Psychiatric Press.

Hirschfeld, R. M. A., & Shea, M. T. (1985). Affective disorders: Psychosocial treatment. In H. I. Kaplan & B. J. Sadock (Eds.), *Comprehensive textbook of psychiatry/IV* (pp. 811–821). Baltimore, MD: Williams & Wilkins.

Hypericum Depression Trial Study Group. (2002). Effect of Hypericum perforatum (St. John's wort) in major depressive disorder: A randomized controlled trial. *Journal of the American Medical Association, 287*(14), 1807–1814.

Jarrett, R. B., & Rush, A. J. (1989). Cognitive-behavioral psychotherapy for depression. In American Psychiatric Association, *Treatments of psychiatric disorders: A task force report of the American Psychiatric Association* (Vol. 3, pp. 1834–1846). Washington, DC: American Psychiatric Association.

Kaelber, C. T., Moul, D. E., & Farmer, M. E. (1995). Epidemiology of depression. In E. E. Backham & W. R. Leber (Eds.), *Handbook of depression* (2nd ed., pp. 3–35). New York: Guilford Press.

Kant, G. L., D'Zurilla, T. J., & Maydeu-Olivares, A. (1997). Social problem solving as a mediator of stress-related depression and anxiety in middle-aged and elderly community residents. *Cognitive Therapy and Research, 21*, 73–96.

Karasu, T. B. (1990). Toward a clinical model of psychotherapy for depression, I: Systematic comparison of three psychotherapies. *American Journal of Psychiatry, 147*(2), 133–147.

Katz, I. R., Parmelee, P., Beaston-Wimmer, P., & Smith, B. (1994). Association of antidepressants and other medications with mortality in the residential-care elderly. *Journal of Geriatric Psychiatry and Neurology, 7*(4), 221–226.

Keller, M. B., Harrison, W., Fawcett, J. A., Gelenberg, A., Hirschfeld, R. M., Klein, D., et al. (1995). Treatment of chronic depression with sertraline or imipramine: preliminary blinded response rates and high rates of undertreatment in the community. *Psychopharmacology Bulletin, 31*(2), 205–212.

Kessler, R. C., Abelson, J. M., & Zhao, S. (1998). The epidemiology of mental disorders. In J. W. Williams & K. Ell (Eds.), *Advances in mental health research: Implications for practice* (pp. 3–24). Washington, DC: NASW Press.

Kessler, R. C., Berglund, P., Demler, O., Jin, R., Koretz, D., Merikangas, K. R., et al. (2003). The epidemiology of major depressive disorder: results from the National Comorbidity Survey Replication (NCS-R). Journal of the American Medical Association, *289*(23), 3095–3105.

Kessler, R. C., Chiu, W. T., Demler, O., & Walters, E. E. (2005). Prevalence, severity, and comorbidity of twelve-month DSM-IV disorders in the National Comorbidity Survey Replication (NCS-R). Archives of General Psychiatry, *62*(6), 617–627.

Klein, D. N., Schwartz, J. E., Rose, S., & Leader, J. B. (2000). Five-year course and outcome of dysthymic disorder: A prospective, naturalistic follow-up study. *American Journal of Psychiatry,157*(6), 931–939.

Klerman, G. L. (1988). Depression and related disorders of mood (affective disorders). In A. M. Nicholi, Jr. (Ed.), *The new Harvard guide to psychiatry* (pp. 309–336). Cambridge, MA: Belknap Press of Harvard University Press.

Klerman, G. L., Weissman, M. M., Rounsaville, B. J., & Chevron, E. S. (1984). *Interpersonal psychotherapy of depression*. New York: Basic Books.

Koenig, H., Meador, K., Cohen, H., & Blazer, D. (1988). Depression in elderly hospitalized patients with medical illness. *Archives of Internal Medicine, 148*(9), 1929–1936.

Kroenke, K., & Spitzer, R. (2002). The PHQ-9: A new depression diagnostic and severity measure. *Psychiatric Annals, 32*(9), 509–515.

Lebowitz, B. D., Pearson, J. L., Schneider, L. S., Reynolds, C. F., Alexopoulow, G. S., Bruce, M. L., et al. (1997). Diagnosis and treatment of depression in late life: Consensus statement update. *JAMA, 278*, 1186–1190.

Linde, K., Berner, M. M., & Kriston, L. (2008). St. John's wort for major depression. *Cochrane Database for Systematic Reviews, 2*, CD000448. Retrieved from http://www2.cochrane.org/reviews/en/ab000448.html

Ma, S., & Teasdale, J. (2004). Mindfulness-based cognitive therapy for depression: Replication and exploration of differential relapse prevention effects. *Journal of Consulting and Clinical Psychology, 72*, 31–40.

Markowitz, J. C., & Weissman, M. M. (1995). Interpersonal psychotherapy. In E. E. Backham & W. R. Leber (Eds.), *Handbook of depression* (2nd ed., pp. 376–390). New York: Guilford Press.

Marris, P. (1982). Attachment and society. In C. M. Parkes & J. Stevenson-Hinde (Eds.), *The place of attachment in human behavior* (pp. 185–201). New York: Basic Books.

May, H., Horne, B., Carlquist, J., Sheng, X., Joy, E., & Catinella, P. (2009). Depression after coronary artery disease is associated with heart failure. *Journal of the American College of Cardiology, 53*, 1440–1447.

McGuffin, P., & Katz, R. (1989). The genetics of depression and manic-depressive disorder. *British Journal of Psychiatry, 155*, 294–304.

Miller, L. J. (1996). Psychopharmacology during pregnancy. *Primary Care Update for OB/GYNS, 3*(3), 79–86.

National Institute of Mental Health. (2006). Questions and answers about the NIMH Sequenced Treatment Alternatives to Relieve Depression (STAR*D) study—background. Retrieved March 15, 2010, from http://www.nimh.nih.gov/health/trials/practical/stard/backgroundstudy.shtml

Nemeroff, C. B., & Schatzberg, A. F. (1998). Pharmacological treatment of unipolar depression. In P. E. Nathan & J. M. Gorman (Eds.), *A guide to treatments that work* (pp. 212–225). New York: Oxford University Press.

Nezu, A. M. (2004). Problem solving and behavior therapy revisited. *Behavior Therapy, 35*(1), 1–33.

Nezu, A. M., & D'Zurilla, T. J. (1989). Social problem solving and negative affective states. In P. C. Kendall, & D. Watson (Eds.), *Anxiety and depression: Distinctive and overlapping features* (pp. 285–315). New York: Academic Press.

Nezu, A. M., & Ronan, G. F. (1988). Stressful life events, problem solving, and depressive symptoms among university students: A prospective analysis. *Journal of Counseling Psychology, 35*, 134–138.

Noble, R. E. (2005). Depression in women. *Metabolism Clinical and Experimental, 54*(Suppl. 1), 49–52.

Olfson, M., Marcus, S., Tedeschi, M., & Wan, G. (2006). Continuity of antidepressant treatment for adults with depression in the United States. *American Journal of Psychiatry, 163*, 101–118.

Papakostas, G., Perlis, R., Scalia, M., Peterson, T., & Fava, M. (2006). A meta-analysis of early sustained response rates between antidepressants and placebo for the treatment of major depressive disorder. *Journal of Clinical Psychopharmacology, 26*, 56–60.

Regier, D. A., Boyd, J. H., Burke, J. D., Rae, D. S., Myers, J. K., Kramer, M., et al. (1988). One-month prevalence of mental disorders in the United States. *Archives of General Psychiatry, 45*, 977–986.

Regier, D. A., Farmer, M. E., Rae, D. S., Myers, J. K., Kramer, M., Robins, L. N., et al. (1993). One-month prevalence of mental disorders in the United States and sociodemographic characteristics: The Epidemiologic Catchment Area study. *Acta Psychiatrica Scandinavica, 88*, 35–47.

Roose, S., Glassman, A., Attia, E., Woodring, S., Giardina, E., & Bigger, T. (1997). Cardiovascular effects of fluoxetine, in depressed patients with heart disease. *American Journal of Psychiatry, 155*(5), 660–665.

Rosenhan, D. L., & Seligman, M. E. P. (1984). *Abnormal psychology*. New York: Norton.

Sacco, W. P., & Beck, A. T. (1995). Cognitive theory and therapy. In E. E. Backham & W. R. Leber (Eds.), *Handbook of depression* (2nd ed., pp. 329–351). New York: Guilford Press.

Sadock, B. J., & Sadock, V. A. (2007). *Kaplan & Sadock's Synopsis of psychiatry: Behavioral sciences/clinical psychiatry* (10th ed.). Philadelphia, PA: Wolters Klumer Lippincott Williams & Wilkins.

Salzman, C., Wong, E., & Wright, B. C. (2002). Drug and ECT treatment of depression in the elderly, 1996-2001: A literature review. *Biological Psychiatry, 52*(3), 265–284.

Seligman, M. (1975). *Helplessness: On depression, development, and death*. New York: W. H. Freeman.

Sheikh, J., & Yesavage, J. (1986). Geriatric Depression Scale (GDS): Recent evidence and development of a shorter version. *Clinical Gerontologist, 5*, 165–172.

Steffens, D., Skoog, I., Norton, M., Hart, A., Tschanz, J., Plassman, B., et al. (2000). Prevalence of depression and its treatment in an elderly population: The Cache County study. *Archives of General Psychiatry, 57*(6), 601–607.

Substance Abuse and Mental Health Services Administration, Office of Applied Studies. (January 3, 2008). *The national survey on drug use and health report—treatment for past year depression among adults*. Rockville, MD: Author.

Teasdale, J., Segal, Z., Williams, J., Ridgeway, V., Soulsby, J., & Lau, M. (2000). Prevention of relapse/recurrence in major depression by mindfulness-based cognitive therapy. *Journal of Consulting and Clinical Psychology, 68*, 615–623.

Thompson, B., & Waltz, J. (2007). Everyday mindfulness and mindfulness meditation: Overlapping constructs or not? *Personality and Individual Differences, 43*, 1875–1885.

Tollefson, G., Rampey, A., Beasley, C., Enas, G., & Potvin, J. (1994). Absence of a relationship between adverse events and suicidality during pharmacotherapy for depression. *Journal of Clinical Psychopharmacology, 14*(3), 163–169.

Uncapher, H. (2000). Physicians are less likely to offer depression therapy to older suicidal patients than younger ones.*Geriatrics, 55*, 82.

U.S. Bureau of the Census. (2000). *Current population survey*. Washington, DC: U.S. Government Printing Office.

U.S. Department of Health and Human Services. (1999). *Mental health: A report of the Surgeon General*. Washington, DC: U.S. Government Printing Office.

Weiss, R. S. (1982). Attachment in adult life. In C. M. Parkes & J. Stevenson-Hinde (Eds.), *The place of attachment in human behavior* (pp. 171–184). New York: Basic Books.

Weissman, M. M., Bland, R. C., Canino, G. J., Faravelli, C., Greenwald, S., Hwu, H-G., et al. (1996). Cross-national epidemiology of major depression and bipolar disorder. *JAMA*, 276, 293–299.

Weissman, M., & Klerman, G. L. (1977). Sex differences and the epidemiology of depression. *Archives of General Psychiatry, 34*, 98–111.

Weissman, M., & Klerman, G. L. (1989). Interpersonal psychotherapy. In American Psychiatric Association, *Treatments of psychiatric disorders: A task force report of the American Psychiatric Association* (Vol. 3, pp. 1863–1884). Washington, DC: American Psychiatric Association.

Weissman, M. M., Markowitz, J. C., & Klerman, G. L. (2000). *Comprehensive guide to interpersonal psychotherapy*. New York: Basic Books.

Weissman, M. M., Markowitz, J. C., & Klerman, G. L. (2007). *Clinician's quick guide to interpersonal psychotherapy*. New York: Oxford University Press.

Weissman, M. M., & Myers, J. K. (1978). Affective disorders in a U.S. urban community: The use of Research Diagnostic Criteria in a community survey. *Archives of General Psychiatry, 35*, 1304–1311.

World Health Organization. (2004). *The World Health Report 2004: Changing history, Annex Table 3: Burden of disease in DALYs by cause, sex, and mortality stratum in WHO regions, estimates for 2002*. Geneva: Author.

Wright, J. H., Thase, M. E., & Beck, A. T. (2009). Cognitive therapy. In R. E. Hales, S. C. Yudofsky, & G. O. Gabbard (Eds.), *The American Psychiatric Publishing textbook of clinical psychiatry* (5th ed.). Washington, DC: American Psychiatric Publishing.

第九章

焦虑症案主证据为本的实践

“我非常担心我不能控制它，我如此担心害怕以至于我觉得每件事都崩溃了。有时，我感觉我自己快要死了。”“这种恐惧攫住了我，我的呼吸非常急促，我的心脏猛烈跳个不停，我真的觉得我快要死了。”“在其他人面前，我感觉非常紧张，我努力使自己不引起别人的注意。”“这些想法一直在我脑海中徘徊，它们令我非常焦虑。”“自从那次事故以后，我就不能停止想它。”

——焦虑人士常如是说

焦虑症是一种紧张和恐惧的状态，是对威胁或危险的不适而作出的正常人类反应(Kaplan & Sadock，1998)。作为身心体验的焦虑，是思维、情绪和行为的伴随物。在未知且陌生的情境中，焦虑可被视为危险的警示，从而协助个人动员资源应对威胁。一个人面临宇宙的意义、存在的目的、人的死亡等重大问题之时，可能会体验到存在性焦虑。

在焦虑情绪体验的频率和强度很高的情况下，在焦虑影响心理社会功能的情况下，以及在反应与刺激不成比例的情况下，焦虑被构建为精神障碍(Kaplan & Sadock，1998)。尽管深受焦虑障碍之苦的人通常不具有精神病症状，可建立关系，并完成社会角色功能，但不少人虽无严重不适却无法工作或参与社区生活。正如文章开篇所引述的，案主和专业人士以不同视角建构了这一体验。本章内容主要是焦虑障碍的不同类型，以及应用于治疗部分障碍的临床干预。不同类型的焦虑症有不同的症状表现，但是共同的症状是非理性的恐惧和害怕。四种最常见的焦虑障碍(包括单纯恐惧症)是广泛性焦虑障碍(GAD)、惊恐障碍(PD)、社交恐惧(social phobia)、创伤后应激障碍(PTSD)。

焦虑障碍通常伴随其他精神和躯体性的障碍，包括酒精滥用和其他物质滥用发生。焦虑障碍由于有很高的发病率而且会诱发其他相关病症，因此对社会造成很大的负担。在美国，焦虑症每年的花费大约420亿美元，超过非精神疾病治疗的直接和间接费用的一半还多(Greenberg et al.，1999)。

根据全美并发病调查(NCS-R)从2001—2003年的研究，成年人焦虑症的一年期患病率是18%(Kessler，Chiu，Demler & Walters，2005)。在美国，焦虑症的终身患病率为29%(Kessler，Berglund，et al.，2005)。在21

世纪，在精神障碍人群中，焦虑障碍的终身患病率是最高的，情绪障碍次之(Kessler，Berglund，et al.，2005)。流行病学研究发现焦虑症障碍在女性中比在男性中更流行。NCS－R亦发现低收入和低教育水平人士更可能患焦虑障碍(kessler，et al.，1994)。

与本书综合的生理心理社会框架一致(见第三章)，焦虑障碍具有异质性。焦虑症有多种类型，同一类型的患者亦大为不同。某些症状，如恐慌和场所恐惧存在于不同的焦虑障碍之中[American Psychiatric Association (APA)，2000]。某些人可能不止患有一种焦虑障碍，可能同时患有焦虑障碍和其他精神障碍。正如表 9.1 所示，焦虑障碍以一系列同时并存的生理、认知、情绪和行为的症状为特征。下一节概述不同类型的焦虑障碍。

表 9.1　焦虑障碍

症状类型	描　　述
生理的	发汗、心悸、呼吸困难、昏厥、恶心、肌肉紧张、颤抖、脸红、肠胃不适、失眠、头昏
认知的	担心、忧虑、晚期危险或注定难逃、玷污、变疯和要死的想法、非理性的恐惧、困扰于重复的主题、耻辱和难堪的想法
情绪的	紧张、担心、激动、恼怒、害怕、恐惧
行为的	过度警惕、心惊肉跳、颤抖、踱来踱去、回避行为

焦虑障碍和老年人

流行病学证据表明，焦虑在晚年生活中是非常普遍且主要的问题，但不像抑郁症那样受到重视。焦虑障碍通常与年龄相关的身体状况和慢性疾病例如哮喘、甲状腺疾病、冠状动脉疾病、痴呆症、感觉缺失相关(Diala & Mubtaber，2003)。焦虑被认定为老年人晚年生活中导致更大障碍的一个风险因素(Bowling，Farquhar & Grundy，1996)。研究和实践开始认识到，年龄和焦虑不是互相排斥的；尽管焦虑的出现方式和时间在老年人中有明显不同，但是研究者和实践者开始认识到焦虑在年轻人中也同样普遍。此外，需要有更多的研究应用到目前针对晚年焦虑的证据为本的治疗（Mitte，2005）。

认识老年人群的焦虑障碍面临若干挑战。老化造成更高比率的身体疾病，对身体健康的现实担忧，更多使用处方药。其结果是，区分老年人的身体状况和焦虑障碍的身体症状就更加复杂。诊断患有痴呆症的个人是否患有焦虑症更加困难。记忆力障碍是焦虑和痴呆症的信号，担忧可能是过分的，也有可能是现实的，这取决于个人的情景。

晚年焦虑障碍的流行病学

虽然焦虑障碍，像大部分精神疾病一样，在老年人中的普遍性小于年轻人，但是流行病学证据提出焦虑症在晚年是一个主要问题（U. S. Department of Health and Human Services，1999）。NCS-R 在全国范围采访了近 6 000 人，报告了 DSM-Ⅳ诊断的患有焦虑障碍疾病的超过 60 岁的年长受访者的患病率是 15.3%（Kessler，Berglund，et al.，2005）。另一个研究调查了大约 500 位社区不同种族的老年人，报告了黑人的患病率为 11.3%，西班牙裔的患病率是 12.4%，非西班牙裔白人年龄在 75 岁及以上的老人的患病率是 21.6%（Ostir & Goodwin，2006）。Myers 等人（1984）报告了 3 个人口聚居区的流行病学研究，焦虑症患者在晚年为期 6 个月的患病率从 6.6%上升到了 14.9%。来自荷兰的可比较的数据显示患病率达到了 10.2%（Beekman et al.，1998）。对于老年人而言，焦虑症患者似乎是最普遍的一类精神疾病，远远超过抑郁症和严重认知障碍的普遍程度（Kessler，Chiu，et al.，2005）。

恐惧症和广泛性焦虑症占据晚年焦虑障碍的绝大多数（Beekman，van Balkom，Deeg，van Dyck & van Tilburg，2000；Le Roux，Gatz & Wetherell，2005）。经验研究的回顾总结了社区为本的老年人样本的流行病学的患病率，如下：恐惧症包括广场恐惧症和社交恐惧症，0.7%～12%；广泛性焦虑症 1.2%～7.3%；强迫症 0.1%～1.5%；惊恐障碍 0.0%～0.3%（Alwahhabi，2003；Beekman et al.，1998，2000）。老年人广泛性焦虑症的患病率在人口聚居区流行病学样本估计为 1.9%，在荷兰样本中估计为

7.3%（Beekaman et al.，2000；Blzaer，1997）。Douchet，Ladoucur，Freeston，Dugas(1998)发现有12.8%的老年人符合广泛性焦虑症的标准。相比之下，老年人口聚居区流行病学患病率中有1.8%主要是抑郁症，2.8%是心境恶劣，9.9%是严重认知障碍(Regier et al.，1988)。

阈下性焦虑障碍(subthreshold anxiety)的案例

临床显著的焦虑还包括一些特殊的疾病表现出来的症状。虽然这些症状并不完全满足诊断标准，但这种情况在老年人中普遍存在，而且比率可能高达20%～29%（Davis，Moye & Karel，2002； Lenze et al.，2005）。焦虑症状和普遍的身体状况例如哮喘、甲状腺疾病、冠状动脉疾病和痴呆症是相联系的。它是伴随着导致紧张的事件，诸如丧亲和提供照顾。老年人群的焦虑症的患病率是否可以准确判断是有争议的，因为DSM－Ⅳ标准可能并不适用。焦虑症状可能通过体征或行为的改变表现出来(例如攻击、自杀行为)，而且晚年期的焦虑症的临床表现更有可能包含抑郁症(Beck & Averill，2004；Diefenbach & Goethe，2006)。

焦虑障碍的类型

DSM－Ⅳ介绍了多种焦虑障碍和诊断的具体标准。主要类别如下：

创伤后应激障碍(post-traumatic stress disorder)是对威胁自己或与自己密切相关的他人生命或躯体完整事件的焦虑反应。个人也许直接经历，也可能目睹或听到过这一事件。创伤后应激障碍患者将重现事件(在认知上或情绪上)，做噩梦或回放，做出如同事件正在重现的举措。面对事件记忆提示的刺激而感受痛苦。

一年时间里，创伤后应激障碍影响了3.5%的成年人，即770万年龄在18岁及以上的美国人(Kessler，Chiu，et al.，2005；National Institute of Mental

Health[NIMH]，2008)。创伤后应激障碍发生在我们人生的每个阶段，包括童年时期(Margolin & Cordis，2000)。根据美国国立精神健康研究所(NIMH)的研究，创伤后应激障碍发生在女性身上的概率超过男性，与其他疾病并存，例如抑郁、物质滥用或其他焦虑障碍(Regier，Rae，Narrow，Kaelber & Schatzberg，1998)。如同创伤后应激障碍，急性应激障碍(acute stress disorder)亦是对创伤事件的反应，但其持续时间介于两天至一个月。

广泛性焦虑障碍(generalized anxiety disorder，GAD)是普遍而长期的状况，而不是像惊恐发作那样突然爆发。GAD 影响了 680 万成年人(Kessler，Chiu，et al.，2005；NIMH，2008)，女性大约是男性的两倍(Kessler et al.，1994)。广泛性焦虑症患者过分担心表面上并不具威胁性的情境。非理性与众多的焦虑障碍交织在一起。当一个人过于担心每天不同的生活问题而且不能控制自己的担忧，且这种情况至少持续了 6 个月，即可诊断为是患有广泛性焦虑障碍。症状包括很难集中注意力、容易惊吓、不能放松、失眠、疲乏、头痛、肌肉酸痛、易怒、发汗、恶心，仅仅列举这些。

惊恐障碍(panic disorder)是真正能被有效治疗的精神疾病。在一年时间内大约有 600 万成年人或者 2.7%的成年人经历过惊恐障碍(Kessler，Chiu，et al.，2005；NTMH，2008)，而且女性出现惊恐障碍的概率是男性的两倍以上。惊恐障碍是以未经预期恐慌侵袭(害怕和不适的情绪高亢时期)和对其预期的复发而焦虑为特征的(APA，1994)。根据 DSM－Ⅳ－TR，至少要出现 13 个躯体和认知症状中的 4 个，才能被视为焦虑发作的恐慌侵袭。这些症状包括心悸、出汗、颤抖、呼吸急促感、害怕失去控制、胸痛或寒战(APA，2000)。躯体症状和死亡迫近的认知结合在一起，使得某些患者要到急诊室就诊并自认为有心脏病。

惊恐障碍经常伴有抑郁、酗酒、药物滥用(Regier et al.，1998)。虽然一些个体惊恐障碍是离散经验，但有些惊恐障碍和广场恐惧紧密相连。这两个条件的汇流指引科学家作出这样的假设：自发性的惊恐是引发广场恐惧的条件事件(Klein & Gorman，1987)。另外，场所恐怖因害怕另外的恐怖侵袭而循环出现。人口聚居区的流行病学调查数据分析显示，伴有广场恐惧的恐慌障碍占恐慌障碍案例的 1/3(Markowitz，Weissman，Ouellette，Lish & klerman，1989)。根据 NCS－R 的研究，广场恐惧和惊恐焦虑的相关性达到 0.64。

广场恐惧(agoraphobia)是对似乎无助的地方或情况的害怕和逃避反应

(APA，2000)。如同其他的恐惧，它是对一种情景或客体遭遇的非理性害怕并导致过度焦虑。为了防止预期的焦虑，广场恐惧症患者回避与该反应有关联的情景。曾有恐惧发作的人，害怕在特定情境下遭遇恐惧发作。DSM-Ⅳ-TR称之为没有惊恐障碍史的广场恐惧障碍(agoraphobia without a history of panic disorder)(APA，1994)。

场所恐惧症患者以不同方式应对这一情景。有些人一直待在家里，这个策略将减弱其能力并进一步强化其走出家门的恐惧；有些人走出去但活动受限制。有些人在他人的陪同下到公共场所或完成必要的活动而忍受此不适体验。单独外出的广场恐惧患者，要绕开困扰他们的情景，害怕在高速公路驾车的人会走小道。其他的人则使用化学药物进行应对。

另两种焦虑障碍是**社交恐惧**(social phobia)和**特定恐惧**(specific phobia)。社交恐惧是一种对预期在他们面前的行为和被他人观察的情景的非理性恐惧。社交恐惧患者尤其对预期的嘲笑、尴尬或羞辱很敏感。对患此障碍的人而言，问题性情景的范例是在公众场合讲话、在饭店吃饭和使用公共厕所。特定恐惧是跟特定物体或情景联系在一起的。社交恐惧和特定恐惧可同时出现恐慌侵袭。

焦虑症的另一类型是**强迫障碍**(obsessive-compulsive disorder，OCD)。这是一种侵入思维和行为的失能状况。一年期内强迫障碍影响200万成年人或者1%的成年人口(Kessler，Chiu，et al.，2005；NIMH，2008)，并存的病症有抑郁、饮食失调或者其他焦虑障碍。强迫障碍发生在女性身上的概率和男性相同，且常见于童年时期、青春期或者早期成年期(Robins & Regier，1991)。

强迫(obsessions)是持续、非理性、自厌的思维、冲动或令人不快的意象，强迫占据患此障碍者的意识。它们通常包括玷污、性或侵犯等想法，并伴有自我怀疑。强迫行为(compulsions)是试图消除强迫思想的非理性、刻板和仪式化的行为。例如包括不停地洗手、打扫、检查。强迫症行为消耗时间，且多次重复，因而阻碍完成更多有意义的活动。实施强迫症行为可以带来宣泄，但甚少愉悦，而抑制强迫行为则导致焦虑。根据DSM-Ⅳ-TR，强迫思想或强迫行为是强迫症诊断的必要条件(APA，2000)。然而，两者也可同时出现。

除以上这些障碍，DSM-Ⅳ-TR介绍了躯体疾病所致的焦虑障碍(anxiety disorder due to a medical condition)和物质所致的焦虑障碍

(substance-induced anxiety disorder)。导致焦虑症状的躯体疾病包括血糖过低、充血性心力衰竭、慢性阻塞性肺部疾病和脑炎(APA，2000)。酒精、可卡因、咖啡因和另外的物质可导致焦虑(APA，2000)。医疗评估要明确躯体疾病或化学物质在病原上是否涉及其中。

理论解释

尽管不同类型的焦虑障碍有共同之处，但差异之处甚多，并且每一个障碍都与不同科学传统相关联。本节并不具体讨论与每一类型障碍相关联的科学传统。而只是提供一种各种理论的概览和特定焦虑障碍的解释范例。为了与本书综合的生理心理社会观点保持一致，生物学的、社会的和心理学的解释交织在一起。对于任何一个既定的障碍个人而言，以下各个层面的不同解释都可能与之相关。

生理层面

基因研究显示但并没有证明，焦虑障碍是遗传性的。至于惊恐障碍，双胞胎研究已表明同卵双胞胎较异卵双胞胎之共病率要高些(Torgersen，1983)。此外，惊恐障碍患者的一级亲属患同一障碍的风险很高(Weissman，1990)。广泛性焦虑障碍和强迫障碍症亦普遍见于该障碍患者(Andreasen & Black，2006)。然而，焦虑障碍的具体基因标示尚未辨明。一级亲属中的这一趋势可用社会学知识进行解释。

脑成像研究显示，某些焦虑障碍患者的大脑在结构和功能上有变异(Sadock & Sadock，2007)。焦虑障碍是大脑疾病的进一步证据来自药物对于缓解症状的有效性。药物治疗表明，神经递质去甲肾上腺素、5-羟色胺和 γ-氨基丁酸对于诱发焦虑障碍发挥了作用(Sadock & Sadock，2007)。本章的后面将介绍用于治疗焦虑障碍的抗焦虑药物。

社会层面

生活事件似乎可加速惊恐的发作，然后，前瞻性研究很有必要，因为绝大多数研究从经历疾病痛苦的案主那里收集生活事件的信息（Barlow，1988）。伴有恐惧症状的广场恐惧的存在，似乎预示着社会层面的关联性，因为广场恐惧症基于社会情境下的意义而回避情境。顾名思义，创伤后应激障碍和急性应激障碍，起源于战争、强奸和掠夺等社会压力源。女性高比率的焦虑障碍可能是生活于男权社会的后果，女性于其中易受外在世界的威胁，并经历维持依附地位对争取自立、自主之冲突（Kaschak，1992）。

根据人口聚居区流行病学调查的社区样本的数据分析（Markowitz，et al.，1989），符合惊恐障碍诊断标准的受访者（70%的男性和75%的女性），在若干生活质量表上得分较低，包括躯体和精神健康自评、药物滥用、自杀意图、受损的社交、婚姻功能、经济依赖和治疗设施的使用。惊恐障碍者的研究结果与重性抑郁者研究的结果大体相当，但与既无恐惧障碍亦无重性抑郁的受访者的结果有差异。惊恐障碍患者异乎寻常的高比率自杀意图和自杀尝试，在同一数据的另一分析中得到确认（Weissman，Klerman，Markowitz & Ouellette，1989）。

心理学理论

众多心理学理论意图解释焦虑的病因和表现，有不少是对应于特定类型的焦虑障碍（如恐惧、强迫障碍）的。本书将概述每一理论的基本观点，而不讨论其复杂性和特殊性。

心理分析　Freud认为焦虑既是正常现象亦是神经质发展的潜在根源（Brenner，1955）。正常焦虑可向机体发出信号以免于伤害。病态焦虑与不受自我机制抑制的本我本能联系在一起。焦虑无处可出却需要表达，因此，它以神经质症状的形式出现。焦虑精神官能症（比较广泛性焦虑障碍）、惊恐精神官能症（比较场所恐惧和另外的恐惧障碍）和强迫精神官能症（比较强迫恐惧），都代表难以接受的本我冲动的表达渠道。

Freud 和以后的自我心理学学者将神经官能症的形成，归因于没有成功解决早期的成长问题。恐惧症与性器期的冲突有联系，尤其是阉割焦虑（castration anxiety）；而强迫精神官能症则可追溯至肛门期的冲突。恐惧症和恐惧发作亦可归咎于难以把握分离个人化这一任务（Hollander，Liebowitz & Gorman，1988）。

存在主义理论 存在主义理论将焦虑解释为生活事实。在人们认识到生活之中的喜怒哀乐和悲欢离合之时，焦虑应运而生。加缪（1991）的主人公西绪弗斯将巨石推到山上的目的，仅仅在于看到石头从山顶滚下的情景。这确实把握了洞察死亡的无可避免之后的生命的荒诞意义。存在主义理论解释 Freud 的正常焦虑，并非某些焦虑障碍的严重症状。

行为理论 根据学习理论，焦虑是一种与痛苦情景相关的习得反应（行为）。随后，一种情境下的条件反射概念化至另外的情境之中。这种不适应、不良行为，将因重要他人的宽恕或支持而得以强化，也给适应不良行为的人提供支持，故可以成为二次获益（second gains），从而强化剧烈反应。尽管这个模式是内在的，它可以通过改变其可能性而逆转。系统脱敏法和即时暴露等行为治疗方法，对于治疗焦虑障碍很有成效。

认知理论 认知理论认为焦虑是为了生存的一种正常情绪。焦虑障碍患者因错误地将情境认知为危险而感到焦虑。有趣的是，这样的人无视表面情境是安全的环境暗示（Beck，1985）。在认知到的威胁面前，自主神经系统激活了，肌肉活动出现（打斗、追逐、晕倒或惊呆）了，错误认知和问题性情绪因而触发。相应地，一个原本中性的情境可能是“在劫难逃”。想象和认知重建等认知治疗技巧有利于治疗焦虑障碍患者。

焦虑障碍最近的概念化是生理心理社会模式，治疗的目标是生理症状、认知和行为。本章后面将介绍基于认知理论和行为理论的干预。

焦虑障碍的认知行为治疗

在现今管理医疗环境下，短期的、可测量的和有效的治疗模式占据优势地位。认知行为治疗可以在短期内根除(或减轻强度)焦虑的不安症状。以下将介绍用于治疗焦虑障碍的若干方法，前三个主要应用于恐惧症患者和强迫症患者。

系统脱敏法(systematic desensitization)

系统脱敏法由Joseph Wolpe在1958年出版的《交互抑制之心理治疗》(Psychotherapy by Reciproal Inhibition)一书中进行了介绍。其观点在随后的著作中得以进一步完善和发展(Wolpe，1982)。Wolpe将其心理治疗的方法应用于有不同恐惧症的成年人。他的观点立足于交互抑制原则，即人们可以凭借竞争性刺激对抗神经质焦虑，从而使症状减轻。采取的策略是运用一个更强的刺激抑制削弱的神经质焦虑。Wolpe认为更强的刺激导致肌肉深层放松，从而产生一种与焦虑相反的生理反应。放松减少了案主想象的引发焦虑场景的影响。

系统脱敏法分四步进行(Wolpe，1982)。首先，向案主介绍主观焦虑量表(subjective anxiety scale)。临床工作人员要求案主给自己最差的体验评定为100分，而绝对平静状态为0分。此外，要求案主评定自己现在的状况，分值在0～100。Wolpe以Suds测量这个等级(恐怖的主观量度尺度)。

然后，案主开始学习肌肉深层松弛。Wolpe的练习是建立在Jacobson(1938)提出的练习基础之上的，只需要训练案主6周时间，而Jacobson的练习需要50次会谈乃至更多时间进行培训。临床工作人员要求案主以因时递进的形式收紧或放松身体从头到脚的特定部位。例如临床工作人员要求案主紧握拳头，感受拳头、手和前臂上的紧张，然后松开紧握的拳头并放松(Craske和Barlow 2006年介绍了这种累进松弛的简明计划)。此外，预期案主在家一天进行两次10～15分钟的放松练习。

在第三阶段期间，临床工作人员在案主的协助下建构一个引发焦虑事件的层级表(Wolpe，1982)。尝试性的细目列表可以来自过去的社交经历，在治疗前用于检测案主的量表的结果，以及案主和临床工作人员之间的讨论。细目根据主题集合在一起：(a)确定什么跟治疗相关(例如，表明与场所恐惧症、恐高症和幽闭恐惧症相关的细目，害怕怀孕就不相关）；（b）建立不同的层级，每个层级都与不同主题相联系。临床工作人员要求案主给每个主题下所列的细目给出Suds评定，并解释评定的理由。根据这些信息，临床工作人员建立了一个离散的层级，每一主题都有平均分割的细目（Wolpe，1982）。此系列的范例如下，括号中列出Suds的分值。

1. 独自一人在家看电视（10）。
2. 跟配偶在街区散步（20）。
3. 独自一人在街区散步（10）。
4. 与配偶一起乘车（50）。
5. 独自一人乘车（60）。
6. 清早去杂货店（60）。
7. 星期五下午去杂货店（70）。
8. 去购物中心（任何时候）（80）。
9. 去市区（90）。
10. 去参加州博览会的开幕式（100）。

随后实施脱敏程序（Wolpe，1982），可在第三、第四次的放松训练之后进行。在案主达到双眼紧闭一个非常深入的放松状态的时候，临床社工询问案主的放松程度。如果案主说0，临床社工给出一个控制的场景，例如，让案主想象一个愉快的、宁静的、阳光灿烂的夏日。如果这个场景不导致焦虑，临床社工就从任一等级列表的最低级开始，要求案主去想象。案主在想象到场景的时候，就以竖起手指为信号。5～7秒后，临床社工要求案主停下来，并给出Suds评分。有时，同一场景的重复出现会导致较低的评分。放松可在场景之间进行，场景之间的间隔为10～30秒。接下来的面谈要从超过0的低评分的细目开始。

冲击（flooding）和暴露治疗（implosive therapy）

冲击治疗是在系统脱敏法之后引入的行为治疗技巧。如同前者，冲击需要案主想象引发的焦虑场景。然而在冲击治疗中，案主在实施程序之前并未进入放松状态。治疗包括临床工作人员可以详细地向案主介绍高度引发焦虑的场景。暴露治疗在运用不安场景图像的想象根除焦虑这一点上，与冲击治疗相似。在暴露治疗中，临床工作人员将冲击治疗所介绍的场景的案主的早期体验，加入基于心理分析洞察的主题，其结果是比冲击治疗更具有强烈的体验。

即时暴露(in vivo exposure)

解释系统脱敏、冲击和暴露的治疗原则是，暴露于自己所害怕的事物可降低焦虑(exposure to what one fears reduces anxiety)。至此，此方法被理解为根据认知过程(想象)根除焦虑。最近人们注意到即时(真实生活)暴露更容易转化为案主生活中的相关行为。即时暴露可用于治疗恐惧症(场所恐惧症、社交恐惧症和简单恐惧症)以及强迫障碍。

即时暴露可以延长或升级(O'Brien & Barlow，1984)。在延长式暴露中，案主在治疗的早期，长时间面对激烈形式(层级居高)的恐怖情景。同样地，延长式暴露与冲击类似。在升级式暴露之中，案主一开始暴露于很小的焦虑。案主随着时间的推移逐渐暴露于更具威胁性的情景。延长式暴露与系统脱敏有若干相似之处，但在自然的情景中实施。

延长式暴露和升级式暴露的区别，显示了与即时暴露相关的持续时间和强烈程度这两个向度的重要性。比较这两个向度的研究没有得出明确的结论。有研究表明，两个小时或更长的会见比更短时间的会见效果更好(e.g.，Stern & Marks，1973)。然而，接受延长式即时暴露的病患比接受升级式暴露的病患更容易放弃治疗(Barlow，1988)。此外，延长式暴露有负面影响人际系统的缺陷(Barlow，1988)。

即时暴露可以由临床工作人员以不同程度的参与加以实施。在连续体的一端，临床工作人员从办公室指导和实施治疗(例如，在办公室让案主接触蛇状物体或蛇)。另一方面是临床工作人员伴同案主接触烦人的刺激(例如，走出诊所大楼)。在治疗场所恐惧症中，临床工作人员同时陪伴一小组案主去购物中心几小时，并提供支持(Barlow，1988)。一个替代方式是临床工作人员建立活动计划，案主于两次会见期间在社区独立执行。在某些情况下，临床工作人员通过家庭探访和让配偶或案主的伙伴参与其中以促进计划的实施(Mathews，Gelder & Johnston，1981)。在即时暴露连续体的另一端，由案主自主地借助自助手册(e.g.，Weakers，1968，1972)或案主主持的自助小组实施。

反应预防(response prevention)

这是一种阻止强迫症患者仪式行为的方法，又被称为应答预防。正如 Turner 和 Beidel(1988)所介绍的，反应预防是一种防止通过反复的仪式化行为而减轻焦虑的强化(甚至持续)。案主可相应地免于实施强迫。为了实现这个目标，专业人员并不使用强制措施，而是经由转移、重导或诱导案主不再进行仪式行为。此外，专业人员不组织案主进行计划规定的行为。例如，一天冲凉一次，或在接触脏物后洗手。Turner 和 Beidel 将暴露(接触恐怖刺激)和反应物预防结合起来，应用于他们的强迫患者治疗计划。

想法终止(thought stopping)

这是一种中断或非理性思维的方式，应用于治疗广泛性焦虑障碍患者和强迫焦虑。终止想法以如下方式进行：首先，临床工作人员要求案主讨论，并说出呈现不利想法情景的实例(Mahoney，1974)。接着，让案主想象再次处于那种情景之中以及出现同样想法(Rimm & Masters，1974)。在案主表明此类想法出现后，临床工作人员大喊一声："停止！"案主很震惊并不再关注以前的想法。案主接触这种重复训练方法，可以学会辨识，并对自己默读"停止"，从而中断自己的思维。考虑到此种方法缺乏足够经验支撑(Mahoney，1974； Turner & Beidel，1988)，一般倾向于用作辅助治疗方法，而非主要治疗方法。

认知重建(cognitive restructuring)

认知重建就是辨识、挑战焦虑思维并代之以更精确的思维。首先，要帮助案主辨识伴随焦虑的非理性的自动思维。家庭功课记录和描述焦虑体验(发生了什么，案主在想什么，案主的感觉怎样)可推动这一过程。治疗中，临床工作人员挑战案主思维的合理性。例如，某案主在体验焦虑的时候，出席聚会不久就立即离开了，因为她看到了以前一起出去过、自己喜欢但未再约会的人。她认为，如果他们在聚会上面对面会很难堪。临床工作者让案主探索相遇可能带来的众多可能性(包括他再次约会她)，并解释可能的结果和想象的结果之间的差异(cf. Ellis，1962)。临床工作者鼓励案主建立在某种场合下出现的替代性思维和反应(例如，赴约的人一定要遇到以前约会过的人；即便看到这个男人她很不舒服，她仍然享受这聚会；减轻焦虑的一个方式是立即跟他说话，可“一劳永逸地解决问题”；即使他不想跟她谈话，她仍有权参加聚会并玩得愉快)。治疗焦虑障碍的认知方法在 Beck，Emery 和 Greenberg(1985)的著作中有进一步的深入讨论。

压力免疫训练(stress inoculation training)

压力免疫训练，是认知行为治疗中协助案主建立应对压力技巧的方式(Meichenbaum，1985)。临床社工以合作者的身份接触案主，从其日常体验中收集诱发压力的数据并选择应对压力的策略。案主学会了了解适应不良的思维、解决问题、控制情感反应和运用应对技巧。压力免疫可应用于临床和社区情景下的广泛人群。它整合了前面介绍到的众多认知技巧和行为技巧(放松训练、逐级暴露、明确自动思维和示范)以及问题解决技巧。压力免疫训练可以在个人、夫妻和小组层面进行。

前述部分回顾了应用于干预不同焦虑障碍个人的各种认知技巧和行为技巧。许多手法可追溯到 1950 年。近来，出现针对特定类型焦虑障碍的系统性诊疗程序。不少治疗程序采用了前面讨论过的手法，例如，压力免疫训练应用于治疗创伤后压力障碍(Calhoun & Resick，1993)。用于重性精神疾病患者的社交技巧训练，有利于治疗社交恐惧症(Barlow，Esler & Vitali，1998)。下一节将总结作为治疗恐惧障碍和伴有场所恐惧的恐惧障碍的证据为本的实践中的一个治疗计划。

证据为本的实践：恐惧障碍和伴有场所恐惧的恐惧障碍的认知行为治疗

这里介绍的恐惧障碍（PD）和伴有场所障碍的恐惧障碍（PDA）的认知行为治疗（Craske & Barlow，1993，2008），立足于生理心理社会视角（Craske & Barlow，1993）。Barlow（1988）提出了这样一个生理心理社会过程：人与生俱来的预警系统在压力下得以激活，并对已成为条件反射的"错误预警"反应较敏感；恐惧障碍是"一种习得的、与惊恐发作相关的特定躯体感觉的恐惧感"；而场所恐惧是"此类躯体感觉预期的行为反应或全面升格为惊恐发作"（Craske & Barlow，1993，p. 1）。根据认知假设（Beck et al.，1985），惊恐发作首先来源于来自生活问题的张力，人们由此形成无助感。当伴随张力的躯体或精神感觉再次出现时，人们将其诠释为威胁其生活或幸福的不可避免的灾难之征兆。这种错误解释导致可诱发惊恐发作的不断升级的焦虑和感觉（Salkovskis，1998），且担心再次发作（Barlow，1988）。具有恐惧障碍家庭史的个人在心理上更容易以这样的方式反映内在的刺激（Craske & Barlow，1993）。

Craske 和 Barlow（1988）的模型构建是为了理解焦虑、惊恐、场所恐惧以及另外的相关概念。即时焦虑被视为感觉到危险的立即反应（fight-flight response），是机体保护自身和准备行动的尝试。在威胁面前，自动神经系统得以激活。此系统包含两个亚系统——交感神经系统和自主神经系统。为躯体运动做准备的交感神经系统促进心血畅通、改善呼吸并利汗。自主神经系统将躯体维持于正常状态从而保护身体。

惊恐发作的人，害怕立即反应时产生的躯体感觉。这些感觉是压力、过度换气（hyperventilation）、躯体变化的过多警惕或内感受性制约（interoceptive conditioning）的结果。内感受性制约是一种制约，恐惧反应被超出个人意识的细微躯体感觉所激发（Craske & Barlow，1993）。当个人不能辨识其恐慌感受的原因时，他们会衍生出一种解释（"我快要死了""我疯了"）或责怪自己（Craske & Balow，1993）。场所恐惧是对诱发恐慌的躯体状况的即时反应（更详细的讨论可见于 Craske & Balow，1993）。

PD/PDA 的认知行为治疗旨在指导案主了解其症状、纠正其躯体症状的错误解释，提供呼吸训练，进行暴露练习。表 9.2 总结了这种干预方式的要素。

表 9.2　恐惧障碍和伴有场所恐惧的恐惧障碍的认知行为疗法
目标
提供焦虑、惊恐发作和过度换气的相关信息
改变对躯体症状的错误解释
提供呼吸练习，修正认知
提供重复暴露于令人恐慌的内在暗示和外在情景
场景
诊所
自然环境
住院部门
评估
深度访谈
筛查测试，行为测试
医学评估
案主惊恐发作的自我报告信息
行为方式测试
治疗要素
培训焦虑、惊恐、认知和不同的治疗策略，自我监控
认知重构
呼吸练习
实用放松
内在暴露
情景暴露
面谈次数
10～15 次
形式
个人面谈
重要他人在治疗末期参与

资料来源：基于 Craske & Barlow(2008)

应注意到这种治疗可在门诊或住院部门以及案主的原生环境下进行。这是一种短期治疗，与管理医疗机构要求的精要治疗一致。研究指出80%～100%的人在治疗末期不再恐慌发作，大多数人至少能保持这一成效两年(Craske & Barlow，1993)。

评估

在干预进行之前有必要进行详细评估。临床社工跟案主进行深度访谈从而了解案主随时间推移的症状呈现过程，同时也要收集相关的其他生活状况信息。Craske 和 Barlow 采用焦虑障碍访谈提纲(修订版)明断诊断(DiNardo & Barlow，1988)。除此之外，临床社工要求案主提供恐慌发作的基本信息来进行医学检查从而排除医学状况。临床社工要监管案主所指明的困难活动的行为方式测试，并在此期间评定案主的焦虑程度。自我报告列表应用于治疗计划和评估治疗期间的变化(参见焦虑敏感索引，Reiss，Peterson，Gursky & McNally，1986)。

治疗要素

以下治疗策略被应用于减轻惊恐和场所恐惧症状。

认知重建，应用于辨识与症状相关案主的错误的和非理性的观念。这些认知是解释其感受的未曾证明的假设。正如 Beck 的抑郁认知行为治疗，临床社工要挑战认知(尤其是夸大危险和灾难化)并让案主在面谈间隔的家庭功课之中进行检测。正确的认知替代错误的认知。认知重建将与其他治疗要素整合在一起。

呼吸练习，致力于回应 50%～60%因惊恐障碍而接受治疗的案主所描述的过度换气(Craske & Barlow，1993)。首先要求案主站着急促而深入地呼吸(即重视过度换气)一分半钟，并询问当期焦虑之时的症状在何等程度上与其相似。临床社工向案主提供关于过度换气的教育型信息(描述为躯体负荷过重)，训练其经由横膈膜而非胸肌进行呼吸，并通过计算他们吸气的次数以及在呼气时想到“放松”来控制其呼吸。

实用放松，是一种渐进性的肌肉放松训练，它被应用于惊恐发作时抵消肌肉紧张(Crasker & Barlow，1993)。社工要训练案主放松躯体的各个部分，每次一处。

内在暴露的目的，在于通过减少恐惧体验而减弱躯体线索和恐惧反应之间的联系，从而使恐惧反应不再出现(Crasje & Barlow，2008)。跑步、用细小的麦秸呼吸以及左右摇头等步骤可用于减轻类似惊恐的感觉。案主逐步地、慢慢地暴露于这些体验，从而适应这些体验和以前导致惊恐的生理感觉。

情景暴露在某种程度上与前面所讲到的即时暴露类似，在处置与其他恐惧障碍有关系的场所恐惧时，案主逐步地、反复地暴露于恐慌性的外部情景，如购物中心和地铁上。情景暴露削弱情景式暗示和焦虑以及恐慌反应之间的联系(Craske & Barlow，1993)。

干预次序

治疗一般基于个人方式进行，重要他人可选择加入，尤其是最后几节。尽管 Craske 和 Barlow(1993)介绍了 15 节，但他们表示，惊恐症状在 10 节内即可得到控制。Telch 等人(1993)的研究表明，同样的干预以 8 节方式进行，可取得显著性高水平成效。

第 1~2 节。在介绍性治疗环节，社工要开始教导案主什么是焦虑和惊恐发作，解释治疗的目的和性质，说明焦虑和惊恐的生理基础，并介绍过度换气和内在条件作用概念。社工要求案主描述他们经历惊恐发作的情景。除此之外，社工要案主负责监控自己的进展并完成布置的家庭功课的期望。社工还要求案主记录自己每天的心境、焦虑的强调和其经历的特别症状。

第 3~5 节。在第 3 节，社工要求案主过度换气，然后慢慢呼吸直至症状消失。接着要解释，什么是过度换气和呼吸控制。呼吸控制从第 3 节开始，并持续至接下来的两节。社工要求案主，每天在家进行两次 10 分钟的横膈膜呼吸。第 3 节介绍呼吸控制和认知之间的关系，接下来的两节解释认知重建。在第 4 节，案主表现为夸大惊恐的后果，第 5 节推进至灾难化倾向。在第 4~5 节的家庭功课是，监控案主自己的夸大化和灾难化倾向，并继续进行呼吸练习。

第 6～9 节。在回顾前述环节传递的认知重建原则之后，焦点转移至内在暴露。首先，再次介绍什么是内在条件作用，以及说明内在暴露的原因。回避（场所恐惧的特征）被视为恐慌身体感觉的后果。临床社工接着引入一些内在暴露练习，从而评估案主的反应，以 0～8 级的量表测量。练习的实例包括，跑步、屏住呼吸、在旋转椅上旋转以及用小麦秸呼吸。练习的结果用于为以后的活动建立一个活动层级体系。在第 7 节，社工整合呼吸控制、认知重建和内在暴露。前面进行过的练习要重做一次，并从低评分的练习开始。当案主表明自己不适的躯体感觉时，社工要求他们再保持此感受 30 秒。临床社工要在阻碍更长时间暴露的认知上协助案主（如果你再跑 30 秒将会发生什么？）。在几个星期内完成这些临床面谈及家庭功课之后，内在暴露要推进到引发案主躯体感觉而回避自然性任务（第 9 节）上。示例包括，跑台阶、饮咖啡、参加艰苦的体育活动、关着车窗驾驶。案主评估其焦虑反应并以层级序列列表。社工要诱导出与这些体验相关的认知，并重构之。社工要求案主从其列表中选出两个细目，并每个进行三次。

第 10～11 节。第 10 节将回顾家庭功课，讨论情景暴露。后者的焦点是与场所恐惧相关的情景（案主因害怕焦虑与恐惧而回避的情景）。情景暴露被视为一种获取对恐惧事件或情境的控制方式，其与内在暴露的区别在于，强调躯体感觉。如合适，重要他人可在第 11 节带入，并向其解释程序和理由。这一节，社工要求重要他人介绍案主的障碍如何影响他们的生活，并建立一系列策略向案主提供帮助。案主、重要他人、临床社工从案主的日常生活中建立一个活动层级体系，以应用于情景暴露。夫妻俩从中选择一项在下一周进行练习。

第 12～15 节。最后几节，案主和重要他人都参与涉及回顾实践任务以及与之相关的认知，探索并回应困难，计划新的任务。内在暴露要与情境暴露整合在一起，即参与情境暴露时，让案主监控其躯体的感觉。最后几节每两周进行一次。

评价

恐惧障碍和伴有场所恐惧的恐惧障碍是令人不安的境遇。它影响社会功能和生活质量。前述治疗方案能为此提供有效修复，可在办公室、医院、案主的居所以及其他原生环境中进行。这种干预可以是唯一的治疗方式，也可与处方药物一起应用（Crake & Barlow，1993）。

临床程序要求临床社工要熟知认知治疗、惊恐和场所恐惧的动力学，以及前面总结的具体程序。建议以这个方案为案主服务的人，应进一步阅读认知治疗和 Crake 和 Barlow（1993）的方法，在督导下进行具体程序。

此外强调的认知行为干预主要聚焦于症状，而非深受其苦之人的人格。社工服务的某些案主有复杂的人格和情境，这一点需要整合自我心理学和认知行为治疗的视角进行评估。接下来的部分给出一个恐惧症状人士的案例，社工可采用整合方法进行治疗。

案例：整合的方法

Harold Rogers，22 岁，单身男性，第一次在社区医院的门诊服务看病时谈及其所承受的压力。他报告患有睡眠障碍、体重减轻、胃口不好、反复的心悸、胸痛、呼吸困难和头昏眼花等症状。这些体验在过去一个月里在不同的情景下每星期至少出现过一次——当他一个人驱车上班、工作或在家的时候。面对这种令人不安的症状，他怀疑自己是否“要疯了”。清晨醒来之时，他曾想过待在家里不去上班，但他还是去工作了。

第一次面谈，社工询问 Rogers 先生的时候，他因心悸发作而无法提供更多的家庭背景信息。他说去年双亲“将他赶出房间”，并强迫他自己养活自己。他们说他是昼伏夜出、不干活的游民。案主一开始搬到姐姐那里住了几个月，找到工作后跟女朋友搬到一起住。他也谈到两个月前背上生过肿瘤。他补充说，几个月前，两个亲密的朋友去世了——一个死于癌症，一个死于车祸。Rogers 先生说他生肿瘤的时候以为自己得了癌症。他说他经常想到死，并害怕独自一人。

Rogers 先生高中毕业，在一个建筑队工作。他在屋顶工作时曾发作过几次。他提到自己不满意这份没有前途的卑微工作。有一段时间，他想自己执业做摄影师。他想过要另找一份工作，但没有试过。自从被父母赶出家门后，他就没有见过他们，但见过兄弟和姐姐，朋友也不少。他报告说，自己与同居的女友(Margaret Tyler)关系良好；然而她偶尔会向他施加压力，要求其作出承诺，但自己不想结婚。他也提到 Margaret 使自己的生活更舒适了；她为自己做饭、洗衣和整理房间。

初步评估

一位有工作的22岁单身男性在一年内体验到很多压力生活事件，最后导致惊恐发作。他经历了与父母的强迫性分居、拥有一份自己视为卑微的工作、失去了两个亲密的朋友，但身体状况良好。除此之外，与其同居并让他更舒适的女人，希望得到超出其意愿的更多承诺。卷入如此不确定、不安全和苛求的世界，他感到很焦虑。他似乎渴望逃离目前的境遇(不想去上班或幻想有另一份工作)，并因孤独而焦虑，但他没有形成明显的恐惧。失去和分离的主题占据了主导地位，伴之以因与父母分居而导致的未曾解决的议题。他似乎有依赖人格，不愿意寓互惠于关系之中。其优势在于他有工作、生活独立、能够维持关系、愿意求助，其焦虑症状里混杂着中度抑郁。他的 DSM-Ⅳ-TR 诊断如下：

轴Ⅰ：300.01　　不伴有场所恐惧的恐惧障碍(中度)

轴Ⅱ：799.90　　诊断延迟

轴Ⅲ：良性肿瘤切除

轴Ⅳ：心理社会和环境问题：强迫性分离、生活境遇的改变、新的工作、两个朋友的死亡、身体健康问题。

轴Ⅴ：GAF＝60(目前)

GAF＝75(过去一年的最好水平)

治疗计划

两种策略被应用于治疗恐惧障碍。首先，临床社工在办公室训练案主进行放松练习，并布置家庭功课要求案主每天练习。其次案主被安排见精神科医生。考虑到其恐惧和伴随的中度抑郁症状，是否采用 SSRI 要与医生讨论。尽管初步的诊断是不伴有场所恐惧的恐惧障碍，案主仍存在发展场所障碍或特定障碍的风险。为防止此现象发生，临床社工建议案主“千万不要屈从于回避外出的强烈愿望”。除此之外，社工要布置其跟女友一同外出消遣（摄影）的活动。

个案的发展

Rogers 先生在三个月里每周见一次社工。一开始，治疗集中于其症状。精神科医生在给他会诊中，发现他偶尔喝点啤酒（但不过量），并且不用急于服药。案主、社工和精神科医生同意在现阶段不进行药物治疗，他们先采取另外的策略。社工非常鼓励 Rogers 先生继续面对上班和外出的担心。他在家里和上班时都进行放松练习。他和 Margaret 按计划出去郊游并拍照。

与此同时，案主开始能够更好地谈论自己的过去和家庭境遇。他披露自己 6 岁时父亲因心脏病发作死于家中。此后不久，他就拒绝上学。母亲将他带到一个儿童辅导中心进行治疗，他最终重返学校。Rogers 先生说自己跟母亲很亲近，觉得应该保护她。然而三年前，母亲跟一个似乎憎恶他（家里的唯一小孩）的男人结了婚。Rogers 先生对继父感到愤怒，他认为正是他说服母亲将他扫地出门的。当问到他是否愿意回到他们中间时，Rogers 先生说“不”，并认为现在是自己靠自己的时候了。然而，他提到自己想念母亲。在谈到他不见母亲的时候，他说自己可能也对她很恼火。案主用了多次面谈的时间表达其对自己 6 岁时去世父亲、继父和母亲的感受。他说在父亲死后自己一直担心失去母亲，尽管她身体很好。在很小的时候，大多数时间里他都受到母亲的关注，他很在意这种关注。在治疗中，他认为有“资格”得到母亲的照顾的观念受到了挑战，并被视为非理性和孩子气的，取而代之的是支持父母有权过自己的生活，以及自己应养活自己的认知。由此，案主开始意识到自己其实不愿意离开舒适的家，过自己的生活。接下来，他表达了轻率对待母亲的罪恶感（意识到自己也许正在利用 Margaret）。当问到在这种心情下他应该做些什么的时候，他说他愿意以独立的成年人身份与母亲重建关系。几次面谈都花在计划他如何与母亲建立联系，并预演访问母亲上。案主找到母亲一人在家的机会去见她，他为他过去的行为道歉，并表达自己期望再次成为家庭的一部分。她接受了道歉，并邀请他下周带 Margaret 一起来就餐。

随着分离问题得以解决，焦虑和抑郁症状消失，恐惧也不再发作。但案主仍对其工作不满，对 Margaret 的态度含糊。案主继续视摄影为消遣，并准备将部分作品卖给出版商。当社工建议他带 Margaret 一起来见面时，他说不愿意她介入其个人问题。他在一个路途遥远的城市找到了一份摄影店工作，因此只能遽然结案。他说那份工作的月薪比目前的工作要低，但却是一份白领工作。

不同的方法可以联合应用于此案例。苦恼的症状首先得以关注。放松练习在办公室进行，并要求案主在家练习。除此之外，社工鼓励案主继续面对压力性情景(即时暴露)，并外出摄影远足，以保持自己的兴趣。在案主有所准备的时候，自我改善治疗被应用，案主因此反思过去形成的模式。由此可知分离焦虑是其由来已久的一个问题，他小时候在父亲去世之后出现过学校恐惧。案主获得机会表达孩童时期失去父亲，以及母亲再婚后失去其全部关注的感受。他表达了对母亲和继父的愤怒，然而他有与他们重归于好的愿望。认知治疗的应用，有利于他意识到所谓的“资格”在他生命的此刻是非常非理性的、不恰当的。案主在鼓励下重新与母亲和继父建立了联系，并在协助下，通过与母亲第一次见面的行为预演而达成了目的。不久以后，他可以离开女友，同时得到一个与其生活目标合拍的工作。

尽管前面介绍过的惊恐障碍的具体认知行为治疗步骤，以及这里介绍的整合方法都行之有效，有些案主依然两者都不能接受，或者他们在参与治疗的同时，采用应对焦虑的另类方法。接下来的章节会综述其中的一部分。

评估和监测焦虑的工具

接下来的工具被应用于评估和监测焦虑及测量结果。标了星号的见于 Fischer 和 Corcoran(2000)的《临床实践与研究的测量》一书，其他的来源则在括号中说明。除非特别说明，所有量表都由案主完成。

Hamilton 焦虑评定量表(Hamilton，1959)

临床焦虑量表(Snaith，Baugh，Clayden，Husain & Slipple，1982)

Yale-Brown 妄想强迫评定量表(由临床工作人员控制)(Goodman et al.，1989)

* Zung 氏自评焦虑量表

* 社交逃避与苦恼量表

焦虑障碍的治疗药物

多年来不少药物被尝试或应用于治疗焦虑障碍。尽管这些药物不能治愈焦虑障碍，但可以缓解痛苦症状，使临床工作人员以心理治疗解决问题成为可能。采用药物有不同的成本-效益比，案主在同意药物治疗之前，有必要权衡一下。下面将介绍，已成为研究证明治疗焦虑障碍有效的主要药物。表 9.3 列出了药物的种类，并标示了其商品名。

表 9.3　治疗焦虑障碍的药物

类别/范例	商品名	中文名
Selective serotonin reuptake inhibitors(SSRIs)		选择性 5 色胺受体抑制剂
fluoxetine	Prozac	氟西汀
fluvoxamine	Luvox	氟伏草胺
paroxetine	Paxil	帕罗西汀
sertraline	Zoloft	舍曲林
citalopram	Celexa	西酞普兰
Tricyclic antidepressants(TCAs)		三环类抗抑郁药
imipramine	Tofranil	米帕明
amitriptyline	Elavil	阿米替林
desipramine	Norpramin	地昔帕明

（续表）

类别/范例	商品名	中文名
nortriptyline	Pamelor	去甲替林
doxepin	Sinequan	多塞平
clomipramine	Anafranil	氯米帕明
Monoamine oxidase inhibitors(MAOIs)		单胺氧化酶抑制剂
phenelzine	Nardil	苯乙肼
Atyica	antidepressant	非典型抗抑郁药
venlafaxine	Effexor	万拉法星
	Benodiazepines	苯二氮
clonazepam	Klonopin	氯硝西泮
lorazepam	Ativan	氯羟去甲安定
alprazolam	Xanex	阿普唑仑
diazepam	Valium	安定
Azapirones		
buspirone	BusPar	丁螺环酮

选择性5色胺受体抑制剂(selective serotonin reuptake inhibitors)

一组相对较新的被证明治疗焦虑障碍有效的抗抑郁药是选择性5色胺受体抑制剂(SSRIs)，这种药在第八章已经介绍过。研究表明选择性5色胺受体抑制剂对治疗恐惧障碍和社交障碍(Thuile, Even & Rouillon, 2008)、强迫症(Rauch & Jenike, 1998)和创伤后压力障碍(Davidson et al., 2005)都具有效果。其中最被人们了解的治疗强迫症的药物是氟伏草胺(Luvox)。选择性5色胺受体抑制剂的优点是不良副作用较少。它通常需在症状消失之前使用4到6周。基于美国心理学会编制的治疗指南，选择性5色胺受体抑制剂通常刚开始时使用较少剂量随后逐渐增加直到开始对病情起到有益作用。然而，它们很贵，市场上还没有出现比较便宜的同类药物。郁复伸(Venlafaxine)，是一种与选择性5色胺受体抑制剂相关的药，通常被应用于治疗广泛性焦虑障碍。

三环抗抑郁药(tricyclic antidepressants)

在过去40年里，三环抗抑郁药一直被应用于治疗焦虑。它是比选择性5色胺受体抑制剂更老一代的抗抑郁药，对除了强迫症以外的焦虑障碍有效。但是比起选择性5色胺受体抑制剂它有很多副作用。被测试得最多的是米帕明(Tofranil)，这是一种三环抗抑郁药。这种药对治疗恐惧障碍和伴有场所恐惧症的预期焦虑颇见疗效(Mavissakalian & Perel，1989；Zitrin，Klein，Woerner，& Ross，1983)。研究显示，此药物治疗场所恐惧需要大剂量，而治疗恐惧障碍只需要中等剂量(Mavissakalian & Perel，1989)。此外，米帕明可以减少创伤后应激障碍患者的噩梦、倒叙、恐慌发作、心境不宁(Horowitz，1989)。其他用于治疗恐惧障碍和场所恐惧以及创伤后压力障碍的三环类抗抑郁药是阿米替林、去甲替林、帕罗西汀和多塞平。此类药物有减轻焦虑、但没有成瘾威胁的优势。三环类药的缺点和副作用(镇静、体位性低血压和抗胆碱能副反应等)已在第八章介绍。

氯米帕明(Anafranil)是一种主要用于治疗强迫症的三环类药。尽管氯米帕明不能完全消除困扰和强迫，但可以减轻沉迷与困扰和仪式化的行为(Insel & Zohar，1987)。如同其他三环类药物，氯米帕明要几个星期才见效果；在药物停止使用后，障碍即死灰复燃(Stahl，2009)。

单胺氧化酶抑制剂(MAOIs)

另一种治疗焦虑障碍的抗抑郁药是单胺氧化酶抑制剂，特别是苯乙肼(Nardil)。如同米帕明，它治疗惊恐焦虑和场所恐惧。此外单胺氧化酶抑制剂治疗社交恐惧和伴随恐惧发作的非典型性抑郁(Liebowitz，1989)，以及伴随恐惧发作的创伤后应激障碍(Horowitz，1989)。然而，在治疗上，单胺氧化酶抑制剂需要限制饮食(例如烟熏肉和干酪)和药品(例如抗组胺剂，参见第八章)。除此之外，此类药物有一定副作用(例如低血压和性障碍)。由于以上原因，人们更倾向于使用其他药物治疗恐惧障碍和场所恐惧。

苯二氮䓬类药物(Benzodiazepines)

苯二氮䓬类药物是一直用于治疗焦虑的抗焦虑药(抗焦虑剂)。此类药包括利眠宁(Librium)、安定(Valium)、氯拉酸(Tranxene)、舒宁(Serax)、阿普唑仑(Xanax)、劳拉西泮(Ativan)。其中有些药物(例如，舒宁和劳拉西泮)有很短的半衰期，也就是它们很快就从血液消除了。有些药物有中度半衰期(如，阿普唑仑)，其他的有长半衰期(例如，安定、氯拉酸、利眠宁)(Salzman，1989)。两种短半衰期药物(舒宁、劳拉西泮)没有活性代谢物，具有活性代谢物的长期苯二氮䓬类药物需要小剂量处方，并采取剂量递加的方式，这两者都建议给老人使用(Cloos & Ferreira，2009)。

所有的药物都有镇静作用。此外，它们导致镇静、改善睡眠并具有肌肉放松和抗痉挛效果(Cloos & Ferreira，2009)。镇静效果难以预料，镇静导致昏昏欲睡和行动迟缓，影响机体的运作。如果案主饮酒或服用抗组胺剂，效果就是复合(Cloos & Ferreira，2009)。使用这些药物的一个严重问题是长时间服用会成瘾。例如，成功治愈恐惧障碍的人一旦戒断，就会经历反弹的恐惧，即复发，这要比以前的体验强烈得多。鉴于此，建议短期小剂量使用(Salzman，1988)以及缓慢戒断(Barlow，1988)。

由于苯二氮䓬类药物的反应发作非常迅速(尤其是安定和氯拉酸)，这些药物可用于急性焦虑反映的症状缓解(Cloos & Ferreira，2009)，正如在急诊室所见到的那样。此外，研究表明它们在治疗广泛性焦虑障碍、创伤后应激障碍以及恐惧障碍(Cools & Ferreira，2009；Horowitz，1989；Noyes，Chaudy & Domingo，1986)。

阿普唑仑(Xanex)对治疗恐惧障碍和相关的恐惧障碍特别有效(Sussman & Klee，2005)。该药似乎比其他的苯二氮类的镇静作用要小。除此之外，它对服用者具有抗抑郁效果，无论服用者是否有次生的抑郁症(Sussman & Klee，2005)。根据跨国恐惧合作研究计划对约500个研究对象的研究，发现服用阿普唑仑的人在治疗恐惧发作、恐惧担心、逃避行为、焦虑和社交残障等方面比服用安慰剂的控制组有显著改善(Ballenger et al.，1988)。疗效在一个星期后出现。然而，这个研究小组在另一份报告中揭示了与治疗相关的副反应(Noyes，Dupont，Pecknold & Rifkin，

1988)，包括疲劳、镇静、混乱、健忘和口齿不清。研究者还报告接受活性药物治疗的人(16%)中途退出率比接受安慰剂的人(50%)要低很多，这一发现显示了阿普唑仑的接受程度很高。

• • • 丁螺环酮(Buspirone)

丁螺环酮(BuSpar)是一种与安定类似的抗焦虑剂，但没有后者那么多不足之处。丁螺环酮不导致镇静、引发滥用或生理依赖，还可用作抗痉挛药(Eison & Temple，1986)。相应地，觉醒、注意以及行动和反应能力得以维持。丁螺环酮的另一优点是，它与酒精并不相互增强(Salzman，1989)。同时，丁螺环酮不像安定那样反应快。此外，在某些情况下，没有镇静作用是一个缺点。丁螺环酮对于治疗一般焦虑障碍和缓解敌对和愤怒症状似乎有一定效果。

• • • 药物治疗(pharmacological treatment)

前述药物是治疗焦虑障碍的主要药物。新的药物始终在持续测试和引入。此外，已在第八章介绍的若干抗抑郁药有时会与在此处综述的某些药物一起使用。表 9.4 列出了应用于特定焦虑障碍的药物，研究表明某些药物是有效的。

表 9.4 应用于特定焦虑障碍的药物

焦虑障碍类型	药　　物
伴随和不伴随广场恐惧的惊恐障碍	选择性 5 色胺受体抑制剂、三环类抗抑 郁药(氯丙咪嗪、丙咪嗪)
社交恐惧	单胺氧化酶抑制剂、苯二氮卓类选择性 5 色胺受体抑制剂、苯二类、非典型的抗抑郁药剂
特定恐惧	似乎对药物没有反应
广泛性焦虑恐惧	苯二氮卓类、丁螺环酮、万法拉星
强迫障碍	氯丙帕明、选择性 5 色胺受体抑制剂
创伤后压力障碍	选择性 5 色胺受体抑制剂、三环类抗抑郁药(丙咪嗪、阿米替林)、单胺氧化酶抑制剂

资料来源：根据 Cowen(1998)，Rauch & Jenike(1998)，Roy-Byrne & Cowley，Sadock & Sadock(2007)，Yehuda，Marshall & Giller(1998)

这些药可为那些愿意服用并有积极反应的人缓解症状。全面了解与药物相关的反应和风险的案主，有不少人拒绝服用，抗抑郁药有人们觉得非常痛苦的副作用。长期服用苯二氮草类药物会成瘾，不适用于有滥用物质历史的人群。老年人对药物更敏感，并且身体疾病可能会复杂化或排除精神药理(Banazak，1997)。无论案主是否接受药物治疗，他们都会受益于心理治疗。治疗能帮助改善药物无法触及的问题，如案主负面的焦虑思想、情绪，以及焦虑行为对案主造成的影响。

• • • 药物和心理治疗研究

药物和心理治疗对于治疗焦虑的显著效果，没有像抑郁症那样进行过深入而广泛的研究。最近关于随机试验的综述显示使用选择性 5 色胺受体抑制剂对治疗社交障碍(帕罗西汀、舍曲林、氟伏沙明、venlaxafine)、创伤后应激障碍(舍曲林、氟西汀)、强迫症(帕罗西汀、舍曲林、氟西汀、艾司西酞普兰)、广泛性焦虑症(venlaxafine、艾司西酞普兰)、伴随和不伴随广场恐惧的恐惧障碍(帕罗西汀、Venlaxafine)等焦虑障碍有令人鼓舞的作用(Thuile et al.，2008)。

根据实验性证据，治疗焦虑障碍的路径可能建议用一个统一的治疗方法，这是基于新的情绪调节和调节异常的研究发现的，而不是基于特别的诊断分类和相关的诊断治疗方案(Allen McHugh & Barlow，2008)。心理障碍的认知行为治疗过程有很多相似之处：(a) 改变人们基于日常生活感知思想的情绪聚焦认知模型；(b) 防止消极的内在或环境触发或暗示而产生的逃避行为；(c)改善基于行为产生的情感(Allen et al.，2008)。

若干研究注意到行为治疗和药物治疗在治疗恐惧障碍和场所恐惧时的相对价值。测试 Klein 和 Gorman(1987)的惊恐与场所恐惧发展模式受到了高度重视，正如前面提到的，研究者认为恐惧预示并限制场所恐惧的发展。此外，他们注意到米帕明能够治疗恐慌发作，但不能治疗逃避行为或预期焦虑。有精神病学家在一项对照研究中发现，在自己实施的即时暴露(将在下一节介绍)实践中得到指导和鼓励的被试者有显著改善，那些使用米帕明临床评价较高的人则视其服用了多少剂量(Mavissakalian & Michelson，1986)。然而，另一分析发现，没有被告知实施暴露的被试者在恐惧和惊恐症状上受益，由此亦发现药物剂量与目标症状之间的关系（Mavissakalian & Perel，1989）。另一项研究对服用米帕明和不服用米帕明的行为治疗与服用米帕明的支持性治疗进行比较，发现不同策略之间没有差异（Klein，Zitrin，Woerner & Ross，1983）。根据上述研究，似乎分开采用或一起采用药物治疗和实施暴露（以及支持），可有效治疗惊恐和预期焦虑。

Craske 和 Barlow（2008）认为很多患者已经在使用精神药物，因此，个体使用稳定且适合的药物剂量以便精神治疗医师能够清楚地认识到焦虑症状是十分必要的（Allen et al.，2008）。使用抗焦虑药物进行治疗似乎没有消极的影响，然而研究表明个体单独接受药物治疗，或者用认知行为治疗补充药物治疗容易复发（Barlow，Gorman，Shear & Woods，2000）。

老年人焦虑药物治疗

某种程度上，老年人焦虑常见治疗倾向于初级护理医师，抗焦虑药物包括苯二氮（Lenze et al.，2003）。人口聚居区的流行病学数据显示苯二氮在老年人中的使用率大约高于年轻的成年人 14%（Swartz et al.，1991）。

由于跌倒、髋骨骨折和车祸风险的增加（Tamblyn，Abrahamouicz，du Berger，McLeod，Bartlett，2005）。老年人服用苯二氮在移动和日常生活中容易导致残疾（Gray et al.，2006）。苯二氮可能会损害记忆和其他认知功能（Wengel，Burke，Ranno & Roccaforte，1993）。这些药物可能会导致耐药性、停药症状、与其他药物的交互影响、产生毒性（Krasucki，Howard & Mann，1999）。

尽管更安全的药物，特别是 SSRIs，通常被用于治疗老年人焦虑，但是它们导致令人讨厌的副作用，有些老年人不喜欢服用这些药。此外，SSRIs 还没有完全替代苯二氮治疗老年人焦虑（Keene，Eaddy，Nelson & Sarnes，2005）。安全和有效的替代性抗焦虑药物能够吸引老年人群而且确实被需要。

另类康复模式

焦虑是一种很普通的感受，它不太可能被视为障碍，除非严重影响了日常功能，并被专业人士认定为问题。通过求助这一社会过程，分散的、烦人的感受被重构为焦虑障碍的症状。无论人们是否体验过受专业人士救助的经历，很多人都曾尝试各式各样的自我康复模式。

一种来源于东方宗教的自我治疗方法是冥想。人们发现冥想可以澄明心智、放松身体、缓解压力。其中之一为超验冥想（TM），其具体操作如下：

你坐在一个舒适的地方，然后默默地、一遍遍地重复一个词或一个声音。如果冥想的词语之外的想法出现了，你就再次重复该词或声音。据称通过超验冥想达到的休息水平超过睡眠（Phalen，p. 107）。

冥想是生活方式的一部分，健康生活方式还包括健康食谱（低脂肪、维生素丰富或素食）、充分睡眠、瑜伽和运动。通过自己在以上各个生活领域的控制，并探寻内心静谧，人们就可以增强能力从而把握自己的生命。

另一种自我康复方式是宗教和灵性。宗教给人们理解自身体验的框架，宗教组织则为此提供支持、社群意识和祈祷机会。无论人们是在团体祈祷或个人祈祷中寻求安慰，抑或是自己的灵性感悟，人们也许可通过这类方式而得到安慰、平和与安宁。

上一章节提及与抑郁相关的草药治疗，而有些草药则对焦虑有效。有两本书介绍了这些治疗方式：Foster 和 Tyler（1999）的《泰勒之草药选择》。同样地，人们应慎重地对待这些药物及其剂量，以及其与处方药物的相互作用。

不少组织为焦虑障碍人士及其家庭提供信息和帮助。全国性的组织包括全美焦虑障碍协会、创伤后应激障碍全美中心、妄想强迫障碍基金会和全美精神疾病人士联盟（恐惧障碍和妄想强迫障碍添列其支援的主要障碍之中）。地方社区有无数的焦虑障碍人士及其家庭的支援团体。除此之外，许多自助书籍和磁带（以及网页）亦提供应对焦虑的信息。

案例研究

Brown 女士

Cynthia Brown 是一个中等个头的 30 岁已婚妇女，她说自己体重 160 磅。她的脸蛋迷人，且穿着漂亮，因此，她看起来要比她说的苗条得多。她说问题是自己造成的：由于羞愧于自己过重而自我隔离，她大多数时间待在家里，而回避外出。她难以说服自己去杂货店，通常直到家里的东西吃完了，她才不得不去。案主表达自己的关注是，她在杂货店将被人注视。无论她丈夫建议他们一起或跟另一伙伴一起外出，她都找出理由不去。

Brown 太太说，尽管看起来她宁愿待在家里，但她无所事事且症状加重。她感觉自己将所有的时间耗费于服务他人——甚至狗，但没有为自己做任何事。她跟丈夫 Jason 有一个 3 岁的女儿——Amy，丈夫有一个 12 岁的前婚生子，跟他们同住。Brown 太太确信丈夫更关注他的儿子而非他们的女儿。她全心全意地爱着 Amy 以作为补偿。尽管 Brown 太太已让 Amy 去上附近的一家幼儿园，但 Amy 在学校的时间她很担心。她害怕 Amy 会有什么事。

Brown 太太说她和 Jason 相识时，Jason 已跟第一任妻子分居。当时 Cynthia 身材苗条，是一名模特。Jason 曾告诉她，他的第一任妻子有体重问题，她的体重导致了离婚。Brown 太太很在乎她丈夫会将她抛弃。她说自己亦知道拒绝外出可能激怒他。她提及他们第一次相遇时，丈夫常常担心其他男人追求她。而现在，她担心丈夫吸引其他的女人。

社工评论 Brown 太太谈到的一系列问题——害怕离开屋子、担心女儿、体重问题和婚姻障碍。社工问她想怎么做？案主说，如果她能克服离家的焦虑，一切问题将迎刃而解。

总结和解构

尽管焦虑是对人知道的危险以及宇宙奥秘意识的普通反应，焦虑障碍却是特殊的，其内在张力被建构为障碍的人体验到的压力比其他的人程度高得多。一方面，他们饱含热情地生活；另一方面，他们深受其苦而疲惫不堪。

焦虑障碍是多样而复杂的。DSM-Ⅳ-TR介绍的所有焦虑障碍都以一系列的生理、认知、情绪和行为的症状为特征，不少特征在不同类型的焦虑障碍之中出现。在一些焦虑障碍中，人们回避特定类型的情境（如社交障碍）；而在另一些障碍中，他们觉得被强迫以特定方式行动（强迫症）。一些障碍的焦虑被击中迸发（恐惧障碍），另一些障碍的焦虑是扩散的（广泛性焦虑障碍）。焦虑患者以不同方式体验同样的症状。

本章综述了焦虑障碍的生物、心理和社会的解释。基因解释是不确定的。众多的心理学理论证明了，障碍的多样性和个人之见的差异，一些解释可能更符合某些人的体验，而非他人的体验。焦虑障碍与性别和社会经济阶层（收入、教育）之间的相关性，提出了压力到底在引发焦虑障碍之中扮演何种角色的疑问。

本章介绍了治疗伴有场所恐惧的恐惧障碍人士的认知行为治疗这个范例计划。尽管这个计划是有效的，但它并不适宜所有案主，且不能回应一些相关的心理议题。有临床社工结合和整合不同的模式以服务案主。个案范例说明了自我心理学如何与暴露治疗和认知重建起作用。

焦虑患者同样可以设计自己的治疗方式，其选择范围是自己探索或为其社区所有的。其中包括冥想、瑜伽、锻炼、草药和其他健康生活方式。除此之外，一些案主及其家庭成员参与支援小组、阅读自助书籍、在网页上寻找答案。临床社工应认识到个人的应对方式包括这些方法以及（或替代）求助于专业人士。

参考文献

Allen, L., McHugh, R. K., & Barlow, D. (2008). Emotional disorders: A unified model. In D. Barlow (Ed.), *Clinical handbook of psychological disorders* (3rd ed., pp. 216–249). New York: Guilford Press.

Alwahhabi, F. (2003). Anxiety symptoms and generalized anxiety disorder in the elderly: A review. *Harvard Review of Psychiatry, 11*(4), 180–193.

American Psychiatric Association. (2000). *Diagnostic and statistical manual of mental disorders* (4th ed., text rev.). Washington, DC: Author.

Andreasen, N. C., & Black, D. W. (2006). *Introductory textbook of psychiatry* (4th ed.). Washington, DC: American Psychiatric Publishing.

Ballenger, J. C., Burrows, G. D., DuPont, R. L., Lesser, I. M., Noyes, R., Pecknold, J. C., et al. (1988). Alprazolam in panic disorder and agoraphobia: Results from a multicenter trial. I. Efficacy in short-term treatment. *Archives of General Psychiatry, 45,* 413–422.

Banazak, D. A. (1997). Anxiety disorders in elderly patients. *Journal of the American Board of Family Practice, 10*(4), 280–289.

Barlow, D. H. (1988). *Anxiety and Its disorders.* New York: Guilford Press.

Barlow, D. H., Esler, J. L., & Vitali, A. E. (1998). Psychosocial treatments for panic disorders, phobias, and generalized anxiety disorder. In P. E. Nathan & J. M. Gorman (Eds.), *A guide to treatments that work* (pp. 288–318). New York: Oxford University Press.

Barlow, D. H., Gorman, J., Shear, K., & Woods, S. (2000). Cognitive behavioral therapy, imipramine or their combination for panic disorder: A randomized controlled trial. *Journal of the American Medical Association, 283*(19), 2529–2536.

Beck, A. (1985). Cognitive therapy. In H. I. Kaplan & B. J. Sadock (Eds.), *Comprehensive textbook of psychiatry/IV* (pp. 1432–1438). Baltimore, MD: Williams & Wilkins.

Beck, A. T., & Emery, G., with Greenberg, R. L. (1985). *Anxiety disorders and phobias: A cognitive perspective.* New York: Basic Books.

Beck, J. G., & Averill, P. M. (2004). Older adults. In D. Mennon, R. Heimberg, & C.Turk (Eds.), *Generalized anxiety disorder: Advances in research and practice* (pp. 409–433). New York: Guilford Press.

Beekman, A., Bremmer, M., Deeg, D., van Balkom, A., Smit, J., de Beurs, E., et al. (1998). Anxiety disorders in later life: A report from the longitudinal aging study Amsterdam. *International Journal of Geriatric Psychiatry, 13*(10), 717–726.

Beekman, A., van Balkom, A., Deeg, D., van Dyck, R., & van Tilburg, W. (2000). Anxiety and depression in later life: Co-occurrence and communality of risk factors. *American Journal of Psychiatry, 157*(1), 89–95.

Blazer, D. G. (1997). Generalized anxiety disorder and panic disorder in the elderly: A review. *Harvard Review of Psychiatry, 5*(1), 18–27.

Bowling, A., Farquhar, M., & Grundy, E. (1996). Associations with changes in life satisfaction among three samples of elderly people living at home. *International Journal of Geriatric Psychiatry, 11*(12), 1077–1087.

Brenner, C. (1955). *An elementary textbook of psychoanalysis.* New York: Doubleday Anchor.

Calhoun, K. S., & Resick, P. A. (1993). Post-traumatic stress disorder. In D. Barlow (Ed.), *Clinical handbook of psychological disorders: A step-by-step treatment manual* (2nd ed., pp. 48–98). New York: Guilford Press.

Camus, A. (1991). *The myth of Sisyphus and other essays.* (J. O'Brien, Trans.). New York: Vintage Books.

Cloos, J. M., & Ferreira, V. (2009). Current use of benzodiazepines in anxiety disorders. *Current Opinion in Psychiatry,* 22(1), 90–95.

Cowen, P. J. (1998). Psychopharmacology. In A. S. Bellack & M. Hersen (Eds.), *Comprehensive clinical psychology* (Vol. 6, pp. 136–161). Amsterdam: Elsevier Science.

Craske, M. G., & Barlow, D. H. (1993). Panic disorder and agoraphobia. In D. Barlow (Ed.), *Clinical handbook of psychological disorders: A step-by-step treatment manual* (2nd ed., pp. 1–47). New York: Guilford Press.

Craske, M. G., & Barlow, D. H. (2006). *Worry.* New York: Oxford University Press.

Craske, M. G., & Barlow, D. H. (2008). Panic disorder and agoraphobia. In D. Barlow (Ed.), *Clinical handbook of psychological disorders* (3rd ed., pp. 1–64). New York: Guilford Press.

Davidson, J. R. T., Connor, K. M., Hertzberg, M. A., Weisler, R. H., Wilson, W. H., & Payne, V. M. (2005). Maintenance therapy with fluoxetine in posttraumatic stress disorder: A placebo-controlled discontinuation study. *Journal of Clinical Psychopharmacology, 25,* 166–169.

Davis, M. J., Moye, J., & Karel, M. J. (2002). Mental health screening of older adults in primary care. *Journal of Mental Health and Aging, 8*(2), 139–149.

Diala, C., & Muntaner, C. (2003). Mood and anxiety disorders among rural, urban, and metropolitan residents in the United States. *Community Mental Health Journal, 39*(3), 239–252.

Diefenbach, G. J., & Goethe, J. (2006). Clinical interventions for late-life anxious depression. *Clinical Interventions in Aging, 1*(1), 41–50.

DiNardo, P., & Barlow, D. H. (1988). *Anxiety Disorders Interview Schedule—Revised (ADIS-R).* Albany, NY: Graywind Publications.

Douchet, C., Ladouceur, R., Freeston, M. H., & Dugas, M. J. (1998). Worry themes and the tendency to worry in older adults. *Canadian Journal on Aging, 17*(4), 361–371.

Eison, M. S., & Temple, D. L. (1986). Buspirone: Review

of its pharmacology and current perspectives on its mechanism of action. *American Journal of Medicine, 80*(Suppl. 3B), 1–9.

Ellis, A. (1962). *Reason and emotion in psychotherapy.* New York: Lyle Stuart.

Fischer, J., & Corcoran, K. (2007). *Measures for clinical practice: A sourcebook* (Vols. 1 and 2, 4th ed.). New York: Oxford University Press.

Foster, S., & Tyler, V. E. (1999). *Tyler's honest herbal: A sensible guide to the use of herbs and related products* (4th ed.). New York: Haworth Herbal Press.

Goodman, W. K., Price, L. H., Rasmussen, S. A., Mazure, C., Fleischmann, R. L., Hill, C. L., et al. (1989). The Yale-Brown Obsessive-Compulsive Scale, I: Development, use, and reliability. *Archives of General Psychiatry, 46,* 1006–1011.

Gray, S. L., LaCroix, A. Z., Hanlon, J. T., Penninx, B. W., Blough, D. K., Leveille, S. G., et al. (2006). Benzodiazepine use and physical disability in community-dwelling older adults. *Journal of the American Geriatrics Society, 54*(2), 224–230.

Greenberg, P., Sistitsky, T., Kessler, R. C., Finkelstein, S., Berndt, E., Davidson, J., et al. (1999). The economic burden of anxiety disorders in the 1990s. *Journal of Clinical Psychiatry, 60,* 427–435.

Hamilton, M. (1959). The assessment of anxiety states by rating. *British Journal of Medical Psychology, 32,* 50–55.

Hollander, E., Liebowitz, M. R., & Gorman, J. M. (1988). Anxiety disorders. In J. A. Talbott, R. E. Hales, & S. Yudofsky (Eds.), *Textbook of psychiatry* (pp. 391–443). Washington, DC: American Psychiatric Press.

Horowitz, M. J. (1989). Posttraumatic stress disorder. In American Psychiatric Association, *Treatments of psychiatric disorders: A task force report of the American Psychiatric Association* (Vol. 3, pp. 2065–2082). Washington, DC: American Psychiatric Association.

Insel, T. R., & Zohar, J. (1987). Psychopharmacologic approaches to obsessive-compulsive disorder. In H. Y. Meltzer (Ed.),*Psychopharmacology: The third generation* (pp. 1205–1210). New York: Raven Press.

Jacobson, E. (1938). *Progressive relaxation.* Chicago: University of Chicago Press.

Kaplan, H. I., & Sadock, B. J. (1998). *Synopsis of psychiatry* (8th ed.). Baltimore, MD: Williams & Wilkins.

Kaschak, E. (1992). *Engendered lives: A new psychology of women's experience.* New York: Basic Books.

Keene, M. S., Eaddy, M. T., Nelson, W. W., & Sarnes, M. W. (2005). Adherence to Paroxetine CR compared with Paroxetine IR in a medicare-eligible population with anxiety disorders. *American Journal of Managed Care, 11*(12, Suppl.), S362–S369.

Kessler, R. C., Berglund, P., Demler, O., Jin, R., Merikangas, K., & Walters, E. (2005). Lifetime prevalence and age of onset distributions of DSM-IV distributions in the National Comorbidity Survey replication. *Archives of General Psychiatry, 62*(6), 593–602.

Kessler, R. C., Chiu, W., Demler, O., & Walters, E. (2005). Prevalence, severity, and comorbidity of twelve month DSM-IV disorders in the National Comorbidity Survey Replication (NCS-R). *Archives of General Psychiatry, 62*(6), 617–627.

Kessler, R. C., McGonagle, K. A., Zhao, S., Nelson, C. B., Hughes, M., Eshlman, S., et al. (1994). Lifetime and 12-month prevalence of DSM-III-R psychiatric disorders in the United States: Results from the National Comorbidity Survey. *Archives of General Psychiatry, 51,* 8–19.

Klein, D. F., & Gorman, J. M. (1987). A model of panic and agoraphobic development. *Acta Psychiatrie Scandinavia, 76*(Suppl. 335), 87–95.

Klein, D. F., Zitrin, C. M., Woerner, M. G., & Ross, D. C. (1983). Treatment of phobias. II. Behavior therapy and psychotherapy: Are there any specific ingredients? *Archives of General Psychiatry, 40,* 139–145.

Krasucki, C., Howard, R., & Mann, A. (1999). Anxiety and its treatment in the elderly. *International Psychogeriatrics, 11*(1), 25–45.

Le Roux, H., Gatz, M., & Wetherell, J. L. (2005). Age at onset of generalized anxiety disorder in older adults. *American Journal of Geriatric Psychiatry,13*(1), 23–30.

Lenze, E., Mulsant, B. H., Mohlman, J., Shear, K., Dew, M. A., Schulz, R., et al. (2005). Generalized anxiety disorder in late life: Lifetime course and comorbidity with major depressive disorder. *American Journal of Geriatric Psychiatry, 13*(1), 77–80.

Lenze, E., Pollock, B., Shear, K., Mulsant, B., Bharucha, A., & Reynolds, C. (2003).Treatment considerations for anxiety in the elderly. *CNS Spectrum, 8*(12, Suppl. 3), 6–13.

Liebowitz, M. R. (1989). Antidepressants in panic disorders. *British Journal of Psychiatry, 155*(Suppl. 6), 46–52.

Mahoney, M. J. (1974). *Cognition and behavior modification.* Cambridge, MA: Ballinger.

Margolin, G., & Cordis, E. (2000). The effects of family and community violence on children. *Annual Review of Psychology, 51,* 445–479.

Markowitz, J. S., Weissman, M. M., Ouellette, R., Lish, J. D., & Klerman, G. L. (1989). Quality of life in panic disorder. *Archives of General Psychiatry, 46,* 984–992.

Mathews, A. M., Gelder, M. G., & Johnston, D. W. (1981). *Agoraphobia: Nature and treatment.* New York: Guilford Press.

Mavissakalian, M., & Michelson, L. (1986). Agoraphobia: Relative and combined effectiveness of therapist-assisted in vivo exposure and imipramine. *Journal of Clinical Psychiatry, 143,* 1106–1112.

Mavissakalian, M. R., & Perel, J. M. (1989). Imipramine dose–response relationship in panic disorder with agoraphobia. *Archives of General Psychiatry, 46,* 127–131.

Meichenbaum, D. (1985). *Stress inoculation training.* New York: Pergamon.

Mitte, K. (2005). Meta-analysis of cognitive-behavioral treatments for Generalized Anxiety Disorder: A comparison with pharmacotherapy. *Psychological Bulletin, 131*(5), 785–795.

Myers, J. K., Weissman, M. M., Tischler, G. L., Holzer, C., Leaf, P., Orvaschel, H., et al. (1984). Six-month prevalence of psychiatric disorders in three communities. *Archives of General Psychiatry, 41,* 959–967.

National Institute of Mental Health. (2008). Numbers count: Mental disorders in America. Retrieved April 17, 2010, from http://www.nimh.nih.gov/health/publications/the-numbers-count-mental-disorders-in-

america/index.shtml#PTSD
Noyes, R., Chaudry, D. R., & Domingo, D. V. (1986). Pharmacologic treatment of phobic disorders. *Journal of Clinical Psychiatry, 47,* 445–451.
Noyes, R., Dupont, R., Pecknold, J., & Rifkin, A. (1988). Alprazolam in panic disorder and agoraphobia: Results from a multicenter trial II, patient acceptance, side effects and safety. *Archives of General Psychiatry, 45*(5), 423–428.
O'Brien, G. T., & Barlow, D. H. (1984). Agoraphobia. In S. M. Turner (Ed.), *Behavioral theories and treatment of anxiety* (pp. 143–185). New York: Plenum Press.
Ostir, G. V., & Goodwin, J. S. (2006). Anxiety in persons 75 and older: Findings from a tri-ethnic population. *Ethnicity & Disease, 16*(1), 22–27.
Phalen, K. F. (1998). *Integrative medicine: Achieving wellness through the best of Eastern and Western medical practices.* Boston: Journey Editions.
Rauch, S. L., & Jenike, M. A. (1998). Pharmacological treatment of obsessive compulsive disorder. In P. E. Nathan & J. M. Gorman (Eds.), *A guide to treatments that work* (pp. 358–376). New York: Oxford University Press.
Regier, D. A., Boyd, J. H., Burke, J. D., Rae, D. S., Myers, J. K., Kramer, M., et al. (1988). One-month prevalence of mental disorders in the United States. *Archives of General Psychiatry, 45,* 977–986.
Regier, D. A., Rae, D., Narrow, W., Kaelber, C. T., & Schatzberg, A. F. (1998). Prevalence of anxiety disorders and their comorbidity with mood and addictive disorders. *British Journal of Psychiatry, 34*(Suppl.), 24–28.
Reiss, S., Peterson, R., Gursky, D., & McNally, R. (1986). Anxiety sensitivity, anxiety frequency, and the prediction of fearfulness. *Behaviour Research and Therapy, 24,* 1–8.
Rimm, D. C., & Masters, J. C. (1974). *Behavior therapy: Techniques and empirical findings.* New York: Academic Press.
Robbers, J. E., & Tyler, V. E. (1999). *Tyler's herbs of choice: The therapeutic use of phytomedicinals.* New York: Haworth Herbal Press.
Robins, L. N., & Regier, D. A. (1991). *Psychiatric disorders in America: The Epidemiologic Catchment Area Study.* New York: Free Press.
Roy-Byrne, P., & Cowley, D. (1995). Course and outcome in panic disorder: A review of recent follow-up studies. *Anxiety, 1,* 151–160.
Sadock, B. J., & Sadock, V. A. (2007). *Kaplan & Sadock's synopsis of psychiatry: Behavioral sciences/clinical psychiatry* (10th ed.). Philadelphia, PA: Wolters Klumer Lippincott Williams & Wilkins.
Salkovskis, P. M. (1998). Panic disorder and agoraphobia. In A. J. Bellack & M. Hersen (Eds.), *Comprehensive clinical psychology* (Vol. 6, pp. 399–437). Amsterdam: Elsevier Science.
Salzman, C. (1989). Treatment with antianxiety agents. In American Psychiatric Association, *Treatments of psychiatric disorders: A task force report of the American Psychiatric Association* (Vol. 3, pp. 2036–2052) Washington, DC: American Psychiatric Association
Snaith, R. P., Baugh, S. J., Clayden, A., Husain, A., & Sipple, A. (1982). The Clinical Anxiety Scale: An instrument derived from the Hamilton Anxiety Scale *British Journal of Psychiatry, 141,* 518–523.
Stahl, S. (2009). *Stahl's essential psychopharmacology: The prescriber's guide.* New York: Cambridge University Press.
Stern, R., & Marks, I. (1973). Brief and prolonged flooding: A comparison in agoraphobic patients. *Archives of General Psychiatry, 28,* 270–276.
Sussman, J., & Klee, B. (2005). The role of high-potency benzodiazepines in the treatment of panic disorder. *Journal of Clinical Psychiatry, 7*(1), 5–11.
Swartz, M., Landerman, R., George, L., Melville, M., Blazer, D., & Smith, K. (1991). Benzodiazepine anti-anxiety agents: Prevalence and correlates of use in a southern community. *American Journal of Public Health, 81*(5), 592–596.
Tamblyn, R., Abrahamowicz, M., du Berger, R., McLeod, P., & Bartlett, G. (2005). A 5-year prospective assessment of the risk associated with individual Benzodiazepines and doses in new elderly users. *Journal of the American Geriatric Society, 53*(2), 233–241.
Telch, M. J., Lucas, J. A., Schmidt, N. B., Hanna, H. H., Jaimez, T. S., & Lucas, R. A. (1993). Group cognitive-behavioral treatment of panic disorder. *Behaviour Research and Therapy, 31,* 279–287.
Thuile, J., Even, C., & Rouillon, F. (2008). Long-term outcome of anxiety disorders: a review of double blind studies. *Current Opinions in Psychiatry, 22,* 84–89.
Torgersen, S. (1983). Genetic factors in anxiety disorders. *Archives of General Psychiatry, 40,* 1085–1089.
Turner, S. M., & Beidel, D. C. (1988). *Treating obsessive-compulsive disorder.* New York: Pergamon.
U.S. Department of Health and Human Services. (1999). *Mental health: A report of the surgeon general.* Washington, DC: Author.
Weakes, C. (1968). *Hope and help for your nerves.* New York: Hawthorne.
Weakes, C. (1972). *Peace from nervous suffering.* New York: Hawthorne.
Weissman, M. M. (1990). The epidemiology of panic disorder and agoraphobia. In J. C. Ballenger (Ed.), *Clinical aspects of panic disorder: Frontiers of clinical neuroscience* (Vol. 9, pp. 57–65). New York: Wiley.
Weissman, M. M., Klerman, G. L., Markowitz, J. S., & Ouellette, R. (1989). Suicidal ideation and suicide attempts in panic disorder and attacks. *New England Journal of Medicine, 18*(321), 1209–1214.
Wengel, S., Burke, W., Ranno, A., & Roccaforte, W. (1993). Use of benzodiazepines in the elderly. *Psychiatric Annals, 23*(6), 325–331.
Wolpe, J. (1982). *The practice of behavior therapy* (3rd ed.). New York: Pergamon.
Yehuda, R., Marshall, R., & Giller, E. (1998). Psychopharmacological treatment of post-traumatic stress disorder. In P. E. Nathan & J. M. Gorman (Eds.), *A guide to treatments that work* (pp. 377–397). New York: Oxford University Press.
Zitrin, C. M., Klein, D. F., Woerner, M. G., & Ross, D. C. (1983). Treatment of phobias. I. Comparison of imipramine hydrochloride and placebo. *Archives of General Psychiatry, 40,* 125–138.

第十章

重性精神疾病人群的干预框架

美国历史上从来没有像今天这样对精神健康以及如何激发精神疾病群体重新生活、工作、学习和完整地参与到社区之中了解这么多。精神疾病的康复已成为可以实现的希望。但许多专业人员所知的并未到达真正有服务需求的人群那里。

——物质滥用和精神健康服务署，改变美国的精神健康照顾，2005，p.1

正如上述所言，这的确是一个理解和治疗重性精神疾病的新纪元。以往精神分裂症、重性抑郁、双向情感障碍的群体都贴上慢性精神疾病的标签，同时可能在精神病相关机构一待就是遥遥无期的漫长岁月。今天，慢性精神疾病是一个不贴切词汇，因为它意味着永久的、不可医治的、毫无希望的（Bachrach，1988；Jimenez，1998）。今天案主完全可以期待在社区中过着有意义和有品质的生活，尽管有精神疾病。

当前的希望之风已经带来治疗概念、价值与知识的改变。康复概念与精神复健的原则为向严重精神疾病人提供服务确立了价值导向。研究遵循这样的模式与概念，为实务工作者提供了理解重性精神疾病的框架。另一个乐观原因是，证据为本的实践的发展与康复概念、精神复健原则相一致。心理社会治疗提升了药物疗效的效果。

本章从讨论何谓重性精神疾病以及替代慢性疾病的相关词汇开始。慢性标签缘起于区别急性和慢性疾病的医学实践。疾病的急性表现在症状的明显并期待通过即刻的治疗可以减弱；而慢性则视为长期的、持续性的，在有些情况下是缓慢进展的。此外，为避免后面出现的术语，本书使用个人优先（person-first）的语言。因此，个体被描述为患有分裂症的人，或有精神障碍的成人，或其他并不等同于病人之类的描述（Estroff，1987）。

重性精神疾病的定义

以前称之为慢性的精神疾病，如今名之为重性精神疾病（SMI）或重性与持续性精神疾病(SPMI)。总体而言，这一术语用以“传递出这样一段历史：曾经严重急性病发、精神病性共病、持续残留失能、医疗和心理社会需求水平高”(Mechanic，2008，p.5)。政策分析人士与研究人员关注三个特性：诊断、残障与持续时间(Bachrach，1988；Goldman，1984)。然而，实证文献显示“在相关诊断分类、残障的特征和程度、病程以及各自相对的重要性”等方面的分歧与争议(Schinnar，Rothbard，Kanter & Jung，1990，p.1602)。

二十世纪最后20年的立法明确各州有义务建立界定严重或重性精神疾病的标准。综合精神健康服务计划法(Pub.L，No.99-660，1986)要求各州发展实施社区精神健康服务计划，各州先前也已经汇报了各自要服务的重性精神疾病人群的数量。为了实现这个目标，各州需要给出重性精神疾病这个概念的操作定义。接着，联邦政府建立了一套指引，以帮助州政府完成这个任务。ADAMHA(酒精、物质依赖与精神健康服务署)重组法(Pub.L.No.102-321，1992)将参与的联邦研究机构与关注服务的机构彼此分离，同时设立社区精神健康服务的整笔拨款资助制度，拨款分配给重性精神疾病的成年人群与严重情感困扰儿童(SED)。这项立法要求服务为导向的SAMHSA(物质滥用和精神健康服务署)建立联邦层面的重性精神疾病(以及严重情感困扰)定义，从而指导州政府实施资助。以下是随之建立的标准：

1. 年满十八岁及以上。

2. 目前或在过去一年的任何时刻里有过。

3. 曾经有过符合美国精神疾病诊断与统计手册标准(第三版修订)的精神、行为或情绪方面障碍的诊断。

4. 上述的困扰造成案主功能性的损伤，影响或限制他们的一个或多个生活活动(SAMHSA，1993，p.29425)。

第三个标准适用于DSM第三版修订的后续版本，但根据联邦公报，它排除了物质滥用障碍、发展性障碍以及V轴编码，除非它们与手册中的精神障碍伴发，但阿尔茨海默症包括其中。进一步地，“所有包含其中的障碍都具有时段性、复发性或持续性的特征，但依据严重程度和残障状况而有所不同”(SAMHSA，1993，p.29425)。在标准四中，功能受损被定义为：

比较严重地干扰或是限制人们一个或多个主要日常活动领域功能发挥

的困难，功能包括基本的每日生活技能（吃饭、洗澡、穿衣）；使用工具的技能（维修房屋、管理财务、社区走动、服用药物）；社交、家庭、职业/教育环境的功能。在一段时间内满足功能受损标准，同时又没有接受治疗或其他支持服务的人们就被视为有重性精神疾病的群体（SAMHSA，1993，p. 29425）。

总统新自由委员会关于精神健康的最后报告（2003）使用了重性精神疾病的同一标准与功能受损的同一定义。

联邦标准出台之后各州的界定相继出现，它们期待与联邦的标准保持大体一致，但又有所不同。一项对比研究发现，宾州西部的一个临床样本用十个州的定义进行筛查，SPMI 的发生率有较大差异。这一比例从 38%（夏威夷定义）到 72%（俄亥俄定义）（Rothbard，Schinnar & Goldman，1996）不等。定义的多样性反映了各州的差异，以及它们承诺对多大范围的人群投放资源的意愿的政治考量。

在诊断方面，绝大多数州针对精神病性障碍，诸如精神分裂症与分裂性情感障碍，但也会包括严重的情绪障碍，比如双向情感障碍和重性抑郁（是否具有精神病性特征不一定）。越来越少见的精神病性障碍，诸如妄想障碍和分享性精神病性障碍可能也符合州政府的标准。有些州将边缘性人格障碍和其他的人格障碍包括在内（在有证据表明整体功能较差或伴有轴 I 障碍的时候）。官能性的精神疾病、酒精和物质依赖以及精神退化有时也包含在内（Schinnar et al.，1990）。表 10.1 列出了第四版修订版 DSM 的诊断分类，它指引了本章及随后的内容。同时需要指出的是，当延续相当长一段时间的高位功能受损与其他的诊断并存时（如创伤后应激障碍、强迫障碍），它们都可能成为重性精神疾病。有此障碍的人们如同其他障碍的人群，可受益于同样的服务。

在残障方面，有些州用于操作化这个概念的标准是，日常生活和基本需求的活动受损、就业的受限与受损表现、非工作活动的功能受损（如休闲、家务）。精神健康系统或法庭要求介入的社会行为、整体功能评估量表（GAF）测量出的功能水平（Endicott，Spitzer & Fleiss，1976），满足条件者可以申请补充收入保障（SSI）或是补充残障保险（SSDI）（Schinnar et al.，1990）。

疾病持续时间的标准在各州也有所不同。有些州没有时间标准，而有些州考虑疾病和治疗的时长（两年或者以上）、住院时长（90 天或在三年以内)、住院的次数、院舍服务(the use of residential)或是部分住院服务的适用情况，以及门诊服务的使用(Schinnar et al.，1990)。

表 10.1 严重精神障碍的分类

诊断分类	描述
精神分裂症	认知与情感功能的失衡，包括感知、语言和交流、情感、公开场合说话、意志以及有组织的行为。阳性症状(妄想或幻觉)，阴性症状(情感淡漠、冷漠)，行为失序错乱以及受损的职业或社会功能。症状必须持续 6 个月，其中需有一个月症状明显
分裂情感障碍	情绪困扰(抑郁、躁狂或者两者的混合)，伴发精神分裂症的症状
双向情感障碍Ⅰ	情绪困扰——曾有过或近段有躁狂的症状，比如：有与平时不同的、宏大的、惊奇的想法，或是高亢的公开演讲。又常在过去或是近段有过严重的抑郁或是混合期。躁狂症状必须单独呈现一周，上述症状使得案主在社会和职业功能上有显著的受损。也许有精神病性的特征。两年的时长只适用于抑郁期
双向情感障碍Ⅱ	情绪困扰——曾有过或近段有严重抑郁，又在过去或近段有段躁狂期，但过往没有狂躁单独出现或混合出现期的历史
严重抑郁症	情绪困扰，特点是至少两周的显著烦躁不安，失眠，失去生活中的兴趣，没有娱乐，以及使得社会和职业功能受压受损的症状。当超过两年时，可成为慢性

资料来源：美国精神病学协会(2000)

各州自行建立的 SMI 定义可适用于各州，但这一做法使得比较各州或联合各州的人群数据较为困难。全国层面的流行病学家不得不辨识出主要指标以预估美国重性精神疾病的发生率。联合全国共病调查与巴尔的摩流行病学监测区的数据，Kessler 等人(1996)估计，至 1990 年，480 万成人患有重性和持续精神疾病以及 560 万人有重性精神疾病。在一份涉及无家可归者庇护所、护理之家、医院、矫治机构以及生活在社区里等的相关人群的报告中，Kessler 等人(1998)估计约有 1 220 万成年人患有重性精神疾病。

面向重性精神疾病人群的临床社会工作实务，受到许多理论、概念、研究发现与哲学的指引。虽然许多研究是源于精神分裂症的样本群，但这样的发现也适用于其他严重障碍人群。除了上述信息的讨论，本章节还涉及精神康复、社区融合、证据为本的策略等面向严重精神障碍人群的干预。第十一章将提供社区照顾的信息，包括个案管理和积极社区治疗(ACT)、支持型住房、支持型就业以及一系列其他社区服务。第十二章将描述具体治疗的策略，如心理病理学、疾病管理和康复以及家庭心理教育。

视角、概念与模式

生理-心理-社会视角

科学研究支持了主要的精神障碍——精神分裂症、双向情感障碍和有些重性抑郁是属脑部疾病的假设。如第三章所讨论的，基因研究、神经病理学发现、药物治疗的反应提供了这一结论的证据。双生子的基因研究发现，比起异卵双生子，同卵双生子有更高的精神分裂症发生率（Kendler，1988）。分裂症谱系障碍的收养研究发现，有血亲关系的亲戚中有更高的分裂症及其相关谱系障碍的发生率（Kendler，1988）。相似的结论见于抑郁症和双向情感障碍的基因研究（McGuffin & Katz，1989）。此外，使用成熟实验室设备对大脑的神经病理学（进行）研究，辨识出分裂症、躁狂和健忘人群有结构性的变异（Andreasen，1984； Andreasen et al.，1990； Taylor，1987）。药物对精神分裂症、双向障碍和重性抑郁的效果支持了神经递元在产生与治疗精神障碍中的作用。

认识到生物学、神经病理学、基因解释科学，体现了明显有别于以往精神分析与家庭沟通理论对重性精神障碍的主导性理解。但科学研究的证据仍然不完整。有些案主对药物没有反应，有些案主则只在某些症状上有所缓解（Schwartz，1999）。虽然同卵双生子具有很高的发病率，但却也不能解释全部（因为有些没有发展出障碍）。精神障碍具有异质和复杂的特征是很明显的，所以生物学病因并不能适用于所有的障碍（Schwartz，1999）。

与此同时，也较具说服力的证据表明，心理社会干预连同药物降低了精神分裂症和相关精神障碍的复发率。在 Hogarty 等人（1986）的重要研究中，参与者被随机分派到四种情境中：（a）药物连同家庭心理教育；（b）药物连同社交技能训练；（c）上述三种的整合干预；（d）仅提供药物。效果最好的是第三种情况（复发率为 0%），其次药物连同家庭治疗（复发率为 19%），再次药物连同社交技能训练（复发率为 20%）。仅提供药物的情况下，复发率最高（41%）。这项研究与同时期的其他研究使患者效果研究团队（PORT）的推动者们相信，对于精神分裂症群体，心理社会干预与药物的整合方法是值得推荐的。接下来将讨论解释精神障碍的发生和复发以及环境因素的影响（包括心理社会干预）的概念模式。

压力素质与注意唤醒模式（Stress-Diathesis and Attention-Arousal Models）

压力素质模型，也称为脆弱、压力-脆弱、压力-脆弱-应对-能力或压力-脆弱-保护模型（Liberman，1982，1988a，1988b； MacKain，Liberman & Corrigan，1994； Zubin & Spring，1977），聚焦于有障碍群体与其内部与外部过程之间的关系。虽然模型来自精神分裂症研究，现已应用于其他重性精神疾病（Grunebaum et al.，2006； Slavik & Croake，2006）。素质是指一种生物倾向或属性（同一疾病有家族史），容易使某些群体更易感于精神疾病。依据这个模型，精神分裂症起于个体生物学上的脆弱、偏低的压力耐受阈值、应对技能的不足。在面对生理、心理以及社会环境的压力之时，有如此生物倾向的个体会出现精神分裂症初起病程或恶化（Falloon & Liberman，1983； Land，1986）。实证研究表明，压力会影响严重情绪障碍的发展过程（Hammen，1995）。

疾病复发似乎与压力性生活经历的某些方面有关联。首先，病发与个体感知到超出其有效回应能力的威胁（Jones & Fernyhough，2007； Zubin & Spring，1977）。然后，个体的应对技巧和能力是相关的。能力是指个体在日常生活之中成功承担社会角色的技能（Zubin & Spring，1977）。在面对十分强大的压力源之时，应对可能失效，在某些情况下还可能产生精神障碍的病发（Zubin & Spring，1977）。以前有相对较高的功能水平的精神障碍人群，比功能水平较低的人群，能更好适应。一旦应对失效，前者也更有可能重新实现良好的功能水平状态（Liberman，1982）。

表 10.2 是压力-素质模式的可视图表。压力源可能来自环境的或内在（生理的、心灵的）的事件或过程，它们被消极感知，从而唤起焦虑，挑战到那些较为脆弱的个体的应对技巧。压力事件，诸如丧亲或搬家即为环境压力的例子，而酒精和毒品则是内在压力源的例子。压力源是风险因素。由家庭、朋友、邻里、心理-社会康复服务和其他来源提供的社会支持、能

力(诸如职业技能、社交技能)及其他是保护因素。支持和能力可以提供结构、策略、信心与勇气，从而为压力提供缓冲(Pilisuk，1982)。当压力源和支持在脆弱的个体身上达成平衡之时，社会功能就得以维系。

一个与精神分裂症相关的脆弱的模型是注意-唤醒模型(Anderson，Reiss & Hogarty，1986)。根据此模型，患有分裂症的个体有一种选择、分类、过滤与评估刺激的能力方面的“核心心理缺陷”(Anderson，Hogarty & Reiss，1980)。这一缺陷导致无论是否与其情景相关，他们对刺激都呈现出分心的反应和过度唤醒。个体受到来自内部与外部刺激的影响，产生了信息加工的要求。当要求增加时，有机体变得漫无目的、注意涣散且被唤醒。分裂症人群在回应这样的刺激时常经由维持注意力的狭隘聚焦而错失完整图景。这就产生了无法整合与感知功能失调的状态。在高唤醒状态下，个体以功能失调的方式感知与行动(如幻觉、攻击行为)。药物能够修正内在的与唤醒和注意缺陷有关的内在状况，因而降低了这种脆弱性。家庭干预也能降低过度的外部刺激。注意-唤醒模式认为适量而非过度的刺激才是必要的。因此，低频与非深入的社会互动有助于个体的心理与社会功能发展，而高频与高要求的互动则可能是有损害的(参见表 10.2)。

表 10.2 The Stress-Diathesis or Stress-Vulnerability-Coping-Competence Model

脆弱 严重精神障碍的家族史、基因因素、发病早期、发病前期的低功能、异常的神经活动，都消极影响认知为应对压力的高唤醒提供基础	
压力源(－) (风险因素)	能力与支持(＋) (保护因素)
感知有威胁或者	社会技巧
要求高的生活事件	支持性的家人与朋友
不稳定的生活环境	药物
人际冲突(情感表达)	利用其他的精神健康服务
身体疾病	职业技能
物质滥用	应对技巧

压力-素质和注意唤醒模型显示了不同的干预途径可以整合到社会工作实务(状况)。临床社会工作可以帮助重性精神障碍人群发展和运用支持，提升他们的应对技能，改变他们处于压力生活环境的状况。此外，社

工也能帮助案主发展自我照顾、接受医疗照顾、使用处方药物、避免物质成瘾。更多部分将在后面两章中进行讨论。现在，我们将考察许多研究涉及且具有争议的压力源——情感表达。

情感表达(Expressed Emotion)

情感表达(EE)始于 Brown 和其同事在英格兰的一系列关于分裂症患者出院回家和进入社区的研究(Brown，1959； Brown，Carstairs & Tipping，1958)。他们发现那些与父母或妻子生活的男性出院病人，比起那些与其他亲人生活或独自生活在社区中的男性出院患者，有着更高的再度住院比例。研究人员深入研究了他们的家庭互动。

接下来，Brown 和其同事发现那些高批评、高敌对、高情感涉入为特点的家庭环境——情感表达的核心指标——与案主更糟糕或更高的(疾病)复发率有关联。而那些核心指标相对较低的案主患者，一般也有更好的愈后效果(Brown，Birley & Wing，1972； Brown，Monck，Carstairs & Wing，1962)。

研究者倾向评估 EE 的工具是 Camberwell 家庭会谈，它是一种录音的开放式个体访谈(Hooley & Hiller，1998)。录音会被受训的转录员依据内容、语音进行编码，从而辨识出批评性的言论、情绪过度的涉入(EOI)以及敌对(Hooley，2007)。依据这些维度出现的次数产生相关阈值，然后被界定为 EE 是高或低(Holley，2007)。

在 Brown 的开创性工作后，其他英国研究者复制并扩展了他的研究，得出了相似的结论(Leff & Vaughn，1981，1985； Vaughn & Leff，1976)。这些研究也关注药物和其他诊断的作用。自从这些早期的研究开始后，关于 EE 的研究就不断拓展。除了精神分裂症人群，这种方法也应用在重性情绪障碍人群、焦虑症人群、饮食障碍人群以及人格障碍人群(Hooley，2007)。研究人员也在其他国家评估 EE 的效果(Kottgen，Sonnischsen，Mollenhauer & Jurth，1984； Parker，Johnston & Hayward，1988； Wig et al.，1987)与在美国本土少数族群中评估(Koneru & Weisman de Manani，2007)。有关分裂症，分裂性情感障碍、情绪障碍、饮食障碍的人群，对 27 项涉及情感表达在家庭中的结果的荟萃分析证实，家庭中更高的情感表达，关联着所有障碍人群更高的疾病复发率(Butzlaff & Hooley，1988)。有趣的是，情感表达对于重性情绪障碍有更好的预测性(比起预测精神分裂症)(Butzlaff & Hooley，1998)。

对于情感表达的研究激励着研究人员，但同时对于分裂症和其他严重精神障碍的家庭成员却因此形成困扰。研究人员发现在情感表达的家庭环境下，的确与之前生物学的假设相吻合——这样家庭中的人群在面对压力时更为脆弱，同时在处理复杂信息时也更为困难。另一方面，家庭视这些研究更针对他们。家庭的疑虑也是合理的，因为(毕竟)情感表达也可能是案主与家庭成员互动关系的结果，或是案主行为的累积(Hooley，2007)。

不过，对于情感表达的研究并未对临床工作者提供一些指引。只是使他们警觉到一些潜在的人际互动压力源需要在干预中得到修正。一些家庭心理教育服务设计出来帮助家庭降低批评、敌对以及过分参与(Anderson et al.，1986)。聚焦于家庭内高情感表达的干预不应只是顾及某些成员的支持或是教育，而忽略其他人的需要。

根据压力-素质模型，情感表达将注意力投向家庭互动可能对脆弱人群而言是个挑战。这一模型的其他部分是由能力与支持构成的。能力与支持整合于接下来介绍的康复概念。

康复(Recovery)

康复已成为服务重性精神障碍人群的基本概念。它也是纠偏以往重性精神疾病无法攻破与治疗的积极导向。对案主而言，理想情况下，他们建立自己的目标、创造意义与生活的目标(Anthony，1993)。康复的概念得到美国及海外十个精神分裂症人群的跟踪研究的支持，大多数研究发现大约一半的病患康复或改善(Corrigan，Mueser，Bond，Drake & Solomon，2008)。在得到案主、家庭成员以及服务提供者的接受后，康复已成为公共政策的一项指导原则。正如精神健康总统新自由委员会最终报告(2003)所建议的，针对重性精神疾病患者的系统改变与干预的聚焦是促进康复。

在学术文献中，康复概念是以不同的方式进行界定的(Onken，Craig，Ridgway，Ralph & Cook，2007)，政府机构或个体服务对象都会有所不同。

精神疾病的康复与治疗并不等同。康复意味着获得对生活而非对疾病的控制。这意味着即使在有精神症状的情况下，仍能过上有功能的、有满足感的生活(Anthony，1992，p.18)。

康复是一个过程，不管个体面对怎样的困难，他们仍可以追求有价值、能有所贡献的生活。它不仅涉及修复，而且涉及积极的身份认同、在社区里建立有意义的联结与功能发挥的持续改善。康复是由提供希望、增能、选择与机会的关系与环境所推动，可促使他们作为个体和社区成员实现最大潜能(宾州行为健康部康复倡导委员会，FY2007－2008，郡精神健康计划，p.3)。

在过去的岁月里，我学习各种各样的方式帮助自己。有时我使用药物、心理治疗、自助以及互助小组、友谊、与上帝的关系、工作、运动与大自然的接触，所有这些都帮助我维持一种完整与健康的状态，即使我有障碍(Deegan，1997)。

精神健康康复与精神健康改革系统全国共识会议(2004)认识到康复概念界定中的差异，根据专家小组的审慎考量，达成如下共识：

精神健康的康复是一个治愈与转变的旅程，从而促使精神健康问题的困扰者自己选择在社区过上有意义的生活并努力实现自身最大潜力(全国精神健康信息中心，n.d.)。

共识小组辨识出了十个基本的康复要素。如表10.3所示，包括自我导向、个性化的与人本的、赋权、整体/全人视角、非线性、优势为本、同伴支持、尊重、责任以及希望。本质而言，康复重视个体案主优势、尊严以及作出决定、与同伴建立关系以及为自己福祉的权利承担的责任。这不仅是一个目标，也是一个持续的过程——随着时间不断展开。服务提供者能够帮助案主：欣赏并立足于他们的优势与抗逆力，促进个体导向与赋权，认识到康复包含个体生活的不同方面。

首先列出的(即便不一定是最重要的)要素是自我导向。它强调案主发展自身目标、管理自己的疾病、决定他们的康复之旅的重要性。案主可以运行他们自己的同伴随访中心，或作为同伴专家出现在精神健康服务机构。他们若是希望的话，可以引导自己的治疗、决定自己的提前指引以确保他们希望得到更密集的照顾的时候能够如愿得到治疗(可见第五章)。

表 10.3 第二个要素是个性化的和人本的,关注作为康复的一个面向的文化。这可以是少数族群,诸如波多黎各裔的美国人,或是社群,具有共享的特征,诸如性取向或宗教等。案主所属的文化群体常常会有不同的看待精神疾病的视角,从而影响案主的自我接纳。

表 10.3 康复的基本要素

要素	描述
自我导向	案主确定自己的生活目标以及实现目标的路径。过程中强调个体控制、自决与选择。个性化的与人本的依据个体的优势与抗逆力、偏好、需求、文化背景以及经验的不同而有不同的康复路径。康复既是通往健康的过程,又是过程完成的结果
赋权	案主有权在不同的选项之中作出选择并参与影响他们生活的决定。他们也可以围绕共同的需求和期望与其他人组织起来。全人康复渗透到个体生活的各个方面,包括生理-心理-社会-灵性层面,生活状况、教育、精神健康、社会网络以及家庭。非线性康复的过程始于可能性的(觉醒)意识,然后以迂回的方式努力前行
优势为本	康复重视并立足于能力、天赋、抗逆力、应对能力以及个体内在的价值之上
同伴支持	案主在康复中与他人建立成熟的互助关系,相互提供归属感、重要性以及共同体感觉
尊重	社会、系统以及社区都能接纳并欣赏案主,消除歧视与刻板印象,保护他们的权利是十分重要的,案主接纳自己亦是十分重要的
责任	案主为自我照顾及其迈向治愈、幸福与康复的旅程负责
希望	案主内化这样的信念:他们能克服障碍,有更好的未来,家庭、朋友、服务提供者等要提供支持

康复概念之中所聚焦的优势,已成为社会工作实务内在不可或缺的部分。强调重性与持续精神健康障碍人群的优势特别重要,因为若是服务提供者聚焦其症状和缺陷,就会忽视其能力。识别优势也是全人关怀与赋权取向的重要组成部分。这也已经整合到第十一章介绍的个案管理的优势模型/方法以及第十一章、十二章的其他模式之中。

有人认为,康复概念自 1930 年以来就成为自助运动的一部分(Onken et al., 2007),这要归功于波士顿大学精神康复中心的执行主任 William Anthony。康复对于精神复健而言已是不可或缺的。

精神复健(Psychiatric Rehabilitation)

复健是提升障碍群体功能的方法。精神复健受到面向身体残障人群的医学服务的激发(Anthony, Cohen & Cohen, 1984; Anthony & Liberman, 1986),并得到进一步修正以适应重性精神疾病人群的需求。因此,精神复健有医学导向的痕迹,心理-社会复健源自服务使用者运营的泉屋(Fountain House)(见第十一章),强调案主的赋权以及同伴小组的支持。近年来,以前并行发展的运动和理念得以汇流,心理-社会复健与精神复健常常在本书交替使用。

精神复健将服务使用者的严重精神疾病视为残障(Corrigan et al., 2008)。故而聚焦于拓展案主的生理、精神以及社会方面的功能,并解除障碍,从而实现他们的生活目标(Corrigan et al., 2008)。这包含日常生活能力、维系平稳生活安排能力、工作能力、上学能力、建立友谊能力、参与娱乐活动能力、获取医疗、精神健康以及社会服务的能力。Anthony 和 Liberman(1986)建议助人专业应当提供"最低限度的必要支持"(p. 542),这样可以帮助案主尽可能自足。这样的助人包括"系统性的过程和干预,在其中,帮助重性精神障碍人群得到支持、修正、人际技巧以及相关资源从而实现全面融合进自己选择的社区"(Solomon, Schimidt, Swarbrick & Mannion, 2011)。接下来的一节将对社区融合作进一步的讨论。

Anthony 等(1984)最初认为两种类型的干预对精神复健是根本性的。它们是案主技能发展以及环境资源发展。通常而言,精神疾病,像精神分裂症最早起病于青少年或是成年早期,在那个时期,个体一般并没有发展出足够的职业、社会以及生活技能,而这样的技能对于相对独立地生活在社区是必要的。分裂症也与认知功能的缺陷有关。无论是何种精神障碍,促进社会功能的技巧可以通过服务项目进行教授或提升。与案主有关的环境资源也能得到发展。

康复是精神复健中的核心部分。美国精神复健协会(USPRA)——一个实务工作者、机构、教育人士、研究人员、政府部门、家庭以及服务使用者的组织，以如下方式定义精神复健：

精神复健促进任何功能严重受损的精神健康患者的康复、全面的社区融入以及生活质量的改善。精神复健服务是合作性的、以人为导向、个性化的，同时也应成为人类服务谱系中必要的一环，还需要证据为本。它们关注帮助个体重新发现技能且获得资源，以提升能力，从而满意且成功地进入他们选择的生活、工作、学习与社会环境（参见 USPRA，http://www.uspra.org/i4a/pages/index.cfm? pageid=4124）。

过去的几年，为厘清有精神复健实务的指导原则进行了诸多的努力。Anthony 等人（1984）提出的如下原则是具有突破意义的：

1. 中心聚焦是改善精神残障人士的能力。

2. 精神复健可以帮助案主在特定环境中（如，院舍、社区、就业）的改变行为。

3. 改善就业结果是中心聚焦。这包括：在竞争性市场有一份稳定工作、兼职工作、获得保护性工作岗位、临时就业或者志愿工作。

4. 当临床工作者传递出一种充满希望的态度时，精神复健能够得到最佳的实施。

5. 精神复健需要管理案主与其需求相关的依赖性。

6. 案主参与复健过程，包括设定目标，对生活安排做决定，以及社会活动与治疗的参与。

7. 精神复健强调在康复过程中，个体学到与疾病共存的生活之道。

国际心理-社会复健服务协会（IAPSRS，现为 USPRA）发展了自己的精神复健核心原则。他们提出了康复的中心角色，也包括了一些康复要素（见表 10.3）。他们超越了 Anthony 等人的工作，强调在康复中文化与族群的角色，正常化、社区整合、与家庭形成伙伴关系、实务者对服务改善的期望（核心原则可从 www.iaspsrs.org 下载）。

今天精神复健通过一系列的服务来实现。有些是独立的心理-社会服务，像宾州的 Horizon House，芝加哥的 Thresholds，圣路易斯的独立中心，洛杉矶的 Portals House，还有些附属在精神健康中心（Corrigan et al.，2008）。这些项目提供的服务包括，但不限于支持型住房、个案管理、服务使用者随访服务、支持型就业、社会技能训练、家庭干预与精神与物质滥用治疗（Mueser，Drake & Bond，1997）。其中若干干预被视为证据为本的视角，将在接下来几章进行讨论。

社区融合与支持服务

社区融合是“一个统一的概念，它为重性精神疾病人群的社区精神健康服务提供方向与愿景”（Bond，Salyers，Rollins，Rapp & Zipple，2004，p. 569）。此概念一方面体现了去机构化运动的方向——推动重性精神疾病人群回归地方社区（Mechanic，2008），另一方面也体现了精神健康总统新自由委员会（2003）的报告以及 SAMHSA 文件的精神，通过社区整合激发了患有精神疾病的老人们的权利（精神健康服务中心，2004）。社区整合得到高等法院 1999 年 Olmstead 对 L. C. 和 E. W. 裁决的支持，该裁决认为在美国 1990 年的残障法中若在社区中有可供选择的替代，仍将有障碍个体固定在机构是具有歧视性的（见第五章）。

一般而言，社区整合是指服务使用者进入原生环境的日常生活。这意味着生活在社区宿舍、使用休闲设施、参与教育活动、工作、使用公共交通资源以及参与一般的社区活动。在先前的概念与研究基础上，Wong 和 Solomon（2002）辨识了该概念的三个维度：物理、社会以及心理的融合。物理融合是激发参与活动、消耗时间、消费商品、使用住房以外的服务；社会整合是与社区中的他人互动，进入社会网络中；而心理整合则是与社区成员间建立归属感以及与邻里间的情感表达与联结。在一项探索参与者社会整合感知的质性研究中，发现联结是一项受到参与者公认的重要特性（Ware，Hopper，Tugenberg，Dickey & Fisher，2007）。

在去机构化运动的早期，人们主要关注的是，以前的住院患者如何得到安置，以及他们接受怎样的等同服务（Stroul，1993）。一开始，住房和社区资源既缺乏又不能充分地满足去机构化后患者的需求（Stroul，1993）。另一个值得关注的则是现存的服务更多呈现出碎片化特征（Turner & TenHoor，1978）。辨识出社区服务的裂缝之后，全国精神健康联盟在 1977 年启动了社区支持试点计划（CSPs）（Grob，1994）。这一计划的目的是帮助社区发展综合的、协调的服务，以面向重性与持续性的精神障碍人群，因为这个群体并不适合半专业和全专业的护理之家照顾（Turner & TenHoor，1978）。

社区支持系统(CSS)的概念被定义为：作为一个照顾和服务网络，帮助重性精神疾病的弱势群体，发展他们的潜能，在不受社区排斥和隔离的情况下满足他们的需求(Turner & TenHoor，1978)。为了使这一系统运作，需要有核心的服务机构(像社区精神健康中心)，以及核心的成员负责持续地与案主联系(个案管理者或团队)(Turner & TenHoor，1978)。社区支持计划包括一系列的住房选择、精神健康治疗设施、案主识别与外展服务、康复计划、卫生与齿科照顾、收入支持和应得资源、危机应对服务、同伴支持与倡导服务(Stroul，1993)，以提升居住在社区里的重性精神障碍人群的需求和能力。

随着 CSS/CSP 模型在上世纪 80～90 年代的持续推动，其概念与所强调的部分也经历了一些变化(Moxley，2002)。首先，案主和家庭成员变得更积极地表达他们的需要和目标，包括康复(Moxley，2002)。其次，残障与支持现在已在更宽泛的意义上进行理解。因而，注意力转向"不利的条件和环境"以及"有益的能量来源以促进人们的发展"(Moxley，2002，p.31)。其他的变化包括优势为本的康复和注重结果导向(Moxley，2002)。

随着 CSS/CSP，社区整合的概念在解释方面也出现了变化。这也是参与者决策运动的结果，参与者不应被隔离到精神健康亚社区之中。Bond 等人(2004)从反面有力地说明了这一点：

> 社区整合不是陷入一个由精神健康专业人士创造和管理的世界，诸如日间治疗项目、庇护工坊、小组之家、隔离教育服务（此类场所是专门设计将服务使用者带进治疗）而远离社区生活。判断社区整合是否实现的最快速测试是：服务使用者是否被设计进入一种受保护的环境，而这不是"常规社区"的一部分(pp.570－571)。

如上所述，迈向社区融合有许多的障碍。Granerud 和 Severinsson (2006)在挪威的服务使用者体验的多阶段焦点小组研究发现，怀着羞耻生活以及担心排斥是参与者提及的最重要主题。参与者报告说，当他们努力实现劳动力市场、人际关系以及其他领域的平等之时会感到孤独或受到忽视。Wong，Sand 和 Solomon(2010)在一项多文化焦点小组的研究中发现，参与者的社区感与觉得为社区所接纳(也可能是其反义排斥)以及共同的感觉密切相关；同时也发现许多人群身份的指标，包括族群、性取向、社会性别角色、宗教信仰，对于社区融合的目标而言，都是不可或缺的。显然，歧视和污名可以影响案主在社区接纳的感受与实现。

面向中老年精神障碍人群的社区融合报告（精神健康服务中心，2004）描述了这类人群和他们所面对的障碍。这份报告注意到 65 岁及以上患有 SMI 的成人有更高的自杀风险、物质滥用、身体并发症、贫穷。他们经常被安置在护理之家，因为在社区里缺乏其他选择，或是有财政障碍。他们中的许多人虽在社区，却没有得到治疗。健康与精神健康服务提供者的短缺，使得没有足够有技能的工作人员可以服务这个群体（精神健康服务中心，2004）。

社工可以通过在社区层面工作，挑战社区污名与促进社区接纳，以培育社区面向各年龄段成人的融合氛围。当他们参与微观工作之时，可以鼓励案主发展外部（精神健康服务以外）友谊，如果感兴趣也可以参与宗教服务以及承担一些重要的社会角色，比如雇员或是市民（Farone，2006）。实务工作者能够帮助参与者发现在主流机构、参与者运行的组织以及有同伴辅导员的精神健康机构的工作机会。工作者能够通过支持案主更好地管理症状以及接受精神健康服务以迈向康复之路（Farone，2006）。有助于实现这一过程的服务和资源将在第十一章进行讨论。社工也能够实施证据为本或是实证研究支持的干预服务以促进案主的康复。

证据为本与实证支持的实践

临床社工在社区背景中服务重性精神疾病的案主与他们的家人。他们使用来自有干预结果证明的知识、证据为本的实践以及经由实践经验而获得的知识和实践（实践为本的证据）。接下来的三章将介绍证据为本的、实证支持的以及高质量的心理-社会干预并重点强调相关的服务。

所筛选的实务方法都经过实证研究、专家荟萃分析报告、临床效果研究以及具有共识的治疗指引的支持。近年来，精神病学家发布了若干共识报告，他们依据研究综述指出，针对特定疾病阶段(如初起的急性期，持续与维持治疗期)与类别(如分裂症、重度抑郁、双向情感障碍)可以有特别的干预。报告的大部分是精神病学家撰写的，他们倾向于将药物置于中心的位置，心理-社会干预置于边缘的部分。2009 年修订版的精神分裂症 PORT 报告中，提到对比 1998 年的情况，那是 PORT 建议报告第一次出现(Lehman，Steinwachs & PORT 项目的联合调查者，1998)：

PORT 心理-社会治疗建议的最近一次更新包括了 6 个建议……我们的目标是根据最近的研究更新已有的建议……这些领域包括认知修复、同伴与案主为本的服务、初期精神病性症状、肥胖与戒烟治疗。最后，虽然以往的 PORT 作出的选择是不去回顾共发性的物质滥用障碍(SUDs)治疗的文献，但这一问题的整体重要性与临床影响，再加上研究文献如此之多，有助于重新考虑这一决定，由此需要回顾这一领域的进展。因此，这份 PORT 心理-社会服务的更新综述了现有的 7 个领域，并又增加了 5 个新的领域(Dixon et al.，2010)。

表 10.4 包含若干推荐的心理-社会干预，被纳入 PORT 更新报告之中。应当注意的是，对于心理-社会干预，专家小组在证据部分的整体共识是非常高的(在 1～7 分的评定中打出 6.3 分)。但大家对于将建议转化为实务的操作简易性的评价却比较低(3.4 分，1～7 分的评定范围)。

在精神分裂症方面，治疗指引、荟萃分析形成的共识报告，是精神病学与心理学文献中持续不断的主题。有些期刊发表上述报告，如美国精神病学杂志、临床精神病学杂志。此外，美国精神病学协会和美国心理学协会都提供这类信息的索引。全国社工协会(http://www.socialworkers.org)与社会工作教育委员会(http://www.cswe.org/)也提供了相关来源的信息与链接。

证据为本的实务随着许多随机控制试验、荟萃分析和其他证据的展现而得到强烈支持(Bond & Campbell，2008； Mueser & Drake，2005；Mueser，Torrey，Lynde，Singer & Drake，2003)。本书将介绍以下高质量的且得到实证支持，但未必完全的证据为本的方法或策略：

1. 积极社区治疗(十一章)
2. 支持型就业(十一章)
3. 支持型住房(十一章)
4. 支持型教育(十一章)

5. 疾病管理与康复(十二章)

6. 家庭心理教育(十二章)

7. 整合的双重诊断治疗(十三章)

8. 动机访谈(十三章)

表 10.4 精神分裂症患者的结果研究团队推荐的心理-社会治疗
积极社区治疗(Assertive Community Treatment) 分裂症人群的照顾服务系统应当包含高质量的社区治疗。干预应当提供给那些处在反复住院或是无家可归者的风险人群。高质量治疗的核心元素包括一个多学科的团队(需有药物处方权的医生),在团队里中共享个案,团队直接提供实务,与患者有高频度的联系,比较低的个案量比例,在社区里有外展服务
支持就业(Supported Employment) 对任何有工作目标的分裂症患者应提供支持型就业协助他们获得与维持有竞争性的工作。这一方法的核心元素有为个体量身定制工作的发展、快速的寻找工作,持续工作支持的可及性以及职业与精神健康服务的整合
技巧训练(Skills Training) 对于那些在每日生活技能方面有限制的分裂症人群可以获得技巧训练以帮助他们改善社会互动、独立生活以及社区功能。技巧训练服务一般聚焦于人际技巧并共享若干核心元素,诸如行为为本的指导、角色示范、演练、矫正性反馈以及积极强化……
认知行为治疗(Cognitive Behavioral Therapy) 有持续性精神症状的分裂症个体,虽然接受充足的药物,但仍需要接受联合的认知行为导向的心理治疗以降低其症状的严重性。治疗可以是小组或个人的形式,时长在4~9个月左右。这种方法的核心元素包括共同合作以辨识目标问题或是症状,发展针对性的认知与行为策略处置这些问题或是症状
代币干预(Token Economy Interventions) 长期住院或住房照顾的服务系统应当向这一环境中的患者提供以社会学习理论为原则的行为干预,以改善参与者的个人卫生、社会互动以及其他的适应性行为。这种干预的核心元素有:代币制度、对于明确界定的目标行为采取有条件的积极强化、个性化的治疗方法以及避免惩罚的结果
家庭为本的服务(Family-Based Services) 对那些持续不断与家人联结的患有分裂症的群体,应当提供至少为期6~9个月的家庭干预。有效的家庭干预核心元素包括:疾病教育、危机干预、情感支持、如何应对疾病症状与相关问题的训练。此外,若是有家庭干预短于6个月,其必须保证至少有4节次的家人共同参与的部分。短程干预包括教育、训练和支持
酒精与物质使用障碍的心理-社会干预(Psychosocial Interventions for Alcohol and Substance Use Disorders) 精神分裂症伴发酒精或物质使用障碍的人群应进行物质滥用治疗。这种面向两种共发障碍治疗的核心元素包括动机提升与行为策略,聚焦案主的参与、应对技巧训练,复发预防训练以及整合精神健康照顾的服务输送模式
体重管理的心理-社会干预(Psychosocial intervention for Weight Management) 那些有着超重的分裂症个体,或过度肥胖应当提供心理-社会减重干预——时长至少在3个月——以帮助促进减轻体重。这一方法的核心要素包括聚焦于营养咨询、卡路里平衡、蛋白质控制的心理-社会教育;而自我管理的行为则包括动机提升、目标设置、常规称重、日常饮食与活动水平的监管、饮食与运动的修订等

资料来源:Kreyenbuhl, Buchanan, Dickerson & Dixon(2010). 牛津大学出版社授权

评估与监控重性精神疾病的工具

就严重精神疾病而言，心理-社会功能与症状是关注的重点。以下是可用来评估与监控心理-社会功能和精神症状的工具。用 * 表示的量表是收录在 Fischer 和 Corcoran(2007)的著作之中。

* * Audiorty Hallucinations Questionnaire(听力幻觉问卷)
* * Scale for the Assessment of Negative Symptoms(负性/阴性症状评估量表，由临床工作者实施)
* * Scale for the Assessment of Positive Symptoms(阳性症状评估量表，由临床工作者实施)

Brief Symptom Inventory(Derogatis, 1975)(简明症状调查)

Quality of Life Interview(Lehman, 1988)(生活质量访谈)

总结与解构

本章从阐述今日积极的康复为导向的氛围开始。从负向诠释的语言，比如“慢性”精神障碍，转向人群为代称的用词，正是这种运动明显的缩影。因为越来越多的知识和各类可及的治疗，人们以前诉诸精神病院的病房，如今可能过上有意义的生活。

然后，本章探讨了精神健康的挑战，社会上常被建构为严重的、可怕的或是持久性的精神疾病。通常达至这一标定的准则是疾病诊断、功能失调和持续时间。疾病诊断一般包括精神分裂症、分裂性情感障碍、双向情感障碍以及重性抑郁，通常这些类型会有一个长期的过程或是反复出现。有些州有额外的障碍定义。残障是指某人社会角色所赋予的能力受损，例如自我照顾、整理家务、就业等。持续时间是指疾病时长或是治疗所需的时长。这些标准使得有些人得到服务而有些人被排除在外。

服务重性精神疾病人群的临床社工实务，受到许多视角、模式和概念的影响。压力-素质模型描述了压力和支持对生物学意义上脆弱个体的影响。这部分强调了应对、能力和保护因素。注意-唤醒模型解释了当分裂症的群体受到来自内部和外部的刺激后唤醒，变得涣散并在处理信息时存有困难。家庭的情感表达是一个压力源可以引起案主的困扰。家庭会把情感表达建构为指责氛围，特别是成员认为家庭会有照顾他人的重担之时。

今天的精神健康氛围带着康复概念的印记。虽然这个词有治疗的意思，但它也意味着发展某人自己的生活目标、自己做决定、在某种情境中活出可能性。一个非线性的过程，一个人的康复或许并不适用于另一个人。康复也成为社区整合与精神复健不可或缺的一部分。

心理-社会和精神复健有不同的历史起源，但今天它们更多地被交替使用。它们是指案主尽可能地在生理、精神、社会功能的上得到促进。它们的目标是在康复之旅中推动和提升案主的意愿和目标。临床社工致力于的干预是希望案主可以引导他们自己的康复。

为了康复和心理-社会复健可以更好地开展，社区融合就成为十分必要的部分。比起将重性精神疾病群体从社区中隔离，社工更应该促进案主在更宽泛社区中的参与。当然这并不是忽略社区就业支持的重要性，比如支持型住房和就业，而确实是警醒实务工作者：案主自然环境与社区连接的重要意义。与此同时，一些社区也十分关心重性精神疾患的隔离，特别是那些在农村区域和缺乏社区支持的地方。

在众多支持案主的服务里，有些产生积极效果的特别心理-社会干预得到了 PORT 研究、荟萃分析、随机对照试验以及其他的证据为本研究的支持。虽然这些研究仍将精神科药物置于中心位置，将心理-社会干预置于边缘部分，但所有的干预的重要性已经不言而喻。接下来的三章将强调其中的若干策略。

本章的概念和方法既反映了医疗模型的主导地位，同时也突出了更多的心理-社会服务的证据和案主以及家庭增能的重要性。案主勾画他们的康复之路为非线性之旅，但却有些线性化的精神治疗思考指引实施。社工导引着多样性(即便不是相互矛盾的)的话语，应用、修订甚至避免前辈们认为必要的资源与方法。

参考文献

American Psychiatric Association. (2000). *Diagnostic and statistical manual of mental disorders* (4th ed., text rev.). Washington, DC: Author.

Anderson, C. M., Hogarty, G. E., & Reiss, D. J. (1980). Family treatment of adult schizophrenic patients: A psycho-educational approach. *Schizophrenia Bulletin, 6,* 490–505.

Anderson, C. M., Reiss, D. J., & Hogarty, G. E. (1986). *Schizophrenia and the family: A practitioner's guide to psychoeducation and management.* New York: Guilford Press.

Andreasen, N. C. (1984). *The broken brain: The biological revolution in psychiatry.* New York: Harper & Row.

Andreasen, N. C., Ehrhardt, J. C., Swayze II, V. W., Alliger, R. J., Yuh, W. T., Cohen, G., et al. (1990). Magnetic resonance imaging of the brain of schizophrenia. *Archives of General Psychiatry, 47,* 35–44.

Anthony, W. A. (1992). A revolution in vision. *Innovations & Research, 1,* 17–19.

Anthony, W. A. (1993). Recovery from mental illness: The guiding vision of the mental health service system in the 1990s. *Psychosocial Rehabilitation Journal, 11,* 11–19.

Anthony, W. A., Cohen, M. R., & Cohen, B. F. (1984). Psychiatric rehabilitation. In J. A. Talbott (Ed.), *The chronic mental patient: Five years later* (pp. 137–157). Orlando, FL: Grune & Stratton.

Anthony, W. A., & Liberman, R. P. (1986). The practice of psychiatric rehabilitation: Historical, conceptual, and research base. *Schizophrenia Bulletin, 12,* 542–559.

Bachrach, L. L. (1988). Defining chronic mental illness: A concept paper. *Hospital and Community Psychiatry, 39,* 383–388.

Bond, G., & Campbell, K. (2008). Evidence-based practices for individuals with severe mental illness. *Journal of Rehabilitation, 74*(2), 33–44.

Bond, G., Salyers, M. P., Rollins, A. L., Rapp, C. A., & Zipple, A. M. (2004). How evidence-based practices contribute to community integration. *Community Mental Health Journal, 40*(6), 569–588.

Brown, G. W. (1959). Experiences of discharged chronic schizophrenic mental hospital patients in various types of living groups. *Milbank Memorial Fund Quarterly, 37,* 105–131.

Brown, G. W., Birley, J. L. T., & Wing, J. K. (1972). Influence of family life on the course of schizophrenic disorders: A replication. *British Journal of Psychiatry, 121,* 241–258.

Brown, G. W., Carstairs, G. M., & Topping, G. (1958). Post hospital adjustment of chronic mental patients. *Lancet, 2,* 685–689.

Brown, G. W., Monck, E. M., Carstairs, G. M., & Wing, J. K. (1962). Influence of family life on the course of schizophrenic illness. *British Journal of Preventive and Social Medicine, 16,* 55–68.

Butzlaff, R. L., & Hooley, J. M. (1998). Expressed emotion and psychiatric relapse: A meta-analysis. *Archives of General Psychiatry, 55,* 547–552.

Center for Mental Health Services. (2004). *Community integration for older adults with mental illnesses: Overcoming barriers and seizing opportunities* (DHHS Publication No. SMA 05-4018). Rockville, MD: Author.

Corrigan, P. W., Mueser, K. T., Bond, G. R., Drake, R. E., & Solomon, P. (2008). *Principles and practice of psychiatric rehabilitation: An empirical approach.* New York: Guilford Press.

Deegan, P. E. (1997). Recovery and empowerment for people with psychiatric disabilities. *Social Work in Health Care, 25*(3), 11–24.

Derogatis, L. R. (1975). *Brief symptom inventory.* Baltimore: Clinical Psychometric Research.

Dixon, L. B., Dickerson, F., Bellack, A., Bennett, M., Dickinson, D., Goldberg, R., et al. (2010). The 2009 schizophrenia PORT psychosocial treatment recommendations and summary statements. *Schizophrenia Bulletin, 36*(1), 48–70.

Endicott, J., Spitzer, R., & Fleiss, J. (1976). The Global Assessment Scale: A procedure of measuring overall severity of psychiatric disturbance. *Archives of General Psychiatry, 33,* 766–771.

Estroff, S. E. (1987). No more young adult chronic patients. *Hospital and Community Psychiatry, 38,* 5.

Falloon, I. R. H., & Liberman, R. P. (1983). Interactions between drug and psychosocial therapy in schizophrenia. *Schizophrenia Bulletin, 9,* 543–554.

Farone, D. W. (2006). Schizophrenia, community integration, and recovery: Implications for social work practice. *Social Work in Mental Health, 4*(4), 21–36.

Fischer, J., & Corcoran, K. (2007). *Measures for clinical practice: A sourcebook* (Vols. 1 and 2). New York: Oxford University Press.

Goldman, H. H. (1984). Epidemiology. In J. A. Talbott (Ed.), *The chronic mental patient: Five years later* (pp. 15–31). Orlando, FL: Grune & Stratton.

Granerud, A., & Severinsson, E. (2006). The struggle for social integration in the community—the experiences of people with mental health problems. *Journal of Psychiatric and Mental Health Nursing, 13,* 288–293.

Grob, G. N. (1994). *The mad among us: A history of the care of America's mentally ill.* Cambridge, MA: Harvard University Press.

Grunebaum, M. F., Ramsay, S. R., Galfalvy, H. C., Ellis, S. P., Burke, A. K., Sher, L., et al. (2006). Correlates of suicide attempt history in bipolar disorder: A stress-diathesis perspective. *Bipolar Disorders, 8,* 551–557.

Hammen, C. L. (1995). Stress and the course of unipolar and bipolar disorders. In C. M. Mazure (Ed.), *Does stress cause psychiatric illness?* Washington, DC: American Psychiatric Press.

Hogarty, G. E., Anderson, C. M., Reiss, D. J., Kornblith, S. J., Greenwald, D. P., Javna, C. D., et al. (1986). Family psychoeducation, social skills training, and maintenance chemotherapy in the aftercare treatment of schizophrenia: I. One-year effects of a controlled study on relapse and expressed emotion. *Archives of General Psychiatry, 43*, 633–642.

Hooley, J. M. (2007). Expressed emotion and relapse of psychopathology. *Annual Review of Clinical Psychology, 3*, 329–352.

Hooley, J. M., & Hiller, J. B. (1998). Expressed emotion and the pathogenesis of relapse in schizophrenia. In M. F. Lenzenweger & R. H. Dworkin (Eds.), *Origins and development of schizophrenia: Advances in experimental psychopathology* (pp. 477–468). Washington, DC: American Psychological Association.

Jones, S. R., & Fernyhough, C. (2007). A new look at the neural diathesis-stress model of schizophrenia: The primacy of social-evaluative and uncontrollable situations. *Schizophrenia Bulletin, 33*(5), 1171–1177.

Kendler, K. S. (1988). The genetics of schizophrenia and related disorders. In D. L. Dunner, E. S. Gerson, & J. E. Barrett (Eds.), *Relatives at risk for mental disorder* (pp. 247–263). New York: Raven Press.

Kessler, R. C., Berglund, P. A., Zhao, S., Leaf, P. J., Kouzis, A. C., Bruce, M. L., et al. (1996). The 12-month prevalence and correlates of serious mental illness (SMI). In R. W. Manderscheid & M. A. Sonnenschein (Eds.), *Mental health, United States, 1996* (pp. 59–70) (DHHS Publication No. SMA 96-3098). Washington, DC: U.S. Government Printing Office.

Kessler, R. C., Berglund, P. A., Walters, E. E., Leaf, P. J., Kouzis, A. C., Bruce, M. L., et al. (1998). A methodology for estimating the 12-month prevalence of serious mental illness. In R. W. Manderscheid & M. J. Henderson (Eds.), *Mental health, United States, 1998* (pp. 99–109) (DHHS Publication No. SMA 99-3285). Washington, DC: U.S. Government Printing Office.

Koneru, V. K., & Weisman de Mamani, A. G. (2007). Acculturation and expressed emotion in Caucasian, Latino, and Black relatives of patients with schizophrenia. *Journal of Nervous and Mental Disease, 195*(11), 934–938.

Kottgen, C., Sonnischsen, I., Mollenhauer, K., & Jurth, R. (1984). Families' high expressed emotion and relapses in young schizophrenic patients: Results of the Hamburg–Camberwell family intervention study II. *International Journal of Family Psychiatry, 5*, 71–82.

Kreyenbuhl, J., Buchanan, R. W., Dickerson, F. B., & Dixon, L. B. (2010). The schizophrenia Patient Outcomes Research Team (PORT): Updated treatment recommendations 2009. *Schizophrenia Bulletin, 36*(1), 94–103.

Jimenez, M. A. (1988). Chronicity in mental disorders: Evolution of a concept. *Social Casework, 69*, 627–633.

Land, H. M. (1986). Life stress and ecological status: Predictors of symptoms in schizophrenic veterans. *Health and Social Work, 11*, 254–264.

Leff, J., & Vaughn, C. (1981). The role of maintenance therapy and relatives' expressed emotion in relapse of schizophrenia: A two-year follow-up. *British Journal of Psychiatry, 139*, 102–104.

Leff, J., & Vaughn, C. (1985). *Expressed emotion in families: Its significance for mental illness.* New York: Guilford Press.

Lehman, A. (1988). A quality of life interview for the chronically mentally ill. *Evaluation and Program Planning, 11*, 51–62.

Lehman, A. F., Steinwachs, D. M., & Co-Investigators of the PORT Project. (1998). At issue: Translating research into practice: The schizophrenia patient outcomes research team (PORT) treatment recommendations. *Schizophrenia Bulletin, 24*(1), 1–10.

Liberman, R. P. (1982). Social factors in the etiology of schizophrenic disorders. In L. Grinspoon (Ed.), *Psychiatry: 1982 annual review* (Vol. 1, pp. 97–112). Washington, DC: American Psychiatric Press.

Liberman, R. P. (1988a). Introduction. In R. P. Liberman (Ed.), *Psychiatric rehabilitation of chronic mental patients* (pp. xvii–xxii). Washington, DC: American Psychiatric Press.

Liberman, R. P. (1988b). Coping with chronic mental disorders: A framework for hope. In R. P. Liberman (Ed.), *Psychiatric rehabilitation of chronic mental patients* (pp. 1–28). Washington, DC: American Psychiatric Press.

MacKain, S. J., Liberman, R. P., & Corrigan, P. W. (1994). Can coping and competence override stress and vulnerability in schizophrenia? In R. P. Liberman & J. Yager (Eds.), *Stress in psychiatric disorders* (pp. 53–82). New York: Springer.

McGuffin, P., & Katz, R. (1989). The genetics of depression and manic-depression disorder. *British Journal of Psychiatry, 155*, 294–304.

Mechanic, D. (2008). *Mental health and social policy: Beyond managed care* (5th ed.). Boston: Allyn & Bacon.

Moxley, D. P. (2002). The emergence and attributes of second-generation community support systems for persons with serious mental illness: Implications for case management. *Journal of Social Work in Disability & Rehabilitation, 1*(2), 25–52.

Mueser, K. T., & Drake, R. E. (2005). How does a practice become evidence-based? In R. E. Drake, M. R. Merrens, & D. W. Lynde (Eds.), *Evidence-based mental health practice: A textbook* (pp. 217–241). New York: W. W. Norton.

Mueser, K. T., Drake, R. E., & Bond, G. R. (1997). Recent advances in psychiatric rehabilitation for patients with severe mental illness. *Harvard Review of Psychiatry, 5*, 123–137.

Mueser, K. T., Torrey, W. C., Lynde, D., Singer, P., & Drake, R. E. (2003). Implementing evidence-based practices for

people with severe mental illness. *Behavior Modification, 27*(3), 387–411.
National Mental Health Information Center. (n.d.). *National consensus statement on mental health recovery*. Retrieved July 22, 2009, from http://mentalhealth.samhsa.gov/publications/allpubs/sma05-4129/
Onken, S. J., Craig, C. M., Ridgway, P., Ralph, R. O., & Cook, J. A. (2007). An analysis of the definitions and elements of recovery: A review of the literature. *Psychiatric Rehabilitation Journal, 31*(1), 9–22.
Parker, G., Johnston, P., & Hayward, L. (1988). Parental "expressed emotion" as a predictor of schizophrenic relapse. *Archives of General Psychiatry, 45,* 806–813.
Pilisuk, M. (1982). Delivery of social support: The social inoculation. *American Journal of Orthopsychiatry, 52,* 20–31.
President's New Freedom Commission on Mental Health. (2003). *Achieving the promise: Transforming mental health care in America. Final report* (DHHS Publication No. SMA 03-3832). Rockville, MD: U.S. Government Printing Office.
Recovery Advisory Committee, Philadelphia Department of Behavioral Health, Draft, FY 2007-2008 County Mental Health Plan.
Rothbard, A. B., Schinnar, A. P., & Goldman, H. (1996). The pursuit of a definition for severe and persistent mental illness. In S. M. Soreff (Ed.), *Handbook for the treatment of the seriously mentally ill* (pp. 9–26). Seattle: Hogrefe & Huber.
Schinnar, A. P., Rothbard, A. B., Kanter, R., & Jung, Y. S. (1990). An empirical literature review of definitions of severe and persistent mental illness. *American Journal of Psychiatry, 147,* 1602–1608.
Schwartz, S. (1999). Biological approaches to psychiatric disorders. In A. V. Horwitz & T. L. Scheid (Eds.), *A handbook for the study of mental health: Social contexts, theories, and systems* (pp.79–103). New York: Cambridge University Press.
Slavik, S., & Croake, J. (2006). The individual psychology conception of depression as a stress-diathesis model. *Journal of Individual Psychology, 62*(4), 417–428.
Solomon, P., Schmidt, L., Swarbrick, P., & Mannion, E. (2011). Innovative programs: Severe mental illness. In S. Estrine, H. Arthur, R. Hettenbach, & M. Messina (Eds.), *New directions in behavioral health: Service delivery strategies for vulnerable populations*. New York, Springer Publishing Co.
Stroul, B. A. (1993). Rehabilitation in community support systems. In R. W. Flexer & P. L. Solomon (Eds.), *Psychiatric rehabilitation in practice* (pp. 45–61). Boston: Andover Medical Publishers.
Substance Abuse and Mental Health Services Administration. (1993, May 20). Definition of adults with SMI and children with SED. *Federal Register, 58*(96), 29422–29425.
Substance Abuse and Mental Health Services Administration, U.S. Department of Health and Human Services. (2005). *Transforming mental health care in America: The federal action agenda: First steps* (DHHS Publication No. SMA 05-4060). Rockville, MD: Author.
Taylor, E. H. (1987). The biological basis of schizophrenia. *Social Work, 32,* 115–121.
Turner, J. C., & TenHoor, W. J. (1978). The NIMH Community Support Program: Pilot approach to a needed social reform. *Schizophrenia Bulletin, 4,* 319–344.
Vaughn, C. E., & Leff, J. P. (1976). The influence of family and social factors on the course of psychiatric illness. *British Journal of Psychiatry, 129,* 125–137.
Ware, N. C., Hopper, K., Tugenberg, M., Dickey, B., & Fisher, D. (2007). Connectedness and citizenship: Redefining social integration. *Psychiatric Services, 58*(4), 469–474.
Wig, N. N., Menon, D. K., Bedi, H., Ghosh, A., Kuipers, L., Leff, J., et al. (1987). Expressed emotion and schizophrenia in North India. *British Journal of Psychiatry, 151,* 156–173.
Wong, Y. L. I., Sands, R. G., & Solomon, P. L. (2010). Conceptualizing community: The experience of mental health consumers. *Qualitative Health Research, 20*(5), 654–667.
Wong, Y. L. I., & Solomon, P. L. (2002). Community integration of persons with psychiatric disabilities in supportive independent housing: A conceptual model and methodological considerations. *Mental Health Services Research, 4*(1), 13–28.
Zubin, J., & Spring, B. (1977). Vulnerability—a new view of schizophrenia. *Journal of Abnormal Psychology, 86,* 103–126.

第十一章

重性精神疾病成人的社区干预：证据为本的实践与最佳实践

在十年前的一本书中，我曾采访过几百个因不同程度精神疾病住过医疗机构的患者，他们后来也已基本康复，并能够回归到常态的生活和工作中。我询问是什么使他们产生了良好的效果？他们将自己的改善归功于多种因素：药物、医生、社工、治疗师、宗教以及各种各样的服务项目。但在所有的采访案例中，他们都提到了一种重要的关系——某人在他们生活之中的呈现——无论是专业人士、家庭、朋友，他们信任并愿意与之交谈，甚至愿意委身与他们共度某段生命的艰难时光。

——Neugeboren，"Personal accounts：more magic bullets？，2008"

在前一章中，探讨了重性和持续性精神疾患照顾的概念与哲学基础。在今日的照顾模式下，社区中大量的个人，他们能够获得各类来自生理、行为健康、住房、职业、经济等方面的帮助。在本章中，将主要描述个案管理服务的传递模式，临床社工将使用许多此类模式联结起患者与社区中的资源与服务。还将讨论社区中到底哪些资源能够帮助有需要的患者来使用，并不是所有社区都具备相应资源（城乡之间存在差异）。在章节内呈现这些资源的主要目的是希望潜在地有益于严重精神疾患的利益。文中提到的服务均强调证据为本和有效实务的（考虑）。

案主或服务使用者与专业工作者的视角是不同的。案主可能会以他们的需要、意愿、感受、康复目标来看待所使用的资源。专业工作者则可能以服务的可及性来看待。本章将以专业工作者的视野来检视探讨之，希望读者在阅读中意识到社工将有责任连结案主的康复目标与社区/环境供给资源间的差异。为了朝这个方向努力，我们将从一个身处精神健康系统的年轻小伙的叙事开始本章。

案　例

Larry Leeds（后面简称为 L），20 岁，单身男性，与父母住在一个离市区 100 英里的南方小镇上。父亲拥有一个在街角自己经营的小杂货店，母亲是银行的收银员。L 是家中三个男孩中最大的一个。这个家庭在社区教堂里比较活跃。

L 是一个羞涩的男孩，直到高中一年级，他在学校的表现一直都是良好。但那之后，他的学业成绩下降，并常与家人争吵。母亲关注他的态度，并就这一问题与家庭医生进行了讨论。医生建议父母带 L 到社区精神健康中心进行评估。中心职员认为 L 正纠缠于青春期的自主性问题，并将其转介至青春期治疗小组。L 参加了为期三个月的每周小组。其间，L 的态度没有改变，但成绩有所提高。L 与小组里的几个年轻人关系不错，后者甚至介绍其吸食大麻。

高二前期，L 在家中变得愈发好斗，并经常缺课。他指责父亲是魔鬼，母亲是魔鬼的崇拜者。他告诉父母，自己具有驱魔的特殊能力，他们应该离他远一点。一天，L 的妈妈在打扫房间时，看到藏在衣橱里的刀和枪。她打电话给丈夫和家庭医生，医生再次将其子转介到精神健康中心。L 的妈妈对这个中心一年前大事化了的做法感到不满，她怀疑是否需要更加有力的治疗措施。她和丈夫决定将 L 带到最近的一家医院。L 在精神科急诊中心接受治疗，并被诊断为精神分裂障碍。

L 在医院住了一个月，出院后继续服药。其家庭被告知怀疑 L 使用街头药物，从而加剧了其心理症状。医生建议 L 远离吸毒的朋友，按处方服用药物，并回到学校。L 随后被转介给 30 英里外的一个私人精神病学家。L 遵从了这个计划，并完成了高中学业。

接下来的一年里，L 进入一家社区学院，但住在家里。在第一学期的中期，他与学习导师发生了争执，他说学习导师与魔鬼有联系。L 被带到社区医院的精神科，第二次入院。

这次，L 被诊断为精神分裂障碍，属偏执型。由于 L 滥用药物的程度还不清楚，这个诊断是暂时的。精神病医生告诉其父母，系毒品导致偏执症状。同时，医生说有可能诊断为精神分裂症，这是一种严重的、残障性的疾病。L 再次出院，并继续服药，医生建议其父母进行监管。这次，L 被转介到社区精神健康中心。

在中心，L 被指派给一个精神病学家和一个治疗师。他们告诉 L，所有的会谈都是保密的，所有资料未经其同意，是不会向他人透露的。治疗师建议他参加中心负责的日间治疗计划。L 告诉治疗师，自己想重返校园，过自己的生活。治疗师试图与他一起调整目标。不久之后，L终止治疗，并拒绝服药。三个月后，他再次入院。这次被确诊为偏执类精神分裂症。

Larry的经历并不独特，正如许多患有重性精神疾病的年轻人和他们的家庭，这样的年轻人和他们的父母通常都没有意识到疾病的严重性，直到危机的出现。然后这些家庭和青少年将以可及的个人、家庭、社区的资源来回应。因为有时，精神症状也会与青少年街头药物使用伴随发生，这也正是Larry个案中不明确的特性。

重性精神疾病在诊断、治疗以及预后方面都是复杂的。具体分类的疾病，其表现都带有异质性，所以要求干预合乎不同个案的特性。在去机构化运动之前，重性精神疾病患者主要在医院安置，通常都是在一个屋檐下提供一揽子服务。今天，多元却又具有个性化的服务在社区中已成为可能。

像Larry所在的一些社区，拥有的资源较少。但在100千米内，其他的服务资源也能够补充。在其他的一些城市区域，有更多的资源，同时也会有一个服务体系，个案管理者来辨识不同的资源以及连结他们与案主的需要。对于严重精神疾患的干预将帮助促使精神健康的服务得到整合，如职业方面、住房方面、法律规定的福利方面等。更进一步来说，像健康照护、社会参与、交通、娱乐、艺术、灵性的发展，以及家庭成员的需要，都将得到回应。

康复取向(Recovery Orientation)

直到最近，患有重性精神疾病的人们被视为不可避免的终身退化。然而，家庭和患者的倡导运动在二十世纪80～90年代检视与挑战这一观念，不少研究都证明患者随年龄的增长，其功能是有改善的(Harding，Brooks，Ashikaga，Strauss & Breier，1987)。康复或复原的概念，受到上述这些倡导者们的认同，是针对重性精神疾病患者的专业干预。它不是指目标或完成状态，而是突出过程或指导原则的重要性（U. S. Public Health Service，1999）。如第十章中所言，2004 年全国精神健康康复的共识宣言（National Consensus Statement on Mental Health Recovery）有了进展，正是透过物质滥用与精神健康服务委员会（SAMHSA）的努力，精神康复被视作一段治愈和转型之旅，在该旅程中，鼓励案主在有资源的社区中，探索他们的潜力，活出有意义的生命来（2004）。康复是一个积极的导向，也与个案管理方法应用于重性精神疾病的服务传递相一致。康复方法对于临床服务，涉及服务使用者（或病患）作为合作者（partner），在治疗和自身情境中制定个人的目标。

本章将描述社区为本的多层面服务传递方法对于重性和持续性精神障碍患者的应用。并不是所有患者都像 Larry 那样是年轻的精神分裂症患者。一些并不严重，但却也遭受着功能受损。另一些则会有阶段性的严重功能受损，如重度抑郁发作或双向障碍发作之际。本章从个案管理的重要功能开始，接着转入对案主有潜在支持的社区服务的讨论。各类社会与康复项目都将被介绍，也都将以证据为本和有效实务的性质来强调。

个案管理与社区为本的照顾（Case Management and Community-Based Care）

个案管理（CM）一般用来描述为案主协调多元服务的实务策略，常用于精神健康领域。因人类社会服务系统的复杂性，及生活在社区中的重性患者的多元需要，所以 CM 常被用于此。一些 CM 模式包括提供治疗，而另一些则只提供支持性的辅导。CM 也被用于许多其他人类服务领域（如物质成瘾、老龄、发展性障碍、健康照顾、儿童福利等），它并不属于某些特定的专业。社工常常受到很好的训练，可以来发挥这一角色，并应用多样的 CM 模式在各类精神健康领域。

CM 模式的主要目标有：（a）优化案主的功能，避免住院；（b）联结与维系服务；（c）若是需要住院，降低其长度；（d）通过复健，促进案主最大化的心理-社会功能；（e）完善生命质量（Ellison，Rogers，Sciarappa，

Cohen & Forbess，1995）。在 CM 模式下发展服务目标常见的框架包含：（a）照顾的连续性；（b）服务的可及性；（c）服务供给的问责制；（d）服务的效率（Baker & Intagliata，1992）。

根据全国个案管理协会最新的指引，个案管理有三个层面（Hodge & Giesler，1997）。第一层是 CM 模式最为急性紧迫的方面，对于最严重的成人提供高频度且综合的 CM 支持，一周 7 天一天 24 小时。在第二层面中，CM 提供 7 天 24 小时以目标为导向的服务，致力于关注病患的康复和结果，尤其是那些希望取得阶段性进展与康复的病患。第三层是紧急程度最轻的 CM 模式，为那些现阶段对自己角色还算满意并能主要做到自我管理与进步的病患而准备。通常是每周 40 小时，伴随持续性的随传随到的危机干预的设置（p. 26）。

CM 的实现，需要透过与案主间建立高质量的关系（有些情况下，是与整个团队建立高质量的关系）。个案管理者帮助案主获得并使用社区资源，以促进他们的福利和康复。机构中的个案管理者也会有不同风格与工作方式，有些供职精神病院的门诊，有些是精神科的诊所，一些在社区精神健康中心，一些在地方社区办公室，一些是心理与社会复健项目。也有一些成年保护服务涉及的是老人，尤其是弱势老者、肢体残障或是不常见的精神疾病（患者）。

个案管理的功能

CM 五个基本的功能是：（a）评估；（b）计划；（c）联结；（d）监管；（e）倡导。这些功能具体如下：

1. CM 功能之一：评估。评估是综合性的，是依据案主既往历史、诊断、优势、资源以及困难的评断。它需要不同渠道信息的整合（精神病院、精神卫生中心、家庭成员、医生、心理社会康复师）以及案主及其系统。对于重性精神疾病的案主的评估需要完全，就好像针对他们的治疗那样完全。个案管理者在收集案主的处境信息和最新需要时可以参考如下的维度：

- 住房
- 生理健康状况和照顾（包含健康照护服务的利用、饮食、睡眠、

锻炼）

- 精神健康状况，诊断，精神健康服务的需求（服药、心理社会康复等）
- 经济支持的来源和管理自我财产的能力
- 亲近的情感支持来源（家庭、朋友、服务提供者）和有质量的关系
- 父母状况（案主或其他人来照护孩子）
- 个人卫生和妆饰
- 社会参与、娱乐以及休闲时光的活动
- 职业、教育、工作历史及当前状况
- 药物/物质使用和滥用情况
- 司法系统的记录及当前情况
- 交通工具及其可及性和案主使用交通工具的能力
- 精神、宗教导向和需求

2. CM 功能之二：计划。个案管理者会监管案主在上述领域的情况，哪些需求已经实现？哪些需要存有差距？哪里会有潜力？在评估的基础上，有针对性的设计面向个体需要的服务计划。在与社区支持系统和社会工作价值保持一致的原则上，案主在发展服务计划时应当成为积极参与的一部分。当家庭成员参与案主计划的情况下，案主也认同他们的参与，此时家庭的介入是十分有意义的。理想情况下，这样的服务计划也需要相关的机构一同合作进入。所有的需要、服务以及实施执行都需要以可观测的方式来执行。

3. CM 功能之三：衔接。个案管理者也需要确保案主与合适的社区支持服务相衔接。为了实现上述目的，个案管理者应当熟知现存社区的资源、申请条件以及怎样获取支持的途径。在服务精神疾患时，简单的介绍并不足取，更细地获取支持的途径也需被发展，以便于促使案主获得相应的服务。这可能会涉及必要地教授或做示范给案主，像是如何搭公交，怎样让家庭成员或志愿者行动起来提供服务，安排公共交通，或是个案管理者确保案主获得服务。

4. CM 功能之四：监督。个案管理者需具备预见个案大致发展轨迹的能力以确认案主会按照服务计划执行。如果计划的某些方面无法执行，个案管理者将判断是哪些阻碍以便于及时作出修补。如果案主执行了计划但收效一般，个案管理者也需要站出来检讨计划是否需要作相应的调整。

5. CM 功能之五：倡导。在实现该功能时，个案管理者为了案主的益处，确保案主的权利受到基本保护以及获取应得资格内的服务。如果案主在接受服务时被拒绝或者在社区中被胡乱对待，个案管理者应当帮助案主倡导正式与非正式的策略以实现接受相关服务的权利。

上述五大功能强调了个案管理者的行政性角色或功能。通常在社会工作本科教育阶段，或社会工作硕士的第一年时，这些技能会传授给学生。再随着一些直接服务技能的增加，临床社工的高级实务能力就可以渐渐得到发挥了。

上述提到的直接服务技能之一是帮助案主发展问题解决。在社区中生活，有严重精神障碍的案主需面对日常生活的挑战和压力，个案管理者与案主及其系统一起合作，辨识相关的问题(可能是个人的、人际的、环境的或几个部分的组合)，发展相关的解决和管理元素，产生可选择的方案，促进抉择，评估所选择行动的结果。在监管案主康复的过程中，发展问题解决的能力和活动十分必要。

另一项直接服务的技能是危机干预(Lamb, Weinberger & DeCuir, 2002)。危机是常规处理问题的方法失灵时出现的压力爆发。重性和持续性精神障碍患者在遇到压力时常会高度脆弱，无论是由内部还是外部原因引发的状况。内在的压力源与精神障碍相关，将会使其精神状况变得更为棘手；也可能是处方药物刺激下的结果。外部压力诸如贫困、剥夺、人际困扰、工作问题、家庭中的情感问题，都可能引发相应的压力。严重精神障碍患者可能以极端的方式来回应压力，比如威胁说要自杀，使用暴力，或者产生出幻觉等(Flax, 1982)。个案管理者应当提供必要的支持给予案主，衔接其与家庭成员间的支持，鼓励案主继续努力来处理面临的问题，衔接可能的社区资源来一同处理案主的危机。个案管理者通过家庭走访，陪同案主获取精神科急诊服务，或者联系社区中的其他支持服务。在一些情况下，住院治疗也是必要的。当危机出现时，个案管理者可能会花费很多时间来帮助某位案主。

试想一下，在 Larry 的案例中，当他第三次住院结束后出现危机，然后一位个案管理员被安排去帮助他。

John Martin，个案管理员，接到 Larry 母亲的电话，要求他去帮助 Larry。John 做了家访，花了几小时与 Larry 单独交谈，结束后也与 Larry 还有其父母共同交谈了一下。

Larry 告诉社工他想要有独立支配经济的心愿，但其父母并不同意他申请经济补贴(John 回顾自己第一次拜访 Larry 时告知他关于 SSI 的补贴)。Larry 说当他问父母要钱时，感觉自己就像个小孩。

John 了解到 Larry 申请 SSI 补贴时能有多少钱，考虑到他在家生活，告诉他关于医疗救助的事情(因为他也符合申请资格)。他们一同讨论了关于获取相关福利的权利，但 Larry 困扰的是若是申请有些福利可能会违背父母的心意。John 辨识出 Larry 正在担忧的问题：(a) Larry 尊重其父母的感受也害怕他们不同意；(b) 在 21 岁前，Larry 的医疗保险还是在其父母监护之下的权利；(c) 获取 SSI 的补贴对比 Larry 帮助父母、祖父母和邻居做些劳务所赚取的收入的差异大小。

在家庭社会工作服务过程中，个案管理者与 Leeds 先生和太太分享了他们不愿申请福利补贴的感受，及在 21 岁前监护 Larry 的想法。John 描述了 SSI 项目是作为纳税人应享有的权利，Larry 也分享了他的财务依附于父母的感受及没有独立经济支付能力。他描述了依靠自己生活的渴望以及期待有一天能有一份工作。在服务结尾时，整个家庭达成如下的共识：

a. 出于尊重父母的考量，Larry 将在 21 岁前不申请 SSI 项目。

b. Larry 父母将每周支付给 Larry，以作为其每周花 3 小时做一些园丁工作的酬劳。

c. 同时，Larry 的祖父母和邻居也将以花园劳务支付给 Larry 相关的报酬。

d. 父母将不再以小孩子的方式与 Larry 互动。

e. 个案管理者将与 Larry 一同制定服务计划，来帮助他成为在将来更有能力的人，如在家庭团体中如何更好地互动与生活。

上述案例中，提供支持性的治疗关系，是个案管理者的潜在的功能。尽管治疗同盟的建立对于所有社会工作实务而言都是中心任务，但在服务严重精神障碍患者的过程中，这将变得格外重要。他们对外容易害怕、怀疑、敌对，这些反应可能是疾病的结果，破坏了其建立、维系关系(Kantor，1988)或与陌生人打交道的能力。对于个案管理者来说，帮助案主克服他们的忧虑，形成一种治疗性的工作同盟(Harris & Bachrach，1988)是十分重要的。个案管理者透过传递出积极的视角、关注、言行一致、参与案主的活动，帮助案主一同回应或大或小的问题来实现上述目的。

个案管理者又一项直接服务功能是与家庭打交道(Moxley，2009)。许多重性精神障碍患者与父母、配偶、兄弟姐妹或相关的重要他人同住。即使案主不与家人住在一起时，情感纽带仍需维持。家庭成员可以成为服务计划的重要参与伙伴。他们也能够提供重要的信息给到案主，辨识其困境的信号，提供交通便利，监管案主治疗的反应，以及协助日常生活中的问题。此外，家庭还可以为个体成员或共同的需求给予回应。尽管家庭越来越多地参与贡献，但还是有许多时候，成员的需要被忽视和隔离。

临床社工作为个案管理员，在评估和治疗案主精神健康问题的过程中，需要具备一般的评估、协调、个案计划和倡导的能力。临床社工也受训具备处理案主需求的干预技能使用社区资源的能力以及参与案主权利倡导的能力。接下来，我们进入社会工作干预模式部分——社工作为个案管理者，在社区中参与精神健康团队服务，需具备的实务模式或技能。

个案管理模式

在二十世纪后20年里，许多面向重性精神障碍患者在社区中的照顾及CM模式在研究文献中得到探讨和比较（Chamberlain & Rapp，1991；Mueser，Bond，Drake & Resnick，1998； Solomon，1992）。在这其中，有（a）中介模式（broker），（b）康复模式，（c）优势模式，（d）临床模式，及（e）危机模式等个案管理的模式。在下面的讨论中，将可以看到不同的模式有不同的哲学，与案主建立关系时的距离深度，个案管理者的配比。重要的是，在个案具体的情境下，个案管理者如何结合不同的模式，来执行更贴合案主利益的模式。

1. 中介模式。是最为基本的方法（Solomon，1992），在这种方法里，个案管理者连结案主和社区内的不同资源，并协调不同的服务供给方（Mueser et al.，1998）。社工一般来自中心办公室，有很多的个案数（Solomon & Meyerson，1997）。虽然对于这种方法有效性的研究还没有定论（Franklin，Solovitz，Mason，Clemons & Miller，1987），但其还是得到广泛地实施应用。

2. 康复模式。包含精神科康复的功能和个案管理中的中介经理功能，社工与案主的平均比例是1：15～30（Anthony，Forbess & Cohen，1993，p.99）。以案主为中心，帮助他们提升其在所选环境中的功能。这类CM

涉及利用功能性评估、教授日常生活技巧、建立全备的康复目标(Anthony et al.，1993； Rogers，Anthony & Farkas，2006)。精神科康复模式应用CGK(choose-get-keep)方法，最早用于精神残障群体的职业康复，尔后又被应用于住房和教育部分(Anthony，Cohen，Farkas & Gagne，2002)。目前可得的知识是不足够的，需要进一步实证工作确认康复模式的有效性。

3. 优势模式。强调案主的积极属性和社区资源，并有如下六个原则来指引：

* 患有精神障碍的群体能够康复，并为他们的生活发声和改变。
* 关注个体优势而非缺陷。
* 社区被视为资源的集合地。
* 案主是助人过程的总指挥。
* 社工与案主的关系是首要的和本质的。
* 社区是最基本的工作场所。

——(Rapp & Goscha，2006，pp. 55 - 56，passim)

这个模式透过合作性的关系来实施，贯穿于对个体优势、个人计划、资源获取、计划的持续修订和渐进撤离的综合过程(Rapp & Coscha，2006)。

4. 临床个案管理模式。在该模式下，指出社工同时也是心理治疗师，创建一种旨在鼓励案主实现内在的改变并成长的关系(Roach，1993)。该模式正是Lamb(1980)提出的早期概念治疗型的个案管理者的发展，他们是案主最核心的治疗师和中介员。作为治疗师，社工帮助案主重新精准地理解所发生的事件，教授应对技巧，以及提供直接服务。该模式要求社工掌握客体关系理论并能具备良好的临床实务技巧和训练(Roach，1993)。

5. 密集型个案管理模式(ICM)。源自积极社区治疗(ACT)，在这种模式下，社工与有较多服务需求的案主一同合作，个案量较少，实现有保证的因应社区生活的能力及状态(Corrigan，Mueser，Bond，Drake & Solomon，2008)。通常出现急性状况，需要全天候的跟进。ICM模式下的社工一般是独立处理个案，如果有需要也会协同团队。ICM比起CM更具急性干预的意味，对于案主也有更多的关注和聚焦。

Jinnett，Alexander和Ullman(2001)做了一项研究，检视了治疗情境的影响(门诊康复、日间治疗中心、社区为本的ICM的项目)并探索了ICM

服务对 895 名美国退伍士兵(有重性精神障碍)生活质量的影响。结果表明，随着健康、休闲、社会参与、住房等领域的完善，他们的生活质量也随着完善。这些发现并不能用参与者的功能状态和疾病的严重性予以解释。研究也未发现治疗情境对生活质量影响的效果。

在二十世纪九十年代的文献回顾中，检讨了各类面向重性精神疾病患者的社区照顾模式，包括 CM，ACT 等(Mueser et al.，1998)。研究报告检测了 75 项研究(应用 CM 的 RCT，准实验，前后设计，包含 ICT 和 ACT)，其中大部分的研究都是运用 ICM 和 ACT 的模式(Mueser et al.，1998)。对 ICM 和 ACT 的 RCT 研究证实这些模式和方法改善了案主居住的稳定性，降低了住院的长度，特别是在案主使用较多的服务资源时(Mueser et al.，1998)。研究还表明两种模式在缓解精神症状与提升生活质量方面均有中等程度的效应。另一方面，大部分研究发现 ICM 和 ACT 两种模式在案主的社会参与功能、逮捕率、在狱中服刑时间、职业功能方面没什么效果。这也使得对于 CM 模式在重性精神障碍领域的效果很难给予某一向度的结论(Mueser et al.，1998)。在一项最近系统回顾 CM 模式的研究中，Burns 和同事(2007)得出结论，当案主有较高住院发生率时，ICM 模式能产生效果。

ICM 方法还被应用于有重性精神疾病的监狱分流人群。近期文献的综述发现这样的效果是混合的(Loveland & Boyle，2007)。作者们总结到，ICM 很难降低随时间而来的监狱服刑和逮捕率。一般而言，ICM 和标准门诊精神服务并没有显著的差异。然而，ICM 与物质滥用治疗结合时，在逮捕率和收监等方面也会有更好的效果(Loveland & Boyle，2007)。

随着 CM 的持续完善和进步，关于康复的概念也已成为服务传递中的重要基础。根据 Moxley(2009)，康复为导向包含了非直接的方法，案主的增能，服务传递中的选择，回应了一系列现存的问题：案主生活的目的是什么，案主如何才能实现目标，积极案主的假设，社区是有资源的和有支持的来回应案主需求的假设。个案管理者在康复为导向的服务过程中更多被视为教练而非管理者。

我们进而探讨 ACT 模式，作为一项应用于重性和持续性精神障碍人群的证据为本的实务。虽然一些研究者将 ACT 视为 CM 的一种子类别(Corrigan et al.，2008)，我们还是把它算为社区照护的一种。

积极社区治疗（Assertive community treatment）：证据为本的实务

ACT 是一种社区照顾方法，同时也催生了有关 CM 的一些方法。作为直接服务的一类，ACT 模式与 CM 的有些模式理应不同，比如 ICM。在二十世纪 70 年代，来自威斯康星大学的精神病学教授 Leonard Stein 和社会工作学教授 Mary Ann Test 在 Dane 郡发展了这一方法，也是作为替代住院的一种选择——即透过设置一些综合服务，将医院的功能转移至社区的做法（Solomon，1999，p. 151）。随着该方法的逐步完善，名称也从原先的社区生活训练（Training in community living（TCL））变为积极社区治疗（ACT），以及移动式社区治疗（Mobile community treatment（MCT））。这些方法都提供了面向重性精神障碍患者的综合性、持续的照顾。

ACT 起源于二十世纪七十年代，是一项证据为本的实务方法。通常我们描述 ACT 为一项针对重性和持续性的精神疾病群体，当传统门诊和临床为本的服务都无明显效果时所采用的综合性、密集性的治疗方法（Morse & Mckasson，2005）。ACT 的基本原则包括：（a）社区是照顾的首要基地；（b）治疗和支持必须是全方位的；（c）治疗和照顾需灵活但也需具有个体针对性；（d）团队式的治疗提供；（c）团队在社区中兜转/移动。ACT 聚焦服务对象和有质量外展服务的社区整合（SAMHSA，2008）。ACT 也是全天候的、没有时间限制地为案主服务的模式。

ACT 在美国、加拿大、英格兰、澳洲等地的社区中以完全或部分（以混合形式）的方式嫁接应用。许多研究显示了该方法积极的效果，特别是在降低住院的长期性、降低症状的严重性、改善住宿的稳定性方面（Coldwell & Bender，2007； Stein & Santos，1998）。病患结果研究团队（Patient Outcomes Research Team（PORT））的研究（Dixon et al.，2010）发现，ACT 有很好的效果证据，并推荐应用 ACT 作为社区照顾服务系统的一环，服务于社区中的精神分裂症群体。SAMHSA（2010）发布了一项证据为本的实务工具包以帮助社区开展该项目。若要了解关于 ACT 的进一步信息，可以查阅全国积极社区治疗协会（National Assertive Community Treatment Association）。根据最近的研究报告，ACT 方法并不对所有的服务使用者有效，但特别推荐给反复住院或无家可归者（Coldwell & Bender，2007； Nelson，Aubry，Lafrance，2007）（参见表 11.1）。

表 11.1 ACT 方法

ACT 方法期待的结果：
* 降低住院发生率
* 增加社区生活的质量和稳定性
* 使每日的生活与活动常态化（如工作）

助益案主的目标：
* 在康复之路上，有好的条件和社区治疗（主要条件）
* 维持良好的身体健康
* 降低精神症状
* 维持常态的居住
* 尽量避免涉及司法系统
* 获得并维持做工/工作
* 避免物质成瘾的生活
* 实现其他的一些个人目标

ACT 的核心特点：
* 跨学科团队共同致力于服务一组案主群
* 灵活的服务传递
* 分工与责任明确
* 个体化有针对性的服务与治疗
* 直接的服务供给
* 在案主原生态的环境下提供服务（如家里、社区、工作场所）
* 日常的生活技巧支持
* 质量保证的外展和跟进服务
* 危机干预，问题解决，以及帮助案主因应
* 教授案主如何在某些需要使用技能的环境中使用技巧的能力
* 数量不多的个案量
* 案主益处最大化

资料来源： Stein & Santos（1998）；Stein & Test（1982，1985）；物质滥用和精神健康服务委员会（2008）

表 11.1 提供了一个关于 ACT 的主要框架。现在我们将其作为证据为本的范例进行介绍。

在其最初的概念中，ACT 需要有一个多学科的团队合作共同发挥功能。作为个案管理者或社工，当面临案主处于危机时刻，同时工作人员又不能完全到位的情况下，需要帮助团队有效率地部署相关成员开展工作（Witheridge & Dincin，1985）。今天相同的原则仍适用于团队应承担的责任，但多学科已经变成了跨学科： 跨学科联合来自不同专业的知识和技术，进一步提升了助人关系——提供给案主关于服务的接受与否以及接受的方式或者手段的选择权利（SAMHSA，2008，p.4）。多学科团队致力于：（a）发展综合性的评估；（b）参与发展案主为中心的治疗计划；（c）实施并

监管治疗计划；(d) 以案主治疗为依据发展每周的案主日程安排；(e) 参与团队会议；(f) 维持团队交流日志(SAMHSA，2008)。

现今的 ACT 方法主要特点如下：

1. ACT 团队成员基本的责任覆盖所有的服务。

* 团队成员由有经验的精神科医生，心理学工作者、护士、社工、康复师、物质滥用治疗师以及职业规划师等构成。

* 相比于转介给不同项目和资源处的工作者，跨学科团队本身就能提供案主有需要的治疗和服务。

2. 助人服务在最需要的地方提供。

* 团队工作组与案主一同在他们的家中，社区中，或其他遇到困难或压力需要支持和技能指导之处工作。

3. 助人服务在最需要的时候提供。

* 相比每月几次的工作者与案主的见面，ACT 方法下工作组成员可以与案主有更灵活更贴合实际需要的互动。

* 帮助和支持覆盖全年中的任何一天的 24 小时。

4. ACT 方法下的个案是以团队分享的形式展开的。

* ACT 的工作者没有私人的个案，取而代之的是，他们分享责任，由团队一同来完成某些服务。

* 案主可能知道团队工作组里的许多工作者，这样当工作组里有成员休假、生病或离职时，其他工作者与案主在此前也有良好的彼此熟知，可以继续开展工作。

5. 聚焦于案主生活的需要。

* 团队成员与案主一同紧密合作，来发展工作计划帮助其实现制定目标的完成。

* 工作者每日会检视案主的进展情况，如果案主的需要发生改变或者工作计划失灵时，工作组团队将可以及时地做出回应。

* 因为 ACT 模式下的个案量并不大，所以这样细化的关注在实现时是有可能的。通常情况下工作组团队中的工作者与案主是 1：10 的比例(SAMHSA，2008)。

团队服务在面向服务对象提供持续性的照顾方面更有优势。ACT 团队每天碰面，就案主的情况展开讨论，干预策略被发展，不同的任务在团队中得到分工。与案主在社区的固定地会面。威斯康星的 MCT 方法，专门设计来帮助那些较难治疗的年轻服务对象，有两班倒的工作人员，每日交班，每周每位工作者都会对所负责的服务对象产生一份状况报告(Stein & Diamond，1985； Stein & Test，1982)。

ACT方法辨识出重性精神障碍人群常有的三项困难状况(影响到他们的社会参与功能)(Stein & Test，1985)，分别是：(a)强烈的依赖需要；(b)有限的问题解决能力和工具使用技能；(c)在面对压力时常以精神症状来因应的可能。这些情况影响他们的社区生活，带来更高的再度回到医院的风险性。在又一方面，ACT也辨识出，若社区功能良好有效的话，每位案主将有此优势作为基础。为了促进案主的功能，预防可能的压力，团队工作组需要完成有质量的外展服务，使得他们参与、保持在ACT的模式下完成在社区中的康复之旅。还没有进入ACT预约的服务对象应当被寻找，以便于他们参与的障碍可以得到突破。

在ACT模式下，案主受助变得更加独立。对一些人而言，这使得他们与父母分开住独立迎接生活。但同时，他们也得到相应的支持，父母定期会参与探访，社区中也有相关的小组(Training in community living，1983)。在其他情况下，不鼓励分开住。究竟是否鼓励案主与父母分开住，工作者需要持续地与家庭沟通，以作出合理的评估和建议(Stein & Test，1982，p.66)。

ACT的独特性在于聚焦培养案主的人际应对技巧，优化他们的日常活动，使他们成为社区中的一员。因此，个案管理者到案主的家和社区中走访。他们也许在案主社区的咖啡厅见面，也许是心理社会康复中心，或是案主的寓所。所强调的重点乃是平常生活和活动中的会使用到的真实帮助。团队工作组成员示范相关的技巧，如去银行、超市，在那些地方需要使用到的技能并应用之。真实生活的协助将有利于重性和持续性精神障碍群体将某一方所学的能力转移至另外方面进行应用(Stein & Test，1982)。

ACT是一种社区照顾服务的方法，但却不同于我们一贯了解的以CM为基础而结合的方法。Stein(1992)注意到社区常会期待一些个案管理者能将多学科团队的资源，以一种黏合剂的方式，把非系统化公共卫生服务整合起来(p.173)。他建议社区应当建立一种包含精神科医生、心理学工作者、社工、护士、康复师、精神科技师的连续体式照顾团队，他们一同来处理疑难个案，这样的员工与个案比例在1：10。Stein(1992)同时建议ACT团队应当每周7天准备就位，进而使得更稳定的服务对象可以由非密集型的团队来接手。

近来的实证研究已将ACT方法沿用到其他方面，包括物质成瘾、就业、少数族裔。一些研究已经检视了ACT作为整合治疗的一部分，对于重性精神障碍和物质成瘾障碍群体的混合结论（Essock et al.，2006）。关于物质成瘾方面的专家也被整合进团队，有研究表明物质使用会有降低（Drake et al.，1998），其他研究则不然（Essock et al.，2006；Morse et al.，2006）。在司法精神科方面，ACT的目标是通过增加缓刑监督降低再犯罪以及促进治疗的参与。ACT方法应用于司法系统中的精神障碍人群的证据目前还不明晰，即没有某一向度的倾斜（Chandler & Spicer，2006； Lamberti，Weissman & Faden，2004）。

重性精神障碍群体社区照顾实践的假设

重性精神障碍人群的社区照护通常依据一些假设，而这些假设也与社会工作中的康复与复健的价值与视角相一致。具体如下：

1. 重性和持续性精神障碍人群在适当的支持下，有能力生活在社区之中。

2. 重性精神障碍群体有能力成长、改变、学习、完善以及康复。

3. 康复，特别是对于曾有重性精神疾病的人群来说，是一种拥抱美好的愿景。

4. 每个人都有可以激发和提升的优势。

5. 在康复框架下，那些经历过重性精神障碍的人群同样可以过上不受干扰的生活。

6. 重性精神障碍使得群体对压力、依赖、贫穷等特别敏感，而当危机出现时，这些风险将被进一步放大。

7. 在康复框架下，服务提供者要成为案主康复之旅中希望、支持、教育、伙伴的主要来源。

8. 对许多重性精神障碍患者来说，在过去习惯的环境中能再度有学习发生是有效果的，这样的学习也需渐进式地进行。

9. 重性和持续性精神障碍患者有权利参与服务计划的制定与决策选择。

10. 家庭或照护者在案主康复和计划执行的过程里都是伙伴(在案主认同他们帮助的前提下)(SAMHSA，2008)。

这些假设立足于这样的认识，重性精神障碍人群康复或者在功能方面取得实质性进展，相应地，他们的成长潜能可融入治疗计划和实施方案。在积极地面对案主有能力来学习和发展的过程中，社工辨识他们每一位的优势和能力开展工作。同时，案主应对压力和依赖的弱势，也应当纳入考虑范围。这样可以做好准备，万一危机发生，个案管理者能够介入案主的问题解决和情境管理。

康复过程的责任，常由案主自己及其家庭(如果有联系)、个案管理者、精神健康服务机构以及其他的社会服务机构和社区共同承担。案主有责任对自己的照顾负责。社区也有责任尊重案主的权利，将他们视为与我们一样的市民，回应其需求。个案管理者在案主与社区的协调过程中，扮演着重要的角色，需要代表案主的权益。

为了与上述的假设接续，需要了解针对重性精神障碍患者的高质量实务背后的核心原则：

* 治疗关系的实质和质量是最重要的。
* 良好的实务是融合与连续的。
* 良好的实务也是尊重个体的：服务契合案主的需要、优势、倾向和价值。
* 良好的实务通过正式与分享的决策过程推动案主责任性的参与。
* 良好的实务不能与合作的工作者分开。
* 良好的实务是动态发展的。
* 良好的实务是结果可测并具有可持续性的。
* 良好的实务也是关注文化差异性的。

(纽约州精神健康办公室，2008)

对于证据为本的精神健康实务工作者，他们需有的价值还有：

* **康复**：作为一个统一的概念，创建及支持服务、实务以及政策，将促进安全、希望、选择及增能。
* **关系建立**：当多元团队齐心协力参与时，有意义和可持续性的服务

质量将达致最佳。

* **积极治疗**：每位案主都有权利接受证据为本的有效实务，同时避免服务的滥用。

* **需求关注**：关注最弱势群体的需要。

（纽约州精神健康办公室，2008）

为了与这些指引保持一致，推荐下述策略：

1. 在案主的原生环境中，开展高质量的、定期的、持续性的外展工作，尤其是在其危机时刻。

2. 重视案主的独立性并支持其康复。

3. 教授案主在其常出现的环境中的生活与社会技能，鼓励其拥有的每一点进步。

4. 协助案主获取服务及生活的需要，实现其康复和自治的需要。案主关于住房的心愿应当得到重视，他们有能力度过新环境中的日子。

5. 协助案主使用社区中的可得资源。

6. 在个体与社区层面为案主发声倡导，包括推动与发展新增的服务以填补现存服务中的局限，创设工作机会。

7. 帮助案主在问题的早期阶段解决之以便于降低住院的风险，在危机时刻提供干预，提供可替代住院的其他服务。但有时住院治疗也是必要的。

8. CM 角色的实施是与社会工作价值、心理-社会康复目的以及康复视角相吻合的。要特别重视案主对个体性、尊严、自决、最少限制性选择等方面的权利，以及正常化、整合、照顾的持续性以及案主的公民权原则。

9. 与案主的家庭发展结构化、合作性的关系。

社区支持服务和资源

重性和严重的精神障碍群体能够受益于许多社区服务。不同的服务与服务整合将根据案主相关的心理社会需求、案主康复目标的意愿、案主的财务状况、所在社区的可得资源来做相应的联结。同时，社工也会发展新的服务，如通过合作发展针对物质成瘾群体的新方法。不同的社区服务类型将在下述部分得到讨论，包含住院、门诊治疗服务、居家服务、危机服务、日间照护、职业康复、服务使用者导向的方法、健康照护、复权/增能以及其他的相关服务和资源。

住院治疗服务

虽然近些年的哲学强调在社区中治疗的理念，但遇上急性或持续的情况——有自伤或伤害他人的、无法照顾自己的人群，住院治疗仍是必需的。通常是在急性事件中，或者病患需要药物调整时。对一小部分的案主而言，长期住院，或结构化、封闭的社区治疗服务（等同于住院）也许是最为适合他们的选择。

住院照顾一般发生在当地的社区中，无论是公立医院、私立医院、大学附属医院，还是部队医院等。这些医院通常有精神科，能够收治那些符合需要的病人，当然每类医院都有自己的入院标准。此外，一些州立精神医学机构也设有为司法系统下被起诉的人群提供长期照护与管理方面的服务。不同医院提供的服务会各有差异。一些提供基本的药物，也有其他的一些提供结构化的治疗方案，管理医疗将视案主的入住标准和时间长短予以考量。

门诊治疗服务

对于重性和持续性精神疾病的人群而言，门诊的行为-精神健康治疗可能是十分必要的。对于这些群体而言，需要综合性的、可持续性的照顾方法，可能是褪去过往传统的以语言为主导的心理治疗方法，配合以同样具有治疗性的方法补充。

住院患者应当受到以社区为本的个案管理服务，或转介的门诊精神健康服务。在病患出院回到社区期间，医院社工以及社区服务提供者若是有联同的计划将更有助于病人的利益。非住院治疗的患者也可由个案管理者或其他的精神健康专业人士确保这些服务的可及性。门诊服务在许多环境下都能提供，取决于社区和其中所有的服务。ACT 团队是一种资源，就好像 CM 服务的其他类型那样，提供精神康复、持续的日间治疗、社区精神健康中心。许多中心不仅提供精神科监管服务，也能够提供门诊治疗、日间治疗、急诊服务以及其他有针对性的相关服务。一些社区有独立的门诊诊所，提供处方药物和个案管理服务。其他的一些社区则单提供个案管理服务，还有一些社区中的诊所则链接着公立医院、大学附属医院、部队医院、少数族群服务、私立服务部门、行为健康服务。

许多重性精神疾病的患者都服用药物，而药物使用在医院和社区中又是不同的。此外，对药物的需求也将随时间而变化，许多精神科药物有副反应需要由个案管理者、护士、精神科医生来监控(精神药理学将在第十二章中讨论)。

虽然大部分患者受益于某些支持，精神-心理方面的治疗仍然需要谨慎，要以案主的情况给予适合的服务。结构化的方法，如认知-行为治疗能降低精神症状的严重性(Dixon et al.，2010)，也能帮助案主管理日常发生在社区中的生活问题。

对于心理治疗的一种可替代方法是社交技巧训练的参与，特别是以小组形式。在这一训练方法下，案主学习如何处理人际问题，当接收同伴支持时如何能掌握合理的社交和职业技巧。来自 2009 年精神分裂症 PORT 推荐的心理-社会方法表明，患有分裂症的人群在日常生活中有限制，应当提供相关训练完善人际技能和独立社区生活的技能(Kreyenbuhl，Buchanan，Dickerson & Dixon，2010)。社交技巧训练已被并入疾病管理和康复项目(在第十二章中将被讨论)。已有的实证研究强烈表明，当提供结构化的行为技能训练之时，重性和持续性的精神障碍患者能学习社区生活的技能(Kurtz & Mueser，2008； Vauth et al.，2005)。

当案主与家庭成员一同居住或住得很近时，家庭为本的干预是十分有帮助的。2009 年分裂症 PORT 推荐了面向重性精神障碍人群的家庭干预方法(持续时间在 6～9 个月)，这一方法被发现能够显著地降低患者的复发率及再住院率(Kreyenbuhl et al.，2010)。这种证据为本的实务方法也将在第十二章里进行讨论。

虽然药物的帮助与治疗一样重要，但对于重性精神疾病的案主，干预还包含着适应更广泛的社区生活的方法。在康复的视角下，案主与个案管理者的关系，辅以适合的住房、心理社会康复服务可以帮助他们在社区中更好地生活。

住房选择与最佳实践(Housing Options and Best Practices)

重性和持续精神障碍的人群的住房安排也是多种多样的。住房和社区的选择对于案主的福祉是十分重要的，同时也与其经济收入水平息息相关，因为很多案主的收入是有限的。

最近关于重性精神障碍人群的住房政策趋势是——支持案主选择他们的生活，同时注重长期的而非临时性的安排(纽约州精神健康办公室，2006)。这种方法创造了不同住房选择的发展，社区支持服务、房屋租赁以及一系列的倡导、中介等 CM 的服务(Ridgway & Rapp，1997)。在康复视角下，支持性的住房包含社区支持、精神康复等方法。这一视角鼓励服务使用者的赋权，在选择、获取、维系他们想要的住房类型上是康复性的(Carling，1993； Wong，Filoromo & Tennille，2007)。所谓支持性住房整合了社区支持供给与成本-有效的服务(为目标)，为重性精神障碍患者的生活改善提供了可能。有些住房安排可能是短期的，这是因为案主住院或被驱逐而打断了稳定的状况。支持性住房并不意味着对于现今住房选择的舍弃，而是提供了一系列更宽泛的对于重性精神障碍人群康复之旅的服务。有些州也发展了支持性住房的实施指引(纽约州精神健康办公室，2006)。住房与城市发展部门(HUD)提供了一些住房支持，以帮助那些满足条件的低收入个人与家庭。

一项最近的文献回顾检视了面向重性精神障碍患者的住房政策，在 30 篇研究中提到了 44 种不同的住房服务，被分类成照顾和治疗住房、可持续性住房、永久支持性住房、非模式化住房(Leff et al.，2009)。照顾和治疗住房是宽泛意义上的护理之家、小组之家、社区住房、中途之家、联合公寓。可持续住房作为一种高需要、高准备的住房，有许多元素与照顾和治疗住房相叠。这种模式认为人们从一种居住形态变到另一种形态，是出于他们的康复进步的需要。永久性支持住房在主要服务方面提供给入住者支持和治疗(在有需要的情况下)。非模式化的住房在Leff和其同事(2009)的研究中界定成为流浪人员提供短期的居住和庇护的选择。在这项研究中,前三种住房方式相比最后一种,表现出了显著的居住稳定性。而在这其中,又以永久性支持住房为首。居住在护理与治疗住房中的人群与非模式化住房中的人群相比,精神症状明显降低(Leff et al., 2009);在住院的控制与降低方面,永久支持住房的形态与护理与治疗住房形态中的群体相比非模式化住房中的人群,也有明显的效果(降低)。

一些可能的居住设置将在接下来的篇章中谈及,将包含:与家庭同住、家庭护理居所以及宽泛的商业居所。

与家人同住 许多案主与他们的家人同住,他们的父母、祖父母、兄弟姐妹、配偶、孩子或其他的重要他人。这些自然环境在提供持续的、潜在的照护情境时更为有利(对于案主)。案主在家居住有优势的同时,家庭成员的需要也当受到重视。有时因为照顾患有精神疾病的家庭成员,家人会变得负担沉重。家庭成员也需要得到关于精神疾病的教育以及对于他们的支持,否则很有可能他们对这样的照顾终将变得难以为继。

当50岁的Molly经过六次住院以后,第一次回到家与其丈夫相聚,她整个白天睡觉,晚上则在地板上踱步。他们一起去购买食品,但是,她的丈夫Ray则要完成做饭、清扫等全部家务。Ray接受他妻子的状况,因为他已经习惯了。然而,当她开始指责他不断地在她的食物中投毒,并与另外的女人外出时,Ray开始生气了。她拒绝洗澡更让他难以忍受。辛勤工作,长期受难,Ray达到了他的忍受极限。绝望之中,Ray询问个案管理员/社工,Molly是否有可能选择其他的住房服务。

在决定使用社区中的可替代资源前,其他的一些设置也值得探索。其他家庭成员或社区服务资源也许能够提供喘息照顾,临时住所中案主能够停留,主要照护者也能定期访问。喘息照护是一项还未发展但却需求巨大的社区资源(Zirul, Liebermanm & Rapp, 1989)。一些社区提供护理之家的床位,轮转式的照顾居所,或以上述目的为基础的代替式住房。这些方法影响了参与的案主随后住院时长的降低(Geiser, Hoche & King, 1988)。在上述案例中,Molly在临时家庭护理之家中得到安置,其个人的行为和药物服用都能得到良好的监管,同时也有个人行为治疗的方案与之对接。此外,Ray也有时间去思考一些关于自己需求的解决方案,同时寻求临床社工的帮助。

家庭护理之家 家庭照护或成人(寄)养之家是现存针对社区精神疾病人群中最早的一种类型。在理想状况下，家庭照护之家的入住人数在1～4人，入住其中，鼓励发展彼此的照顾和社会适应的技巧与习惯。依据照顾人数支付劳务提供者报酬，他们照顾案主的食宿并协助案主接受身体和精神的照顾。照顾者提供药物提醒，带领案主到精神健康中心参与会诊，协助案主准备康复项目。

家庭护理之家因场地大小、氛围、案主的自治情况而有所不同。有些是案主有独立层的或有隔断空间的，另一些则是小群体式居住，还有一些情况是案主每天可以和照顾者的孩子或孙辈互动，也能够参与如食物准备和园丁工作等家庭活动。

家庭护理之家由部队医院、州立医院、精神健康机构、私立服务部门执行。通常他们在某种形式上连接着相关服务的传递系统。社工、护士、其他精神健康工作者会走访案主及其照顾者，在这样的探访中，工作者们将可以观察到案主及其家庭可能改变的突破点。该种服务形态也符合各州的职业法案。

支持公寓 这是自治型的居住单元，一般由医院、机构、社会康复机构来运营。在现行复杂的公屋系统里，某些公寓被提供面向有需要的案主，甚至是一些大楼或街区也被投入使用。一些机构有自己的房屋单元或至少是一些公寓或房间来提供给服务对象，在另一些情况下，机构的角色主要是提供咨询。

居住在支持型公寓的案主一般都需与他人分享某些空间，从事相关工作的社工会提供(人员)匹配的建议，而案主则可以事先选择接受与否。分享这类住房会使个人与他人有更近的接触，因而充足的照护被需要来确保同住在一起的服务对象能够良好适应。此外，案主们也需要有料理、购买食物、房屋清洁、衣物洗涤等技能。同时他们也需要能够管理自己的钱财和使用公共交通资源。

一些社区有针对案主某些需求的特别支持型公寓。这类公寓可以服务带孩子的服务对象，也可以服务有两种疾病诊断的服务对象(精神疾病和物质成瘾；精神疾病和发育迟滞)或精神疾病和司法犯罪的群体。

商业宿舍 商业化或以董事会性质运营的住房相对而言建设的规模较大，一般由非专业的资本家出于盈利目的来运营。他们也需要满足某些条件或资质，这取决于不同州的情况。这些住房提供食品、庇护空间及药物提醒。相比家庭护理之家，这里提供更松散的互动和监管。一般情况下，服务使用者可以自由地离开住处在社区里面游走。居住者一般是和其他居住者分享房间的。

这类住房的费用是由政府转移支付项目来达成服务购买，如补充保险收入（SSI）和社会保险。大部分是以月来划拨，也有一小部分是提供给案主的。因为这样的住房盈利较少，所以运营者会通过对于食物（更经济）或要求（服务对象）收费等方式来实现其商业目标。

许多商业化的住房并不提供案主社会参与、康复及社会技能发展等服务，他们在某种程度上会被从事精神健康的工作者或其他工作人员链接到精神健康系统中的相关服务中。

个人照顾团体之家　这类的治疗型住房帮助案主改进他们的社会参与和日常生活的能力。他们提供实际的生活情境、结构、支持、驻点督导。团体之家有自己的规则，群体若是要居住就必须遵守。过去的一些团体之家更主要是过渡性质的，而如今也有一些长期的住房（不会催促服务对象搬走）（Carling，1993）。

过渡性宿舍　这类场所有驻点督导，以临时居住为主。居住在这类住房中的服务对象需要参与日间治疗和职业治疗项目，或者需要接受精神科的治疗（在持有工作的情况下）。照护者们培养案主的日常生活技能，而这些支持将帮助案主在他们今后的生活中变得更具有自治性。

结构化的住房及康复服务　许多社区提供带有康复功能的一系列住房服务。费城行为健康与精神康复服务部门通过长期结构化的住房方案为服务对象提供在控制监管环境下的康复服务。长期的结构化住房对于有需要的人群来说也可以是永久性的。宾州的另一些结构化住房也称急性治疗住房，提供短期、急性的治疗住房方案给有需要的群体（一般都在18岁以上）。

24小时照护和护理之家　这些住房除了提供住房外，还有护理和医疗服务以及24小时的监管。一般而言，照管也分级，重度照顾和一般照管。虽然年龄并没有一般的准入限制，但这类机构还是不太倾向接收年轻的重性精神疾病人群，包括提供相关方面的治疗（Carling，1993）。可对于老人或脆弱的精神疾患服务对象，这类机构确实提供了很好的保护环境。

居家照护之家　居家照护的住房是面向那些患有身体或精神疾病或脆弱的老年群体，同时他们也不必住医院或护理院（而设置的）。入住这类住房的个体需要一些基本的监管和支持，以能执行日常的生活事务。

单人房宾馆 一些服务对象生活在宾馆的单身房间（single-room occupancy，SRO），这类住房一般穷人会申请（多为接受福利政策的人群）。有些住房有烹饪设备，有些则没有，若没有的话入住者就得自行准备食物了。浴室是公用的，这类宾馆的设施并不好，不太干净、没有暖气、也很破旧、不安全。卖淫和毒品经常充斥其中，不过近来这样的现状也有改善。

其他社区院舍 美国各类城市或乡村的社区都有一些适应重性精神障碍人群的机构及设施。许多基督教男/女青年会也会提供一些条件不错、安静、隐私保护的住房给到相关人群，突发情况或是想长期居住的案主都可以申请这类住房。另外一些社区也会给有需要的服务对象提供如宾馆或是汽车旅馆之类的服务。

一些服务对象居住在政府支持的住房中、供给老人和残障人士的公寓以及提供医疗和社会服务（住房），（这些）对于精神疾病人群而言是比较良好的居住区。社工或个案管理者现如今也开始辨识一些社区住房的类型或形式。

独立生活 一些服务对象能够独立生活在社区中，或与其他舍友一同生活（的方式）。这些服务对象能够独立承担自己的财务，管理租房的支出，保持房屋整洁，料理食物，而这一切都是在没有精神健康专业工作者监管和安排下实施的。住在该类住房中的群体仍然与精神健康服务系统保持联系。他们定期去诊所，也会参与职业康复服务。

无家可归者庇护所 无家可归是一个社会问题，与失业、城市的中产阶级化、物质滥用、家庭冲突以及精神健康和其他的社会政策问题相关联。许多无家可归者有着严重的精神疾病。出院计划的不完善、没有可得的住房、案主不愿意回到原来住处或者被排斥等也使得一些精神疾病患者变得无家可归。缺少钱、食品、社会支持，也没有相应的社会技能，但无家可归者却又不得不被迫自己搞定生活。在城市社区中，像“纸包女士”和“购物车男士”都是很为人熟悉的现象，他们行乞，吃别人剩下的东西，回收垃圾桶里的有用物。他们中的许多人都有身体疾病，或者遭遇过抢劫、强奸、其他的被侵袭。

有些重性精神疾病的群体有能力使自己远离无家可归者的庇护所。公共部门也会运营大量的住房，这一类有较少的隐私和保护，有时会有偷窃或者攻击。有些庇护所提供有限的床位给相关人群，通常是先到先得。大多数的庇护所日间并不开门，但一些也会提供社会服务或是转介服务给到合适的精神健康机构或是住房中去。

一些城市有不同的设施，但发挥着无家可归者庇护所同样的目的。私立组织，常在教会的支持下运营更小型的但更个性化的设施。接受这些服务的对象常常可以停留一段时间（至少超过 1 晚），机构会帮助他们获得可得的基本权利，获得药物，甚至是提供就业的支持。有时这些机构会运营他们自己的职业康复项目（如 Goodwill Industries），一些住房还提供家庭居住。

一项支持无家可归者免于庇护所的服务名为有房优先（Housing First）。对比住房型服务要求服务对象接受这个、参与那个（比如对物质成瘾的治疗），有房优先的方法是帮助案主和他们的家庭尽快尽可能地获取住房减少一些附加条件。服务对象要求满足最为基本的条件和只在非常有必要时才接受服务。更多与此相关的服务信息可以登录网站：http://www.endhomelessness.org/section/tools/housingfirst。

监狱 另一项住房选择的替代是监狱。许多精神障碍人群最终会因为种种原因出现在司法审判系统中。不过，一些人在入狱期间也会接受精神疾病的治疗或是在他们释放后接受个案管理服务。监狱-法院转移的项目将视累犯和逮捕率的效果变化来实施。

危机服务

严重精神障碍患者敏感于或受制于他们精神疾病的恶化。在要求和治疗最小约束服务对象的前提下，社区也已经发展了一系列的资源来应对危机和避免住院。在这些资源中，有急诊服务、危机住房、日间医院。但在某些时刻，住院是治疗最佳的选择。

急诊服务是门诊精神科的组成部分，一般连接着医院和精神健康诊所。他们治疗的人群大多是因急性精神症状或是与压力有关的反应而自行前来或者被迫带入。严重精神障碍的患者大多由他们的家人、个案管理者或是警察陪同前来。警察会在许多情况下出现，特别是在案主无法自控、暴力威胁的情况下出现。

由于急诊服务不产生提前预约，因此，常会出现无法预期的满额工作安排，一些诊所使用伤检分类系统，所有病患案例在最短的时间内接受简单检查，以决定哪些个案需要先处理，哪些需要精神科医生的跟进。这样的系统分类很有用，因为许多使用急诊服务的患者其实情况并不紧急。一些服务对象并不知道其实社区资源更适合他们的需求。而另一些文化风格使得一些人更愿意从急诊服务处获取来自心理-社会需要的帮助而非社区服务处。

若案主的需要被感知为急性显著精神症状、自杀、伤害他人的呈现，由警察带来的这些人群会引起专业人员的即刻关注。个案管理工作者会陪伴案主(处于情感伤痛中)，提供必要的支持和关注。

急诊治疗依据患者的诊断和需要有所不同。那些急性或极端症状的患者被检查以判断他们是否达到州的入院标准。那些呈现急性精神症状的案主通常会被给予药物；焦虑、抑郁、幻觉、或与压力生命事件有关的精神症状常使用危机干预的策略来帮助案主。

危机干预是一种帮助处于急性压力下的人们恢复其心理社会功能到压力前水平的方法。急诊服务处的工作者必须快速地评估案主问题的严重性并提供治疗。工作者通过建立关系，询问案主诱发事件，了解到什么情况可能会使案主觉得自己处于弱势(危机)，提供案主表达伤痛情感的机会。在聆听案主问题和感受的过程中，工作者做出相应的评估，与案主一同，发展相关的助人策略解决眼前的问题。通过联系案主的症状和其背后问题的原因，以及解决的方案，工作者帮助案主重组认知功能(Dixon，1987)。

有时急诊处的工作者需要果敢地介入有暴力倾向或是很亢奋的案主，将其安置在有限制的空间内。这些有时间限制的处置同时辅以其他手段帮助案主获得对自己的重新控制(重新安静下来，或是服用药物)，都是在短期内比较有效果的方法。不过，这样的急诊处置对于社工而言也会有伦理上的冲突，因为等于剥夺了案主的自决和尊严。在任何情况下，临床工作者应当优先考虑最小化的限制处置。

危机住房对于急性精神问题人群提供了临时性的住房。不像庇护所，这类住房促进了精神症状的降低、稳定性以及导致急性状况问题的解决。治疗的主要手段是药物和危机辅导。该方法的目标是修复案主的功能状态到危机前的水平，使案主在社区中有更合适的生活设置。危机住房有多样的准入标准，同时也有停留时长的限制。

有些隔离的居所，像危机之家，或是复杂社区住房中的社区单元，像商业化的庇护所都会有危机住房的照护。研究对比了生活在未封锁的、以案主管理为本的危机住房中的案主与有封锁的住院精神科机构，发现前者的精神病理症状有更多的改善，对于服务也有更好的满意(Greefield, Stoneking, Humphreys, Sundby & Bond, 2008)。

急性期的部分住院既非社区为本的照顾，又非完全的住院方式，或许更多是一种从医院到社区照顾的过渡阶段。常由医院或是精神健康中心的门诊来运营。案主参与集中的治疗项目，晚上回到他们通常的生活住所。这类服务项目一般都是有时限的。

部分住院(Partial Hospitalization)

部分住院或是日间治疗提供了如医院中一样的结构、支持和活动，同时也对生活在社区里的案主增能。服务会提供给参与者一些社会参与的机会，而通常这些参与者在自己独自时会比较退缩。此外，服务也提供案主一些场地或是一些途径来拓展他们的活动、技能和兴趣。在参与项目的过程中，工作者能够观察案主对于社区的适应情况，并预防初期问题。

Rosie(1987)描述了该类方法的三种形式：(a) 日间医院，提供有急性症状人群的诊断和干预服务；(b) 日间治疗，提供有时长限制，目标导向为基础的过渡服务(例如从医院到社区)；(c) 日间照护中心，关注重性精神疾病案主的康复和生活质量维持。虽然这样的分类差异没有在每个社区中有所呈现，但它们的确代表了这一方法的不同侧重点，来回应重性和持续性精神障碍人群的需要实现。

部分住院项目有其自己的设施，或是镶嵌于医院，或是在行为健康服务中。大型社区中提供一小块空间或办公室是必要的，自带的服务有舒适的起居室、用餐区域、厨房、洗衣设备、洗澡区域、小组治疗室，提供自然的环境供康复之用。这样的背景中，使得参与者能够受教于食物料理技能、衣物与房间的清洁，还有个人卫生与妆饰等。在这样充足的空间中，案主可以有适当却又不频繁地与他人互动(体验)。

部分住院因结构的不同而有所不同，一些源于社区中的会议，在那里参与者们每日、每周制定计划，也会有特别的活动。治疗小组活动如心理剧、艺术剧、药物指导、社会技能训练都可以包含在内。外部的专家如营养师也可以请参与其中。该方法在管理型行为照顾机构的框架下，会呈现出更加紧凑的治疗(有限时间内的非正式社会参与训练与治疗)。

与日常生活相关的训练活动也被整合到部分住院的方法中。为了使训练与个体的技能、理解、子群体的受损水平相适合，服务对象的功能水平会有个体化的评估。此外，服务的主题也需与参与对象的生命发展阶段相适应。良好的训练活动场地是具有预算控制的、公共交通便利的、有食物供应的、方便购置衣物、房屋整洁、方便社会参与以及有助于个人妆饰的生活之地。若是案主有孩子，也能受益于其中的孩童照顾。一些已经掌握相关技能的服务对象能够帮助工作者在交流传递这些技能时发挥作用。服务对象在被教导和模塑后可能会更好地实现这些生活与社交的技能。

随着今天对于康复的强调，部分住院项目正在失去它们的吸引力。因为这类方法主要关注于培养社区子群体的发展性，而参与的案主更多是被动接受服务的案主(而非主动要求参与服务)。联邦政府计划对精神健康服务进行转型，届时将以新自由方案的报告为主导，扎根于康复并强调案主的自我导向(美国健康和人类服务部，2005)。

精神分裂症与物质滥用的整合治疗：证据为本的实践

研究报告显示有20%～75%的精神分裂症个体混有病态的物质滥用(Dixon et al.，1999； Tsuang，Fong & Lesser，2006)。物质滥用增加了药物依赖的可能性，同时也伴有更高的障碍、住院可能、抑郁焦虑风险、居住的不稳定性、司法系统的介入以及更差的功能性(Compton，Weiss，West & Kaslow，2005； Margolese，Negrete，Tempier & Gill，2006)。对于这类双重障碍的服务对象，整合的治疗会使用一揽子治疗服务，包含CM、12步法、动机对话、认知行为治疗、社会技能训练、行为疗法、家庭心理教育。第十三章将具体探讨这些实务策略。

职业康复与支持就业方案

因为工作是生活的中心部分，可以帮助个体促进自尊、独立经济、提供生活结构、改善社会参与机会、促进社区整合（Lehman et al.，2002），有益的就业是面向重性精神疾病人群的心理社会康复的目标。然而，只有10%～20%的参与者在既定时间能够胜任有竞争力的就职岗位（McGurk & Mueser，2004）。对于就业，有许多的阻碍，包括围绕医保使用费用的政策、雇佣的歧视、个人的泄气、康复服务的缺乏（Baron，1999）。不过，传统与新的职业康复方案和支持型的雇佣都在一些社区中成为可能。

职业康复是一项关于工作治疗的综合服务，包括工作教育、训练、引导和设置(Jacobs，1988，p.247)，同时也是心理社会康复很重要的一项元素。服务参与者不仅受助发展与特定工作有关的技能，还包括发展使用公共交通、守时上班、与人相处、尊重上级指示等技能。进一步地，他们还受训对于工作有规划、发展更好的求职简历、准备面试等。一旦他们找到合适的工作，他们还将受助去维持保有该项工作（Bellack & Mueser，1986）。

职业康复从对于个人工作技能的评估开始(Jacobs，1988)，可依据案主先前的受教育情况和工作经历、可观察到的行为，以及先前雇主、案主及其家人的报告。联邦职业康复办公室(OVR)有当地的办公室可提供测评、咨询、训练以及有资质的精神康复患者的工作替代。在某些情况下，这类机构还会为案主支付再教育或是职业训练以及康复所需的医疗照顾费用。不过，这种训练-工作的职业康复模式(包括庇护工场)都还未发现对那些诊断为分裂症的服务对象在劳动力市场上获取成功的证据（Bond，Drake & Becker，2008）。

庇护工场　对于职业康复一种传统的方法是庇护工场，通常雇主会雇用重性和持续性精神障碍的人群或是其他有障碍或困难的人群。工场是参与者能在一种较低压力、竞争性不强的工作背景下学习基本的职业技能。工场工作的时间也相对较短些(小于8小时/天)，在某些情况下，参与者只工作较少的天数。庇护工场或是有赞助的机构会与其他的一些企业建立合同关系，以产生如剪切、分组、打包等任务工作(供给参与者进行劳动)，参与者会被分派到特定的工作中，一般所得的劳动收入会低于最低工资。

参与者受训实施许多劳动任务，也被要求完善他们的技能表现。若是他们能够证明自己的进步，将会依据其表现获得收入的增加以及更高阶的任务作业和劳动强度。此外，参与者也将受益于准备参与工作的经历，工作中的人际互动，如何更有效率地使用时间等。对一些服务对象来说，在庇护工场工作是迈向竞争性的重要一步。其他有些人群则会在该场所待上几年。庇护工场与主流有区隔，因为整合与康复是心理-社会康复的重要哲学，因此替代性的策略受到青睐。

职业康复与支持性就业的俱乐部之家

泉屋(fountain house)，位于纽约，1948 年由精神障碍患者建立，通过会员制运营的心理-社会康复方案，在其中工作被视为中心任务(Propst，1988)。纽约这种模式自从它建立之初就开始了巨大地拓展，在其他各地都有所铺开。今天已有 334 所俱乐部之家在全球 27 个国家实施运行，所有这些都是通过国际俱乐部之家的中心部门联结着(2008)。

俱乐部之家围绕着有指示的工作日来构成，俱乐部会员在其中与工作者在工作职位/单位上一同做工(Macias，Jackson，Schroeder & Wang，1999)实现要求完成的任务。这包括打字、接电话、经营咖啡吧、向导、清洁、操作复印机、数据录入等。因为方案是自愿的，所以会员会觉得有存在感，动机较高。在参与的过程中，会员们对自己的能力越来越有意识，学习新的技能，同时收获了信心(Propst，1988)。

三类职业化的方法是大多数俱乐部之家的典型样式，分别为：过渡型就业(TE)，支持型就业(SE)以及独立型就业(IE)，通常它们实施起来被视为一个连续体(McKay，Johnsen & Stein，2005)。TE 由临时性、兼职的入门级职位组成，俱乐部之家的工作人员会协调，并负责参与者们的工作实施。俱乐部之家向参与者提供现场的训练也涉及一些不能工作的会员(Mckay et al.，2005)。会员们因他们的工作量和工作时长而被支付薪酬(最低工资或略高于最低工资)。TE 方案类型下的参与者们会受到许多来自俱乐部之家工作者的支持，就像 SE 那样。SE 类方案由全职或兼职构成，不再有临时性的工作(Mckay et al.，2005)。而第三类 IE 方案，则提供全职工作的支持，这类通常面向那些能够胜任竞争力工作，同时又不再需要或要求来自其他类服务支持的群体。SE 和 IE 中的职位也都属于会员制(Mckay et al.，2005)。

支持性就业(证据为本的实务) SE基于个体安置和支持模式(IPS)(Becker & Drake, 2003),强调根据人们的需要和技能,匹配求职教练持续的训练和支持,或是个案管理者的求职支持,迅速安排有竞争力的工作/职位(Drake & Bond, 2008; Lehaman et al., 2002)。证据为本的SE方法包括:首先对人群有工作的安置,然后提供给他们需要的支持和训练(如提供人力资源师的帮助)。IPS模式强调整合就业与精神健康服务。同时就业安置需与案主的表现、工作满意度、任期延长等相关联(Bond et al., 2008)。研究表明处于该方案下的人群,在劳动力市场有更高竞争性,也能获得更多的收入(Lehman et al., 2002; Mueser, Drake & Bond, 1997; Twamley, Jeste & Lehman, 2003)。对于SE的持续关注有可能拓展其受益的范围——延伸至更广范围内的分裂症群体。

这项证据为本的实务的核心要素和基本特点在表11.2中。SE的目标是具有竞争力的就业。SE应当与治疗整合,服务对象的自决也应当贯穿整个服务过程,理想情况下,只要服务对象同意,工作搜索就应当开始,然后辅以持续的支持可以使参与者有更高的成功和维持(SAMHSA, 2009)。

工作俱乐部 另一项增能的服务方法是在求职俱乐部中进行参与(参与即工作)。这项服务得到来自康复工作者的支持,其对案主找寻工作设置了责任(Jacobs, 1988)。参与者全职地投入服务中,受教于找工作的技巧以及相关的资源(电话、咨询老师、行政支持、工作行情等),他们也能更好地定位自己的工作(Jacobs, 1988)。

支持性教育:最佳实践

重性精神疾病的成人,若有意愿继续学习高中文化,可以参与到支持性教育服务中来,也可以创造就业机会。这一心理社会康复的方法将提供支持以帮助参与者思考他们的受教育目标以及追求更高阶的学习,因此,也能更好地利用社区及大学的环境及资源(Mowbray, Brown, Furlong-Norman & Sullivan-Soydan, 2002)。不同的操作方法将视其在教育机构,或是俱乐部之家,或是精神病医院,或是精神健康中心而有所不同(Morrison & Cliff, 2007; Unger, 1997)(参见表11.2)。

表 11.2 支持性就业(SE)：一项证据为本的实务

核心元素

* SE 帮助任何一个渴望工作的人
* 一旦参与者进入该服务中，就业服务的工作者就开始帮助他们找寻工作
* 只要参与者想要，就业服务的工作者持续给予支持
* 工作被视为过渡性质
* SE 所配备的就业服务提供者也是临床治疗团队的一部分
* SE 是个性化的服务

基本特点

* 每位就业服务的工作者所配比的服务对象大约是 1∶25
* 就业服务的工作者只提供关于职业方面的服务
* 每位就业服务的工作者实施所有关于职业服务方面的事项/服务
* 就业服务的工作者是精神健康治疗团队的一部分，也具有决策权利
* 就业服务的专业人士如同一个整体在发挥作用
* 进入 SE 服务不需要什么资格条件
* 职业评估是一个持续的过程
* 一旦进入服务项目，找寻有竞争力的工作即将开始
* 雇用合同视参与者的工作表现
* 就业服务的工作者在各类背景下提供工作选择
* 就业服务的工作者提供有竞争力的工作选择，同时也具有永久属性
* 就业服务的工作者帮助参与者在适当的情况下结束某一工作，开始新的工作
* 对雇主和参与者有个性化的跟进支持，同时没有时间限制
* 职业服务在社区背景下提供
* 若有需要，有质量的外展服务也会实施

资料来源：物质滥用与精神健康服务署(2009)

支持性教育模式的核心元素与 SE 中相似。心理-社会的康复策略，如技能发展、环境支持、目标定位、案主自决等都会予以运用(Mowbray et al.，2005)。研究发现许多支持性教育的方法与案主随之而来产生的大学教育和职业训练相关联(在 6 个月和 12 个月的跟进阶段)(Morrison-Dore，2008； Mowbray，Collins & Bybee，1999)。患有精神障碍的个体一般对工作支援的服务感到满意并能完成大学水准的课程(Leonard & Bruer，2007)。

同伴支持专家：最佳实践

同伴支持包括来自同样经历过重性精神疾病的人群，他们通过在康复视野下自己的经验来向参与者提供服务。同伴自助服务也向家庭开放，包含对于家庭照护者的服务支援(NAMI，后面将谈及)。有些同伴专家是有

偿服务，而另一些则是志愿者性质。同伴支持的原则包括社会支持、经验化的知识、透过共同问题的社会学习、增加的自我意识。同伴支持服务对服务提供者的益处有个人成长、就业潜能的增加、互相支持、潜在的住院降低。这些服务提供了各种选择、自决权和康复。同伴支持专家能够教授应对和社会技能，在聚焦康复的系统下，这些可以帮助参与者提升抗逆力——处理生活挑战的能力(Solomon & Draine，2001)。同伴支持专家也能够依据案主喜好、倾向来组织结构化的娱乐活动，提供常规的支持，并参与案主其他部分的精神健康服务(Min，Whitecraft，Rothbard & Salzer，2007)。同伴支持服务可以在医院、参与者主导的中心、门诊、心理-社会康复中心等具有社区精神健康服务条件的地方开展(Chinman，Young，Hassell & Davidson，2006)。同伴支持服务常由参与者主导的机构提供，在其中许多员工都有精神疾病的经历。许多精神健康机构，包括精神科康复服务，都提供同伴支持。

对于同伴服务效果的证据还比较少(Solomon，2004)。但最近的趋势开始视其为一项有潜力的有效实务，可与传统精神健康服务相结合(来自1999年 Surgeon General's Mental Health report)(U. S. Public Health Service，1999)。来自总统精神健康新自由委员会的报告(2003)承认同伴支持作为一项有潜质的有效实务。报告推荐有精神疾病经历的群体，作为服务提供者对于他们同伴支持的可能性，特别是通过这群人运行的机构。

俱乐部之家、随访中心与消费者运行的组织

俱乐部之家 服务对象发展和运作许多他们自己的活动和服务。在这些中，最早的是泉屋在前面的章节中有所提及(属职业康复服务)。俱乐部之家的参与者被称为会员，而非案主，他们属于尊重他们全人(属性)的社区。俱乐部之家沿着泉屋的轨迹，已然成为参与者运行的心理-社会康复服务。除了上述描述的职业服务外，还有夜间和周末的社会活动和服务。

随访中心 另一项由参与者运作的资源(服务)是救助中心。如同俱乐部之家一样，这也是参与者感受像家一样的地方，在其中他们有社会互动，彼此支持。中心就其行政结构、聚焦与开放的时间会有所不同。一般而言，中心会有受雇的工作者以及一些核心的志愿参与者，以确保服务能

够平稳有序地开展(Kaufmann, Ward-Colasante & Farmer, 1993)。

其他服务使用者运作的计划 许多其他参与者运作的服务也正在不断地出现，并且值得期待。在 Solomon 和 Draine(1995)的研究中，他们发现由参与者实施传递的 CM 与非参与者实施的 CM，在一些特定的结果上效果差不多。

家庭/服务使用者倡导组织 参与者和他们的家庭也会发展一些自助及倡导组织帮助自己处理由精神疾病、疾病结果以及精神健康服务传递系统局限而带来的困扰。作为身处其中的一员，他们了解哪些没有很好运作，或什么是他们所需要的。渴望和权利却又被服务提供者忽视。那些称自己为参与者的人群强调自己作为社会一员的权利，他们可以接受、评估、选择和拒绝相关的服务。

参与者彼此帮助，既可以个人化地解决问题，同时又能够集体化地采取行动。他们时而向其他参与者提供关于特定精神健康服务、精神病学、社工服务的建议，时而为创造新资源而努力工作，时而又传播关于药物的信息，时而游说政府提供更多资金的支持。有些服务是地方或州独有的，另一些则是全国网络中的一部分。专业人员可以参加但不能参与投票。政府越来越多地鼓励和支持使用者运作的机构。

全国精神疾病联盟 最具影响力之一的家庭参与者组织是全国精神疾病联盟(NAMI)和它们的州、地方分支。NAMI 代表着重性精神问题的案主和他们的家庭利益。在地方层面，团体教导成员和公众有关疾病的知识，并提供相关资源的信息，也能更好地促进精神健康服务的发展等。而在全国层面，NAMI 倡导有关重性和持续性精神困扰群体的研究和方法支持。NAMI 成员摒弃了历史观点——要求父母为他们子女精神疾病的发展负责，他们视精神疾病作为一种大脑疾病并参与倡导和支持关于生物治疗的研究以及生理-心理-社会的服务。参与者和专业工作者都能参加NAMI。

个案管理的社工对参与者联盟有许多责任。首先，他们应当明白这样的群体在其社区环境中的背景，告知参与者和他们家庭有关现有的状况，如他们正在做什么，潜在的资源有哪些(信息、家庭的受教育水平、社会连接、增能、意义的来源)。其次，社工也需要与小组成员建立关系，倾听他们的伤痛。通过调节、倡导以及协商，一些参与者的怨恨能够得到处理。再者，社工也可以加入其中的一些小组。

公民倡导组织

有一些公民倡导组织，其中的构成包含普通公众、专业工作者、研究人员、服务对象本身及其家人。历史最悠久的小组是全美精神健康协会，如今称为美国精神健康及其地方分支。这些机构提供关于精神健康主题的信息，向参与者和他们的家人提供教育和支持小组，呼吁倡导更加完善的精神健康立法(Lefley，1996)。另一家倡导机构是Judge David L Bazelon中心(致力于精神健康法律)，关注精神疾病人群的公民自由和住房、收入支持以及健康照顾的权利(Lefley，1996)。州保护和倡导中心(P & A)是由联邦政府为精神疾病个体倡导与保护的法律服务，PAIMI法案通过诉讼和倡导活动，来发挥保护相关群体权利的作用(Lefley，1996)。

健康照顾

相比普通人群，重性精神疾病群体的寿命更短，也有更多的疾病(Bazemore，1996)。更早的死亡部分因为生理原因(心脏疾病、感染)，部分因为非生理因素(心理创伤、自杀)(Bazemore，1996)。一些医疗问题也是不良健康问题的结果。因为认知加工的困难，自我意识的扭曲，对外界的不信任，一些精神疾病人群常常不能辨别健康问题，或是不愿意和他人探讨此类话题。

许多有重性精神疾病的个人接受或具备获得医疗保险的资格。有些人也有私人的健康保险，或是退伍军人的福利。许多州与管理型照顾机构签订合同，以外包的形式向管理健康和行为健康的机构购买服务，使有需要的公众可以获得服务。退伍的需要群体可以在部队类型的机构获得治疗。政府和私营的保险会覆盖许多服务，包括医生、用药、住院，但在一些特定的管理型照顾系统下，会有一些保险服务的资格条件或限制。同时，为一些还不具备资格享有医疗服务或被拒绝的人群做相关的倡导也是有意义的。

健康照顾管理应当成为服务对象个人服务计划的一部分。参与者得到帮助来维持平衡的饮食，有清洁的生活环境，同时也可以辨识健康问题的症状。参与者也可以有医生、诊所、医院、这种持续或急诊的健康服务相连接的资源。同时参与者的五官和肢体也需要专业人士的关注。

若遇上怀孕阶段的妇女为服务使用者，她们可以决定是否使用家庭为本的医疗服务。她们应当被提供关于生育、性健康与孩童抚养议题的信息。有关她们身体和精神健康的生育控制议案，与精神科药物对妊娠与哺乳的影响(Mogul，1985)都当被讨论。此外，一些关于女性易受到性侵风险的可能也应当得到保护。

Schwab，Drake 和 Burghardt(1988)提及作为处理健康照顾的服务提供者或是个案管理者需具备文化敏锐性。个案管理者应当学会明白案主的精神异常所扮演的功能；案主如何感知他们的身体、症状与医疗照护系统；案主的社会系统组成有哪些；所有的这些知晓与明白都能帮助社工与案主的医生(并不常明白案主的社会世界)产生更好的沟通与协调。此外，那些阻碍获取健康照顾的部分也应当被识别。在与案主一同工作时使用个体化的观察和知识，个案管理者能够弥合案主文化与医疗系统间的断裂，增进一方与另一方的信息沟通。

• • • 资格

重性和持续性精神疾病使相关人群可以享有一系列可以申请的公共福利。每项资格都有其条件、形式与规定。个案管理者应当熟悉服务所覆盖的人群，他们的资格、条件和相关的申请程序。

如果案主不工作或处于失业状态，他们能够申请经济援助。有资格申请社会保险的残障保险，是要基于申请人之前的工作历史和他们精神与生理的受损情况，或是寡妇，或父母有工作经历的残障儿童。那些有资格申请社会保险的人群也能获得医疗保险。如果社保账户不充足或是申请人没有相应的资格，他们能申请 SSI 和医疗救助。若在社会保险或 SSI 下被评估为永久性或完全失能，相关的医疗救助则是必需的。其他可能的经济支持来源还有退伍军人伤残抚恤金，或是地方公共福利服务。那些曾经有过工作经历/历史的人群可以有资格获得残障或退休保险，这也是对于其过去工作经历的(非个人原因导致失业)失业补偿，所应享有福利的一种反馈。

另一项权利是食物券。对于那些可以申请其他公共援助的人来说，他们也具有申请食物券的资格。一些服务对象只具备在危机情况下申请的条件。食物券也有一些限制，比如不能用于购买烟酒产品。

随着越来越多的无家可归者出现，许多灌汤厨房和食物银行也相继出现。灌汤厨房每天提供一到两种免费食品，食物银行则供应给申请者罐头商品、奶酪和其他的食品。一般这样的设置常位于教会或社区中心。庇护所也提供给无家可归者免费的食品。出现财务危机的服务对象也能向一些教会机构请求支援和帮助。

支持作为父母的案主

虽然患有重性精神疾病的女性有着不低于一般群体的生育率(Saugstad，1989)，但她们作为家长的需求仍遭到严重的忽视。如果案主需要在这个部分得到帮助，就应该启动亲职服务，并把它整合进康复服务中(Nicholson & Blanch，1994)。

一些干预已经开始应用于母亲和她们的孩子。像是在医院中的母亲-孩子单元，整合到家访的家庭照顾服务，针对父母和孩子社区为本的密集康复(Oyserman，Mowbray & Zemencuk，1994)。也有一些数量有限的支持型住房服务向母亲和孩子开放(Sands，1995)，针对物质滥用的母亲，住房治疗服务也已经越来越常见了。临界点(threshold)计划的母亲项目，芝加哥的一项心理-社会康复服务，已将其工作范围从针对重性精神障碍的母亲拓展到无家可归者(Hanrahan et al.，2005)。一项关于在全国境内，面向家长和孩童开展的七种服务方法的质性研究表明，虽然不同方法间存在多样性，但CM、家长支持、技能训练、教育、家庭治疗、聚焦儿童的干预和住房，这些是存在于大多数的方法中的共同元素(Nicholson，Hinden，Biebel，Henry & Katz-Leavy，2007)。

支持网络

大多数社区资源被描述为一种正式的支持网络，这种网络可以移动以帮助个体参与者适应社区生活。精神健康服务、权利方案和住房单元也都是此种正式系统中的必要组成。这些服务常是互动性的。贯穿流淌在这些服务中的是自然发展的人际关系，它们发挥着更紧密的助人资源作用。

自然或是非正式的支持，常指个人或团体花时间通过日常互动形成建立的。这些主要是由那些关心案主的家庭成员、朋友、邻里或是教会成员及同事等组成。有时还包括理发师、杂货店老板、酒保、房东和其他非正式互动的人们。那些在支持小组或是社区服务中相遇的人们也能成为自然支持系统中的一部分。

有关重性精神健康问题人群的社会网络研究发现，他们一般比较小，最紧密的层级主要由亲属构成。同时该网络缺乏其他的层组，也缺少交互性（Cutler，1984）。考虑到分裂症群体和其他一些重性精神障碍人群会有社会关系的退缩以及情感亲密的威胁，这种较为狭窄的社会关系网就不难理解了。

个案管理者的责任之一就是帮助案主建立和拓展他们的支持性社会网络。人际关系的重要性在于它充当着压力的缓冲，同时也帮助个体有意义地参与到社区中去。个案管理者通过提供关系发展的机会来帮助案主发展社会网络。渐渐地，案主与社会和休闲团队建立联系后，鼓励案主重新与过去他们视为重要的他人恢复联系，维持现有的联结并发展成为朋友，促进案主使用心理-社会康复服务，创建社会参与的团体，支持案主参与工作。

家庭对案主来说亦是重要的社会支持。案主对于家庭的定义常是：潜在的照顾和供给港湾，会产生巨大的帮助。然而，人们也要谨慎案主对于其的依赖，需要鼓励他们发展各种其他的关系或者联结。一些社区会有志愿者服务，如同伴小组，社区中的人们向重性精神障碍患者人群提供同伴支持和友谊纽带。对那些没有亲人，或亲戚不住在附近提供支持的案主来说，朋友及服务提供者发挥着与家庭同等重要的作用。

针对不同族群的行为精神健康中心

对于一些少数族裔社区中的案主来说，他们更喜欢接受来自自己文化群体下的精神健康服务。一些大型的城市会有精神健康多元的服务中心来面向不同的族群，以便于符合他们的语言和特定的区域文化需求。那些会说案主同一语言的工作者也会熟悉案主所处情境的文化，可以更好地开展工作。社区的其他一些支持，比如听力障碍、同性恋群体、艾滋病人群，也都在一些行为健康中心或是邻近社区中可以获得相关的服务。

案例研究

Estrella 和 Juan Martinez，都是 25 岁的墨西哥裔人，生活在加州的一个地方行政区。这对年轻人是五年前在州立精神疾病医院相识的。在那儿，他们都因为精神分裂症而住院。出院之后的一小段时间内，他们一起建立家务管理，在 E 怀孕并生下一个小女孩 Lucia 后，他们结婚了。L 现在已经 4 岁了，E 又第二次怀孕。虽然 E 和 J 都没有正式的工作，但是他们可以从 SSI 获得收入，并享有食品券和医疗补助(J 偶尔能打点临工挣些钱)。他们与 J 的家人保持密切的联系，但是除了亲属以外，他们没有与其他人交往。

夫妇两人能说墨西哥语和英语两种语言，个案管理员帮助他们在文化敏感性精神健康中心获得了续顾服务(aftercare)。此外，这位个案管理员还充当文化中介，安排 E 的产前照顾并让女儿 Lucia 加入启蒙(Headstart)计划。两个月前，这位个案管理员被提升了，由一位不会说西班牙语的新个案管理员来接替，这位新个案管理员对 J 家的文化不太了解，也不太了解精神分裂症患者之需要。与此同时，J 的父母也离开了，结果 E 流产了。这些压力使得 Martinez 夫妇处在失调的危险之中。个案管理员该怎样以文化敏感性方法干预这个案例以增加支持、缓解压力？什么样的社区服务可能是最有助的？

总结与解构

康复视角是美国精神健康服务转型的中心。这一视角聚焦重性精神疾病人群的社区照顾，包括案主的自决权利、植入希望、整体性/全人和优势视角。本章介绍了重性及持续性精神疾病人群个案管理与社区照顾的若干模式，当然还有一些证据为本的最佳实践。个案管理是一个行政化的体系——运用专业个人或团队来支持、监督、管理案主的社区生活。虽然积极社区治疗始于治疗，但现已经纳入 ICM 的范围内，这使其不仅提供治疗本身，还包括连结案主和相关的服务。

CM 有许多不同的模式常被提及，但在实务操作层面却也展现出许多的共性。一般来说，个案管理者或社工会实施评估，监管案主的进展，发展个体有针对性的服务计划，充当服务对象与不同服务供给之间的桥梁。不管哪种方法或是模式，个案管理工作者都会涉及一些与案主的直接实务和服务连接工作。一些方法会要求工作者更积极地参与外展工作，而另一些则更需要他们参与康复和治疗等工作。临床社工除了其他任务外，也会提供心理治疗。

个案管理对于社区而言特别有需要，因为社区总是有许多资源，但却很少有良好的协调。案主和他们的家庭常常不能意识到现有的服务以及他们可以使用的权利。当然一些社区可能资源并不丰富，或是不能回应社区中少数族群的需要。对于现有的服务而言，还有不少空间可以探索，服务必须基于群体的实际需要。

本章描述了一些在社区中可及的资源。它们包括：一系列的支持型住房服务、住院和门诊治疗服务、ACT（有质量的治疗计划）、支持教育、危机干预、部分住院服务、同伴支持服务、SE（支持型就业）及职业康复。此外，案主需要健康照护，正如他们在有风险或危机时刻有医疗困难一样，同时他们也有获得经济支援的资源。不过，临床社工常会犯类似提供过度服务给一些案主或过于家长制的错误。综上，的确有需要来发展案主为本的服务。案主应当有他们自己的康复目标，同时也需要促进许多他们自己的组织和服务的发展与运行。这些机构或组织提供了帮助重性精神障碍人群增能的机会。家庭也正在发展和运行一些倡导组织，服务的同时也希望他们的声音更多地被听到。

参考文献

Anthony, W. A., Cohen, M. R., Farkas, M., & Gagne, C. (2002). *Psychiatric rehabilitation* (2nd ed.). Boston: Boston University, Center for Psychiatric Rehabilitation.

Anthony, W. A., Forbess, R., & Cohen, M. R. (1993). Rehabilitation-oriented case management. In M. Harris & H. C. Bergman (Eds.), *Case management for mentally ill patients: Theory and practice* (pp. 99–118). Langhorne, PA: Harwood Academic Publishers.

Baker, F., & Intagliata, J. (1992). Case management. In R. P. Liberman (Ed.), *Handbook of psychiatric rehabilitation* (pp. 213–244). Boston: Allyn & Bacon.

Baron, R. C. (1999). The impact of behavioral managed care on employment programming for persons with serious mental illness. *International Journal of Mental Health, 27,* 41–72.

Bazemore, P. H. (1996). Medical problems of the seriously and persistently mentally ill. In S. M. Soreff (Ed.), *Handbook for the treatment of the seriously mentally ill* (pp. 45–66). Seattle, WA: Hogrefe & Huber Publishers.

Becker, D. R., & Drake, R. E. (2003). *A working life for people with severe mental illness*. New York: Oxford Press.

Bellack, A. S., & Mueser, K. T. (1986). A comprehensive treatment program for schizophrenia and chronic mental illness. *Community Mental Health Journal, 22,* 175–189.

Bond, G. R., Drake, R. E., & Becker, D. R. (2008). An update on randomized controlled trials of evidence-based supported employment. *Psychiatric Rehabilitation Journal, 31*(4), 280–289.

Burns, T., Catty, J., Dash, M., Roberts, C., Lockwood, A., & Marshall, M. (2007). Use of intensive case managemen to reduce time in hospital in people with severe mental illness: systematic review and meta-regression. *British Medical Journal, 335,* 336.

Carling, P. J. (1993). Supports and rehabilitation for housing and community living. In R. W. Flexer & P. L. Solomon (Eds.), *Psychiatric rehabilitation in practice* (pp. 99–118). Boston: Andover Medical Publishers.

Chamberlain, R., & Rapp, C. A. (1991). A decade of case management: A methodological review of outcome research. *Community Mental Health Journal, 27,* 171–188.

Chandler, D., & Spicer, G. (2006). Integrated treatments for jai recidivists with co-occurring psychiatric and substance use disorders. *Community Mental Health Journal, 42,* 405–425.

Chinman, M., Young, A., Hassell, J., & Davidson, L. (2006). Toward the implementation of mental health consumer provider services. *Journal of Behavioral Health Services and Research, 33*(2), 176–195.

Coldwell, C. M., & Bender, W. S. (2007). The effectiveness of assertive community treatment for homeless populations with severe mental illness: A meta-analysis. *American Journal of Psychiatry, 164,* 393–399.

Compton, M., Weiss, P., West, J., & Kaslow, N. (2005). The associations between substance use disorders schizophrenia spectrum disorders, and Axis IV psychosocial problems. *Social Psychiatry and Social Epidemiology, 40*(12), 939–946.

Corrigan, P. W., Mueser, K. T., Bond, G. R., Drake, R. E., & Solomon, P. (2008). *Principles and practice of psychiatric rehabilitation: An empirical approach*. New York: Guilford Press.

Cutler, D. (1984). Networks. In J. A. Talbott (Ed.), *The chronic mental patient: Five years later* (pp. 253–266). Orlando, FL: Grune & Stratton.

Dixon, L., Postrado, L., Delahanty, J., Janine, M., Fischer, P., & Lehman, A. (1999). The association of medical comorbidity in schizophrenia with poor physical and mental health. *Journal of Nervous and Mental Disease, 187*(8), 496–502.

Dixon, L. B., Dickerson, F., Bellack, A., Bennett, M., Dickinson, D., Goldberg, R., et al. (2010). The 2009 Schizophrenia PORT psychosocial treatment recommendations and summary statements. *Schizophrenia Bulletin, 36*(1), 48–70.

Dixon, S. L. (1987). *Working with people in crisis* (2nd ed.). Columbus, OH: Merrill.

Drake, R. E., & Bond, G. R. (2008). Supported employment: 1998–2008. *Psychiatric Rehabilitation Journal, 31*(4), 274–276.

Drake, R. E., McHugo, G. J., Clark, R. E., Teague, G. B., Xie, H., Miles, K., et al. (1998). Assertive community treatment for patients with co-occurring severe mental illness and substance use disorder: A clinical trial. *American Journal of Orthopsychiatry, 68,* 201–215.

Ellison, M. L., Rogers, E. S., Sciarappa, K., Cohen, M., & Forbess, R. (1995). Characteristics of mental health case management: Results of a national survey. *Journal of Mental Health Administration, 22,* 101–112.

Essock, S. M., Mueser, K. T., Drake, R. E., Covell, N. H., McHugo, G. J., Frisman, L. K., et al. (2006). Comparison of ACT and standard case management for delivering integrated treatment for co-occurring disorders. *Psychiatric Services, 57,* 185–196.

Flax, J. W. (1982). Crisis intervention with the young adult patient. In B. Pepper & H. Ryglewicz (Eds.), *The young adult chronic patient* (pp. 69–75). San Francisco: Jossey-Bass.

Franklin, J., Solovitz, B., Mason, M., Clemons, J., & Miller, G. (1987). An evaluation of case management. *American Journal of Public Health, 77,* 674–678.

Geiser, R., Hoche, L., & King, J. (1988). Respite care for mentally ill patients and their families. *Hospital and Community Psychiatry, 39,* 291–295.

Greenfield, T. K., Stoneking, B. C., Humphreys, K., Sundby, E., & Bond, J. (2008). A randomized trial of a mental health consumer-managed alternative to civil commitment for acute psychiatric crisis. *American Journal of Community Psychology, 42,* 135–144.

Hanrahan, P., McCoy, M. L., Cloninger, L., Dincin, J., Zeitz, M. A., Simpatico, T. A., et al. (2005). The Mothers' Project for homeless mothers with mental illnesses and their children: A pilot study. *Psychiatric Rehabilitation Journal, 28*(3), 291–294.

Harding, C. M., Brooks, G. W., Ashikaga, T., Strauss, J. S., & Breier, A. (1987). The Vermont longitudinal study of persons with severe mental illness, I: Methodology, study sample, and overall status 32 years later. *American Journal of Psychiatry, 144,* 718–726.

Harris, M., & Bachrach, L. L. (1988). A treatment-planning grid for clinical case management. In M. Harris & L. L. Bachrach (Eds.), *Clinical case management: New directions for Mental Health Services, no. 40* (pp. 29–38). San Francisco: Jossey-Bass.

Hodge, M., & Giesler, L. (1997). *Case management practice guidelines for adults with severe and persistent mental illness.* Ocean Ridge, FL: National Association of Case Management.

International Center for Clubhouse Development. (2008). *Annual report 2008.* Retrieved March 9, 2010, from http://www.iccd.org/documents/2008_AnnualReport_FINAL.pdf

Jacobs, H. E. (1988). Vocational rehabilitation. In R. P. Liberman (Ed.), *Psychiatric rehabilitation of chronic mental patients* (pp. 245–284). Washington, DC: American Psychiatric Press.

Jinnett, K., Alexander, J., & Ullman, E. (2001). Case management and quality of life: Assessing treatment and outcomes for clients with chronic and persistent mental illness. *Health Services Research, 36,* 61–90.

Kantor, J. (1988). Clinical issues in the case management relationship. In M. Harris & L. L. Bachrach (Eds.), *Clinical case management: New directions for Mental Health Services, no. 40* (pp. 15–27). San Francisco: Jossey-Bass.

Kaufmann, C. L., Ward-Colasante, C., & Farmer, J. (1993). Development and evaluation of drop-in centers operated by mental health consumers. *Hospital and Community Psychiatry, 44,* 675–678.

Kreyenbuhl, J., Buchanan, R., Dickerson, F., & Dixon, L. (2010). The schizophrenia patient outcomes research team (PORT): Updated treatment recommendations 2009. *Schizophrenia Bulletin, 36*(1), 94–103.

Kurtz, M. M., & Mueser, K. (2008). A meta-analysis of controlled research on social skills training in schizophrenia. *Journal of Consulting and Clinical Psychology, 76,* 491–504.

Lamb, H. R. (1980). Board-and-care home wanderers. *Archives of General Psychiatry, 37*(2), 135–137.

Lamb, H. R., Weinberger, L. E., & DeCuir, W. J. (2002). The police and mental health. *Psychiatric Services, 53,* 1266–1271.

Lamberti, J. S., Weissman, R., & Faden, D. (2004). Forensic assertive community treatment: preventing incarceration of adults with severe mental illness. *Psychiatric Services, 55,* 1285–1293.

Leff, S., Chow, C., Pepin, R., Conley, J., Allen, E., & Seaman, C. (2009). Does one size fit all? What we can and can't learn from a meta-analysis of housing models for persons with mental illness. *Psychiatric Services, 60,* 472–483.

Lefley, H. P. (1996). The effects of advocacy movements on caregivers. In H. P. Lefley (Ed.), *Family caregiving in mental illness* (pp. 167–184). Thousand Oaks, CA: Sage.

Lehman, A., Goldberg, R., Dixon, L., McNary, S., Postrado, L., Hackman, A., et al. (2002). Improving employment outcomes for persons with severe mental illnesses. *Archives of General Psychiatry, 59,* 165–172.

Leonard, E. J., & Bruer, R. A. (2007). Supported education strategies for people with severe mental illness: A review of evidence-based practice. *International Journal of Psychosocial Rehabilitation, 11*(1), 97–109.

Loveland, D., & Boyle, M. (2007). Intensive case management as a jail diversion program for people with a serious mental illness. *International Journal of Offender Therapy and Comparative Criminology, 51*(2), 130–150.

Macias, C., Jackson, R., Schroeder, C., & Wang, Q. (1999). Brief report: What is a clubhouse? Report on the ICCD survey of USA clubhouses. *Community Mental Health Journal, 35*(2), 181–190.

Margolese, H., Negrete, J., Tempier, R., & Gill, K. (2006). A 12-month prospective follow-up study of patients with schizophrenia-spectrum disorders and substance abuse: Change in psychiatric symptoms and substance abuse. *Schizophrenia Research, 83*(1), 65–75.

McGurk, S., & Mueser, K. (2004). Cognitive functioning, symptoms, and work in supported employment: A review and heuristic model. *Schizophrenia Bulletin, 70*(2–3), 147–173.

McKay, C., Johnsen, M., & Stein, R. (2005). Employment outcomes in Massachusetts clubhouses. *Psychiatric Rehabilitation Journal, 29*(1), 25–33.

Min, S., Whitecraft, J., Rothbard, A., & Salzer, M. (2007). Peer support for persons with co-occurring disorders and community tenure: A survival analysis. *Psychiatric Rehabilitation Journal, 30*(3), 207–213.

Mogul, K. M. (1985). Psychological considerations in the use of psychotropic drugs with women patients. *Hospital and Community Psychiatry, 36,* 1080–1085.

Morrison-Dore, M. (2008). Review of community treatment for youth: Evidence-based interventions for severe emotional and behavioral disorders. *Research on Social Work Practice, 18*(5), 526–527.

Morrison, I., & Cliff, S. (2007). Antonovsky revisited: Implications for mental health promotion practice. *International Journal of Mental Health Promotion, 9*(2), 36–46.

Morse, G., & McKasson, M. (2005). Assertive community treatment. In R. Drake, M. Merrens, & D. Lynde (Eds.), *Evidence-based mental health practice* (pp. 317–348). New York: Norton.

Morse, G. A., Calsyn, R. J., Klinkenberg, W. D., Helminiak, T. W., Wolff, N., Drake, R. E., et al. (2006). Treating homeless clients with severe mental illness and substance use disorders, costs, and outcomes. *Community Mental Health Journal, 42,* 377–404.

Mowbray, C. T., Brown, K. S., Furlong-Norman, K., & Sullivan-Soydan, A. (2002). *Supported education and psychiatric rehabilitation: Models and methods.* Columbia, MD: IAPSRS.

Mowbray, C. T., Collins, M., Bellamy, C., Megivern, D., Bybee, D., & Svilvagyi, S. (2005). Supported education for adults with psychiatric disabilities: An innovation for social work and psychosocial rehabilitation practice. *Social Work, 50*(1), 7–20.

Mowbray, C. T., Collins, M., & Bybee, D. (1999). Supported education for individuals with psychiatric

disabilities: Long-term outcomes from an experimental study. *Social Work Research, 23,* 89–100.
Moxley, D. P. (2009). Case management in psychosocial rehabilitation. In A. R. Roberts (Ed.), *Social workers' desk reference* (pp. 770–777). New York: Oxford.
Mueser, K. T., Bond, G. R., Drake, R. E., & Resnick, S. G. (1998). Models of community care for severe mental illness: A review of research on case management. *Schizophrenia Bulletin, 24,* 37–74.
Mueser, K. T., Drake, K., & Bond, G. (1997). Recent advances in psychiatric rehabilitation for patients with severe mental illness. *Harvard Review of Psychiatry, 5*(3), 123–137.
Nelson, G., Aubry, T., & Lafrance, A. (2007). A review of the literature on the effectiveness of housing and support, assertive community treatment, and intensive case management interventions for persons with mental illness who have been homeless. *American Journal of Orthopsychiatry, 77,* 350–361.
Neugeboren, J. (2008). Personal accounts: More magic bullets? *Psychiatric Services, 59*(2), 143–144.
New York State Office of Mental Health. (2006). *Supported housing program implementation guidelines.* Retrieved February 8, 2010, from http://www.omh.state.ny.us/omhweb/rfp/2006/nyny_iii/shguidelines.htm
New York State Office of Mental Health. (2008). *Creating an environment of quality through evidence-based practice.* Retrieved February 8, 2010, from http://www.omh.state.ny.us/omhweb/EBP/
Nicholson, J., & Blanch, A. (1994). Rehabilitation for parenting roles for people with serious mental illness. *Psychosocial Rehabilitation Journal, 18,* 109–119.
Nicholson, J., Hinden, B. R., Biebel, K., Henry, A. D., & Katz-Leavy, J. (2007). A qualitative study of programs for parents with serious mental illness and their children: Building practice-based evidence. *Journal of Behavioral Health Services Research, 34*(4), 395–413.
Oyserman, D., Mowbray, C. T., & Zemencuk, J. K. (1994). Resources and supports for mothers with severe mental illness. *Health and Social Work, 19(2),* 132–142.
Philadelphia Department of Behavioral Health and Mental Retardation Services. (n.d.[a]). *Long term structured residences (LTSR).* Retrieved March 9, 2010, from http://www.dbhmrs.org/long-term-structured-residences-ltsr/
Philadelphia Department of Behavioral Health and Mental Retardation Services. (n.d.[b]). *Residential intensive therapeutic arrangements.* Retrieved March 9, 2010, from http://www.dbhmrs.org/residential-intensive-therapeutic-arrangements
President's New Freedom Commission on Mental Health. (2003). *Achieving the promise: Transforming mental health care in America: Final report.* Retrieved February 8, 2010, from http://www.mentalhealthcommission.gov
Propst, R. N. (1988). The clubhouse model and the world of work. *TIE Lines, 5*(2), 1–2.
Rapp, C. A., & Goscha, R. J. (2006). *The strengths model: Case management with people with psychiatric disabilities* (2nd ed.). New York: Oxford University Press.
Ridgway, P., & Rapp, C. A. (1997). *The active ingredients of effective supported housing: A research synthesis.* Lawrence: University of Kansas School of Social Welfare.
Roach, J. (1993). Clinical case management with severely mentally ill adults. In M. Harris & H. C. Bergman (Eds.), *Case management for mentally ill patients: Theory and practice* (pp. 17–40). Langhorne, PA: Harwood Academic Publishers.
Rogers, E. S., Anthony, W. A., & Farkas, M. (2006). The Choose-Get-Keep model of psychiatric rehabilitation: A synopsis of recent studies. *Rehabilitation Psychology, 51*(3), 247–256.
Rosie, J. S. (1987). Partial hospitalization: A review of recent literature. *Hospital and Community Psychiatry, 38,* 1291–1299.
Sands, R. G. (1995). The parenting experience of low-income single women with serious mental disorders. *Families in Society, 76*(2), 86–96.
Saugstad, L. F. (1989). Social class, marriage, and fertility in schizophrenia. *Schizophrenia Bulletin, 15,* 9–43.
Schwab, B., Drake, R. E., & Burghardt, E. M. (1988). Health care of the chronically mentally ill: The culture broker model. *Community Mental Health Journal, 24,* 174–184.
Solomon, P. (1992). The efficacy of case management services for severely mentally disabled clients. *Community Mental Health Journal, 28,* 163–180.
Solomon, P. (1999). The evolution of service innovations for adults with severe mental illness. In D. E. Biegel & A. Blum (Eds.), *Innovations in practice and service delivery with adults: The evolution of service innovations for adults with severe mental illness* (pp. 147–168). New York: Oxford University Press.
Solomon, P. (2004). Peer support/peer provider services: Underlying processes, benefits, and critical ingredients. *Psychiatric Rehabilitation Journal, 27,* 392–401.
Solomon, P., & Draine, J. (1995). The efficacy of a consumer case management team: 2-year outcomes of a randomized trial. *Journal of Mental Health Administration, 22,* 135–146.
Solomon, P., & Draine, J. (2001). The state of knowledge of the effectiveness of consumer provided services. *Psychiatric Rehabilitation Journal, 25*(1), 20–27.
Solomon, P., & Meyerson, A. T. (1997). Social stabilization: Achieving satisfactory community adaptation for

the disabled mentally ill. In A. Tasman, J. Kay, & J. Lieberman (Eds.), *Psychiatry* (Vol. 2, pp. 1727–1750). Philadelphia: W. B. Saunders.

Stein, L. (1992). Perspective: On the abolishment of the case manager. *Health Affairs,* 172–177.

Stein, L. I., & Diamond, R. J. (1985). A program for difficult-to-treat patients. In L. I. Stein & M. A. Test (Eds.), *New directions for mental health services: The training in community living model. A decade of experience* (no. 26, pp. 29–39). San Francisco: Jossey-Bass.

Stein, L. I., & Santos, A. B. (1998). *Assertive community treatment of persons with severe mental illness.* New York: W. W. Norton & Co.

Stein, L. I., & Test, M. A. (1982). Community treatment of the young adult patient. In B. Pepper & H. Ryglewicz (Eds.), *New directions for mental health services: The young adult chronic patient* (no. 14, pp. 57–67). San Francisco: Jossey-Bass.

Stein, L. I., & Test, M. A. (Eds.). (1985). *New directions for mental health services: The training in community living model. A decade of experience* (no. 26). San Francisco: Jossey-Bass.

Substance Abuse and Mental Health Services Administration. (2004). National Consensus Statement on mental health recovery. Rockville, MD: Author. Retrieved February 8, 2010, from http://mentalhealth.samhsa.gov/publications/allpubs/sma05-4129

Substance Abuse and Mental Health Services Administration. (2008). Assertive community treatment: Training frontline staff (DHHS Publication No. SMA 08-4344). Rockville, MD: Author.

Substance Abuse and Mental Health Services Administration. (2009). Supported employment: Training frontline staff (DHHS Publication No. SMA 08-4364). Rockville, MD: Author.

Substance Abuse and Mental Health Services Administration. (2010). Evidence-based practices: Shaping mental health services toward recovery—assertive community treatment. Rockville, MD: Author. Retrieved February 8, 2010, from http://mentalhealth.samhsa.gov/cmhs/community-support/toolkits/community.com

Training in community living. (1983). *Practice Digest, 6,* 4–6.

Tsuang, J., Fong, T., & Lesser, I. (2006). Psychosocial treatment of patients with schizophrenia and substance abuse disorders. *Addictive Behaviors and Their Treatment, 5*(2), 53–66.

Twamley, E., Jeste, D., & Lehman, A. (2003). Vocational rehabilitation in schizophrenia and other psychotic disorders. *Journal of Nervous and Mental Diseases, 191*(8), 515–523.

Unger, K. V. (1997). Supported education: An idea whose time has come, II. *Journal of the California Alliance for the Mentally Ill, 8*(2), 5–7.

U.S. Department of Health and Human Services. (2005). *Free to choose: Transforming behavioral health care to self-direction* (DHHS Publication No. SMA 05-3982). Rockville, MD: Center for Mental Health Services, Substance Abuse and Mental Health Services Administration.

U.S. Public Health Service, Office of the Surgeon General. (1999). *Mental health: A report of the Surgeon General.* Rockville, MD: U.S. Department of Health and Human Services.

Vauth, R., Corrigan, P. W., Clauss, M., Dietl, M., Dreher-Rudolph, M., Stieglitz, R.-D., et al. (2005). Cognitive strategies versus self-management skills as adjunct to vocational rehabilitation. *Schizophrenia Bulletin, 31,* 55–66.

Witheridge, T. F., & Dincin, J. (1985). The Bridge: An assertive outreach program in an urban setting. In L. I. Stein & M. A. Test (Eds.), *The training in community living model: A decade of experience* (pp. 65–76). San Francisco: Jossey-Bass.

Wong, Y. I., Filoromo, M., & Tennille, J. (2007). From principles to practice: a study of implementation of supported housing for psychiatric consumers. *Administrative Policy in Mental Health and Mental Health Services Research, 34,* 13–28.

Zirul, D. W., Lieberman, A. A., & Rapp, C. A. (1989). Respite care for the chronically mentally ill: Focus for the 1990s. *Community Mental Health Journal, 25,* 171–184.

第十二章

重性精神疾病人士及其家庭的证据为本干预

IMR 团队的独特之处在于凝聚力不断提升这样一个共享的旅程，以及技能的学习和实践。

——Roe and colleagues, "Illness Management and Recovery: Generic Issues of Group Format Implementation," 2007

除了第十一章介绍的社区为本的方法，还有众多其他的证据为本、有前景的干预方法，可以改善心理社会功能、缓解症状与促进康复。本章介绍三种心理社会干预方法——疾病管理与康复、家庭心理教育和认知康复——它们有助于案主及其家人克服重性精神疾病对其生活的影响。疾病管理与康复和家庭心理教育被视为证据为本的实践（Mueser，Torrey，Lynde，Singer & Drake，2003），认知康复被认为是有前景的（Bond & Campbell，2008）。此外，本章还提供了适用于治疗重性精神疾病患者的精神药物的信息。

本章首先介绍疾病管理与康复，这是一个针对重性精神疾病患者的证据为本的直接干预。随后介绍针对亲密亲属和朋友的家庭心理教育。之后讨论认知重建。本章最后部分综述与心理社会干预同时使用的药物。

证据为本的实践：疾病管理和康复

疾病管理和康复是一项系统性的、操作性的社会心理干预。其目的旨在帮助服务使用者控制他们自己的精神症状，并同时确认或追求个人康复目标（Mueser et al.，2006）。它确认了在认识自身疾病并努力与之共存这一过程中个人的能力。其对案主的教育包含诸如控制症状、疾病复发、有效使用药物、应对应激、与他人沟通等的技能。疾病管理与康复同时也可称为健康管理与康复（WMR；Rychener，Salyers，Labriola & Little，2009）。

IMR 包含两个基本理论支柱。一种观点是第十章已讨论过的应激-脆弱模型。在 IMR 中，服务使用者通过认识疾病、学习并训练预防疾病复发的策略，同时增进社交技能和社会支持以减轻脆弱性和焦虑（Mueser et al.，2006）。另一观点为跨理论模型，这是动机式访谈的基础。由Prochaska和DiClemente（1984）建立的跨理论模型认为，改变个体行为的动机可分为如下几个变化阶段：沉思前-沉思-准备-行动-保持，这个干预是配合案主的这几个变化过程的。在IMR中，动机式访谈用于帮助案主确立及实现其康复目标，将IMR的教育内容与目标进行联结（Gingerich & Mueser，2005；Mueser et al.，2006）。动机式访谈将在第十三章再次讨论。

"康复"这一概念所包含的价值是IMR的核心价值。其中包括：（a）改善生活质量的希望；（b）认识到案主对自己的精神疾病已久病成医；（c）作出个人选择的权利和能力；（d）实施者和案主间的合作关系；（e）对案主的尊重（Gingerich & Mueser，2006）。

除了上述理论和价值，IMR的实践还使用了教育和认知-行为干预方法。其中包括心理教育、社交技巧训练、行为指导、应对能力训练及预防复发（Mueser et al.，2002）。在IMR脉络下，心理教育指的是向案主教导疾病、疾病进程和治疗的知识，需通过教育和互动方法实现这个过程（Gingerich & Mueser，2005）。社交技巧训练是一项认知-行为干预，通过信息处理、问题解决和沟通帮助案主，使其在人际关系处理方面更为有效（Bellack，2004；Liberman et al.，1986）。在IMR中，行为指导用于帮助案主利用每天的提示提醒自己接受治疗（Gingerich & Mueser，2003）。IMR的应对技巧是管理精神疾病的症状与痛苦的方法（Gingerich & Mueser，2003）。预防复发包括学习疾病诱因和复发早期症状以预防精神疾病发作（Gingerich & Mueser，2003）。整合进服务计划的认知-行为策略包括建立示范、塑造、认知重构、技能改进、角色扮演及布置作业（Gingerich & Mueser，2003）。

疾病控制和恢复包括一系列的疾病管理策略，均得到有力的研究支持（Mueser et al.，2002）。这样的策略包括心理教育、治疗依从性的认知-行为治疗、社交技巧训练、应对能力训练、复发预防。将IMR作为整体方案进行的评估研究已取得富有前景的结果（Hasson-Ohayon，Roe & Kravetz，2007；Mueser et al.，2006；Salyers et al.，2009）。

格式与结构

疾病管理和康复项目可以个体或小组的方式实施。在针对个体实施时，其好处在于可根据案主的要求调整节奏，即可根据需要增加时间或当案主有一定知识积累后减少时间。而小组模式可接受不同的案主观点，提供反馈的多种资源，构建社会支持的内置环境且成本效益高（Gingerich，Mueser & Cunningham，2006）。实施间隔常以周记，每次 45 分钟到一小时，时间跨度为 4～10 个月（Gingerich & Mueser，2006）。药物滥用和精神健康服务署（SAMHSA）网站（http://store. samhsa. gov/product/SMA09－4463）中有该项目的以工具包形式的结构化日程。

该项目包含十个模块，每个话题针对 3 至 7 节（Mueser et al.，2006）。一开始，参与者可利用一个或更多节定位项目的目标和期望。收集的信息包括案主的每日作息、活动、关系、灵性支撑和知识，从而有助于建立康复目标。定位后的十个模块可通过工具包中的动机、教育、认知行为策略进行。IMR 模块的主题如下：

1. **康复策略**：将与案主交谈什么是康复途径、他/她需实现怎样的目标及实现目标的计划。

2. **精神疾病的实际情况**：将与案主交流精神疾病的症状、原因、迷思与污名。具体的疾病包括精神分裂症、双相障碍和抑郁。

3. **压力-脆弱模型和治疗策略**：案主学习脆弱和压力之间的关系，及可帮助他们减轻症状、预防复发和实现康复目标的不同治疗选择和操作策略的方法。

4. **建立社会支持**：这里关注的是社会支持的好处、加强或增加支持的方法以及改进社会互动能力。

5. **有效使用药物**：须讨论和权衡药物治疗的益处和副作用。对于决定采取药物治疗的患者而言，须教导诸如将药物治疗融入日常生活中的行为指导等策略。药物治疗包括：抗精神病、情绪稳定、抗抑郁、抗焦虑和镇静药物。

6. **药物及酒精使用**：让案主谈谈他们的药物使用情况，并教育其药物和精神疾病间的关系。让他们比较继续使用或戒除的好处和坏处。

7. **减少复发**：检查案主复发史并教育其辨别诱因和早期警示征兆，以帮助其预防未来复发。目标在于培养个体化的预防方案。

8. **应对压力**：此处关注压力的迹象及培养预防和处理压力的策略。

9. **应对问题和持续性症状**：案主将学习问题解决方法并将其应用于处理问题和症状。他们将学习处理常见问题和症状的策略（尤其是放松技巧）。

10. **在心理健康的体系下满足你的需求**：将提供关于心理健康服务和权利的信息，从而使案主能作出适合于他们康复目标的选择。他们同样将学习为自己打气的策略。

每个阶段均有特定结构，从而促进访谈的持续性和连贯性。实务工作人员努力确保案主理解并保持学习。在每节结束后将布置家庭作业并于下次回顾。作业与案主的个人康复目标或模块主题相关，或于两种均有关。例如，案主可以致力于建立社会支持（模块 4），并于下周会见朋友以加强这种支持。每一节可以如下结构格式实施：

* 如可以，非正式的社交谈话和辨识主要问题；
* 回顾之前的节；
* 回顾家庭作业；
* 随访康复目标；
* 为这一节确立议程；
* 教授新的材料或回顾以前的材料；
* 讨论并布置新的家庭作业；
* 总结当前节已取得的进展。（Gingerich & Mueser，2003，p. 13）

根据个案或小组会谈的不同，可为上述活动分配不同的时间。但不管哪种形式，均需在“教授新的材料或回顾以前的材料”这一节花最多的时间（SAMHSA，2009a）。

起初，IMR 小组是为封闭性小组的准入政策而制定的。实践证明这并不可行，因为参与者不能有规律地参加，搬走了或参加其他活动而不能出席（K. Mueser，personal communication）。Mueser 现在建议，加入正在进行的小组的案主要根据小组的形式进行定位，并需要了解康复策略模块，有几个正在实施的康复目标，并简短回顾之前的各节（K. Mueser，personal communication）。他同样建议，2 个或更多的成员同时加入小组。

实例 12.1 提供了一个疾病管理与康复小组成员“Tony”个人经历的描述。作为一个混合了多个疾病管理与康复的小组成员特质的虚拟角色，他是一个近 50 岁的男性，被诊断为患有精神分裂症偏执类型并有酒精依赖史（Roe et al.，2007）。该例子展示了一个案主将如何根据之前的模块进行学习并应用于个人情景。组内其他成员经由倾听一个参与者的经历而获益。

疾病管理和康复作为最新的干预方法，它与精神康复相一致。它促使案主确认并寻求其自己的目标，并处理影响其实现目标的障碍。它以案主为中心，为案主提供认知和行为工具供其照顾自己并改善生活质量。偏好结构化的、教育性的方法的社工可能会认为这样的干预方式更为合适。

实例 12.1　疾病管理和康复小组参与者的案例

当注意到 Tony 在没有任何安排的闲暇时，他的焦虑水平上升从而导致偏执的想法，他的第一个康复目标是，强化他的兴趣爱好。他产生的妄想是担心政府会剥夺其经济来源，使其居无定所、穷困潦倒。Tony 的最初目标是多读书，这是他在生病前爱干的一件事。然而，他时常走神，难以集中注意力。使用问题解决获得模型，强化并帮助其建立积极寻解方法后，Tony 决定第一步是每周读一本杂志。在小组中使用苏格拉底提问和小组成员的意见之后，Tony 认为这个目标难以实现，他改为选择更为合适的第一步，即每周读一本杂志的一篇文章。这显示是一个好的目标，强化了他和小组成员采取目标实现的“塑造”方法。Tony 继续致力于实现休闲目标，其中再次听自己的录音，这让他很快乐。

在模块 8(应对持续性问题和症状)中，Tony 决定采用新的个人目标。他说当他下午担忧他的经济状况、人生状况和未来时，会感到异常焦虑。当他为此担忧而痛苦的时候，这一节的一部分时间致力于针对他的担忧使用问题解决模型。Tony 和其他组员提出不同策略以解决这一问题，有些是可行的(如放松练习使自己平静)，有些则不然(如上学分散注意力，但 Tony 付不起钱)。在练习中，Tony 认识到，压力可以导致复发(模块 3 和 7)，而社会支持是压力的缓冲器(模块 4)。因此，当感到焦虑的时候，Tony 使用许多过去有效的解决策略(如放松、走出房间、给朋友打电话等)。为确保 Tony 开心地给不同朋友打电话，他和另一个组员相互进行角色扮演，而这个组员扮演他的朋友。

当小组致力于解决他的问题时，Tony 很感动。组员评价说，这样的活动让他们在实践话题中应用以前学到的东西。

来源：Roe et al. (2007). Reprinted by permission of Taylor & Francis Group，http://www.informaworld.com.

针对家庭照顾者的证据为本实践

家庭在照顾他们患精神疾病的亲人时起着关键作用。父母和伴侣常常是主要的照顾者，给他们提供生理的、情感的和经济的支持。其他亲属或非亲属成员——爷爷奶奶、叔叔婶婶、兄弟姐妹、孩子、干亲属、神职人员和邻居等——也可以对重性精神疾病(SMI)患者提供情感支持和工具支持。家庭照顾者在家中照顾他们的亲属，或者他们可能分开居住但是保持定期的联系，如果发生紧急情况时可以随时到。对作为案主支持系统成员的社工而言，家庭成员也有自己的需要。

承认家庭是资源，体现了看待家庭成员方式的范式转移。当精神分析理论和家庭沟通理论占主导地位之时，严重精神疾病患者的家属是病态的。例如，Fromn-Reichmann(1948)提出“精神分裂症母亲”的概念，不仅仅注意到亲职的缺陷，而且谴责了母亲。同样地，家庭理论家给家庭互动模式贴上了轻蔑的标签，诸如，“婚姻偏态”和“婚姻分裂”(Lidz，Cornelison，Fleck & Terry，1957)以及“进退两难的处境”(Bateson，Jackson，Haley & Weakland，1956)。今天更多进步的范式注意到家庭的优势和抗逆力，并视他们为伙伴。

这一节从讨论家庭怎样受到亲属被诊断为重性精神疾病的影响开始。然后将会专门描述社工可以运用或转介的三种家庭干预：(a) 家庭心理教育；(b) 家庭教育；(c) 家庭咨询。同时介绍一个证据为本的家庭心理教育项目，特别是 McFarlane 的多家庭小组方法。

重性精神疾病对家庭的影响

一个家庭成员患有重性精神疾病，将是“家庭灾难性压力”(Marsh，1998，p. 54)。对个体或家庭而言的行为异常(如好争论的、行为孤僻或动机不明的、好斗、吵闹、个人卫生差、不合作等)会扰乱整个家庭体系，由此强迫家庭成员适应他们困惑不已的情境。家庭负担这个术语充分体现了家庭在应对他们患病亲属的行为、需求和可获得的服务之间的差距以及疾病的发作和进程之时所遭遇的压力（Riesser & Schorske，1994；Wasow，1994）。研究者们区别了客观和主观的家庭负担。客观负担指的是具体的、可观察的影响，例如经济成本；而主观负担包括家庭成员精神障碍所形成的个人感受和情感反应（Corrigan，Mueser，Bond，Drake & Solomon，2008）。

家庭成员的情感反应折射出他们的不确定、困惑、社会孤立和悲痛。不能解释他们所观察到的异常行为，他们可能会感到不知所措或担心不已。有些家庭自我隔离，避免向他人解释这样的情境。他们伤心于他们对精神残障家人曾有的梦想，这是儿童时期的希望（Hatfield，1987），他们也伤心于物是人非（Marsh，1998）。这种感知到的失落是复杂的，因愤怒、内疚、羞耻以及患病亲属"人在心不在"的持续存在而更加艰难（Jones，2004）。Boss（1999）将这种失落称之为"暧昧的失落"，虽然一个人生理上还存在，但心理上却不存在了。

通过聚类分析，Perlick 和同事们（2008）基于压力评估和应对情况，辨识了躁郁症患者家庭照顾者的三种类型：（a）负担的；（b）污名化的；（c）有效的。负担组显示出最低适应的应对方式，运用很多逃避的应对，相比其他类型有很低的主观支持和更差的身体健康与心理健康结果。污名化的和有效的组运用了适应性的应对策略，但是前者比后者有更少的自我照顾。

最近几年，对照顾的积极方面的关注不断增加，例如个人满足与家庭团结感（Corrigan et al.，2008；Lefley，2009）。Van Wijingaarden 等人（2003）指出，照顾结果这个术语相对家庭负担是一个更为中性的替代选择，因为前者反映了家庭和文化的多样性。家庭抗逆力可以发展为应对家庭成员精神疾病的结果，这是因为家庭成员拓展了他们的知识、应对技能和胜任力，这源于帮助他们亲人康复的满足感和参加倡导活动（Marsh，1998）。

不管家属如何看待照顾，他们常常缺乏精神疾病、药物、行为管理策略以及社区服务等方面的信息与知识。即使他们得到了这样一个诊断，他们还是不知道这个诊断意味着什么，也不理解这个诊断的长期含义（Gantt，Goldstein & Pinsky，1989）。此外，他们在与精神健康体系接触过程中可能遭受挫折（Marsh，1998）。他们可能发现他们自己承担着个案管理者角色，但体系缺乏资源且将他们排斥在治疗过程之外(Francell, Conn & Gray, 1988)。总而言之，他们可能会对精神障碍困惑不已，对于如何应对他们的家人感到不知所措。

为回应他们的挫折，许多家庭成员加入了既提供相互支持又为家属及他们患有精神疾病的亲人倡导利益的组织。全国精神疾病联盟(NAMI)是一个对严重和持久的精神疾病患者的家属能够进行倡导以满足他们的需求、愿望并听取建议的组织。

临床社工能以倾听和回应家属的关切的方式帮助他们缓解压力。从本质上来说，家属应该包括在已辨识的案主的照顾体系之中并且是主要的支持资源。社工可以针对家庭情况，并且评估家庭成员是怎样互动和彼此影响的。为了满足案主的需求和帮助他们，已经发展了多种家庭教育干预项目。

• • • 家庭心理教育

家庭心理教育是这样一种干预方式：家庭成员学习亲属的精神疾病及治疗的相关知识，学习如何应对且帮助患病的亲属，同时自己得到支持。不同的方法在形式、参与者、聚焦、理论视角和目标上不同(Lefley, 2009)。家庭心理教育干预可应用于单个家庭、多家庭小组或两者的结合，服务使用者出现与否均可，地点可在诊所或家中，时间因情况而定。

家庭心理教育有不同的形式。在二十世纪八十年代，第一代干预模型是基于1980年代对高情绪表达家庭的精神分裂症患者的治疗研究之上(见第十章)。这样的模型包括危机导向的家庭治疗(Goldstein & Kopeikin, 1981)、家庭管理的行为学派(Falloon, Boyd & McGill, 19984)、社会干预(Leff, Kuipers, Berkowitz, Eberlein-Fries & Sturgeon, 1982)、家庭心理教育管理(Anderson, Reiss & Hogarty, 1986)。这些家庭治疗模式连同对案主的药物治疗，比起单独的药物治疗，能更有效地降低复发率(Dixon & Lehman, 1995; Goldstein & Miklowitz, 1995)。

第二代家庭心理教育研究聚焦点在于辨识家庭干预的生命因素作用于案主摆脱医院治疗(Golstein & Miklowitz, 1995)。此外，这些研究包括了情绪表达较低的家庭以及不是精神分裂症的其他障碍的服务使用者的家庭。比如，2008 年，Miklowitz 研究并开发了针对躁郁症患者的家庭干预的指引。另一个第二代模型是由 MdFarlane 及其同事开发的多家庭小组的家庭心理教育方式。这一模式和其他模式的研究与应用已在国际范围内较为流行，另外，美国也进行了多项范跨文化研究(Lefley，2009)。

已提及的其他研究结果分析发现：不同家庭心理教育模式对于减少患者症状与复发率有显著的效果(McFarlane，Dixon，Lukens & Lucksted，2003；Mueser，Drake & Bond，1997；Murray-Swank & Dixon，2004)。有效的心理教育的共同因素如下：

- 精神障碍、病源以及治疗方式的最新信息；
- 药物(包括治疗效果及副作用)的最新信息；
- 支持家庭成员；
- 疾病管理(应对病症行为、识别代谢失调与危机管理的信号)；
- 沟通技巧；
- 问题解决方法。(Lefley，2009)

最新的患者结果报告团队的一个建议是：在可实行的范围之内，家庭干预包括疾病教育、危机干预、应对疾病症状及相关问题的训练、情感支持以及至少 6～9 个月的持续时间(Kreyenbuhl，Buchanan，Dickerson & Dixon，2010)。

家庭心理教育被认为针对重性精神疾病的证据为本的治疗模式。(Bond & Campbell，2008；Mueser et al.，2003)。这里特别强调的第二代证据为本的模式是 McFarlane 的心理教育多家庭小组。

证据为本的实践：心理教育多家庭小组 McFarlane 的心理教育多家庭小组将家庭和服务使用者带入教育、支持和问题解决活动而促进案主的康复。McFarlane(2002)的《重性精神疾病治疗的多家庭小组》一书描述的结构化项目现已成为工具包，可在 SAMHSA 证据为本实践的网站下载(http://store.samhsa.gov/product/SMA09 - 4423)。它不仅可应用于有精神分裂症患者的家庭中，也可应用于有双相障碍、重性抑郁、边缘人格障碍和其他障碍患者的家庭(McFarlane，2002)。

这一方法的经验性证据支持来自新泽西州伯根郡长达 4 年的研究(McFarlane，2002)，纽约州家庭心理教育多地研究(McFarlane et al.，1995)和家庭协助下的积极社区治疗结果的实验研究——心理教育多家庭小组与积极社区治理的结合(McFarlane，2002)。伯根郡的研究将 PMFG 与单个家庭心理治疗和家庭动力多家庭小组（FDMFG）进行比较发现，四年后心理教育多家庭小组的案主复发率最低，PMFG 次之（McFarlane，2002）。这项研究支持了多家庭小组的重要角色，这是 PMFG 和 FDMFG 的共同点，它们具有社会关系网构建的功能（McFarlane，2002）。

纽约州的研究是在 6 家有着不同服务使用者群体的公立医院进行的。急性精神病性的住院患者（可能与家人同居或与家人保持经常联系）在得到家庭的同意下随机分配到两个不同的干预组——PMFG 或单一家庭治疗。患者给予标准剂量的抗精神病药物，由处方医生逐步调整至维持水平。研究人员发现，相较于接受单一家庭治疗的患者，接受 PMFG 治疗的患者的两年复发率更低((McFarlane，2002；McFarlane et al.，1995）。然而，Leff 等（1990）的比较研究并没发现差异，但他们的干预与 McFarlane 等（1995）不同。

实证支持的第三个例子为 FACT，这是聚焦青年人的复杂问题（依从性、双重诊断）的研究。家庭随机分配至 PMFG 或危机家庭干预（CFI），所有患者均同时接受积极社区治疗。两年期内，两组的患者均有显著改善，复发率和症状水平无差异，但家庭接受 PMFG 的年轻人的就业率更高（McFarlane，Dushay，Stastny，Deakins & Link，1996）。FACT 研究的第二部分比较了 FACT 的门诊病人与接受传统职业康复（当危机发生时有治疗师行评估、转介和协调）的患者。同样地，随机分配到 FACT 组的患者就业率更高（McFarlane，2002）。

McFarlane 等（1995）在 Falloon 等（1984）和 Anderson 等（1986）第一代工作的基础上建立了自己的方法，即拓展为多家庭小组。PMFG 模型立足于压力——素质模型与研究，特别强调社会支持和支持网络作为营造案主情感环境以调节应激诱因和补偿认知缺陷（诸如见于精神分裂症）的重要性。它认识到家庭负担、案主和与其联系的家庭面对的污名。该模型致力于创建一个治疗支持系统或“治疗社区”，因为案主倾向于拥有一个小型的社会网络，而其家庭倾向于以孤立自身应对污名（McFarlane，2002，p. 37）。这个项目也致力于减少情感表达和促进家庭内交流（McFarlane，1990）。

PMFG 模型以三个阶段实施：（a）加入个体和家庭；（b）针对家庭的教育工作坊；（c）有案主参与的多家庭小组。在这三个阶段，聚焦于问题解决。[McFarland（2002）将其描述为 4 个阶段，将第三阶段分为两个部分，即问题解决与社交和职业康复。但我们在这里将其合并，因为问题解决作为实施手段贯穿始终。]这些阶段的活动需要：实务工作者运用包括关系构建、教育、小组领导等技巧，实务工作者了解精神疾病和其治疗，投身于治疗。实务工作者视他与家庭的关系为伙伴关系，并且较精神治疗进行更加多地自我披露、提供更多建议(McFarlane，2002)。

接下来介绍 PMFG 的各个阶段。介绍是基于 McFarlane(2002)和 SAMHSA 家庭心理教育工具包。

阶段 1：加入。本阶段的目标是与家庭和案主建立工作联盟，获取家庭信息并让其为接下来的阶段做好准备。McFarlane 的早期研究是针对急性发作期入院的服务使用者及其家庭。在案主住院时，实务工作人员和案主与其家属分别联系。每次联系均分三个加入阶段。与家庭的会见时间长度为 1 小时，与案主的会见时间长度为一个半小时(McFarlane，2002)。考虑到住院治疗常常非常短暂，患者在出院后稳定性不断变化，案主可能参加一些或全部小节或者有单独的小节。不管他们是单独会面还是一起会面，临床工作者应该与所有的家庭成员联系，传递不评判、同理心以及乐意帮助家庭和案主进行倡导的态度。根据 McFarlane 模式，每两个临床工作人员与三个或四个不同的家属联系，他们在阶段 2 和阶段 3 在一起。

所有的加入环节由 15 分钟的简单交谈开始以及 5 分钟的交谈作为结束。在非正式的闲聊之后，第一个加入环节是由临床工作者开始询问近期精神病发作情况。询问案主在精神病发作之前的前驱症状及案主行为的变化(例如打扮减少)。临床工作人员列出这些症状并询问哪些看似促成了最近的发作。此外，临床工作者询问家庭是如何应对病情发作，确认他们的感觉是有根据的，询问过去的治疗并简要介绍 PMFG。

在第二个加入环节，临床工作人员探索家庭在过去病情发作中的感觉。假设在第一节已经建立默契关系，鼓励家人表达个人的反应和感觉，包括悲痛和愤怒的感觉。此外，临床工作人员询问家庭成员、朋友的反应及精神健康体系的回应，接纳家庭的感受和评论。最后，临床工作人员询问家庭的社会网络、资源和支持。有些工具，诸如家谱图，可以用于帮助识别家属。

在第三个加入环节，临床工作人员继续收集家庭社会网络的信息，包括工作和学校，明确案主和家庭的优势及资源。另外一个任务是辨识案主的短期目标和长期目标。常常包括症状的稳定性、预防复发、社交技巧提升和职业目标，但也可能包括其他目标。接下来，临床工作者为家庭准备多家庭心理教育工作坊以及小组。提供包括形式、日期、地点以及工作坊的目标等细节。临床工作人员要了解家庭是否有顾虑以及回应这样的担忧。如果需要的话，更多的加入小节可以列入计划。

阶段 2：多家庭教育工作坊。教育工作坊最初由 Anderson 等(1986)发展而来。参与者包括 6～7 个“加入”的家属，患者不在其中。工作坊安排在单独的一天或一个周末。工作坊的主要目标是传递精神疾病与治疗以及家庭如何应对这样的情景的最新的真实信息。因为这是将参加到多家庭小组的家庭成员会面的第一次机会，附加的目的是提升支持的氛围以及让参与者为加入小组做好准备。工作坊涵盖的主题包括如下几个方面：

- 特定精神疾病的心理生物学知识；
- 诊断；
- 治疗和康复；
- 进程和预后；
- 精神疾病对家庭的影响；
- 预防复发；
- 家庭指南(推荐家属与案主互动的方式以预防复发)。

在工作坊之前，领导者——两个进行家庭“加入”工作的实务工作者——有很多任务：确立工作坊主题的计划表、确定需要的讲义、如果需要安排演讲者、确认要使用的录像带、安排提供小食和午餐。准备一个文件夹，将在展示中要用到的议程、讲义以及资源列表装进去，这是很有帮助的(Sands & Soloman，2003)。一般情况下，同一个工作坊的实务工作领导者在工作坊之后将带领多家庭小组的每一节(阶段 3)。精神科医师、精神药理学家或护士可能会去谈论更多专门的生理学的主题，例如药物的作用机制，这样的材料也可以由一个或两个负责加入环节的临床工作人员呈现，或者经由录像呈现。无论如何，临床工作人员应该很好地了解精神疾病，因为问题很有可能在后面的工作坊或未来要被问及。临床工作人员应该承担领导者的角色，即使有发言者的参加。建议领导者传递冷静、同理、接纳、希望，如果参加者不愿意发言就不会强迫他们。同时，领导者应该为参加者创造提问的机会并提升关注。例如，家庭成员可能有这样的担心，多一个包括服务使用者的家庭小组会遇到什么情形。

在工作坊中，介绍家庭成员使用“家庭指南”，这可帮助家庭成员之间搞好关系。其中包括的建议有：循序渐进、建立家庭常规、设定界限、允许家庭成员拥有空间等。指南是基于这样的想法，即有一个有规律的日常活动、有规则的家庭结构以及合理的预期，可以提升稳定性和可预测性。预期应该是具体和明确的(例如每天晚上洗碗)。告知工作坊参与者，指南也适用于多家庭小组的每一节。工作坊的引导者逐条回顾指南，将其与早先提供的生物学信息联结起来。家属可以运用指南管理自己的因压力而产生的反应(例如情绪表达)，拥有现实的预期、创造舒适的家庭环境。

为了在加入环节和教育工作坊中定下基调，临床工作人员需要有文化敏感性。有些文化的成员可能需要比他人更长的时间建立信任。有些人将会发现改变紧张的沟通模式是特别有挑战性的。有些人可能不愿意和家庭以外的人讨论家事。对于不说英语或英语是第二语言的家庭成员，工作坊和讲义使用他们的第一语言是合适的。有一个具有相同文化背景的临床工作人员也是非常有利的。临床工作人员应该探索适应不同文化模式的方法。

阶段3：多家庭小组的问题解决。阶段三大约在工作坊之后的两个星期开始。参加者为6～7个参加工作坊的家庭以及这些家庭的案主和两个引导工作坊的临床工作人员。最早的三次是准备性的，剩下的节集中于问题解决。然而，有时，会议会专心致力于听一个外来讲者的发言或者庆祝一个假期或者特别事件。McFarlane(2002)建议会议每次持续一个半小时，可以每隔一周召开一次持续六个月或者每月召开一次持续至少一年。

小组开始两节的目标是，在有共同类型的家庭情境基础上，建立一个愿意分享自己担忧的小组。在小组工作的早期阶段，创造舒适的环境、减轻组员的焦虑、鼓励组员相互认识和建立联系是非常重要的。引导者希望促进一个合作的、支持的、接受的氛围。

第一次小组会议，组员围着一个圆桌坐，由引导者开场欢迎组员，解释小组形式并自我介绍。当引导者自我介绍的时候，可以分享个人信息，例如他们孩子的年龄、工作的经历、最喜爱的书和电影以及他们业余时间的休闲活动。这些将为其他人的自我介绍提供一个模板。因为这是第一次会议，应当是正面的，不鼓励讨论案主的疾病、对疾病的感受以及可能会引起羞愧或深度情绪的主题。小组引导者感谢每一位发言的人，指出组员之间的共性。不要强迫任何人分享，但是鼓励他们说些什么。第一节小组会议的另外一个任务是解释小组规范。这包括所有定期与服务使用者互动的家庭成员出席小组的期望；当服务使用者有症状、感觉脆弱或者醉酒的留有余地；保密原则；在会议中没有身体接触；保持情绪控制；如果他们希望可以分享困难；不打断。第一次会议结束时对下一次会议进行简要介绍。

第二次小组会议，由十五分钟的小组社交或聊天开始，然后转移至精神疾病是怎样改变组员生活的这个话题。其中一个引导者通过谈及自己家中(如果有这样的情形)、朋友家庭中或同事生活中的精神疾病开始这个过程。引导者也可以谈论自己在这个领域工作或服务家庭的感受。然后要求其他人谈谈自己是怎样在家庭中受到精神疾病的影响的。小组的引导者在参与者发言后表示感谢，并指出他们存在共性的地方。领导者向组员解释，未来的会议他们将会致力于解决问题，例如本次会议提出的问题。会议在十分钟的社交闲聊后结束，谈话围绕一些主题，例如他们周末的计划。提醒组员下一次会议的时间。

第三次小组会议，也是未来的会议，在社交中开始和结束。这是在培养社交技能。第三次会议主要的聚焦是向小组介绍问题解决的方法。告诉小组这是小组的主要活动，他们理解这是如何运作的非常重要。要向组员解释，组员最初讨论事情是怎样进展的，是决定哪些问题需要解决的一个方法。在引导者或组员选择了一个问题之后，就开始问题解决的过程。引导者解释问题解决过程的六个步骤，发放讲义或者让一个人将步骤记录在黑板或新闻纸上。步骤如下：

1. 问题界定。
2. 产生解决方法。
3. 讨论每一个解决方法的优点和缺点。
4. 选择一个最佳解决方案。
5. 制订一个行动计划。
6. 讨论行动计划(SAMHSA，2009c，Module 4，p. 7)。

引导者应解释问题解决过程的每一个步骤并且给出实例。例如，引导者开始可以这样说：

有时候当家庭有困难的时候，很难准确描述这个问题是什么。例如，上个星期 Smith 夫人说她很烦 Todd 早上起床很晚。从表面上来看，我们不知道这个行为烦扰了 Smith 夫人，Todd 的感受是什么，Todd 晚上睡得如何，等等。我们希望在会上花些时间了解到底是什么使人心烦以及问题的情境是什么。

在家庭或案主分享的问题得以界定(第一步)之后，小组头脑风暴可能找到解决方法。在第二步，不评价解决方案，仅仅列出一个清单。引导者、共同引导者或一个组员在新闻纸上或其他可见的媒介上列出可能的解决方案。第三步需要评估每一个解决方案，确定它们的优势和劣势。第四步，鼓励案主及其家人权衡利弊，选择一个最佳方案。他们"拥有"解决方案和问题是重要的。第五步是制定一个明确的、详细的、书面的解决问题的方案。这包括明确的任务以及谁来负责哪一个活动。一个组员将会在一周内电话继续跟进，这个家庭将要在下一次会议上报告结果。

在第四次和之后的多家庭小组会议中，组员运用第三次会议呈现的步骤解决问题。问题解决构成模式在表 12.1 中有描述。如之前的会议，会议在社交或疾病之外的日常生活的小组交谈中开始和结束。接下来一个过程称为"畅谈(go around)"，组员谈论事情是如何进展的。在这二十分钟里，如果他们愿意，家庭成员提出他们解决的议题和问题。引导者认可提出的问题、传达同理心以及运用家庭指南或者建议一个可供选择的方法以解决议题。在此之后，一个小组引导者或者小组全体决定哪一个问题应该在多家庭小组中讨论解决。这个问题应该是最紧迫的一个，在小组中可以最好地得到解决，或者是一个足够普遍的问题可以帮助到其他可能也会经历相同或类似的问题的人。正如表中显示的，做决定需要五分钟。会议的中心是解决选出的问题。这个过程需要整个组的参与，以及对案主及其家庭的关注。正如 Yalom 和 Leszcz(2005)声称的，组员将从给予他人中获益。小组通过问题解决的步骤，制订一个计划解决问题。小组会议在社会化中结束。

表 12.1　心理教育多家庭小组会议结构

活　　动	需要的时间/分钟
社交：与家人和案主作为一个小组的社交会话	15
在房间里四处走动观察情况进展 ● 家属分享家人的事件和突出的议题 ● 临床工作人员一一回应	20
选择一个单独的问题	5
运用六步结构化的问题解决过程	45
社交	5
总用时	90

资料来源：改编自 SAMHSA 2009c

根据 PORT 的研究和 McFarlane 的研究，如果可以持续九个月或更长，家庭心理教育对于案主和家庭是最有益的。这就要求参与者有高水平的承诺和认识，随着时间的积累，多家庭小组是有帮助的。另外一个可以保持小组运作的因素是，通过分担共同问题及相互信任而发展的小组凝聚力(Yalom & Leszcz，2005)和团结。

其他证据为本的家庭心理教育模式　除了 McFarlane 的模式，还有其他的第二代模式，临床工作人员的工作对象是家庭，而非多家庭小组。例如，建立在 Falloon 等(1984)工作的基础上的 Mueser 和 Glynn(1999)的行为家庭治疗，开始是家庭需求评估，接下来是一个行为导向的家庭治疗，包括教育、沟通和问题解决的技能培训。受益于 Falloon 及其同事的工作，Miklowitz(2008)的家庭聚焦(family-focused)治疗适应于双相障碍患者和他们家人的需求。Miklowitz 开始时加入案主和家庭，对案主和家庭进行一个功能评估。接下来是心理教育的模块，可以延伸超过七节。然后是超过七节的增强沟通的培训以及四到五节的问题解决。有两到三节致力于结案和计划。Miklowitz(2008)的书可作为治疗手册。然而，这个和其他家庭心理教育方法是针对案主和家庭的治疗。有些方法并不针对治疗。

家庭教育

无论家庭心理教育项目多么有效，家庭成员都倾向于把自己的基本假定(情绪表达)视为家庭谴责(Solomon，1996)。多年以来，家庭教育与家庭心理教育毫不挂钩。由专家以及家属组织的教育工作坊提供这样一个格式：家庭成员于其中可学到不同的精神障碍、药物治疗、社区资源并鼓励致力于发展应对技能，包括相互支持。这些项目一般持续 8～12 周，但是它纳入一整天的工作坊(E. Mannion，personal communication)。这并不在案主的治疗范围之内，而是自由参加的项目(Solomon，1996)。该项目强调家庭的优势与抗逆力，而不是关注帮助家庭成员管理情绪表达(Marsh & Lefley，1996)。

培训和教育中心(TEC)，是宾夕法尼亚州东南部精神健康协会的一个单位，已经持续给住在费城地区患有重性精神疾病患者以及他们的家庭成员、伴侣、朋友提供这样的工作坊。培训与教育中心最初提供普通的、持续十周的家庭工作坊，其中有些内容已整合进全美精神疾病联盟的家庭教育项目。培育与教育中心目前提供针对特别主题的短期项目，例如：

- 亲爱的人患有精神病的促进“康复”项目(6 周)；
- 存活与复杂性悲伤、创伤或衰竭的自我照顾(4 周)；
- 当亲爱的人患有边缘型人格障碍或情绪波动，寻求一个正确的平衡——基于辩证行为治疗(针对边缘型的证据为本实践)(8 周)；
- 当亲爱的人患有精神疾病时管理愤怒情绪(6 周)；
- 与患有精神疾病的配偶或是伴侣居住在一起(6 周)；
- 若患有精神疾病的亲属拒绝治疗该如何处理(6 周)。

(http://www.mhasp.org/services/tec.html#mark)

NAMI 赞助自己的家庭教育项目。NAMI 的家庭对家庭教育项目(FFEP)“使用治愈、意识提升与赋权三者组合在一起的特殊技巧”(Burland，1998，p.33)帮助家庭成员理解并照顾患有精神疾病的家属。课程由 2 位领导者授课，持续 12 周，通常情况下，家庭成员被认证为受过培训的家庭教育领导者。理论上来说，FFEP 项目是基于创伤康复以及压力应对概念(Lucksted，Stewart & Forbes，2008)。该项目使用自我意识提升的技巧促使家属放弃自责并从创伤中痊愈。课程包括鼓励参与者去倡导并教他们如何做(Burland，1998)。

FFEP 课程包括的信息有：重性精神障碍(精神分裂症、双相情感障碍、边缘人格障碍、强迫性精神障碍、惊恐性障碍以及共存的成瘾症)，药物，大脑生物学，康复，促进康复的证据为本治疗，精神疾病的主观体验，问题解决及沟通，危机管理，自我照顾，社区资源以及支持，倡导(Lefley，2009；http://www.nami.org/)。该课程与运用在家庭心理教育工作坊的方式类似，但更关注家庭需求。如同证据为本的家庭心理教育，FFEP 有指导手册(Dixon et al.，2004)。FFEP 并不包括案主本人，且不向参与者收费(http://www.nami.org/)。同意在四个不同时间内受访的家庭成员的定量评估表明，FFEP 有效减少了客观负担，提升了重性精神疾病以及精神健康系统的知识，并促进了赋权(Dixon et al.，2004)。跟踪的质性研究发现，参与者获得了新的信息与支持、洞察力和接纳，处理具有挑战性的情景的新工具与新方法，经历行为与情绪控制的改变(Lucksted et al.，2008)。

除了上述家庭教育项目，另外还有一些包括：(a) 三 R 精神快乐康复项目(Three R's Psychiatric Wellness Rehabilitation Program)已经在美国 13 个州和加拿大两个城市中的各种医院和社区中心实行；(b) 华盛顿州的池塘里的鹅卵石(Pebbles in the Pond)；(c) 布莱斯医院的阿拉巴马模式；(d) 由 Patricia Scheifler 发展的康复伙伴关系项目(Lefley, 2009)。有关这些项目的信息可以在 Lefley 的书中找到或直接联系项目负责人。

• • • 家庭咨询

家庭咨询是家庭心理教育或家庭教育的替代性选择或补充。咨询者可能是一位资深人士或是一位家庭成员，在家庭成员或家庭有需要的基础上提供建议、指引和支持(Solomn, 1996)。社工可以作为个案管理员、治疗团队为服务使用者服务，不是案主治疗机构的社工也可担任家庭咨询者(Solomn, Bogart Marshall, Manion & Farmer, 2002)。通常来说，服务使用者并不包括在内(Corrign et al., 2008)，但讨论案主的时候，需要征求其同意(E. Mannion, personal communication)。

对比家庭治疗以及其他临床服务，家庭咨询并不是一种致力于减少功能失调的治疗方式(Marsh, 1998)。咨询者与被咨询者的关系是合作关系，于其中辨识家庭需要回应的关切。例如，家庭成员可能在获取资源、生活安排、应得资格以及其他事件有需要回应的议题(Lefley, 2009)。如果家庭需要例如药物方面的信息，教育也是咨询的其中一个部分(E. Mannion, 个人沟通)。

家庭咨询通常是短期的，它可以是一节或多节，可以根据家庭需求改变频率(Marsh, 1998; Solomon et al., 2002)。可以面对面进行，也可通过电话进行。对于觉得参加一段时间的家庭心理教育要求过高、有特殊要求的家庭或居住地没有什么选择的家庭而言，家庭咨询是一种便捷的方式(Solomon et al., 2002)。Edie Mannion 是一位任职于宾夕法尼亚东南精神健康协会的 TEC 总指导，根据她的经验，咨询包括三个领域的技巧。第一，咨询过程应当同理、正常化并回应来访者的反应。第二，聚焦于准确清晰地判断问题所在。第三，发现指的是辨识和探索选择项(Solomon et al., 2002)。

虽然家庭咨询的研究是有限的，但一项研究显示，参与家庭咨询的人在干预后获得了自我效能的提高（Solomon，Draine，Mannion & Meisel，1996，1997）。

认知恢复

直到现在，这章已经讨论了传统个人心理疗法以外的治疗。总之，强化心理疗法并不推荐给精神分裂症患者。然而，一些有这种或那种重性精神疾病的患者似乎可以受益于自我支持的、结构化的且以现实为本的个体或小组治疗。第九章已讨论过的针对抑郁的心理治疗或许适用于重性抑郁患者。

因为精神分裂症的特点为认知缺陷，认知治疗作为一种干预这类精神疾病患者是很有希望的。认知恢复这一种策略，目的在于修补信息处理技能的不足，诸如警觉、记忆、回忆及概念能力（Penn & Mueser，1996），药物对此是没有什么帮助的（Storzbach & Corrigan，1996）。社交功能与问题解决能力是社会互动和解决日常生活的压力和问题的必需条件。这些技能组合对于精神分裂症患者改善生活品质和参与辅助就业是必需的。人们发现诸如正面强化、循环练习、语义编码以及引入不相容的行为等干预措施对于治疗注意力及记忆缺陷、限制幻觉及错觉是有效的（Storzbach & Corrigan，1996）。

近二十年间，实证文献有了充分的进展，允许对精神分裂症认知恢复结果进行检视为实践提供证据（Krabbendum & Aleman，2003； Kurtz，Moberg，Gur & Gur，2001； Pilling et al.，2002；Twamley，Jeste & Bellack，2003）。一个近期的荟萃分析发现，认知恢复在认知功能上产生中度进展，且当它与精神复健结合时，也能改善功能结果（McGurk，Twamley，Sizter，McHugo & Mueser，2007）。但是，这样的改进是否可以转化到“真实世界”，应用于严重精神疾病患者的个人照顾与社会功能仍是不确定的。认知恢复文献的争论在于训练方式的优质标准。例如，有人建议个人及小组练习，而有人提议基于计算机的训练，有人则支持策略指导技术，而另外的人提倡反复训练(Kurtz et al.，2001； Twamley et al.，2003)。未来治疗创新和研究应进一步细化方法并说明这样的学习是可以推广的。

本章的最后一个主题是药物。尽管社工不能开处方药，但他们工作于药物是基本形式的治疗环境之中。因为临床社工在临床和社区环境观察病人，他们可以很好地评估药物对病人功能的作用，对服药依从性提供教育与支持，并且了解到可以改变和调整的可能性时与精神科医生进行协商。社工必须要有药物与依从性问题的相关知识才能做出这样的判断。

抗精神病药物和情绪稳定剂

药物愈加成为重性精神疾病治疗的标准模式(但不是唯一标准)。精神药物通常既用于治疗急性症状，亦用于维持症状不明显或者已经消除症状的案主的功能。药物由精神科医师开具处方，并随时监督案主用药。作为案主的个案管理者和治疗师，临床社工服务和教育案主：探索他们对于服用处方药物的感受和态度，观察药物的副反应、伴随的药物滥用的信号，是否坚持药物治疗方案，以及当药物治疗出现问题时，决定是否干预和怎样干预。

案主药物治疗需要进行精神科评估，要考虑案主的身体健康、个人及家属健康/精神健康史、药物使用史、过敏反应、年龄、性别、身高、体重以及精神状况的检查与诊断等多方面的情况。最初和间歇期的身体检查与实验室检验的结果可以指引精神科医生选择适当的药物并监控药物的副反应。研究成果、临床经验和案主个人的药物反应，也是开具处方的决定因素。无论是精神科医师还是案主自己，或与案主有日常互动的人观察到案主的药物反应的时候，都要随时调整药物剂量。

药物治疗改善案主的症状，症状表现在案主的主观状态、对环境压力的反应和精神障碍。具体症状随着时间的持续为诊断提供建议，诸如DSM-Ⅳ-TR(美国精神疾病学会，2000)所介绍的症状。相应地，症状和诊断建议使用特定的药物或药物组合。治疗抑郁和焦虑的药物已在第八章和第九章进行过讨论。在此将讨论用于治疗持久精神疾病患者和双相情感障碍患者的药物——抗精神病药和情绪稳定剂。有时，抗精神病药物被应用于治疗心境障碍，情绪稳定剂用于增加精神失调的治疗。多种药物的联合使用称为联合用药。

抗精神病药

用于治疗精神的药物被称为抗精神病药或者精神抑制药。虽然精神症状是这些药应对的主要目标，但这些药也有镇静作用。抗精神病药用于治疗精神分裂症（所有亚型）、分裂情感性障碍、精神分裂型障碍、妄想性障碍、与精神疾病症状相关的重性抑郁、其他障碍，在短期的基础上用于控制急性狂躁发作。这些药物具有控制（但不能完全消除）幻觉、认知解组和兴奋的作用。今天，第一代和第二代抗精神病药都是处方药。

第一代抗精神病药 “第一代”“传统的”或“典型的”安定剂用于治疗精神分裂症和其他有精神病性症状的精神疾病。它们控制阳性（显性）症状作用颇大，对不正常的感觉体验（幻觉）、思维错乱及/或奇异行为等具有明显的作用。常规安定药对阴性（未充分表现的）症状——情感单调、少语、冷漠、社交隐退和/或注意力损害——无效（Andreasen，1985）。此外，它们有痛苦的副反应。

第一个被发明的此类药物是冬眠硫磷（氯丙嗪）。此外，酚噻嗪类（一组药物的名称，这是一个范例）包括甲硫达嗪（硫醚嗪）、三氟吡啦嗪（甲哌氟丙嗪）、氟非那嗪（氟奋乃静）等。其他一些常规用药列于表12.2中。

表 12.2 第一代和第二代抗精神病药

组/类别名称	商 品 名 称
第一代安定药	
冬眠硫磷(chlorpromazine)	氯丙嗪(Thorazine)
氟非那嗪(fluphenazine)	氟奋乃静(Prolixin，Permitil)
氟哌丁苯(Haloperidol)	氟哌啶醇(Haldol)
美索达嗪(mesoridazine)	甲砜达嗪(Serentil)

(续表)

组/类别名称	商 品 名 称
吗啉酮(molindone)	盐酸吗啉吲酮(Moban)
羟哌氯丙嗪(perphenazine)	奋乃静(Trilafon)
硫利达嗪(thioridazine)	硫醚嗪(mellaril)
甲哌硫丙硫蒽(thiothixene)	氨砜噻吨(Navane)
三氟吡啦嗪(trifluoperazine)	三氟拉嗪(stelazine)
第二代安定药	
氨磺必利(Amisulpride)	首利安(solian)
阿立哌唑(aripiprazole)	安律凡(abilify)
氯氮平(Clozapine)	氯扎平(Clozaril/leponex)
奥兰氮平(olanzapine)	奥氮平(zyprexa)
奎硫平(quetiapine)	思康乐(seroquel)
利培酮(risperidone)	利司环酮(risperdal)
齐拉西酮(ziprasidone)	卓乐定(geodon)

资料来源：Bentley & Walsh(2006)；Mulsant & Pollock(2009)；Sadock & Sadock(2007)

这些药物根据药力不同来区别。最强药力的药物只需很小剂量就足以应对目标症状。强力药物如氟哌啶醇和氟非那嗪的标准剂量(维持治疗剂量6～12毫克/天)与较低药力的药物如氯丙嗪和甲硫哒嗪(维持治疗剂量300～600毫克/天)的标准剂量的作用相当(Lehman，Steinwachs & Co-Investigators of the PORT Project，1998)。换言之，小剂量的强力药物与大剂量的低药力药物的作用是相当的。

第一代药物的副反应之一是镇静和锥体外系反应(EPSs)。镇静是一种镇定反应，主要由低药力的安定药所产生。镇静有利于控制兴奋、攻击性行为、狂躁和易怒。在某些情况下，是希望出现这个效果的。另外，镇静产生嗜睡、意识下降和反应限制，这妨碍了人们的日常活动、工作以及机械操作。锥体外系反应(EPSs)是对体育活动的扰乱，这与多巴胺受体受阻断有关(Wittlin，1988)。各种锥体外系副反应类型包括帕金森综合征、肌张力障碍、静坐不能、神经阻滞剂恶性综合征等。以上这些副反应和其他副反应列于表12.3中。

表 12.3 第一代抗精神病药物的副反应

副反应	表现
镇静	平静、瞌睡、疲倦、意识和反应降低
肌张力障碍	喉、颈、眼、咽、舌、背或全身肌肉痉挛。常见于治疗的最初几天，以年轻男子多见
帕金森综合征症状	以僵直、拖曳步态、肌肉强直、曲背、流口水以及规则、粗笨的颤动等症状为特征
静坐不能	肌肉不适，表现为肌肉得不到休息，案主不能安坐，并出现不安
运动不能	肌肉活动性减少，倦怠，自发性较低，冷漠
迟发性运动障碍	不随意运动，主要出现在面、舌、口和颈等部位，而且还出现在肢体末端。这些症状是在使用安定药之后的延长时间内出现
抗胆碱能作用	症状包括：口干、视觉模糊、尿潴留和便秘。恶心和呕吐也是可能出现的症状
体位性低血压	低血压与体位改变有关。表现为疲乏、失去平衡、昏晕和摔倒
抗精神病药恶性综合征	抗精神病药治疗的副反应危及生命，表现为发热、运动不能、僵直、谵语状态以及变态行为，表面上看上去像急性精神分裂症
性和生育功能紊乱	包括勃起和射精困难、性欲降低、乳房增大、溢乳、月经不调或闭经。伴随这些副反应的还有：体重增加、皮肤功能紊乱，这些症状特别妨碍案主的性活动

资料来源：Based on Baldessarini & Cole(1988)；Cohen(1988)；Sadock & Sadock(2007)；Rifkin & Siris(1987)；Wittlin(1988)

预防和治疗副反应是对精神科医师的巨大挑战。降低抗精神病药的使用剂量有利于预防迟发性运动障碍。辅助性药物例如苯甲托品、苯那君、安坦，有时被用于控制副反应，但遗憾的是，它们也有自己的反应(Bentley & Walsh，2006)。需要进一步关注的是可能出现严重的药物与药物之间的相互作用(Sadock & Sadock，2007)。

第一代抗精神病药物常通过口服给药，但少数也通过肌内注射。口服给药可尊重案主的尊严、自主性和自主管理的权利。肌内注射为当案主难以依从药物治疗时所采取的长期做法。氟哌丁苯(氟哌啶醇)和氟非那嗪(氟奋乃静)可通过肌内注射给药(Sadock & Sadock，2007)。第二代药物——利司环酮——可通过口服和肌内注射给药(Sadock & Sadock，2007)。

第二代抗精神病药 精神药理学证据为本的研究已经产生了第二代药物，它也被称为“非典型抗精神病药”。相比之前的药物，这些药物可以减少锥体外系副反应的风险，对于精神分裂症和急性狂躁症是有效的

(Sadock & Sadock, 2007)。临床抗精神病干预效果试验(CATIE),将第一代抗精神病药物(奋乃静)与一些第二代抗精神病药物相比,发现第一代药物奋乃静与利培酮、喹硫平、齐拉西酮相比效果最好,是成本效益最好的,但有迟发性运动障碍的风险(Swartz et al., 2008)。一个对九种第二代抗精神病药的比较研究的荟萃分析发现了它们之间的一些差异,更多的是与阳性的症状有关(Leucht et al., 2009)。

美国第一种被核准的非典型抗精神病药是氯氮平。该药大量用于对常规抗精神病药没有反应的患者。它并不产生和第一代药物有关的 EPSs,当案主服用该药时,抑制了迟发性运动障碍(Sadock & Sadock, 2007)。此外,它似乎也缓解了阴性和阳性症状。另外,氯氮平会造成粒细胞减少的危害,减少了抵御疾病的白细胞的数量,而且会诱发癫痫。为避免粒细胞减少,须定期检测血常规(Sadock & Sadock, 2007)。

其他二代抗精神病类药物有不同的疗效和副作用。比如奥兰氮平在几项研究中证明有超过其他药物的效果(Leucht et al., 2009; Swartz et al., 2008),但同时会造成体重增加并影响代谢。当用量较小时,利培酮的 EPS 发生率较低,但会导致男性性功能障碍、体重增加、体位性低血压和轻度镇静(Marder, 1997)。有研究称阿立哌唑(安律凡)在不同的化学构成方面、精神认知疗效和非镇静方面优于其他二代药物(Sadock & Sadock, 2007)。表 12.2 列出了其他的二代抗精神病类药物。

对妇女和老年人的影响 抗精神病药物对男性和女性有不同的影响(Seeman, 2004)。对于女性,精神病医生需要考虑她们的月经周期、妊娠和哺乳期以及年龄。因为妇女可能会服用辅助药物治疗情绪问题以及/或者服用避孕药,这些药物和抗精神病药物互相影响(Seeman, 2004)。关于孕期服用抗精神病药的研究发现,抗精神病药对胎儿的影响是非确定性的(Wichman, 2009)。如果停止服药,母亲的精神疾病症状将妨碍她照顾自己和婴儿(Miller, 1991)。一些精神科医师建议妇女在孕期按处方减少服药,在分娩之后再增加用药(Seeman, 2004)。一些精神科医师也劝告妇女在服用抗精神病药期间,不要给婴儿哺乳(Sadock & Sadock, 2007)。

老年人服用抗精神病药亦须引起特别注意。因为迟发性运动障碍与长期服用第一代抗精神病药有关,老年案主处于高风险之中或者可能已经遭受这种状况的折磨。他们摔倒的风险特别高,这是一种抗精神病药的副反应体位性张力减退所致。第二代抗精神病药越来越多地被用于老年精神病症状的治疗(Rapoport，Mamdani，Shulman，Hermann & Rochon，2005)。这些药物对精神分裂症以及痴呆和谵妄的心理和行为症状的治疗有效(Mulsant & Pollock，2009)。这些药物在对老人的副反应、容忍度和安全性上有所不同(Mulsant & Pollack，2009)。老年人的身体健康状况(例如出现心脏问题)以及他们正在服用的其他药物，可能使其不能服用某种抗精神病药。对老年人的照顾，应注意药物的交互作用和使用剂量。社工需要收集他们服用处方药、酒、非医疗用药、非处方药、中草药制剂的信息。

总体而言，老年精神病学文献指出：(a) 对于老年精神分裂症患者，抗精神病药物对减轻精神病症状是有效的；(b) 一些药品或者一些类别的药品是否比其他的更有效还不明确；(c) 典型和非典型药物的副反应不一样，典型药物增加了老年人 EPS(特定的迟发性运动障碍)，非典型药物提升了葡萄糖和甘油三酸酯升高的风险，然而，相比典型抗精神病药物，服用非典型药物的患者的死亡风险并不高；(d) 老年人特别是那些障碍晚期发作的患者，服药剂量可能需要减少，并且剂量的增加要循序渐进；(e) 老年人个性化的药物管理是有必要的，这是因为药物如何新陈代谢存在着差异性，并发的身体状况会引起或加剧有害反应的可能性，以及被用于治疗这些同时患有的疾病的药物之间的相互作用的可能性。

情绪稳定剂

情绪稳定剂用于治疗双相情感障碍和其他有躁狂或轻度躁狂症状的病症。它们亦被作为其他精神疾病的附加用药。表 12.4 列出的几种药物在治疗急性躁狂方面已经显示出来疗效，在治疗抑郁阶段和维持治疗方面也有一定作用(Keck & McElroy，1998)。在相当长的时间里，锂(lithium)是标准的治疗药物，但是，现在有些抗惊厥药物也是治疗 I 型双相情感障碍的首选药(Sadock & Sadock，2007)。

表 12.4 情绪稳定剂

组别/类别名称	商品名
锂(lithium)	
碳酸锂(lithium carbonate)	Eskalith and Eskalith CR

（续表）

组别/类别名称	商品名
	缓释剂(Lithobid)
	Lithotabs
	Lithonate
	lithane
	carbolith
柠檬酸锂(lithium citrate)	糖浆(Cibalith-S)
抗惊厥剂(Anticonvulsants)	
卡马西平(carbamazepine)	得理多(tegretol)
丙戊酸盐/丙戊酸(valproate/valproic acid)	敌百痉(depakene)
丙戊酸盐/双丙戊酸钠(valproate/divalproex sodium)	双丙戊酸钠(depakote)
奥卡西平(oxcarbazepine)	曲莱(trileptal)
拉莫三嗪(lamotrigine)	利必通(lamictal)

资料来源：Muzine，Elhaj，Gajwani，Gao & Calabrese(2005)；Mulsant & Pollock(2009)；Sadock & Sadock(2007)

锂 锂用于治疗急性阶段Ⅰ型双相情感障碍和预防躁狂与抑郁症状的复发。有时锂和一种抗精神病药共同用于Ⅰ型双相躁狂发作急性期，或者和一种抗抑郁药共同用于Ⅰ型双相抑郁发作(Yatham et al.，2006)。锂在治疗分裂情感性障碍、循环性精神疾病和Ⅱ型双相情感障碍方面，是比较成功的(Sadock & Sadock，2007)。

锂是在最初体格检查和实验室检查之后开具的处方药。长期服用锂要求规则地控制锂摄入量，并且要定期进行实验室检测。检测血锂浓度的目的是保证案主能够获得治疗剂量并避免中毒。中毒的症状为口干、严重腹泻、呕吐、颤动、意识模糊、昏迷、动作协调性差、秽语和癫痫发作等(Cowen，1998；Sadock & Sadock，2007)。副反应包括手的颤动、口渴、尿量增加、体重增加、心血管变化以及痤疮(Cowen，1998)。要忠告案主应立即报告他们的副反应，社工应该观察双相情感障碍案主的身体和精神状况，以便在需要之时，能够动员精神疾病干预。

尽管锂有助于那些对其有反应的人，有些对其没有反应的人可能有致残副反应，或者因为当前的健康问题而不能服用它。幸运的是，有其他的药物可以使用。

抗惊厥药 现在有几种抗惊厥药物单独使用或者与锂或者与其他一种

抗精神病药合并使用，这是治疗双相情感障碍(狂躁或抑郁)急性阶段或长期服用的首选药(Yatham et al.，2006)。卡马西平与锂相比，在治疗急性躁狂、预防Ⅰ型双相情感障碍的抑郁和躁狂的发作、预防Ⅱ型双相情感障碍复发方面的疗效似乎很相似(Cowen，1998；Sadock & Sadock，2007)。但是，像锂一样，卡马西平也有不利的副反应并会产生毒性。不良的副反应包括复视或视力模糊、头晕、困倦、心脏反应和胃肠道疼痛(Sadock & Sadock，2007)。也有患上粒性白细胞缺乏症的轻微风险，对于先前有心脏问题的人可以引起心脏传导阻滞(Cowen，1998)，需要定期进行血常规检查。

丙基戊酸钠或丙戊酸(也可以成为双丙戊酸钠)是另一种情绪稳定剂，能有效治疗与Ⅰ型双相情感障碍有关的急性躁狂和混合发作(Sadock & Sadock，2007)，双丙戊酸钠被认为是治疗双相情感障碍的长期服用的首选药(Yatham et al.，2006)。丙戊酸钠常见副作用包括震颤、镇静、困倦、暂时性脱发和体重增加(Cowen，1998；Sadock & Sadock，2007)。

对列在表12.4中的其他药物的研究较少，但它们被用于双相情感障碍的治疗。奥卡西平与卡马西平在分子结构上相似，但是可能更加安全以及能够更好地适应(Sadock & Sadock，2007)。尽管小型的控制试验研究支持其在治疗急性双相躁狂症中的使用，但仍然需要更加严格的研究(Muzina et al.，2005)。研究发现拉莫三嗪在治疗急性Ⅰ型双相抑郁和周期性Ⅱ型双相情感障碍以及防止双相抑郁的复发是成功的(Muzina et al.，2005)。

情绪稳定剂对妇女和老人的影响　研究发现，在孕期使用锂和抗惊厥情绪稳定剂对于母亲和未出生的孩子都有一定的风险，但是这些发现是矛盾和不确定的(Gentile，2006)。对于婴儿的风险在前三个月看上去可能更高(Burt & Rasgon，2004)。也需要关注的是这些药物还会影响到正在哺乳的婴儿(Gentile，2006；Sadock & Sadock，2007)。就抗精神病药来说，精神科医师与案主都应权衡成本与效益。

情绪稳定剂也对老年人造成风险。在治疗急性躁狂发作和躁狂的预防，锂被认为是有效的药物，但是也有中毒的风险(Mulsant & Pollock，2009)。文献中关于锂的副作用有认知、神经运动的损伤、心血管反应和甲状腺功能的失调(Young，2005)。老年人可能对抗惊厥药物例如双丙戊酸钠有更好的耐药性(Mulsant & Pollock，2009；Young，2005)。共病身体状况和用于治疗其他状况的药物间的相互作用需要被考虑(Young，2005)。

附加药物　讨论过的情绪稳定剂已经彼此共用(同时使用两种药物)，

或与抗精神病药及抗抑郁药联合使用治疗双相情感障碍。一个随机控制试验的荟萃分析证明了第二代抗精神病药和情绪稳定剂的混合使用在治疗急性躁狂时相比单独使用情绪稳定剂是更有效的(Scherk，Pajonk & Leucht，2007)。抗精神病药有时作为长期的基础用药用于那些用锂无法控制的反复发作躁狂的人。抗抑郁剂可与情绪稳定剂一起使用，治疗患有双相情感障碍的案主(Frances，Kahn，Carpenter，Docherty & Donovan，1998)，但是，此时必须小心，因为抗抑郁剂能引起躁狂、轻度躁狂和快速循环(Prien，1987)。下面，我们转向讨论此处介绍的药物治疗知识对社会工作实践的启示。

对临床社会工作实践的启示

回顾针对精神疾病患者和情绪波动患者开具的药物，为社会工作提供了知识基础。社工应该知晓最新的药物研究、精神科医师开具药物的变化、案主先前行为的改变与药物治疗后随之发生的变化，偶尔还要参与讨论案主的教育和用药依从性情况。有些因素，诸如案主对服药的态度、令人不舒服的副反应，以及饮酒、吸毒、咖啡因和烟草等都应考虑在内。

作为精神科团队的一分子，社工扮演监督案主遵守治疗计划的角色，包括督促他们服药。由于社工具有尊重案主自决、自我实现和人的尊严的专业价值观，临床社工一定要在有利于案主的承诺与案主的愿望及权利之间取得平衡。

遵从的障碍之一可能是案主对服药的感觉或想法。药物可能符号化为自己有严重病症的暗示。这种感觉对重性精神疾病患者特别强烈，他们的精神疾病似乎是无限期的。对药物治疗的依赖可能又增强了无助和无望的感觉，这也干扰了他们的自尊和自主，并且与独立、自足和能力的社会文化价值相冲突。

有些案主的精神疾病难以治疗的想法影响了其遵医行为。例如，Make是一位有强迫型人格障碍和精神分裂症的人，因为会睡过头而不在白天服药。分析其不遵医行为的原因，临床社工发现，药瓶上的说明写道："每日2次，上午8点和晚上8点"，所以Make推断："我如果睡迟了，就完了。"在这个病例中，社工让精神科医师将说明改为"每日2次"并且劝告案主每天服2次药。

临床社工能帮助案主，鼓励他们说出关于药物治疗的感受。所以，他们能够分清现实的和非现实的。下面是 Susan 的案例：

Susan 是一位 25 岁的音乐工作者，被诊断为双相情感障碍已有三年了。她首次症状发作是在大学四年级，结果她休学了。后来她又返回学校，完成了她的学位。Susan 说出了对锂的感受。首先，她感到该药干扰了她的创作。在躁狂发作期间，她会在夜里醒来构思音乐。在服用锂时，她感到缺少创造力。其次，在诊所她与其他自言自语并表现出奇异动作的案主坐在一起，她发现去诊所会窘迫不已。

社工在与 Susan 的交谈中得知，Susan 对其他案主感到恐惧并且害怕自己会出现与他们一样的动作。当 Susan 得知，这是精神分裂症的副反应，而与锂的副反应不同之时，她就放心了。这之后，她承认在躁狂发作期间谱写的音乐不是太好(她用磁带录下以便以后听)。在后来的讨论中，Susan 认识到自己复发的风险很高，她的家人中有三人都有同样的病，锂能保护她不至于中断事业。

案主对药物的副反应有主观反应。他们可能对抗精神病药的作用感到不舒服，并且自我意识到明显的锥体外系症状。体重增加、皮疹和性功能障碍等促使案主自行停药。社工要留心倾听和弄清楚案主的感受，能够与案主合作共同努力改变药物的效果。这样可以认识到案主的感受，同时为案主提供除不遵医嘱之外的其他可能选择。选择包括改变药物剂量、介绍抗帕金森病的药物治疗、更换药物或者利用辅助药物治疗。社工鼓励案主要求调整药物治疗，并就这一意图安排与精神科医师会晤。通常，社工并不出席与精神科医师的会晤。只要案主可以接受，社工可向精神科医师提出案主自己不可能提出的问题。

药物管理是在与案主合作过程中的另一个问题。有些案主遵照处方服药，另一些案主则根据其家人、寄宿之家的工作人员或者护士的给药服用。药物可能是胶囊、片剂或液体等口服药，或者是肌肉注射药物。如果由他人给药，案主可能觉得受到控制、依赖或像孩子似的。

就案主的自决和尊严而言，自我管理是一项最受欢迎的选择。但是，有不遵医嘱或滥用药物历史的案主，可能不应给予这一选择。社工可与案主及案主体系合作，以便最大限度地促进案主自决，使之切实可行地遵从药物治疗，并达成能表现案主更多控制和自主性愿望的目标。可以运用日历、每日清单以及图表等手段。一个有助于药物管理且可对案主加以控制的工具是“我随身携带的药物治疗记录”，这个小册子可由案主携带到不同的治疗机构。还可以将案主的医疗保险信息、药品、急诊指导、医师姓名、健康问题和住院以及过去所用的药物及其疗效等内容在其上注明（Conn & Edwards，1999）。此外，鼓励案主将药放在看得见的地方，每天在同一时间服药。

有时，社工会了解到表明案主不能执行治疗计划的信息。酗酒和吸食毒品、出售处方药、藏药以及向他人借药或借给他人药品等，均可导致不良生理反应和自杀。应该与案主及精神科医师直接和坦诚地讨论相关行为。精神健康团队会议是社工讨论伦理和治疗问题以及团队发展共同策略的合适场所。

总结与解构

本章介绍了许多当家庭成员患重性精神疾病之时，社工与其他专业人士帮助案主及其家人的策略。这样的策略是心理社会的，又是医学的。

尽管药物是由精神科医师开具的，但经由观察案主如何使用药物以及药物治疗对他们的影响，社工在药物管理过程中扮演着重要的角色。抗精神病药似乎可以控制阳性症状，但在控制阴性症状方面只是有限的成功。第二代抗精神病药承诺比第一代有更少的毒副作用，但需要考虑它们都有的副作用。情绪稳定剂能帮助双相情感障碍患者和相关疾病的患者，但药物不能完全治愈其精神疾病，也不能完全消除症状。它亦无法帮助人们提高人际关系和问题解决技巧。

疾病管理与康复帮助案主在追求他们个人康复目标之时理解他们的疾病、管理他们的症状以及提升他们的人际和应对技能。运用心理教育、动机式访谈和认知行为方法，以个案或小组的形式帮助案主。这个项目是结构化的，有不同具体主题的模块。临床工作者可以通过 SAMHSA 网页查阅可用的工具包，它们为干预提供了指南。

尽管重性精神疾病患者被建构为“患”病之人，然而家庭成员和接近他们的人亦感受到疾病的影响。父母对自己的孩子有着已实现的梦想之外的更多梦想，常常是其成年精神疾病子女的主要照顾者，即使他们不居住在一起。同样地，兄弟姐妹、配偶/伴侣以及孩子亦受到患精神疾病的家人的影响。行为健康专业人员不能指望家属在无法获得支持的情况下继续给予案主照顾。

第一代家庭干预方法，视家庭为一种治疗特定案主的方法。尽管这样的方法可以成功教育家属关于亲人的疾病以及治疗方法的知识，但并没有充分地以家庭为中心。第二代模式（诸如 McFarlancs）在帮助他们的家属时，辨识家属的需求从而形成一个相互支持的网络。家属或者专业人员提供家庭教育，而非心理教育。全面精神疾病联盟发起了一个由受过培训的家庭成员领导的家庭教育项目。

现在有一些重性精神疾病的个人及家属的证据为本实践。尽管深度的心理治疗一般并不推荐给精神分裂症的人，但有些重性精神疾病案主可以通过认知重建而获得帮助。个人或家属仍然可以发展他们自己的治愈方式。案主在得到帮助或没有帮助下抗争从而创建他们自己的康复路径，而又势必体验途中的障碍。家属也如此，在照顾案主时，他们自己也面对很多挑战。由于人与人之间的异质性，在发展家庭为本的和案主为本的干预以满足深受重性精神疾病之苦的个人和首要影响的家庭的需要方面，还存在较大的差距。

参考文献

American Psychiatric Association. (2000). *Diagnostic and statistical manual of mental disorders* (4th ed., text rev.). Washington, DC: Author.

Anderson, C. M., Reiss, D. J., & Hogarty, G. (1986). *Schizophrenia and the family.* New York: Guilford Press.

Andreasen, N. C. (1985). Positive vs. negative schizophrenia: A critical evaluation. *Schizophrenia Bulletin, 11*(3), 380–389.

Baldessarini, R. J., & Cole, J. O. (1988). Chemotherapy. In A. M. Nicholi, Jr. (Ed.), *The new Harvard guide to psychiatry* (pp. 481–533). Cambridge, MA: Belknap Press of Harvard University Press.

Bateson, G., Jackson, D., Haley, J., & Weakland, J. (1956). Toward a theory of schizophrenia. *Behavioral Science, 1,* 251–264.

Bellack, A. S. (2004). Skills training for people with severe mental illness. *Psychiatric Rehabilitation Journal, 27,* 375–391.

Bentley, K. J., & Walsh, J. (2006). *The social worker and psychotropic medication* (3rd ed.). Belmont, CA: Brooks/Cole.

Bond, G. R., & Campbell, K. (2008). Evidence-based practices for individuals with severe mental illness. *Journal of Rehabilitation, 74*(2), 33–44.

Boss, P. (1999). *Ambiguous loss: Learning to live with unresolved grief.* Cambridge, MA: Harvard University Press.

Burland, J. (1998). Family-to-family: A trauma-and-recovery model of family education. In H. P. Lefley (Ed.), *Families coping with mental illness: The cultural context* (pp. 33–41). San Francisco, CA: Jossey-Bass.

Burt, V. K., & Rasgon, N. (2004). Special considerations in treating bipolar disorder in women. *Bipolar Disorders, 6,* 2–13.

Cohen, D. (1988). Social work and psychotropic drug treatments. *Social Service Review, 62,* 576–599.

Conn, V., & Edwards, N. (1999). The portable medication record (PMR). *Psychiatric Rehabilitation Journal, 22*(3), 288–289.

Corrigan, P. W., Mueser, K. T., Bond, G. R., Drake, R. E., & Solomon, P. (2008). *Principles and practice of psychiatric rehabilitation: An empirical approach.* New York: Guilford Press.

Cowen, P. J. (1998). Psychopharmacology. In A. S. Bellack & M. Hersen (Eds.), *Comprehensive clinical psychology* (Vol. 6, pp. 136–161). Amsterdam: Elsevier Science.

Dixon, L., Lucksted, A., Stewart, B., Burland, J., Brown, C. H., Postrado, L., et al. (2004). Outcomes of the peer-taught

12-week family-to-family education program for severe mental illness. *Acta Psychiatrica Scandinavica, 109*(3), 207–215.

Dixon, L. B., & Lehman, A. F. (1995). Family interventions for schizophrenia. *Schizophrenia Bulletin, 21*(4), 631–643.

Falloon, I. R. H., Boyd, J. L., & McGill, C. W. (1984). *Family care of schizophrenia*. New York: Guilford Press.

Francell, C. G., Conn, V. S., & Gray, D. P. (1988). Families' perceptions of burden of relative care for chronic mentally ill relatives. *Hospital and Community Psychiatry, 39,* 1296–1300.

Frances, A. J., Kahn, D. A., Carpenter, D., Docherty, J. P., & Donovan, S. L. (1998). The expert consensus guidelines for treating depression in bipolar disorder. *Journal of Clinical Psychiatry, 59*(Suppl.), 73–79.

Fromm-Reichmann, F. (1948). Notes on the development of treatment of schizophrenia by psychoanalytic psychotherapy. *Psychiatry, 11,* 263–273.

Gantt, A. B., Goldstein, G., & Pinsky, S. (1989). Family understanding of psychiatric illness. *Community Mental Health Journal, 25,* 101–108.

Gentile, S. (2006). Prophylactic treatment of bipolar disorder in pregnancy and breastfeeding: Focus on emerging mood stabilizers. *Bipolar Disorders, 8*, 207–220.

Gingerich, S., & Mueser, K. (2003). *Illness management and recovery implementation resource kit*. Retrieved September 8, 2010, from http://download.ncadi.samhsa.gov/ken/pdf/toolkits/illness/16.IMR_Workbook.pdf

Gingerich, S., & Mueser, K. (2005). Illness management and recovery. In R. E. Drake, M. R. Merrens, & D. W. Lynde (Eds.), *Evidence-based mental health practice: A textbook* (pp. 395–424). New York: W. W. Norton.

Gingerich, S., & Mueser, K. (2006). *Illness management and recovery implementation resource kit*. Concord: New Hampshire-Dartmouth Psychiatric Research Center.

Gingerich, S., Mueser, K., & Cunningham, H. (2006). *Illness management and recovery group manual: A session-by-session guide*. Concord: New Hampshire-Dartmouth Psychiatric Research Center.

Goldstein, M. J., & Kopeikin, H. (1981). Short and long term effects of combining drug and family therapy. In M. J. Goldstein (Ed.), *New developments in intervention with families of schizophrenics* (pp. 5–25). San Francisco: Jossey-Bass.

Goldstein, M. J., & Miklowitz, D. J. (1995). The effectiveness of psychoeducational family therapy in the treatment of schizophrenic disorders. *Journal of Marital and Family Therapy, 21*(4), 361–376.

Hasson-Ohayon, I., Roe, D., & Kravetz, S. (2007). A randomized controlled trial of the effectiveness of the Illness Management and Recovery Program. *Psychiatric Services, 58*(11), 1461–1466.

Hatfield, A. B. (1987). Coping and adaptation: A conceptual framework for understanding families. In A. B. Hatfield & H. P. Lefley (Eds.), *Families of the mentally ill: Coping and adaptation* (pp. 60–84). New York: Guilford Press.

Jones, D. W. (2004). Families and serious mental illness: Working with loss and ambivalence. *British Journal of Social Work, 34*, 961–979.

Kamin, J., Manwani, S., & Hughes, D. (2000). Emergency psychiatry: Extrapyramidal side effects in the psychiatric emergency service. *Psychiatric Services, 51*, 287–289.

Keck, P. E., Jr., & McElroy, S. L. (1998). Pharmacological treatment of bipolar disorders. In P. E. Nathan & J. M. Gorman (Eds.), *A guide to treatments that work*. New York: Oxford University Press.

Krabbendum, L., & Aleman, A. (2003). Cognitive rehabilitation in schizophrenia: a quantitative analysis of controlled studies. *Psychopharmacology, 169*, 376–382.

Kreyenbuhl, J., Buchanan, R. W., Dickerson, F. B., & Dixon, L. B. (2010). The Schizophrenia Patient Outcomes Research Team (PORT): Updated treatment recommendations 2009. *Schizophrenia Bulletin, 36*(1), 94–103.

Kurtz, M., Moberg, P., Gur, R. C., & Gur, R. E. (2001). Approaches to cognitive remediation of neuropsychological deficits in schizophrenia: A review and meta-analysis. *Neuropsychological Review, 11*, 197–210.

Leff, J., Berkowitz, R., Shavit, N., Strachan, A. M., Glass, I., & Vaughn, C. (1990). A trial of family therapy versus a relatives' group for schizophrenia. *British Journal of Psychiatry, 157*, 571–577.

Leff, J., Kuipers, L., Berkowitz, R., Eberlein-Fries, R., & Sturgeon, D. (1982). A controlled trial of social intervention in the families of schizophrenia patients. *British Journal of Psychiatry, 141,* 121–134.

Lefley, H. P. (2009). *Family psychoeducation for serious mental illness*. New York: Oxford University Press.

Lehman, A. F., Steinwachs, D. M., & Co-Investigators of the PORT Project. (1998). At issue: Translating research into practice: The Schizophrenia Patient Outcomes Research Team (PORT) treatment recommendations. *Schizophrenia Bulletin, 24*(1), 1–10.

Leucht, S., Komossa, K., Rummel-Kluge, C., Corves, C., Hunger, H., Schmid, F., et al. (2009). A meta-analysis of second-generation antipsychotics in the treatment of schizophrenia. *American Journal of Psychiatry, 166*(2), 152–163.

Liberman, R. P., Mueser, K. T., Wallace, C. J., Jacobs, H. E., Eckman, T., & Massel, H. K. (1986). Training skills in the psychiatrically disabled: Learning coping and competence. *Schizophrenia Bulletin, 12*(4), 631–647.

Lidz, T., Cornelison, A. R., Fleck, S., & Terry, D. (1957). The intrafamilial environment of schizophrenic patients. II. Marital schism and marital skew. *American Journal of Psychiatry, 114,* 241–248.

Lucksted, A., Stewart, B., & Forbes, C. B. (2008). Benefits and changes for family to family graduates. *American Journal of Community Psychology, 42*(1–2), 154–166.

Marder, S. R. (1997). Risperidone (Risperdal). *The Decade of the Brain, 8*(3), 5–6.

Marsh, D. T. (1998). *Serious mental illness and the family: The practitioner's guide.* New York: John Wiley & Sons.

Marsh, D. T., & Lefley, H. P. (1996). The family experience of mental illness: Evidence for resilience. *Psychiatric Rehabilitation Journal, 20*(2), 3–12.

McFarlane, W. R. (1990). Multiple family groups and the treatment of schizophrenia. In M. I. Herz, S. J. Keith, & J. P. Docherty (Eds.), *Handbook of schizophrenia. Volume 4: Psychosocial treatment of schizophrenia* (pp. 167–189). Amsterdam: Elsevier.

McFarlane, W. R. (1994). Multiple-family groups and psychoeducation in the treatment of schizophrenia. *New Directions in Mental Health Services, 62,* 13–22.

McFarlane, W. R. (2002). *Multifamily groups in the treatment of severe psychiatric disorders.* New York: Guilford Press.

McFarlane, W. R., Dixon, L., Lukens, E., & Lucksted, A. (2003). Family psychoeducation and schizophrenia: A review of the literature. *Journal of Marital and Family Therapy, 29*(2), 223–245.

McFarlane, W. R., Dushay, R. A., Stastny, P., Deakins, S. M., & Link, B. (1996). A comparison of two levels of family-aided assertive community treatment. *Psychiatric Services, 47*(7), 744–750.

McFarlane, W. R., Lukens, E., Link, B., Dushay, R., Deakins, S. A., Newmark, M., et al. (1995). Multiple-family groups and psychoeducation in the treatment of schizophrenia. *Archives of General Psychiatry, 52,* 679–687.

McGurk, S., Twamley, E., Sizter, D., McHugo, G., & Mueser, K. (2007). A meta-analysis of cognitive remediation in schizophrenia. *American Journal of Psychiatry, 164,* 1791–1802.

Miklowitz, D. J. (2008). *Bipolar disorder: A family-focused treatment approach* (2nd ed.). New York: Guilford Press.

Miller, L. (1991). Clinical strategies for the use of psychotropic drugs during pregnancy. *Psychiatric Medicine, 9,* 275–298.

Mueser, K. T., Corrigan, P. W., Hilton, D. W., Tanzman, B., Schaub, A., Gingerich, S., et al. (2002). Illness management and recovery: A review of the research. *Psychiatric Services, 53*(10), 1272–1282.

Mueser, K. T., Drake, R. E., & Bond, G. R. (1997). Recent advances in psychiatric rehabilitation for patients with severe mental illness. *Harvard Review of Psychiatry, 5,* 123–137.

Mueser, K. T., & Glynn, S. M. (1999). *Behavioral family therapy for psychiatric disorders* (2nd ed.). Oakland, CA: New Harbinger.

Mueser, K. T., Meyer, P. S., Penn, D. L., Clancy, R., Clancy, D. M., & Salyers, M. P. (2006). The Illness Management and Recovery program: Rationale, development, and preliminary findings. *Schizophrenia Bulletin, 32*(S1), S32–S43.

Mueser, K. T., Torrey, W. C., Lynde, D., Singer, P., & Drake, R. E. (2003). Implementing evidence-based practices for people with severe mental illness. *Behavior Modification, 27*(3), 387–411.

Mulsant, B. H., & Pollock, B. G. (2009). Psychopharmacology. In D. G. Blazer & D. C. Steffens (Eds.), *The American Psychiatric Publishing textbook of geriatric psychiatry* (4th ed.). Washington, DC: American Psychiatric Publishing. Retrieved August 13, 2009, from www.psychiatryonline.com

Murray-Swank, A. B., & Dixon, L. (2004). Family psychoeducation as an evidence-based practice. *CNS Spectrums, 9*(12), 905–912.

Muzina, D. J., Elhaj, O., Gajwani, P., Gao, K., & Calabrese, J. R. (2005). Lamotrigene and antiepileptic drugs as mood stabilizers in bipolar disorder. *Acta Psychiatrica Scandinavica, 111*(Suppl. 426), 21–28.

Penn, D. L., & Mueser, K. T. (1996). Research update on the psychosocial treatment of schizophrenia. *American Journal of Psychiatry, 153*(5), 607–617.

Perlick, D. A., Rosenheck, R. A., Miklowitz, D. J., Kaczynski, R., Link, B., Ketter, T., et al. (2008). Caregiver burden and health in bipolar disorder: A cluster analytic approach. *Journal of Nervous and Mental Disease, 196*(6), 284–491.

Pilling, S., Bebbington, P., Kuipers, E., Garety, P., Geddes, J., Martindale, B., et al. (2002). Psychological treatments in schizophrenia: II. Meta-analyses of randomized controlled trials of social skills training and cognitive remediation. *Psychological Medicine, 32*(5), 783–791.

Prien, R. F. (1987). Long-term treatment of affective disorders. In H. Y. Meltzer (Ed.), *Psychopharmacology: The third generation of progress* (pp. 1051–1058). New York: Raven Press.

Prochaska, J. O., & DiClemente, C. C. (1984). *The transtheoretical approach: Crossing traditional boundaries of therapy.* Homewood, IL: Dow Jones-Irwin.

Rapoport, M., Mamdani, M., Shulman, K. I., Herrmann, N., & Rochon, P. A. (2005). Antipsychotic use in the elderly: Shifting trends and increasing costs. *International Journal of Geriatric Psychiatry, 20*(8), 749–753.

Riesser, G. G., & Schorske, B. J. (1994). Relationships between family caregivers and mental health professionals: The American experience. In H. P. Lefley & M. Wasow (Eds.), *Helping families cope with mental illness* (pp. 3–26). Langhorne, PA: Harwood Academic Publishers.

Rifkin, A., & Siris, S. (1987). Drug treatment of acute schizophrenia. In H. Y. Meltzer (Ed.), *Psychopharmacology: The third generation of progress* (pp. 1095–1101). New York: Raven Press.

Roe, D., Penn, D. L., Bortz, L., Hasson-Ohayon, I., Hartwell, K., & Roe, S. (2007). Illness management and recovery: Generic issues of group format implementation. *American Journal of Psychiatric Rehabilitation, 10*, 131–147.

Rychener, M., Salyers, M. P., Labriola, S., & Little, N. (2009). Thresholds' Wellness Management and Recovery implementation. *American Journal of Psychiatric Rehabilitation, 12*(2), 172–184.

Sadock, B. J., & Sadock, V. A. (2007). *Kaplan & Sadock's synopsis of psychiatry: Behavioral sciences/clinical psychiatry* (10th ed.). Philadelphia, PA: Wolters Klumer Lippincott Williams & Wilkins.

Salyers, M. P., Hicks, L. J., McGuire, A. B., Baumgardner, H., Ring, K., & Kim, H.-W. (2009). A pilot to enhance the recovery orientation of assertive community treatment through peer provided illness management and recovery. *American Journal of Psychiatric Rehabilitation, 12*(3), 191–204.

Sands, R. G., & Solomon, P. (2003). Developing educational groups in social work practice. *Social Work with Groups, 26*(2), 5–21.

Scherk, H., Pajonk, F. G., & Leucht, S. (2007). Second-generation antipsychotic agents in the treatment of acute mania. *Archives of General Psychiatry, 64*, 442–455.

Seeman, M. V. (2004). Gender differences in the prescribing of antipsychotic drugs. *American Journal of Psychiatry, 161*(8), 1324–1333.

Solomon, P. (1996). Moving from psychoeducation to family education for families of adults with serious mental illness. *Psychiatric Services, 47*(12), 1364–1370.

Solomon, P., Bogart Marshall, T., Mannion, E., & Farmer, J. (2002). Social workers as consumer and family consultants. In K. Bentley (Ed.), *Social work practice in mental health* (pp. 230–253). Pacific Grove, CA: Brooks/Cole.

Solomon, P., Draine, J., Mannion, E., & Meisel, M. (1996). The impact of individualized consultation and group workshop family education interventions on ill relative outcomes. *Journal of Nervous and Mental Disease, 184*(1), 252–254.

Solomon, P., Draine, J., Mannion, E., & Meisel, M. (1997). Effectiveness of two models of brief family education: Retention gains by family members of adults with serious mental illness. *American Journal of Orthopsychiatry, 67*(2), 177–186.

Storzbach, D. M., & Corrigan, P. W. (1996). Cognitive rehabilitation for schizophrenia. In P. W. Corrigan & S. C. Yudofsky (Eds.), *Cognitive rehabilitation for neuropsychiatric disorders* (pp. 299–328). Washington, DC: American Psychiatric Press.

Substance Abuse and Mental Health Services Administration. (2009a). *Illness management and recovery: Training frontline staff* (HHS Publication No. SMA 09-4462). Rockville, MD: Center for Mental Health Services, Substance Abuse and Mental Health Services Administration, U.S. Department of Health and Human Services.

Substance Abuse and Mental Health Services Administration. (2009b). *Illness management and recovery: Practitioner guides and handouts* (HHS Publication No. SMA 09-4462). Rockville, MD: Center for Mental Health Services, Substance Abuse and Mental Health Services Administration, U.S. Department of Health and Human Services.

Substance Abuse and Mental Health Services Administration. (2009c). *Family psychoeducation: Training frontline staff* (HHS Publication No. SMA 09-4422). Rockville, MD: Center for Mental Health Services, Substance Abuse and Mental Health Services Administration, U.S. Department of Health and Human Services. Retrieved from http://store.samhsa.gov/product/SMA09-4423

Swartz, M. S., Stroup, T. S., McEvoy, J. P., Davis, S. M., Rosenheck, R. A., Keefe, R. S. E., et al. (2008). What CATIE found: Results from the schizophrenia trial. *Psychiatric Services, 59*(5), 500–506.

Twamley, E., Jeste, D., & Bellack, A. (2003). A review of cognitive training in schizophrenia. *Schizophrenia Bulletin, 29*, 359–382.

van Wijngaarden, B., Schene, A., Koeter, M., Becker, T., Knapp, M., Knudson, H., et al. (2003). People with schizophrenia in five countries: Conceptual similarities and intercultural differences in family caregiving. *Schizophrenia Bulletin, 29*, 573–586.

Wasow, M. (1994). Professional and parental perspectives. In H. P. Lefley & M. Wasow (Eds.), *Helping families cope with mental illness* (pp. 27–38). Langhorne, PA: Harwood Academic Publishers.

Wichman, C. L. (2009). Atypical antipsychotic use in pregnancy: A retrospective review. *Archives of Women's Mental Health, 12*, 53–57.

Wittlin, B. J. (1988). Practical psychopharmacology. In R. P. Liberman (Ed.), *Psychiatric rehabilitation of chronic mental patients* (pp. 117–145). Washington, DC: American Psychiatric Press.

Yalom, I., & Leszcz, M. (2005). *The theory and practice of group psychotherapy* (5th ed.). New York: Basic Books.

Yatham, L. N., Kennedy, S. H., O'Donovan, C., Parikh, S. V., MacQueen, G., McIntyre, R. S., et al. (2006). Guidelines update: Canadian Network for Mood and Anxiety Treatments (CANMAT) guidelines for the management of patients with bipolar disorder: Update 2007. *Bipolar Disorders, 8*, 721–739.

Young, R. C. (2005). Evidence-based pharmacological treatment of geriatric bipolar disorder. *Psychiatric Clinics of North America, 28*, 837–869.

第十三章

药物滥用与重性精神疾病共存案主的临床实践

共病构成了一种令人眼花缭乱的复杂性而非一种整体性。

——Piotrowski，“共病和心理科学：有一个尺寸测量所有吗？”

临床实践：科学与实践(2007)

在社会工作实务领域，药物使用、依赖和滥用的案主十分常见。在精神健康领域，社工服务的案主往往不仅会有药物滥用问题，还常常伴有严重的精神疾病。对于临床工作者而言，对此类案主的双重诊断是一种特殊挑战。本章以针对此类案主的服务为背景，介绍两种证据为本的实践，即动机式会谈(MI)与双重障碍的综合性治疗(IDDT)。

任何情况下，若案主同时遭受两个相关障碍困扰即被界定为共存障碍或双重障碍。术语“双重诊断”和“双重障碍”是指根据美国心理学会(APA)和美国精神疾病学会(DSW)的多维度评估体系，被诊断为药物滥用/依赖和 Axis I 障碍。在临床以及社区进行的研究中，通过采用不同的措施与方法获得证据以证明这两种病症的共存(Compton et al.，2000；DeLeon，1989；Woody & Blaine，1979)。药物滥用与精神疾病的共存使得评估与治疗复杂化(Drake，Mercer-McFadden，Mueser，McHugo & Bond，1998)，并且缺乏兼顾两种障碍治疗的整合服务模式。

缺乏整合服务模式的原因之一是精神健康服务与药物滥用治疗服务进行着各自独立的发展。在美国，精神健康治疗沿医学模式发展，而药物滥用治疗则是从康复支持系统中发展而来。根据传统的精神健康系统或药物滥用治疗系统，双重障碍病症都会诊断不足或治疗不足。药物滥用治疗方法强调案主的社会交往、自我反省、面质，这对于双重障碍案主来说往往太过困难，尤其是案主处于治疗初期。精神健康治疗方法则基于一种预设，即药物使用会使得双重障碍案主的精神症状严重。常规社会工作服务的开展以精神健康干预或者药物滥用治疗为主；社会工作的相关培训也不会关注到精神健康与药物滥用的双重障碍病症。然而，随着临床经验和神经科学的发展，治疗开始关注成瘾与精神疾病的生物基础，主张针对双重障碍病症的整合评估与治疗方法(Pliszka，2003；Spence，DiNitto & Staussner，2001)。

尽管精神健康与药物滥用治疗训练模式相分离，但精神健康与药物滥用病症存在很多共同之处(Rise，1994)。两者都是需要终身康复的长期问题。针对两种病症的评估与治疗目标都是使得症状消除或缓解，但症状的消失并不代表案主已经没有潜在发病的风险。事实上，在症状缓解期间，有些双重障碍患者会试图停止服药以及心理治疗，拒绝同伴支持，然后疾病复发。尽管有倡导组织、专业人士、家庭成员以及案主的努力，但双重障碍仍然存在着污名化。双重障碍治疗往往面对康复的个人和社会障碍。这些障碍以及双重障碍病症的特征，使得案主在家庭和社区的积极互动能力丧失、最终为社会所孤立。

本章首先通过描述药物滥用以及双重障碍病症，介绍与药物滥用及相关病症的专业术语。然后介绍双重障碍评估与治疗的相关议题。之后将运用案例展示双重障碍案主的一系列复杂问题。在讨论不同治疗模式和用药之后，本章将详细介绍两种证据为本的治疗方法，即动机式会谈和双重障碍整合治疗。

专业术语

酒精与其他药物使用/滥用/依赖

酒精和其他药物在使用上可分为一个连续谱，从戒断(不使用)，到社交使用(无问题)，到误用或滥用(伴随有问题)，到药物依赖(伴随很多问题)。考虑这一连续谱十分重要，因为这一连续谱包括了所有行为，包括戒断，案主即使不用酒精与其他药物，社工都可对其酒精与药物使用情况进行探索。这一连续谱可以应用于过去一个月、一年或者是终生的药物使用。它可以应用到任何与药物使用相关的治疗对话中。

有些药物已合法化且广泛使用于现代社会。例如，乙醇(酒精饮料)和尼古丁(烟草制品)已成为常用的精神类物质。酒精和烟草产品对于成人来说成为合法物质，但是对于年龄小于 21 岁(酒精)与 18 岁(尼古丁)的青少年仍然受限。

在医疗监督下的处方类药物合法化，使得在非治疗和违法情况下的此类药物使用成为重大问题。全国药物使用和健康调查(NSDUH)通过使用违禁药物的术语，搜集下列物质的使用信息：可卡因、迷幻剂、海洛因、大麻以及那些滥用处方药的行为[Substance Abuse and Mental Health Services Administration (SAMHSA), 2008]。

药物滥用和药物依赖

专业人员使用很多术语描述与酒精和其他药物使用有关的心理、社会和物理问题。在专业文献中，可以找到关于酗酒、吸毒、成瘾的各种术语。相关标准与参数的常见术语使用对提高临床会话的透明度与可比性十分重要。APA(2002)给出的 DSM 为描述酒精、药物使用相关的影响后果提供了定义。

虽然在社会工作界 DSM 的使用存在争议(Eriksen & Kress, 2005; Kirik & Kutchins, 1994; Kutchins & Krik, 1997)，但是在不挤压社会工作实践至严格医学模式的情况下，药物滥用和药物依赖的用语可以增加专业的精准度(Gray & Zide, 2008)。DSM 将药物使用障碍分为药物滥用和药物依赖两种类型。Mall and Mall(2009)以如下方式区别这两项："药物滥用常常伴有不良社会影响"，而"药物依赖则是以生理与行为症状为主"(p. 66)。

药物滥用是不遵医嘱过量使用药物，以致形成周期性依赖模式并产生不良后果。具体定义为"不当的药物使用模式引发的临床方面的重大损害"(APA, 2000, p. 199)。药物使用障碍或伤害应符合以下条件的一项或多项：不能履行主要角色义务，在身体危险状况下仍反复使用药物，反复使用药物的法律问题，尽管有药物使用引起或加剧的社会与人际问题仍然坚持药物使用(p. 199)。通过对事件数量及严重程度的解释可以界定不当药物使用模式，但是时间和问题必须是在 12 个月内达到药物滥用的标准。例如，一次因酒后驾车的被捕或者在一次药物使用之后的夜晚家庭争吵，都不会涉及药物滥用的诊断。然而，仔细询问这样的事件，可能会发现涉及药物滥用诊断的相关问题。Hasin, Grant 和 Endicott(1990)认为，物质滥用不一定很快发展成物质依赖，一些人持续受到多年药物使用所带来的负面影响，但不满足物质滥用的标准。最低限度的酒精与其他药物使用行为和后果可能也会带来问题，应当使用临床推理和治疗模式予以仔细评估。即使在 DSM 的诊断中属于最低阈限水平的药物使用，对于案主而言，在其 Axis I 的诊断中都可能是具有临床意义的。

DSM 中"药物依赖"的界定，在酒精和药物滥用方面"认知、行为和生理症状的聚合"，以期表征尽管有显著问题，但持续使用药物(APA，2000，p. 192)。药物依赖的标准也包括了耐受性和失效。当酒精或者药物似乎失去效果时，耐受性出现，案主就会使用更多药物以达到预期的效果。如果一个人在一段时间里喝酒量加倍并且不觉得喝醉，耐受性便出现了。当药物无用时，一系列特定的症状出现，这表示药物出现失效了。以喝酒解决由酒精使用引起的手抖等躯体症状即为管理药物失效的一种尝试。对于药物依赖的诊断，耐受性和失效并不是十分必要的，诊断会使用过程说明符来进一步阐明症状缓解、环境条件、药物治疗的情况。药物依赖的诊断包含症状减轻的标志是：在一个受控的环境中，过去 12 个月不符合物质依赖的标准，或处于监禁之中，或在进行美沙酮治疗。

药物引发的病症

药物引发的病症是指"由于近期摄入的药物导致的特定药物可逆性综合征"，这使得诊断情况进一步复杂化(APA，2000，p. 199)。药物中毒与药物戒断都属于药物引发病症的范畴。诊断的更大困难在于一系列药物引发的病症，包括谵妄、情绪障碍、焦虑症等。例如，这其中很多症状与精神分裂症的症状十分相似，区别仅仅在于这样的症状是由药物使用引起。药物引发病症的诊断需要通过观察以确定药物使用与精神症状之间的关系。

患　病　率

酒精与其他药物问题的患病率

SAMHESA(2008)的 NSDUH 数据提供了社区居民酒精与药物的使用

情况。大约一半(51.1%)的美国社区居民(大于12周岁)表示过去一个月中至少一天进行了饮酒。报告显示，在12～13岁的青少年中饮酒率出现增加(3.5%)，从21～25岁居民的(68.3%)饮酒率和从26～29岁的(63.2%)饮酒率达到峰值。老年人饮酒比例较低，60～64岁饮酒率为47.6%，65岁及以上的老人饮酒率为38.1%。纵酒是指一次饮用五杯及以上的酒，12岁以上的居民中6.9%存在醉酒。醉酒最多存在于年龄在21～25岁的居民(45%)，在26～34岁的居民中较低(35.1%)。酗酒是指在过去一月中，12岁以上的居民有5天或以上都存在一次喝5杯以上的酒(SAMHSA，2008)。

约2 000万人表示在过去30天中有至少一次接触过毒品。在毒品使用者中，72.8%表示在使用大麻(1 440万人)，53.3%表示只使用大麻。在调查中，690万人在过去30天中有使用非法处方药。其他药物使用包括可卡因(210万人)、迷幻药(60万人)、海洛因(20万人)(SAMHSA，2008)。

药物使用与严重精神疾病双重障碍的患病率

流行病学研究已明确药物使用和精神疾病双重障碍的流行率。大多数研究与论文聚焦于在DSM的轴Ⅰ中包含的疾病，包括精神分裂症和其他精神病、心境障碍、焦虑障碍。了解药物使用、精神健康障碍的患病率以及双重障碍是临床实践的第一步。在过去几十年中，已有若干以社区为基础的流行病学研究，以此评估精神健康和药物使用障碍的患病率。社区样本十分重要，因为与针对治疗的研究相比，社区包含各类人群，可以在一般人群层面提供一个更为精确的统计数据。作为第一个大规模的社区研究(Regier et al.，1990)，聚居区流行病学研究(ECA)记录了各种精神障碍与酒精、其他药物依赖方面的关系。全国共病调查(NCS)(Kessler et al.，1994)、NCS回访(Kessler et al.，2005；Kessler & Merikangas，2004)、国家酒精流行病学调查(NESARC)(Grant，Hasin，Stinson，Dawson，Chou，et al.，2005；Grant，Hasin，Stinson，Dawson，Ruan，et al.，2005；Hasin，Goodwin，Stinson & Grant，2005)拓展了关于双重障碍的相关知识。

以上三个研究显示药物使用障碍(酒精和其他物质)与DSM所列的轴Ⅰ的障碍相关。Nunes和Weiss(2009)回顾了以上研究的证据发现，酒精或药物障碍的出现使得情绪障碍出现率加倍，其中包括重度抑郁和心境恶劣。有研究者使用国家酒精流行病学调查数据发现，酒精依赖连同双相障碍的比率增加(5.7)其他药物依赖(13.9)。最常见报告的精神健康障碍和药物使用障碍共存双相障的是抑郁症以及酒精使用障碍(Kessler et al., 2003)。NSDUH的调查结合2004年、2005年的研究显示了抑郁症的总体患病率，7.6%的成人在过去一年中至少经历过一次较大的抑郁障碍。NSDUH表明，其中8%的成人有一次酒精使用障碍。俄亥俄州药物滥用和精神联合卓越研究中心(Ohio SAMI CCOE)(2008)显示，药物使用和精神疾病双重障碍的程度为“每两个严重精神病患者中有一个患者在其生活中将会存在不同程度的药物滥用”。

共存障碍的概念化、评估与治疗

概念化

考虑到药物使用障碍与精神疾病关系的复杂性，Schuckit(2007)提出了几个与共病或共存相关的广泛性议题。两种状况是分开且相互独立的吗？其中一种障碍的发展会影响另一种障碍吗？第二种障碍的发展是试图减弱第一种障碍吗？对于这些问题的回应也直接影响到评估和治疗的决策。社工培训只接受了精神健康评估和治疗的培训，可能会错误地认为药物使用是自我治疗精神病症状得以缓解的一种方式。仅仅在药物相关疾病评估和诊断方面接受过训练的社工可能会认为精神症状是药物使用的结果，并且假设戒断是合适的治疗。

有学者提出了概念框架以描述和治疗双重障碍。Drake和Wallach(2008)的回顾聚焦于严重精神疾病患者药物使用的相关研究和治疗的四个概念模型。四种研究范式如下：(a)神经-科学-药理模型；(b)认知行为模型；(c)强制治疗模型；(d)康复环境模型。神经-科学-药理模型认为大脑特定区域的受损或失调会导致心精神障碍。研究者们引用了Green，

Noordsy，Brunette 和 O'Keefe(2008)的假设，即大脑损伤情况受酒精及其他药物的影响。Drake 和 Wallach(2008)认为，精神分裂症、双向情感障碍的药物治疗相关文献表明这些药物对药物滥用问题有不一致的影响(Frye & Salloum，2006； Nunes & Levin，2004； Singh & Zarate，2006)。与神经-科学-药理模型相比，认知行为模型强调心理治疗比药物治疗更为重要，注重特定的干预措施包括共病治疗的动机式访谈与认知行为疗法。Drake，O'Neal 和 Wallach(2008)认为现有的实证文献不足以为这一模型的使用效果提供强有力的支持。强制治疗模型建立在错误假设之上，即双重障碍患者具有暴力倾向，社会必须通过监禁和其他刑事司法手段确保社会安全。受这一模式影响的公共安全政策使得双重障碍严重的患者都在监狱，从而导致了监狱人满为患及患者被释放之后的回归社会问题。Drake 和 Wallach (2008)评估司法积极社区治疗的研究后，认为社区治疗对双重障碍患者的影响是最小的。

康复环境模型强调社会与环境力量在双重障碍患者疾病发展中的核心作用。在药物和酒精都容易获得且广泛使用的现代社会，社会边缘化、异化、污名化使严重精神病患者陷入住房不足、社区贫困等问题之中。康复环境模型倡导更多积极的努力以“减少环境毒性和增加社会和环境的保护、支持戒断”(Drake & Wallach，p. 191)。康复环境模型的证据包括针对减少药物使用的群体干预(Drake et al.，2008)和长期的居住计划(Brunette，Mueser & Drake，2004)。

Singer，Kennedy，Kola(1998)使用了针对药物使用和精神疾病双重障碍的四象限模型讨论治疗需求：(a) 主要的精神疾病和药物依赖；(b) 主要的精神疾病和药物滥用；(c) 轻度的精神疾病和药物依赖；(d) 轻度的精神疾病和药物滥用。药物滥用治疗中心(CSAT)(2005)的治疗改进协议(TIP)也提出了一个基于相对症状严重程度划分、不局限于诊断的象限模型，见图 13.1。图中“成瘾”代表酒精和/或其他药物成瘾。

成瘾程度较高、精神障碍程度较低 Category Ⅲ	精神障碍程度较高、成瘾程度较高 Category Ⅳ
成瘾程度较低、精神障碍程度较低 Category Ⅰ	精神障碍程度较高、成瘾程度较低 Category Ⅱ

图 13.1 照顾水平的象限

资料来源：药物滥用治疗中心(2005)

• • • 评估过程及工具

现有许多针对精神障碍或药物使用障碍的优秀评估工具。然而，却缺少针对双重障碍的评估工具（CSAT，2005）。大多数工具评估只是专注于精神健康障碍或物质滥用障碍。然而，精神科机构有为毒品和酒精滥用者设计的具体的、综合的评估和记录方法（Orlin，O'Neill & Davis，2004）。如表13.1所示，研究者认为整合的病史可以提供详细的药物使用量、药物引发问题的发作情况、精神疾病发病情况。这一评估还会询问治疗史的具体问题，缓解期，触发症状重现/药物使用的时间点、家庭病史，家庭对于案主疾病的看法。采访中记录包括案主关于药物性障碍和精神障碍的积极和消极后果的看法。社工也会尝试询问案主对于双重障碍的理解、两种障碍的关系。案主关于其目前优势及能力的看法、对治疗需求的观点，都为协商治疗目标与资源提供了重要的附加信息。一个完整的病史包括了精神症状的时间轨迹、药物、药物滥用情况、治疗、与两种障碍相关的社会/环境力量。评估双重障碍是一个连续的过程，包含了案主情况、偏好、资源的变化。

表13.1 双重障碍的整合评估与病史

评估范围	精神科评估	药物使用/滥用评估
案主症状发作的年龄	症状发作的年龄	第一次使用的年龄
症状情况	症状的描述	第一次出现问题的年龄
案主的治疗史	住院和/或门诊情况	脱毒和/或住院，门诊或十二步小组
案主的药物治疗：药用历史，副作用，病人对药物帮助的感知	列出药物清单： 副作用： 有效感：	列出药物清单： 副作用： 有效感：
案主的症状缓解期	症状减轻的时间及环境	症状减轻的时间及环境
案主症状反复/药物使用反复的触发点		
案主精神疾病/药物滥用障碍的家族史		
家庭对案主疾病的回应		

（续表）

评估范围	精神科评估	药物使用/滥用评估
案主对疾病的理解		
案主对精神疾病与药物使用障碍两者关系的理解 A. 案主疾病的积极影响 B. 案主疾病的消极影响		
案主对治疗目标的理解		
案主对治疗重要性的看法		

资料来源：Adapted from Orlin et al.，(2004)

Orlin 等(2004)建议，使用同伴药物日记进一步探索精神症状和药物使用的关系。在这项任务中，案主需要记录使用的药物、药物开支、使用时间(何时以及时长)。在每天的药物使用中，案主需要填写以下句子：

1. 我知道我使用吸毒，因为：
2. 吸毒前我感觉：
3. 吸毒时我感觉：
4. 之后我感觉：(Orlin et al.，2004，p. 110)。

药物日记易于使用并通常作为药物滥用治疗计划的一部分，尤其用于认知行为方法评估阶段。但患者若有几种精神疾病如重性抑郁症、双相情感障碍和精神分裂等，在其症状控制和药物副作用最小前无法完成药物限制的日记。药物日记的另一种限制在于，其假设案主将会在未来一周内使用物质，这直接违背了阶段治疗模式。Sacks(2008)为双重障碍提供了一个新的整合评估程序，为这类人群的治疗提供了一组标准化的工具清单。整合性的服务模式强调兼顾两种障碍、提高治愈率和目标达成率，综合筛查与评估正是为此服务模式奠定基础。

起病及严重程度：评估过程

起病及严重程度是双重障碍评估的关键部分。流行病学的证据显示，首次诊断出精神分裂症、双相情感障碍、重度抑郁症的人群年龄通常在18～29岁之间(APA，2000)。此外，酒精、处方药和非法药品的使用在年轻人群的流行率很高(SAMHSA，2009)。所以，尤其在年轻人中，需要注意双重障碍的发病及症状严重程度。在任何年龄群，物质的使用可以掩盖或减轻心理症状的严重程度。同时，物质使用和滥用也会加重精神症状的严重程度，某些情况下甚至会导致假装的精神症状。仅仅关注精神健康症状或药物引起的症状是不够的。准确的诊断和治疗需要了解双重障碍的发病率、可能的发病机制和物质使用的动机。

接下来的五个案例展示了症状出现的特定机制、严重程度的具体模式与诊断精神疾病和物质使用障碍的若干问题。

1. Michael 的个案：酒精使用和精神病性障碍

Michael 17 岁上大学，第一学期表现优异。他有交友困难，但家人将此归因于他在非上课或吃饭时间一直玩电脑的习惯。他在与人面对面交往方面有很大困难，他通过电子邮件和即时讯息与宿舍同学保持联系。Michael 的室友时不时会发现他昏睡在床上，啤酒罐散落一地。Michael 在学校看起来是没有什么问题的，室友也没有理由担心其喝酒及社交问题。在冬季学期中，Michael 突然停止使用电脑，并将其包装起来并贴上"远离邪恶"的标签。他开始每晚大量喝酒以至于平日都是醉酒状态。他告诉朋友对一切聚会都感兴趣，却又继续待在房间里独自喝酒。宿舍助理对 Michael 在宿舍的未成年人酗酒行为提出警告，但他接下来几个月中仍然大量酗酒。直到一天下午，室友发现 Michael 失去意识并拨打了急救电话。当 Michael 在医院醒来，他烦躁不安并向工作人员反复强调"我是清醒的"，"我需要隔绝外部的思维力量"。病理学结果显示 Michael 酒精中毒，他需要留院观察，防止出现可能的酒精戒断症状。

精神病性障碍包括精神分裂症、分裂类障碍、分裂情感性障碍、妄想障碍和无明确划分的精神病性障碍(APA，2000)。此外，重性抑郁症和双相情感障碍伴有精神病性症状。大部分精神分裂症患者都伴有终生的药物使用障碍(Hunt，Bergen & Bashir，2002； Ziedonis & Fisher，1996)。精神分裂症的起病男性通常比女性早，Michael 的社会隔离和扭曲思想符合精神分裂症的诊断标准，但也可能是过量酗酒的症状。当 Michael 的症状加剧，酒精是他用以减轻不适感、控制症状的方法。酒精使用的严重程度使得大家忽视了对潜在精神障碍的关注。只有等 Michael 从酒精和其他药物中完全清醒过来，相关的完整诊断才能形成。Michael 的案例表明，图 13.1 中他属于第四象限——精神疾病严重、成瘾程度高。案例中，Michael 使用酒精缓解其精神症状。显然，在强调酒精使用症状的预设下，Michael 接受了全面的物质滥用评估。若没有充分评估 Michael 的酒精滥用/依赖，就只是回应了他的部分障碍，从而增加了其复发的风险。酒精、其他物质不可与精神类药物同时使用。酒精、其他物质、精神类药物共用的后果便是药物有效性降低、药物副作用增强（Smelson et al.，2008）。双重障碍整合治疗是针对双重障碍的证据为本的治疗，其中包括严重精神疾病如精神分裂症与药物滥用的双重障碍，Michael 便是此种治疗方案的适切案主。双重障碍整合治疗将在本章后续部分展开介绍。

分裂情感性障碍是精神疾病症状和情绪障碍症状的综合表征。诊断物质使用和分裂情感性障碍是十分困难的挑战。社工需要确认每组发病症状（情绪障碍和思维障碍），然后确定每一项与物质使用的关系。中枢神经系统抑制剂，如酒精、鸦片，镇静药物的处方药可以引起类似抑郁症的症状。兴奋剂药物如可卡因、甲基苯丙胺和治疗注意力缺陷障碍的药物可能引起与躁狂、偏执类似的症状。所以，针对双重障碍的诊断期需要很长，以确认发病、严重程度与各种症状集和每一个可能诊断的联系。下面的案例便说明了物质使用和分裂情感性障碍的综合影响。

2. Suzanne 的个案：可卡因和分裂情感性障碍

Suzanne 是一名 32 岁的单身女性，在卖掉她住了 12 年的公寓后变得无家可归。Suzanne 以前的邻居反映她喜怒无常、有点奇怪，有时候几个月待在家中，看起来抑郁和悲伤。虽然 Suzanne 独居，但是对旁人坚称自己有一个室友，而且总能洞察她的想法，挑剔她做的每一件事。公寓卖出后，Suzanne 只得住在大街上，她与有些无家可归的人接触，开始加入这群年轻男女中。在公寓里时，Suzanne 并不常饮酒，更没有使用任何药物。在街上，Suzanne 开始接触可卡因，并迎合其他人一起吸食，也感觉不那么悲伤和绝望了。然而，在她和朋友吸食可卡因之后，她的“室友”便会严厉地批评她和坏人一起吸毒。

Suzanne 的症状与分裂情感性障碍症状一致，她需要治疗抑郁和思维障碍这两个方面的诊断。她吸食可卡因是间歇性的，是与其当前生活现状有关。如果没有干预，她将在街上继续吸食可卡因直至被捕或被害。对精神疾病患者来说，症状控制与物质使用之间的联系是很普遍的。Suzanne 的案例也表明环境的变化如何影响双重障碍的管理。下一个案例描述物质使用障碍和情感障碍的结合。

3. Jeanine 的个案：酒精与抑郁症

Jeanine 是一名非裔女性，高中毕业后进入广告公司工作。在她的成长过程中，家人长期酗酒，她从很小便开始喝酒。中学开始酗酒，但是并没有与酒精、药物使用相关的任何症状和问题。她感觉自己很“阴暗并喜怒无常”，从青春期开始接受抑郁症治疗。她所在的广告公司有酒文化，所以经常和同事晚上喝酒。Jeanine 喜欢喝酒的场合，并很快意识到自己有能力喝四五杯还不醉。她感觉酒精使其更加有号召力和创造性。随着她在工作中不断被重用，Jeanine 开始在工作后回家喝酒“放松自己”。Jeanine 在 25 岁时，母亲因长期患病去世。由于经济状况变差，工作压力变大，在母亲离开的十个月后，她发现自己极度悲伤、很难入睡。她不能集中精力工作，一天只吃一顿。她在午餐时喝酒“以帮助她应对下午”和集中精力。大部分夜晚她一人喝五六杯酒帮助自己入睡。她问医生索要安眠药，考虑用自杀解脱。

流行病学研究表明抑郁症与酒精依赖存在重合。NCS 的数据显示，有酒精依赖的女性患抑郁症的概率是无酒精依赖女性的四倍，是有酒精依赖的男性的 3 倍(Kessler et al.，1994)。Jeanine 的诊断情况需要结合抑郁、药物依赖症状和生活事件：与母亲死亡相关的悲伤、饮酒的增加、失眠、注意力不集中、生活兴趣减弱、自杀意念、增加的工作压力。引发症状的机制尚不清楚：是抑郁症发生前增加饮酒吗？她有确诊的抑郁症诊断史吗？增加饮酒促发了潜在的抑郁症或者是酒精引起的情绪障碍可以完全解释症状吗？丧亲的精神痛苦作用有多大？只有仔细地询问精神与物质使用方面的症状，方可解释准确的症状机制。如果不明确酒精作为中枢神经系统抑制剂的作用，很可能，抑郁症状即便治疗也会一直持续。如果仅仅考虑环境压力，则会忽视潜在的物质使用障碍。由于没有对 Jeanine 进行详细的物质使用障碍评估，所以还不清楚其症状是否满足酒精滥用的症状，但是无节制的饮酒一定会阻碍抑郁症的治疗并加重症状。基于临床访谈发现和其抑郁与丧亲哀伤的表现，Jeanine 的个案属于第三类象限(成瘾程度高但精神问题程度低)。如果戒酒后 Jeanine 的抑郁症状仍未减弱，则需要更强化的精神健康诊断。

我们接下来讨论的案例是不同障碍的结合。Stephen 表现出一系列独立症状、长期物质使用、治疗和复发史。Stephen 的个案说明潜在的、未经治疗的精神障碍如何反复地激发物质使用。物质使用障碍的诊断包括如工作、上学、家庭生活等社会活动的中断。Stephen 的个案表明，尽管存在疾病和物质使用，双重障碍案主仍可表现出很高的功能性。

4. Stephen 的个案：物质使用和双相情感障碍

当 Stephen 四岁时，父母来到美国打黑工。他在移民区长大但在学校表现优异。一位老师帮助他成为美国公民。Stephen 开始在当地汽车经销商谋求了一份汽车销售员的工作，表现十分出色。他成功的重要原因之一便是他睡眠很少但是精力却很充沛。他利用这些时间思考创新的广告企划和拓展专业网络。在那段时间，他开始大量饮酒帮助自己睡觉。Stephen 也经历了周期性的抑郁和悲伤，他开始尝试使用可卡因帮助自己。尽管他存在物质依赖，但是他仍然取得事业成功，娶妻生子，拥有三个孩子，在社交圈中结识了很多朋友和专家。Stephen 也会有与物质使用相关的冲动行为。他的妻子表示，他曾在长期的抑郁中谈到自杀，但并没有尝试过。在结婚早期，他被诊断为药物依赖，但是一直没有进行精神健康方面的评估和治疗。在他三十岁刚出头时，Stephen 开始进行物质依赖的治疗。他在十二步计划中表现积极，成为社区康复的领袖。尽管 Stephen 在康复方面做出很多努力，仍然在过去 12 年中有 6 次严重的复发。他最近一次治疗是在他开车去拉斯维加斯赌桌上输掉 40 万美元之后。

Stephen 的案例表明，药物依赖的诊断在初期是精准的，但是遗漏的精神健康评估和诊断会导致疾病的复发和持续。尽管 Stephen 试图控制自己的酒精与药物依赖，但潜在的抑郁和躁狂行为模式使得症状仍然严重，这就需要关于双相障碍的联合诊断。双相障碍的症状在过去 20 年中未被发现和治疗，使其不断影响案主的物质依赖。关于双相障碍和物质使用障碍性的相关性的研究正在增加(Cerullo & Strakowski，2007)。在物质引起的冲动和抑郁中，可以很容易找到双相障碍的症状。在双相障碍和物质使用的关系方面，Swann(2010)提出了一种药物治疗方法，强调障碍中共同的神经机制。虽然精神问题和物质使用障碍可发生在任何年龄段，但老年人的需求越来越受关注(Blow，1998； Frakas & Drabble，2008)。在老年人中，抑郁、精神错乱、痴呆、焦虑和物质使用障碍表现出类似症状，酒精和其他药物也可以增加症状，故诊断十分复杂。因为与年龄相关的代谢和生理变化，即使是少量的酒精或药物，也会使老年人出现问题。

下面的案例展示的是老年人中精神疾病与物质使用障碍双重障碍的影响。

5. Donald的个案：老年人的双重障碍

Donald现年73岁，于60岁时退休。夏天他是社区花园的积极志愿者，冬天他是当地小学的志愿者。他形容自己是"社交饮酒者"，从20岁开始，通常每晚或下午和朋友看体育比赛时喝酒。妻子担心他，因为发现他有时晚上很苦恼，早上不愿意起床去当志愿者。他告诉妻子自己精力不如从前了。他停止了一切志愿服务，整天坐在客厅里。Donald的医生建议他停止喝酒，以此观察这是否对其情绪造成影响。

对老年人而言，当专业工作者忽视酒精或药物使用作为精神评估的一部分时，就会使得诊断更为复杂。Donald的饮酒量超出了美国国立酒精滥用与酗酒研究所给出的最大值，即老年人一天喝一次或一周最多十四次的用量。他的饮酒模式可能不认为是酗酒，但是在所有人群的问题评估中，酒精的影响而非数量才是核心问题(National Institute on Alcohol Abuse and Alcoholism，2005)。Donald的抑郁症状十分严重，在那些症状的发展中，酒精起到了重要的催化作用。如果随着戒酒，抑郁症状减轻，Donald将落入第一象限(轻度成瘾、轻度心理问题)，但是如果酒精并未在症状系统中起到重要作用，则他的诊断应落入第二象限(重度心理问题、轻度成瘾)。超过60岁老年人的人数在近几十年的不断增长，需要在此类双重障碍的诊断和治疗上不断发展(Bartels，2006)。

以上五个案例说明了共病的复杂性。除整合方法的重要性之外(Reedy & Hall，2008)，基础性的研究也开始尝试阐明何种治疗方法最为有效。2004年，Carroll回顾双重障碍的行为疗法，指出很少有高质量的治疗共病的认知行为疗法研究。Ostacher(2007)回顾了药物治疗研究，重申精神健康服务体系之中整合心理社会治疗对于促进药物治疗的依从性的重要性。Nunes和Levin(2004)则回应了Ostacher的观点，讨论了成瘾治疗与抗抑郁治疗结合的重要性。Hesse's(2009)近期重申了针对双重障碍的整合治疗是给人希望的，但与此同时也强调需要开展更为严格的对照研究。

治疗模型

物质使用和精神疾病障碍共存的治疗模型可分为串行、并行或整合型(Ries，1992)。串行模型预设物质使用障碍和心理障碍必须分开依次进行治疗。串行模型严格地根据治疗传统，独立地对心理问题、酒精及其他药物问题提供治疗服务。精神健康治疗的串行方法要求案主在进行心理治疗前彻底戒断酒精和其他药物，所以案主都是完全实现脱毒后才接受精神科服务。串行方法认为精神障碍和药物导致的障碍是分开的，或者说一个障碍是主要的，另一个障碍是次要的。工作人员要么受训于评估和治疗精神疾病，要么是物质相关的障碍。这两类工作人员之间的沟通可能存在，但并不广泛。

并行治疗模式认识到两种疾病间的关系，提供了同时进行的治疗。例如，十二步骤会谈作为精神健康治疗项目或心理治疗支持小组的一部分，可能加入酒精与其他药物治疗的场合。精神障碍和物质滥用的治疗工作人员都认识到且同意其问题都是相联系的。并行处理模式可包括工作人员的进展或出院联合会议，但是治疗是分开的且不平衡的。并行治疗模式中的工作人员主攻其中一个领域，对其他领域只有补充性知识。

Minkoff(1989)和 Drake 等人(1998)为物质滥用和精神障碍整合治疗模式进行了完整的定义，其中包括为了物质使用和精神障碍的康复目标，案主和经验丰富的治疗师之间的共同努力。一个高度整合的治疗模式要回应两种障碍，并由同一组接受过评估、干预、康复培训的临床工作人员提供服务。整合治疗模式的两个核心原则是：提供两种治疗模式的可获得性、促进个性化和案主的临床相关性(Drake et al.，2008)。治疗的整合应该是服务系统的责任而非案主的责任。文献包括物质滥用场合的整合治疗模型(Charney，Paraherakis & Gill，2001)和精神障碍领域的(Minkoff & Drake，1991)整合治疗模式。实证的文献已经证明双重障碍患者整合性服务模式的优势(Brunette et al.，2004；Drake，Mueser，Brubette & McHugo，2004； Mueser，Drake，Sigmon & Brunette，2005)。双重障碍整合治疗，作为一个较为具体且成熟的治疗模式，将在本章后面做进一步的详细描述，这为物质滥用和精神障碍的共病治疗提供了证据为本的方法。

药物治疗

过去五十年以来，药物已成为治疗精神疾病的主要治疗手段，并为精神健康体系之中患者和治疗师所接纳。精神科药物的发展已经迈向增强对症状的控制和对副作用的抑制。整合治疗模式在戒断和控制的框架下使用精神类药物。匿名戒酒互助会(AA)从 1984 年起开始支持使用药物治疗精神疾病(AA World Service),支持遵循医生和精神科医生的指导进行精神疾病的治疗。对有些人而言,AA 的戒断原则引发精神药物使用方面的困惑,双重障碍的患者可能接受错误的建议而停止用药,或者以此建议作为支持自己减少、停止用药的理由。

物质滥用方面的药物治疗模式和研究在不断增加。药物治疗现已作为脱毒的标准治疗和戒断症状的急性治疗。然而,对于有些人而言,将药物治疗作为酒精和物质滥用治疗中持续康复或维持的一部分仍然存在争议。美国食品与药品管理局(FDA)已批准了治疗酒精依赖的三种药物:戒酒硫(Antabuse)、阿坎酸(Campral)和纳曲酮(Revia and Vivitrol)。美国食品与药品管理局批准的针对鸦片类依赖的治疗药物包括美沙酮、纳洛酮、纳曲酮和吗啡生物碱,此类药物用以控制成瘾和复发风险。此外,新出现的控制双重障碍精神疾病类药物的相关效果的研究证据十分鼓舞人心。鸦片类药物依赖的美沙酮维持治疗和酒精依赖的纳曲酮治疗与抑郁症状减轻相关(Nunes et al.,1998; Petrakis et al.,2007)。Rgchtarik,Connors,Dermen 和 Stasiewicz(2000)在匿名戒酒互助会成员中发现了预防复发类药物的证据。匿名戒酒互助会成员表示他们受到其他成员的压力,停止预防复发类药物的使用。他们得到的结论是,匿名戒酒互助会的理念除了接受医生开具处方并监督药物这一长期原则之外,应该更新以包括此类针对物质使用障碍的新的药物。

••• 戒断与伤害减少的方法

在美国,酒精和其他药物滥用的主要治疗目标是戒断。戒断的目标已经被视为有或无的结果,即一个人是戒断或没有。然而,在康复过程中,复发是重要的一部分,在治疗过程中需要患者和治疗专家一起重视物质使用。伤害减少的方法提供了一个削弱酒精和物质使用的一系列负面影响的途径。例如,为性活动频繁的静脉注射毒品使用者提供干净的针头和安全套,已成为大大降低艾滋病传播的策略(Lurie,Reingold & Bowser,

1993)。戒断毒品是可取的，但不是伤害减少方法的主要目标。在临床实践中，伤害减少的观点更接近公共健康政策的目标及策略设定。然而，在酒精和其他毒品治疗的场合中，如果伤害减少的方法不遵循戒断的承诺，便成为一种争议。显然，伤害减少的方法不允许、不鼓励非法使用药物和酒精（World Health Organization Expert Committee on Drug Dependence，1993）。伤害减少的方法和戒断为本的康复计划是相辅相成的，尤其应用于动机式访谈和阶段为本的治疗之中。接下来，先介绍其中一个证据为本的实践。

对双重障碍案主的证据为本的实践

动机式访谈和双重障碍整合治疗是两种十分有效的证据为本的临床实践，可提高双重障碍案主的生活质量。动机式访谈和双重障碍整合治疗都是建立在 Prochaska，DiClemente 和 Norcross(1992)的跨理论原则之上。动机式访谈应用于物质滥用治疗场所，其方法可用于各类行为改变模式中(Miller & Rollnick，2002)。因此，证据为本的动机式访谈并不严格局限于双重障碍患者的治疗中（Chanut，Brown & Dongier，2005； Miller，Benefield & Tonigan，1993； Project MATCH Research Group，1997）。双重障碍整合治疗是一个机构为本、多学科团队合作的方法，主要使用阶段评估与治疗原则。双重障碍整合治疗的证据为本十分强大并不断发展，主要限于精神分裂和双重障碍患者的治疗。

动机式访谈(MI)

动机式访谈(MI)是一种鼓励改变的视角，它认识到案主是沿着一个连续谱实现改变的，有效的治疗需要考虑每个人改变的阶段(Miller & Rollnick，2002)。动机式访谈建立在 Prochaska and DiClemente（1983，

1984)提出的跨理论模型之上。该模型建立在人们用以改变自己或他人行为的过程的心理学和社会学研究的综合基础之上。Prochaska 等(1992)直接将跨理论方法应用于成瘾行为的治疗，为实务工作者提供一个框架帮助患者了解他们如果想改变，何时准备、愿意和能够改变。改变的阶段如下：

1. 前思考期：在当下或可预见的未来没有强烈的改变意愿；

2. 思考期：有意识到问题并已有认真思考，但没有付诸行动；

3. 准备期：有改变的努力但未能成功。有认真思考改变，但没有行动；

4. 行动期：有了认真的改变且投入很多改变的时间和精力；

5. 维持期：努力巩固成果，维持行为改变，防止复发。若六个月以上保持行为的改变即可界定为成功(Norcross & Prochaska，2002；Prochaska et al.，1992)。

阶段和改变的过程是自愿的。Prochaska 等人(1992)的连续谱包括不相信有问题和需要改变的人(前思考)、积极进行改变的人(行动)、已经实现改变的人(维持)。在评估过程中，重点关注案主对于问题的看法以及改变的意愿、能力。

初期的临床任务是探索每一个案主的改变阶段的想法，并利用这些想法和案主制定适当的目标。阶段改变方法消除了“否认”的想法，代之以前思考阶段。在更为传统的物质使用障碍治疗方法中，“否认酒精与其他药物问题”的评估出现，便可能结束此次面谈治疗。案主没有意识到问题或者对治疗计划不感兴趣，即处于前思考阶段，也是可以参与治疗的，无论是在与工作人员建立工作关系或参与一项案主认为重要的具体任务。治疗师可以使用每个阶段的治疗过程(Prochaska et al.，1992)，鼓励案主一起通过行动的改变促进阶段的改变，坚持在每次会谈后立即行动。跨理论模型强调变化就其本质而言是渐进的，而非必然是线性的。作为变化过程的一部分，人们可能回到前一阶段，或在进步前维持在该水平一段时间。跨理论模型为 Miller 和 Rollnick(2002)的建构动机式访谈提供了基础，鼓励案主检视自己改变和维持现状的原因。动机式访谈将改变的不确定性视为人类改变行为和态度正常且经常无法识别的部分。动机式访谈致力于回应改变的矛盾性和不确定性，并使用反馈式、非主观的、客观的过程促进案主态度和行为改变的决定。

如 Miller and Rollnick(2002)所述，动机式访谈有四条基本原则：(a) 表达同理心；(b) 发现矛盾点；(c) 化解阻力；(d) 提升自我效能感。动机式访谈坚持以案主为中心，强调治疗师的不评价态度并接受案主的立场、问题和决定。同理方法注重接纳案主的观点，并针对其处境给予有效的回应。通过面谈及倾听，治疗师将协助案主权衡其酒精及药物使用的利弊，并找到预期目标与继续物质使用之间的矛盾。动机式访谈技术鼓励治疗师不再挑战抗拒与冲突。动机式访谈技术强调治疗师不可对案主放任自流，也不可与案主公开面质或挑战其想法。化解阻力的原则强调支持案主改变及其改变的原因。同时，确认案主的观点以及与其行为、当前处境、其既定目标之间的差异。所有的治疗都需要秉持积极、鼓励性的、无偏见的态度。治疗师需要传递对于案主来说改变是可能实现的信息。治疗师对于案主改变能力持有乐观的态度和信念，鼓励案主并陪伴其维持改变的过程。自我效能感的原则需要支持案主前进的步伐，可能步伐很小。整个动机式访谈的核心是案主的自信或者其对改变的自我效能感认知。Martino, Carroll, Kostas, Perkins 和 Rounsaville(2002)已经修订了动机式访谈的原则和技术从而适切于物质滥用和精神障碍双重障碍的案主。研究者建议简化开放式提问，强调肯定话语的运用。精神科问题应该包括个性化的反馈和有关酒精、其他药物使用决定的讨论。

Joel 的案例显示了活在严重心理疾病阴影下的年轻人想要建立新生活的挣扎，也提供了一个讨论动机式访谈与双重障碍整合治疗的机会。

Joel 的个案

Joel 25 岁，20 岁时第一次精神疾病症状发作。他被诊断出患有精神分裂症，并在三年的药物治疗、心理治疗、同伴支持过程之中表现良好，直到之后从父母家中搬出。在其生活的公寓中，他结识了许多朋友。Joel 开始和朋友喝酒，并开始使用大麻和可卡因。随后，他受到行为不检、在公共场合醉酒的指控。他告诉个案管理员，他不认为自己需要药物治疗，所以擅自减少了精神药物的用量。他说当听到声音的时候，就使用酒精和大麻。他说与新朋友一起并参加聚会，这样就“感觉正常”。他参加过匿名戒酒互助会，但是聚会时间太长，难以一直跟上。有时聚会上的人们谈起药物是坏东西，他便以此作为自己减少服药的理由。他的个案管理员没有接受过酒精或药物治疗的培训，只是和他说“停止吸毒和酗酒”。Joel 决定独立过他自认为的“正常的生活”，包括和朋友一起参加酗酒和吸毒聚会。

…………………………………

动机式访谈针对Joel的情况先将其看作“前思考”的一员。即使面对法律后果，Joel都没有看到这些问题是与酒精、药物使用相关。他并未注意精神病药的减少是一个问题。Joel的个案管理员采用动机式访谈技术围绕其在自己的公寓的独立居住并建立“正常”社交关系的兴趣建立治疗关系。个案管理员以强调其目标和行为的差距以及他在居所喝酒可能引起的后果和想要独立在社区生活之间的差距作为谈话的指引。动机式访谈方法帮助Joel意识到其行为和在社区中独立生活能力之间的联系。治疗师支持其作为独立个体争取自我效能感的积极行为。要回应环境的作用和周围新朋友鼓励其承担责任的程度。根据决定平衡法，Joel和个案管理员立即列出改变或维持现状的利弊清单。Miller 和 Rollnick(2002)的模式遵从人的本性，认为当衡量过改变的利处大于不改变的损失后，改变将会发生。这些决策的选择对于个人和处境都是特殊的。治疗师坚持的原则便是无偏见与正面态度。

动机式访谈的核心原则十分简单，但是培训过程却十分严格和周密。所有的临床工作人员都可以应用这一想法并付诸实践于工作之中(Rosengren，2009)，培训课程和认证过程可见于动机式访谈培训网络网站”(MINT)。

Chanut 等(2005)对动机式访谈方法的荟萃分析发现，动机式访谈的方法应用于药物滥用、依赖并不一定比其他方法更为有效，但动机式访谈比其他的方法更能在更短的时间内实现积极的效果。导致时间花费较少的原因仍未清晰，研究者推测是案主为本的目标和减少反抗为行为改变扫除了障碍。动机式访谈成熟的培训指南和方法可评估这一干预的整合应用，这有助于未来针对该方法应用于各类人群进行有效评估。

双重障碍整合治疗(Integrated Dual Disorders Treatment)

双重障碍整合治疗是另一针对精神障碍和物质使用障碍共存患者的证

据为本的干预。Robert Drake 及其同事研发了双重障碍整合治疗模型，这是评估和治疗精神问题和物质使用障碍共存的整合的、多学科的视角（Drake et al.，1998；Muser，Noordsy，Drake & Fox，2003）。双重障碍整合治疗的元素请参见表 13.2。双重障碍整合治疗模式是机构为本的，包含多学科的、合作的团队。团队提供药物、心理、教育治疗为一体的服务。此外，双重障碍整合治疗的服务亦包括家庭与社会干预、住房和就业资源的链接。双重障碍整合治疗的团队成员需要培训重性精神疾病和物质使用障碍之间的关系。团队成员一起为每一个案主制定具体的、有针对性的干预措施。阶段性干预在具体目标和治疗计划的发展之中亦是重要的，动机式访谈原则可以指导案主及其家庭的互动。

双重障碍整合治疗服务不受特定时间间隔的束缚和局限。因为物质使用障碍和严重精神疾病在本质上都是慢性的，故双重障碍整合治疗是在需要的时候即提供。双重障碍整合治疗使用综合服务管理策略，帮助案主找到合适的住房、就业、健康照顾和其他需要的社区支持。

表 13.2　双重障碍整合治疗要素

多学科团队包括药物滥用专家、咨询师、医生或精神科医生、护士、就业指导人员、住房指导人员、刑事司法专业人士。团队领导和个案管理人员需要增进团队成员之间、案主、案主家庭、案主朋友的沟通

阶段式干预要求使用跨理论模型并遵循改变的阶段：前思考；思考和准备；行动；维持

接受全面服务需要团队提供全面的服务以满足案主每一阶段变化的需求

不限时服务整合精神障碍和物质使用障碍双重障碍的常见的复发与康复循环知识

积极外展承担责任以为案主及家庭成员建立积极接触与支持性关系。双重障碍整合治疗的团队成员不局限于办公室联系，也要深入到案主居住的社区积极开展服务

动机式访谈的原则贯穿于与案主及其家庭成员的所有互动之中。会谈秉持案主为中心、目标导向、提供支持

物质滥用咨询促进案主康复技巧的发展与实践

小组治疗发展和扩大其同伴支持系统，增强其社交技能与应对能力

家庭心理教育包括与家庭和社会支持建立伙伴关系。家庭照顾者积极接触和参与到特定家庭治疗计划中

参与酒精和药物自助小组增加社会支持与预防复发。双重障碍整合治疗支持参与到双重康复、双重困扰、匿名戒酒互助会、麻醉药匿名互助会、可卡因匿名互助会、理性康复

药物治疗最大化减少症状和最小化副作用、可能成瘾药物的使用

促进健康的干预关注慢性健康问题的预防和治疗，鼓励加强身体锻炼和养成良好饮食习惯

二级干预针对那些对双重障碍整合治疗无明显改善的案主订立特定计划。强化干预包括创伤后应激障碍治疗、家庭干预、药物治疗成瘾、与刑事司法系统共同的密切监控

资料来源：Adapted from Ohio SAMI CCOE(2008)。获得俄亥俄州克利夫兰凯斯西储大学的证据为本实践中心的许可

在Joel的案例中，双重障碍整合治疗计划包括帮助其寻找无毒品诱惑的住房设施、促进其参与社交小组或为双重障碍患者设计的自助小组。

在双重障碍整合治疗中，针对不同的治疗阶段提供不同的服务。双重障碍整合治疗团队使用阶段服务的相关术语。在双重障碍整合治疗中的四个阶段包括参与、规劝、积极治疗、预防复发。阶段性治疗需要临床工作人员理解跨理论模型与变化过程，然后准确评估案主准备改变的程度，最后制定与案主准备程度相符的治疗计划。

双重障碍整合治疗的实务工作者需要和其他专业人员有效合作，确保形成一个良性运转的多学科团队。在双重障碍整合治疗中，一个团队需要提供所有的精神健康和物质滥用的服务。阶段性服务原则意味着，实务工作人员需要评估治疗的不同阶段，并根据案主的变化阶段提供最适切的服务：前思考、思考、积极治疗、预防复发。以Joel为例，实务工作人员将会确定Joel是否接受“其饮酒和物质使用引发生活之中的问题”这一观点。如果Joel没有认识到使用酒精和药物与任何问题有关，治疗师将在阶段性治疗中选择从前意图期开始参与。实务工作人员将与Joel建立互信的工作关系，明确关系的界限，表现出对幸福的真诚关注。在参与阶段不会面质与尝试改变其行为。如果Joel认识到其问题与酒精和药物使用有关，并表示愿意在将来的某个时候改变行为，实务工作人员评估他已进入思考阶段，并尝试启动规劝过程。作为与思考干预阶段有关的干预措施，规劝包括对Joel积极地倾听和探索性地询问酒精和其他药物使用与其友谊和社交需求有怎样的关系。实务工作人员的目标是同理案主，并帮助案主转向积极的治疗。双重障碍整合治疗模式不认为所有案主都准备转向积极的行为改变。在双重障碍整合治疗中，需要评估所有案主的改变准备，干预措施与改变阶段相配合。评估步骤和阶段性治疗干预过程来源于动机式访谈，并运用于多学科的场合。

双重障碍整合治疗模式强调积极外展、综合性服务与长期服务的观点。双重障碍整合治疗中的实务工作人员需要快速辨识任何关于酒精和物质使用的细节，而不是要等到问题恶化成物质滥用或物质依赖。综合性的服务使得实务工作人员可与案主一同解决包括住房、就业、健康照顾、社交网络等方面的问题。综合性服务方法更加强调多学科团队，突破照顾碎片化障碍的能力。长期性的服务符合精神障碍和药物使用障碍共存的慢性特点。在积极治疗计划中，案主完成了所有步骤后，治疗的最后阶段是对预防复发进行跟踪随访、支持良好行为操守的保持。

在酒精和其他药物滥用治疗中，同伴支持和自助方法十分关键(Project MATCH Research Group，1997)。然而，精神疾病和药物使用障碍共存患者发现，传统的自助小组某些方面并不适合其需求，比如匿名戒酒互助会。在Joel的案例中，典型的匿名戒酒互助会聚会“太长并很难跟上”。关注双重障碍患者的特殊团体可以为遭受类似问题的人提供支持和资源(Cameron，2007，2009)。这些团体被叫作各种名字，如：双重康复匿名会(DRA)、MICA支持会、双重障碍康复会、MIDAA，但是都一样秉持同伴支持原则并从同伴中获得鼓励、知识、社会支持。这些专业化的支持团队对自助团体进行了微小调整，使其对双重障碍的患者更为有效(Orlin et al.，2004)。如前所述，调整之一是对精神类和抑制成瘾类药物的使用有了明确的政策规定。在精神障碍和物质滥用的康复中，团体成员和专业人员需要对药物的使用达成一致理解。戒断仍然是可期待的目标，但伤害减少原则也是重要的。如果案主仍在酒精和药物滥用影响中，团体会拒绝其参与，但复发排除在外。复发应被视为治疗失败，而不仅仅是案主的失败，应增加治疗的强度予以回应(Mee-Lee，2001)。不同于匿名戒酒互助会的自愿加入，专业化的团体像DCA、MICA、MIDAA等只接受专业推荐。双重障碍的患者可能需要更多的鼓励才能持续参与到自助团体。DCA、MICA、MIDAA团体需要进行调整，比如较短的时间、更频繁的聚会，为双重障碍提供更具针对性的信息。在双重障碍整合治疗模型中，所有的工作人员都接受团体十二步骤的使用训练，都可在整合性治疗计划中选择性地使用十二步骤进行支持。

双重障碍整合治疗团队模式的优势在Joel的个案研究中已经十分明显。多学科、交叉训练的团队可以为Joel的治疗和社会需求提供全面、整合性的评估。扩展的资源使其可以承受用药而带来的副作用，确保他拥有一个可负担的远离毒品的住处，通过支持团体和其他无毒社交活动增加其社交网络和行为。此外，双重障碍整合治疗也会评估Joel的就业状况，并链接资源为其提供就业选择，从而增加他的收入和独立性，减少孤独感和空闲时间。MI方法进一步支持他独立的愿望，帮助他在未来的毒品、酒精使用和药物依赖方面下定决心。整合双重障碍治疗的证据仅仅限于重性精神疾病，也就是精神病性障碍，但是此方法也已广泛应用于其他共存障碍之中。

总结与解构

共存障碍这一术语在本章中用来讨论重性精神障碍和物质使用障碍（滥用或成瘾）双重诊断患者的需求。然而，共存这个术语一直限定在相对较少的精神障碍之中，诸如精神分裂症、情绪障碍（重度抑郁和双向情感障碍）。显然，精神疾病和物质使用双重障碍的严重性与长期性受到了临床工作人员、政策制定者、研究者的共同关注。这类精神疾病与物质使用障碍共病的高发生率表明，无论处于什么环境，社工更应该将此类人群纳入服务之中。财政紧张以及由此带来的健康、社会服务系统方面的压力使得双重障碍患者的人数不断增加，他们前往机构寻求服务，而机构按以往的传统并不服务这个群体。因此，这一现状表明，注重针对这两类障碍的综合筛查与评估的培训以及认识到这样的障碍会以不同的方式交织在一起是重要的。

无论如何，共存障碍这一概念十分有用，因为它可用于更多的障碍，诸如焦虑障碍与人格障碍。例如，物质滥用和误用一直与创伤后应激障碍相关，两种障碍的共存增加了评估和治疗的难度（Kessler，Sonnega，Bromet，Hughes & Nelson，1995），这对于很多相同的治疗模式可能适用。共存障碍这一概念可用于改善针对不同精神障碍和物质使用障碍共存患者的服务。当前有关共存障碍的文献的一个重要经验是，两种障碍都重要，评估和治疗十分重要。精神健康和社区机构服务一线的社工需要得到培训和督导，以获得整合性的功能筛查和评估技术来回应一系列精神障碍和物质使用障碍的共存状况。

当前与共存障碍治疗有关的临床实践（动机式访谈和双重障碍整合治疗）已经表明对物质使用障碍和重性精神疾病共病患者是有效的，但还未就其应用于其他障碍进行系统评估。实证基础是成熟的，但拘泥于少数精神障碍。理论上，如此实践可拓展至症状程度及焦虑程度较轻的患者的治疗和评估之中。治疗模式如整合双重障碍治疗与心理治疗以及药物治疗都可让其他人群受益，但实证基础也需要作相应扩展。神经科学的发展有助于我们进一步理解精神障碍和物质使用障碍之间的异同，也有助于社工领域的评估和干预的创新。社工实务工作者需要接受这样的挑战，继续与研究者和评估者合作，加入临床的视角和方法，从而提升案主及其家庭的福祉。

参考文献

AA World Services. (1984). *The A.A. member medications and other drugs*. New York: Author.

American Psychiatric Association. (2000). *Diagnostic and statistical manual of mental disorders* (4th ed., text rev.). Washington, DC: Author.

Bartels, S. J. (2006). The aging tsunami and geriatric mental health and substance use disorders. *Journal of Dual Diagnosis, 2*(3), 5–7.

Blow, F. (1998). *Substance abuse among older adults*. Rockville, MD: U.S. Department of Health and Human Services, Public Health Service, Substance Abuse and Mental Health Services Administration, Center for Substance Abuse Treatment, Treatment Improvement Protocol Series (TIP).

Brunette, M. F., Mueser, K. T., & Drake, R. E. (2004). A review of research on residential programs for people with severe mental illness and co-occurring substance use disorders. *Drug and Alcohol Review, 23*, 471–481.

Cameron, A. (2007). Double trouble: Substance misuse, mental health and self-help. *Drugs and Alcohol Today, 3*, 25–28.

Cameron, A. (2009). Dual Recovery Anonymous (DRA) in the U.K. *Advances in Dual Diagnosis, 2*(3), 11–13.

Carroll, K. (2004). Behavioral therapies for co-occurring substance abuse and mood disorders. *Biological Psychiatry, 56*, 778–784.

Center for Substance Abuse Treatment. (2005). *Substance abuse treatment for persons with co-occurring disorders* (Treatment Improvement Protocol (TIP) Series 42, DHHS Publication No. SMA 05-3992). Rockville, MD: Substance Abuse and Mental Health Services Administration.

Cerullo, M., & Strakowski, S. (2007). The prevalence and significance of substance use disorders in bipolar type I and II disorder. *Substance Abuse Treatment, Prevention and Policy, 1*, 2–29.

Chanut, F., Brown, T. G., & Dongier, M. (2005). Motivational interviewing and clinical psychiatry. *Journal of Canadian Psychiatry, 50*(11), 715–721.

Charney, D. A., Paraherakis, A. M., & Gill, K. J. (2001). Integrated treatment of comorbid depression and substance use disorders. *Journal of Clinical Psychiatry, 62*(9), 672–677.

Compton III, W. M., Cottler, L. B., Abdallah, A., Phelps, D. L., Spitznagel, E. L., & Horton, J. C. (2000). Substance dependence and other psychiatric disorders among drug dependent subjects: Race and gender correlates. *American Journal of Addictions, 9*(2), 113–125.

DeLeon, G. (1989). Psychopathology and substance abuse: What is being learned from research in therapeutic communities. *Journal of Psychoactive Drugs, 21*(2), 177–188.

Drake, R. E., Mercer-McFadden, C., Mueser, K. T McHugo, G. J., & Bond, G. R. (1998). Review of inte grated mental health and substance abuse treatment fo patients with dual disorders. *Schizophrenia Bulletin 24*(4), 589–608.

Drake, R. E., Mueser, K. T., Brunette, M. F., & McHugo, C J. (2004). A review of treatments for people with sever mental illness and co-occurring substance use disorder *Psychiatric Rehabilitation Journal, 27*, 360–374.

Drake, R. E., O'Neal, E. L., & Wallach, M. A. (2008). A systematic review of psychosocial research on psy chosocial interventions for people with co-occurrin mental and substance use disorders. *Journal c Substance Abuse Treatment, 34*, 123–138.

Drake, R. E., & Wallach, M. A. (2008). Conceptua models of treatment for co-occurring substance use *Mental Health & Substance Use: Dual Diagnosis, 1*(3 189–193.

Eriksen, K., & Kress, V. E. (2005). *Beyond the DSM story Ethical quandaries, challenges and best practice*. Thousand Oaks, CA: Sage Publications.

Farkas, K., & Drabble, L. (2008). *Advanced MSW curricu lum in substance use and aging*. Council on Social Wor Education, Gero-Ed Center. Retrieved on September 2 2010, from http://depts.washington.edu/geroctr/ma 1_4substance.html

Frye, M. A., & Salloum, I. M. (2006). Bipolar disorder an comorbid alcoholism: Prevalence rate and treatme considerations. *Bipolar Disorders, 8*, 677–685.

Grant, B. F., Hasin, D. S., Stinson, F. S., Dawson, D. A Chou, P., Ruan, J. W., et al. (2005). Co-occurrence c 12-month mood and anxiety disorders and personalit disorders in the US: Results from the national epidemic logic survey on alcohol and related conditions. *Journa of Psychiatric Research, 39*(1), 1–9.

Grant, B. F., Hasin, D. S., Stinson, F. S., Dawson, D. A., Rua J. W., Goldstein, R. B., et al. (2005). Prevalence, corr lates, co-morbidity, and comparative disability of DSM-I generalized anxiety disorder in the USA: Results from th National Epidemiologic Survey on Alcohol and Relate Conditions. *Psychological Medicine, 35*(12), 1747–175

Gray, W., & Zide, M. (2008). *Psychopathology: competency-based assessment model for social worke* (2nd ed.). Belmont, CA: Thomson.

Green, A. I., Noordsy, D. L., Brunette, M. F., & O'Keefe, ((2008). Substance abuse and schizophreni

Pharmacotherapeutic interventions. *Journal of Substance Abuse Treatment, 34*, 61–71.

Hasin, D. S., Goodwin, R. D., Stinson, F. S., & Grant, B. F. (2005). Epidemiology of major depressive disorder: Results from the National Epidemiologic Survey on Alcoholism and Related Conditions. *Archives of General Psychiatry, 62*(10), 1097–1106.

Hasin, D. S., Grant, B., & Endicott, J. (1990). The natural history of alcohol abuse: Implications for definitions of alcohol use disorders. *American Journal of Psychiatry, 147*(11), 1537–1541.

Hesse, M. (2009). Integrated psychological treatment for substance abuse and co-morbid anxiety or depression vs. treatment for substance abuse alone: A systematic review of the literature. *BMC Psychiatry, 9*, 6. Retrieved on March 31, 2010, from http://www.biomedcentral.com/1471-244X/9/6

Hunt, G. E., Bergen, J., & Bashir, M. (2002). Medication compliance and comorbid substance abuse in schizophrenia: Impact on community survival 4 years after a relapse. *Schizophrenia Research, 54*, 253–264.

Kessler, R. C., Berglund, P., Demler, O., Jin, R., Koretz, D., Merikangas, K. R., et al. (2003). The epidemiology of major depressive disorder: Results from the National Comorbidity Survey Replication (NCS-R). *Journal of the American Medical Association, 289*, 3095–3105.

Kessler, R. C., Berglund, P., Demler, O., Jin, R., Merikangas, K., & Walters, E. (2005). Lifetime prevalence and age-of-onset distributions of DSM-IV disorders in the National Comorbidity Survey Replication. *Archives of General Psychiatry, 62*(6), 593–602.

Kessler, R. C., McGonagle, K., Zhao, S., Nelson, C. B., Hughes, M., Eshleman, S., et al. (1994). Lifetime and 12-month prevalence of DSM-III-R psychiatric disorders in the United States: Results from the National Comorbidity Survey. *Archives of General Psychiatry, 51*(1), 8–19.

Kessler, R. C., & Merikangas, K. R. (2004). The National Comorbidity Survey Replication: Background and aims. *International Journal of Methods in Psychiatric Research, 13*, 60–68.

Kessler, R. C., Sonnega, A., Bromet, E., Hughes, M., & Nelson, C. B. (1995). Posttraumatic stress disorder in the National Comorbidity Survey. *Archives of General Psychiatry, 52*(12), 1048–1060.

Kirk, S. A., & Kutchins, H. (1994). The myth of the reliability of the DSM. *Journal of Mind and Behavior, 15*, 71–86.

Kutchins, H., & Kirk, S. A. (1997). *Making us crazy: DSM: The psychiatric bible and the creating of mental disorders*. New York: Free Press.

Lurie, P., Reingold, A. L., & Bowser, B. (1993). *The public health impact of needle exchange programs in the United States and abroad* (Vol. I). San Francisco: University of California.

Mall, S. K., & Mall, G. D. (2009). DRINK TWO 6 PACK clarifies substance use. *Current Psychiatry, 8*(5), 66.

Martino, S., Carroll, K., Kostas, D., Perkins, J., & Rounsaville, B. (2002). Dual diagnosis motivational interviewing: A modification of MI for substance-abusing patients with psychotic disorders. *Journal of Substance Abuse Treatment, 23*, 297–308.

Mee-Lee, D. (2001). Persons with addiction disorders, system failures and managed care. In E. C. Ross (Ed.), *Managed behavior health care handbook* (pp. 225–266). Gaithersburg, MS: Aspen Publishers.

Miller, W. R., Benefield, R. G., & Tonigan, J. S. (1993). Enhancing motivation for a change in problem drinking: A controlled comparison of two therapist styles. *Journal of Consulting Clinical Psychology, 61*, 455–461.

Miller, W. R., & Rollnick, S. (2002). *Motivational interviewing: Preparing people for change* (2nd ed.). New York: Guilford Press.

Minkoff, K. (1989). An integrated treatment model for dual diagnosis of psychosis and addiction. *Hospital and Community Psychiatry, 40*(10), 1031–1036.

Minkoff, K., & Drake, R. (Eds.). (1991). *Dual diagnosis of major mental illness and substance disorder*. San Francisco: Jossey-Bass.

Mueser, K. T., Drake, R. E., Sigmon, S. C., & Brunette, M. (2005). Psychosocial interventions for adults with severe mental illnesses and co-occurring substance use disorders: A review of specific interventions. *Journal of Dual Diagnosis, 1*, 57–82.

Mueser, K. T., Noordsy, D. L., Drake, R. E., & Fox, L. (2003). *Integrated treatment for dual disorders: A guide to effective practice*. New York: Guilford Press.

National Institute on Alcohol Abuse and Alcoholism. (2005). Helping patients who drink too much: A clinician's guide, updated edition. Retrieved on September 30, 2009, from http://pubs.niaaa.nih.gov/publications/Practitioner/CliniciansGuide2005/clinciagnsguide.htm

Norcross, J. C., & Prochaska, J. O. (May, 2002). Using the stages of change. *Harvard Mental Health Letter*, pp. 5–7. Retrieved on March 18, 2010, from http://www.health.harvard.edu

Nunes, E. V., & Levin, F. R. (2004). Treatment of depression in patients with alcohol and other drug dependence. *Journal of the American Medical Association, 291*, 1887–1896.

Nunes, E. V., Quitkin, F. M., Donovan, S. J., Deliyannides, D., Ocepek-Welikson, K., Koenig, T., et al.(1998). Imipramine treatment of opiate-dependent patients with depressive disorders: A placebo-controlled trial. *Archives of General Psychiatry, 55*(2), 153–160.

Nunes, E. V., & Weiss, R. D. (2009). Co-occurring addiction and affective disorders. In R. K. Ries, D. A. Fiellin, S. C. Miller, & R. Saitz (Eds.), *Principles of addiction medicine* (4th ed., pp. 1151–1181). Philadelphia, PA: Wolters Kluwer, Lippincott, Williams & Wilkins.

Ohio Substance Abuse and Mental Illness Coordinating Center of Excellence. (2008). *Integrated dual disorder treatment: An overview of the evidence-based practice*. Retrieved on October 23, 2009, from http://www.ohiosamiccoe.case.edu

Orlin, L., O'Neill, M., & Davis, J. (2004). Assessment and intervention with clients who have coexisting psychiatric and substance-related disorders. In S. L. A. Straussner (Ed.), *Clinical work with substance-abusing clients* (2nd ed., pp. 103–124). New York: Guilford Press.

Ostacher, M. J. (2007). Co-morbid alcohol and substance abuse dependence: Impact on the outcome of antidepressant treatment. *Psychiatric Clinics of North America, 30*, 69–75.

Petrakis, I., Ralevski, E., Nich, C., Levison, C., Carroll, K.,

Poling, J., et al. (2007). Naltrexone and disulfiram in patients with alcohol dependence and current depression. *Journal of Clinical Psychopharmacology, 27*(2), 160–165.

Piotrowski, N. A. (2007). Comorbidity and psychological science: Does one size fit all? *Clinical Psychology: Science and Practice, 14,* 6–19.

Pliszka, S. R. (2003). *Neuroscience for the mental health clinician.* New York: Guilford Press.

Prochaska, J. O., & DiClemente, C. C. (1983). Transtheoretical therapy: Toward a more integrative model of change. *Psychotherapy: Theory, Research and Practice, 19,* 276–288.

Prochaska, J. O., & DiClemente, C. C. (1984). *The transtheoretical approach: Crossing the traditional boundaries of therapy.* Malabar, FL: Krieger.

Prochaska, J. O., DiClemente, C. C., & Norcross, J. C. (1992). In search of how people change: Applications to the addictive behaviors. *American Psychologist, 47,* 1102–1114.

Project MATCH Research Group. (1997). Matching alcoholism treatment to client heterogeneity: Project MATCH posttreatment drinking outcomes. *Journal of Studies on Alcoholism, 58,* 7–29.

Reedy, A. R., & Hall, J. A. (2008). Treatment issues with substance abuse disorder who have mood or anxiety disorders. *Mental Health and Substance Use: Dual Diagnosis, 1*(1), 44–53.

Regier, D. A., Farmer, M. E., Rae, D. S., Locke, B. Z., Keith, S. J., Judd, L., et al. (1990). Comorbidity of mental disorders with alcohol and other drug abuse – results from the Epidemiological Catchment Area (ECA) Study. *Journal of the American Medical Association, 264,* 2511–2518.

Ries, R. K. (1992). Serial, parallel and integrated models of dual diagnosis treatment. *Journal of Health Care for the Poor and Underserved, 3*(1), 173–180.

Ries, R. K. (1994). *Assessment and treatment of patients with coexisting mental illness and alcohol and other drug abuse* (Treatment Improvement Protocol (TIP) Series 9, DHHS Publication No. SMA 95-3061). Rockville, MD: Substance Abuse and Mental Health Services Administration.

Rosengren, D. B. (2009). *Building motivational interviewing skills: A practitioner's workbook.* New York: Guilford Press.

Rychtarik, R. G., Connors, G. J., Dermen, K. H., & Stasiewicz, P. R. (2000). Alcoholics Anonymous and the use of medications to prevent relapse: An anonymous survey of members attitudes. *Journal of Studies on Alcohol and Drugs, 61,* 134–138.

Sacks, S. (2008). Brief overview of screening and assessment for co-occurring disorders. *International Journal of Mental Health and Addiction, 6,* 7–19.

Schuckit, M. A. (2007). Comorbidity of substance use disorders with psychiatric conditions. In J. B. Saunders, M. A. Schuckit, P. J. Sirovatka, & D. A. Regier (Eds.), *Diagnostic issues in substance use disorders: Refining the research agenda for DSM-V* (pp. 133–155). Arlington, VA: American Psychiatric Association.

Singer, M. I., Kennedy, M. J., & Kola, L. A. (1998). A conceptual model for co-occurring mental and substance-related disorders. *Alcoholism Treatment Quarterly, 16*(4), 75–89.

Singh, J. B., & Zarate, C. A. (2006). Pharmacological treatment of psychiatric comorbidity in bipolar disorder: A review of controlled trials. *Bipolar Disorder, 8,* 696–709.

Smelson, D., Dixon, L., Craig, T., Remolina, S., Batki, S., Niv, N., et al. (2008). Pharmacological treatment of schizophrenia and co-occurring substance use disorders. *CNS Drugs, 22*(11), 903–916.

Spence, R. T., DiNitto, D. M., & Straussner, S. L. A. (Eds.). (2001). *Neurobiology of addictions: Implications for clinical practice.* New York: Haworth Press.

Substance Abuse and Mental Health Services Administration. (2008). *Results from the 2007 National Survey on Drug Use and Health: National findings* (Office of Applied Studies, NSDUH Series H-34, DHHS Publication No. SMA 08-4343). Rockville, MD: Author.

Substance Abuse and Mental Health Services Administration, Office of Applied Studies. (2009). *The NSDUH Report: Concurrent illicit drug and alcohol use.* Rockville, MD: Author.

Swann, A. J. (2010). The strong relationship between bipolar and substance use disorder. *New York Academy of Sciences, 1187,* 276–296.

Woody, G. E., & Blaine, J. (1979). Depression in narcotic addicts: Quite possibly more than a chance association. In R. Dupont, A. Goldstein, & J. O'Donnell (Eds.), *Handbook of drug abuse* (pp. 277–285). Rockville, MD: National Institute on Drug Abuse.

World Health Organization Expert Committee on Drug Dependence. (1993). *WHO Technical Report Series (twenty-eighth report).* Geneva, Switzerland: World Health Organization.

Ziedonis, D. M., & Fisher, W. (1996). Medication-based assessment and treatment of substance abuse in patients with schizophrenia. *Direct Psychiatry, 16*(11), 1–8.

译后记

很高兴能将本书的第三版翻译出来并呈献给广大读者，翻译完毕，才发现本书距第一版的出版已过去十余年时间，而精神健康领域的研究正在经历突飞猛进的发展，虽然原著未涉及中国地区的精神健康发展情况，但书中仍有许多值得我们借鉴的当今前沿的理念与技巧。

社会工作专业，在精神健康(或者称为精神卫生)领域的参与，无论是实务还是理论研究，都刚刚起步，还需要业内同仁的共同努力、集体智慧和理论及实务贡献。西方的教材可以在某种程度上帮助我们看到业内前沿的发展和现状，但同时也需要本土社会工作者能够批判地、(比较)整体地去思考、理解相关的内容，而不至于偏狭。我们应努力做到知其然、知其所以然，甚至知其所不然。然后建设性地、融会贯通地实施相关的知识、技能和价值，这也是译者翻译本书的初衷之一。

衷心希望有更多充满热忱的专业人士参与到精神健康领域中来，也衷心希望这一领域的自然科学和人文社会科学可以敞开大门，彼此对话，彼此支持，最终见证我国社会工作发展的新景象。

本书由多人合作翻译完成。余潇负责翻译第一、二、五、六章，许俊杰负责翻译第四、十、十一章，邓亚珊负责翻译第七、九章，张天明负责翻译第三章，姜楠负责翻译第八、十二章，侯慧负责翻译第十三章。由于译者水平有限，书中如有不当之处，望各位同仁不吝赐教。

译者

内容提要

精神健康是社会工作最重要的实务领域之一。本书是为那些希望获得精神健康社会工作实务知识的临床工作者及相关专业的学生和爱好者所写的。本书全面而系统地介绍了重性和持续性精神疾病患者的康复方法，强调和提供了最新的证据为本的实践，在关注性别和文化差异的同时也注重老年人的精神健康，希望不同背景的案主都能够获得专业社会工作者的接纳和礼遇。